21世纪高等院校财政学专业教材新系

# 政府预算

## （第二版）

GOVERNMENT BUDGET

马蔡琛 编著

东北财经大学出版社 大连

Dongbei University of Finance & Economics Press

**图书在版编目（CIP）数据**

政府预算 / 马蔡琛编著. —2版. —大连：东北财经大学出版社，
2018.3（2022.6重印）
（21世纪高等院校财政学专业教材新系）
ISBN 978-7-5654-3018-3

Ⅰ.政…　Ⅱ.马…　Ⅲ.国家预算-预算管理-高等学校-教材　Ⅳ.F810.3

中国版本图书馆CIP数据核字（2017）第308400号

东北财经大学出版社出版
（大连市黑石礁尖山街217号　邮政编码　116025）
网　　址：http://www.dufep.cn
读者信箱：dufep@dufe.edu.cn
大连天骄彩色印刷有限公司印刷　东北财经大学出版社发行
幅面尺寸：185mm×260mm　字数：422千字　印张：18　插页：1
2018年3月第2版　　　　　　　　2022年6月第6次印刷
责任编辑：刘东威　刘贤恩　　　　　　责任校对：清　灵
封面设计：冀贵收　　　　　　　　　　版式设计：钟福建

定价：49.00元

教学支持　售后服务　　联系电话：（0411）84710309
版权所有　侵权必究　　举报电话：（0411）84710523
如有印装质量问题，请联系营销部：（0411）84710711

# 第二版前言

从 2007 年《政府预算》第一版的出版算起，已经过去十一年了。回想当年，我也是在春节前将第一版的书稿发送给了出版社，一家三口才从北京回天津过年。这些场景仍旧历历在目，不知不觉间，竟然已经是十多年前的往事了。我也从写作第一版时的工作单位——中国社会科学院财政与贸易经济研究所（现更名为中国社会科学院财经战略研究院）——调动到南开大学经济学院。

对于一本教材而言，间隔十多年才出第二版，时间确实有些久了。而这些年间，一些故旧同仁还时而记起这本书，或者当面问起，或者逢人说项，也不断鼓励我抓紧完成教材的修订。当然，还要感谢那些素昧平生的在网络上销售盗版书的热心人士，使得本书在正版久已脱销的情况下，仍旧得以薪火相传，以满足广大同学的学习需要。基于这些原因，关于本书第二版的修订，我也确实有一些话想对读者朋友们说。

本书修订拖延许久的主要原因是中国预算法修订的漫漫长路。尽管现代预算理念在中国的传播，可以上溯至戊戌变法前后，但新中国第一部预算法的颁布，已然是改革开放启动十多年后的 1994 年了（以下简称为 "1994 年《预算法》"，此前为国家预算管理条例或预算决算暂行条例）。1994 年《预算法》颁布之际，我国尚处于市场化转型的早期阶段，与当年宏观调控的大背景相适应，在禁止地方政府举债等问题上，也带有较强的抑制投资冲动的色彩，这是当年的社会经济条件使然。万物恒流，无物常驻，自 1994 年以来的二十多年间，中国社会经济运行的变化是举世瞩目的。20 世纪 90 年代末期以来启动的以部门预算为代表的新一轮政府预算管理改革，其实践探索也往往突破了 1994 年《预算法》的边界。这种预算法律规定滞后于预算改革实践的现实，也进一步凸显了预算法修订的必要性和紧迫性。2004 年 3 月，在 1994 年《预算法》颁布十年之际，全国人大启动了预算法的修订工作，将修改预算法列入全国人大的立法规划。2004 年 5 月，全国人大常委会预算工作委员会举办了 "预算法国际研讨会"，来自德国、美国、法国、比利时和中国社科院、国家发改委、财政部等单位的预算研究者与实践者，云集四川成都金牛宾馆，商讨预算法修订问题。这应该是预算法修订启动以来的第一次大型系统性研讨活动，我也是从参加那次会议之后，开始较为系统地关注预算法修订问题。

出乎当初预料的是，这一修订过程竟然成为一场马拉松式的持久性努力，直到 2014 年 8 月，历时十年才得以收其功。遥想当年，我还是出道不久的学术青年，到而今 "一篇读罢头飞雪"。十年过去了，弹指一挥间。这些年来，每每与出版社讨论本书的修订事宜，总是绕不开预算法修订 "常听楼梯响，不见人下来" 的窘境。好不容易盼来了 2014 年《预算法》修订的收官，可是自那时起的三年多时间，《预算法实施条例》的修订又陷入了困局。这种新《预算法》依托于 1995 年《预算法实施条例》作为支撑的局面，导致我在教材修订的技术处理上也颇为茫然。有些阅读过本书修订版初稿的同学，曾经问及

"为什么第二版中的某些章节，比第一版说得更加简略了？有些话题为什么没有第一版那么详细的解读与展开？有些事情为什么读来感觉似乎欲说还休？"这种因缺乏实施条例而导致新《预算法》难以落地的格局，确实是一个遗憾。

早在近百年前，著名历史学家吕思勉先生在其《白话本国史》一书中就曾经指出："近世的改革事业，来源是很远的，蓄势是很久的。这种变动，不发则已；一发之后，就如悬崖转石（看来他似乎也有顿挫，其实算不得什么），非达到目的不止。所以现在正是个变动的时代；正是个变动了，方在中途的时代。"从这个意义上讲，中国的政府预算改革事业以及相关教材的修订，也处于一个方在中途的过程之中，也只能期待随着中国预算法治化进程的不断推进，在后续版本中再加以完善。

即便如此，这一修订版仍旧体现出许多独具的特色。概括起来，主要包括这样几个方面：

第一，秉承了第一版"著多编少"的基本写作原则，突出了教材写作的严谨性与前沿性。在本书第一版前言中，我曾经言及，"本书名为编著，其实某些章节实在是'著多编少'"。其实，就一本教材而言，要想做到"著多编少"这四个字，何其难也。这些年间，每当教材修订屡屡拖延之际，我也曾经闪过这样的念头：是否放弃本书所坚持的"个人编著制"，转而采用"主编制"，也就是组织一些青年教师和研究生同学分别撰写各章节初稿，由主编通读修改后定稿付梓。如果采用后一种处理方式，不要说是本书第二版的修订，就是第四版，甚至第五版，也不是什么难事。但我又回想起这些年在课堂上，自己经常对同学们讲起的话题：一部学术专著或者一篇论文往往是小众的，即使质量写得差一些，用经济学的话来形容，"负的外部性"也是有限的；但是一本教材如果质量欠佳难免会误人子弟。

最近几年，我先后阅读了几本近百年来中国财政学领域中的传世教材，分别是20世纪20年代陈启修（陈豹隐）的《财政学总论》、30年代何廉与李锐合著的《财政学》、40年代马寅初的《财政学与中国财政》。这三本教材大体反映了近代财政学理论自20世纪初叶在中国开始萌芽生长以来的几十年间，在学术研究以及教材建设上日臻成熟的发展脉络。这些传世之教材，大多为一代学术巨匠多年心血凝结而成。这种境界或许虽不能至，但无妨心向往之。

这种坚持"由我自己来写"的初衷，也带来了另外一项好处，那就是在本次教材修订中，融入了我近十多年来对于政府预算问题的最新研究成果和感悟，主要体现为我主持完成和正在推进中的有关政府预算的三项国家社会科学基金项目：国家社会科学基金重大项目"我国预算绩效指标框架与指标库建设研究"、国家社会科学基金一般项目"我国预算制度的演化与改进研究"、国家社会科学基金青年项目"改革和完善财政预算管理制度研究"，从而有助于进一步实现以相对新颖的视角和崭新的研究框架，来考察政府预算问题的写作初衷。

第二，充分融合了作者多年来从事政府预算教学和学术研究的成果，尽可能实现从"授人以鱼"的"剑法"传授，走向"授人以渔"的"剑意"传神。本书的定位是本科生层面的教材，而十多年前撰写本书第一版的时候，我还在中国社会科学院工作，那个时候的中国社科院只有研究生而没有本科生（直到最近成立了中国社会科学院大学才有所变化）。本书第一版可以算是闭门造车了，但从后来的使用效果来看，大体还是达到了出门合辙的期待。但缺乏作者本人在本科生层面上对于教材的实战应用，不能不说是当年的一个遗憾。2009年3月，我调动到南开大学经济学院工作以来，终于得有机缘实现了学术研究与教学实践的有机结合。这九年来，在南开大学从事的政府预算教学实践以及相关感悟，充分体现了这一版的修订之中。从这个意义上讲，我想对南开大学经济学院的本科生同学们真心地说一声感谢，通过与你们的教学互动，不仅使我对于一本优秀的教材应该是怎样的，产生了更为深刻的认识；站在"得天下英才而教之"的南开讲台，也在一定程度上弥补了我因奉母养老而不得不归隐津门所带来的遗憾。

第三，充分吸收了近年来中国预算改革的实践成果，突出了预算改革规律性问题的分析，增加了案例分析题等开放性话题讨论的比重。在这两版教材的十多年跨度之间，中国的预算改革可谓是风生水起，颇有些令人目不暇接之感。起始于20世纪90年代末期的部门预算、国库集中收付制度、政府采购、收支两条线、政府收支分类改革等传统预算改革领域，在近十多年间，不断得以向纵深推进；在当前的全面深化改革中，以建设现代财政制度为目标，构建全口径预算管理体系、实施中期财政规划（中期预算）与跨年度预算平衡机制、建立权责发生制政府综合财务报告体系、建设政府会计准则体系、全面实施绩效管理等新兴事物也不断涌现。在本次修订中，紧密结合中国预算法修订和预算改革实践的最近进展，我们重点关注考察诸多前沿性预算改革命题，突出贴近现实需要的特点，从而更好地实现理论研究与改革实践的有机结合。

如同我这些年完成的关于政府预算问题的系列研究成果一样，本书的修订过程，也是发轫于我在中国社会科学院财政与贸易经济研究所的工作阶段，成书定稿于南开大学经济学院。这两家我曾经工作过和正在工作着的学术机构，都是源远流长的经济学研究重镇。这里良好的研究氛围和学术传统，领导和同事们的关怀与帮助，使我得有机缘，最终了却这一个多年的夙愿。

特别需要提及的是，感谢我过去的同事，也是多年的朋友——中国社会科学院的杨志勇研究员。当年，东北财经大学出版社本来是向志勇约稿撰写《政府预算》一书的，鉴于我对于政府预算问题更具研究兴趣，出于术业有专攻的考虑，志勇向出版社推荐了我，也就由此演绎了我与东财社的多年合作。

感谢东北财经大学出版社的刘东威老师，这些年来我们的合作非常愉快！

在当年的第一版前言中，我曾经写过这样一段文字：在本书写作过程中，尽管我们竭尽全力以求深入浅出且准确无误，尽可能在介绍预算知识的同时传达一些中外政府预算改革的最新信息，尽可能向着我们所追求的境界多前进一步，但这些目标是否达到了，"付梓即为千古事"，只能交给实践去检验，由读者去评说。如果本书能够对推进中国政府预算教学与研究的进程有所助益，则应归功于笔者得有机缘站在无数巨人的肩膀之上；如果有不尽如人意之处，则应由我负责，恳请读者朋友们批评指正！

今天所要说的，也同样是这几句话。

最后，祝福中国政府预算改革的未来！

马蔡琛

2018年1月于天津

# 第一版前言

　　政府预算作为现代政府公共治理的重要工具，绝不仅仅是政府的事情，它与现实生活中的每个人息息相关。政府预算中的每一个数字都反映了一定的经济内涵。只要稍微留意一下其中的含义，就会发现，原来一年中我们生活中发生的许多重要事情，就是由这些数字造成的。对于经济管理类专业的学生，尤其对财税与公共管理专业的学生而言，政府预算是一门非常重要的专业知识与业务技能课程。

　　早在100年前，中国近代史上著名的"旷代逸才"杨度先生就曾指出："监督会计及预算之制，其严重如此，是皆国会重要之职权，即立宪国所以建设责任政府唯一之武器也。" 始于20世纪90年代末期的新一轮中国政府预算改革，促使政府预算管理从理论到实践层面，都发生了全方位的重要变革。这无疑对政府预算教学与研究提出了新的要求。本教材是专门为财政与公共管理等相关专业的本科生编撰的，全书比较全面、系统且深入浅出地阐述了政府预算的基础知识、基本理论以及管理程序和重要技能，在写作上凸显了应用性特色，体现了国内外预算管理理论与实践的最新动向。

　　概括起来，本书的特点可以归纳为如下几个方面：

　　一是分析框架上的创新。本书名为编著，其实某些章节实在是"著多编少"。其原因在于，国内的多数政府预算（或国家预算）教材，是按照政府预算管理的流程展开分析的。然而由于大多数读者缺乏对财政部门运行模式与流程机制的了解，因此在学习"政府预算"课程时，往往会感觉比较吃力。而授课教师也因缺乏相关的实际经验，难免照本宣科。本书突破了以往政府预算研究采用的管理流程或"收支平管"的分析思路，结合我正在从事的国家社会科学基金项目的最新研究成果，在国内的预算教学体系中，首次系统引入利益相关方分析的研究框架，从政府预算各利益相关主体的互动影响出发，以相对新颖的视角和崭新的研究框架，考察政府预算管理问题。在篇章结构设计上，突出了政府预算利益相关方分析的色彩，在一定程度上可以填补国内财政学教学科研中的某些空白领域。

　　二是理论与实践的有机结合。自1997年以来，我对政府预算问题的研究，可以大体分为两个阶段。第一阶段是1997至2000年，在天津市财政局从事预算管理工作；第二阶段是2000年以来，主要从事政府预算的教学与科研工作，其间先后为中国人民大学公共管理学院和中国社会科学院研究生院讲授政府预算的相关课程。同时，几年来足迹遍及国内十余省，开展针对各级财税部门和人大代表的政府预算专题讲座。本书的部分讲义，在上述教学中的使用效果也非常好。当然，本书作为本科生层面的教材，在写作过程中，又将上述讲义做了较大的修改。应该说，理论与实践的有机结合，是本书的重要特色之一。在理论层面上，本书在去伪存真的基础上，修订了以往政府预算教材的某些疏漏，并吸收了近年来学术界在预算管理问题上的前沿性成果；在实践层面上，在详细介绍部门预算、政府收支分类改革、预算绩效管理、预算审查监督等最新改革动态的同时，结合我多年从事预算管理工作的经验，尽可能地从可操作性出发，向读者展现了中国政府预算管理的真实世界。

三是为读者的延伸性学习提供了重要的研究线索。通读全书不难发现，与通常教材的写作风格不同的是，本书对于数据文献的引用，加上了较为详尽的注释。这种写作方式，不仅是出于学术严谨的考虑，更重要的目的在于，为有兴趣进行延伸性学习的读者提供一些后续研读的重要线索。作为本科教材，本书通常建议的课程设置为一个学期。尽管课时安排是有限的，但如何尽可能提供丰富的素材，从"授人以渔"的角度出发，帮助读者"经济"地了解真实预算世界的全貌，仍旧是作为一本教材所应该完成的使命。在汗牛充栋的政府预算文献中，要求一名本科生详尽阅读较多的内容，似乎也是不现实的。有鉴于此，本书在行文的注释中，尽可能详细地标注了这些文献中与我们论述主题相关内容的具体位置，有志于进行延伸性学习的读者，也可以沿着这些索引所提供的线索来研究，以节省大量的检索时间，提高后续学习与研究的效率。

特别感谢东北财经大学出版社刘东威老师，她对本书的写作与出版给予了大力支持。

根据全书的内容和深度的取舍，本书既适用于财经管理类本科生，也可作为研究生教育和继续教育的指导用书，当然也可供从事政府预算教学、科研和实践工作者参考之用。

在本书写作过程中，尽管我们竭尽全力以求深入浅出且准确无误，尽可能在介绍预算知识的同时传达一些中外政府预算改革的最新信息，尽可能向着我们所追求的境界多前进一步，但这些目标是否达到了，"付梓即为千古事"，只能交给实践去检验，由读者去评说。如果本书能够对推进中国政府预算教学与研究的进程有所助益，则应归功于笔者得有机缘站在无数巨人的肩膀之上；如果有不尽如人意之处，则应由我负责，恳请读者朋友们批评指正！

马蔡琛

2007年7月于北京

# 目录

## 第一篇　政府预算的基础理论与制度框架

## 第二篇  政府预算的流程管理与相关改革

## 第三篇　政府预算的管理方法与技术

# 第一篇　政府预算的基础理论与制度框架

# 第 1 章

# 政府预算概论

　　每年第一季度，全国人民代表大会闭幕后，各大门户网站和主流媒体都会刊登上年预算执行情况和当年预算草案的报告。与之相应，地方各级报刊媒体于当地人民代表大会闭幕后，也往往要登载其上年预算执行情况和当年预算草案报告的全文或摘要。近年来，财政部发言人在两会期间回答网友的提问，也成为会议的亮点之一。

　　但是，如果我们随意询问某个人是否留意过预算报告所讲述的内容，答案往往是："好像没有过。"倘若进一步再追问下去，为什么没有关注有关政府预算的报道时，人们的解释就多种多样了。比如，政府预算是政府部门的事情，同普通百姓没什么关系啦；政府预算报告中罗列的术语难懂、数字太多，老百姓根本搞不明白啦；或者，即使老百姓想了解、想关心，也说不上话，起不了什么作用啦，如此等等。其实，早在1902年，列宁同志在其《评国家预算》一文中就曾指出，"尽管国家财政问题十分重要，对这些问题感兴趣的人却很少，这是不足为奇的"①。

　　其实，政府预算绝不仅仅是政府的事情，它与现实生活中的每一个人息息相关。政府预算中的每一个数字都反映了一定的经济内涵。只要稍微留意一下其中的含义，就会发现，原来一年中我们生活中发生的许多重要事情，就是由这些数字造成的。②

## 1.1　政府预算与生活中的经济现象

### 1.1.1　政府预算集中反映了现代经济体系中公共部门的活动

　　很多青年同学的父辈，如果主攻的是非经济管理类专业的话，在他们学生时代的印象中，"预算"一词只是曾经出现在叶圣陶先生的名篇《多收了三五斗》的一段话中：

　　旧毡帽朋友今天上镇来，原来有很多的计划的。洋肥皂用完了，须得买十块八块回去。洋火也要带几匣。洋油向挑着担子到村里去的小贩买，十个铜板只有这么一小瓢，太吃亏了；如果几家人家合买一听分来用，就便宜得多。陈列在橱窗里的花花绿绿的洋布听说只要八分半一尺，女人早已眼红了好久，今天娒娒就嚷着要一同出来，自己几尺，阿大几尺，阿二几尺，都有了预算。有些女人的预算里还有一面蛋圆的洋镜，一方雪白的毛巾，或者一顶结得很好看的绒线的小团帽。难得今年天照应，一亩田多收这么三五斗，让一向捏得紧紧的手稍微放松一点，谁说不应该？

　　在这一小段文字中，两次提及了"预算"一词。其实，叶老先生在

① 列宁. 列宁全集：第6卷［M］. 中文2版增订版. 北京：人民出版社，1986：240.
② 马蔡琛. 如何解读政府预算报告［M］. 北京：中国财政经济出版社，2002：1.

这里所提到的预算，在经济学的视野中，指的是所谓的"私人家庭预算"。

从历史上看，国家干预除"君主的善意"外，没有其他理由。但在整个19世纪，欧洲各国预算的增加和议会监督范围的扩大，使为公共开支和国家税收提供确切理由的需要变得更加迫切。其基本理论思想是，在某些情况下，市场发出不正确的信号。因此，集体的流动资金在自由行动和分散做出决定的个人手中，不会得到最好的利用。国家用同等数额的资金，可以取得一致认为较好的结果。①现代市场经济是有政府介入的公私混合的经济运行机制。混合经济（mixed economy）意味着经济制度是政治和市场过程的混合物。在混合经济中，存在着配置资源的不同手段，不仅有市场机制，也有政府调节，两者共同发挥作用，促进经济和社会稳定发展。

用更通俗的语言描述，我们日常生活中所需要的物品或服务大致可以分为两类：一类是由个人或家庭分别消费、单独受益的一般物品或服务，如食品、家电、服装及其他日用品等，在理论上称为"私人产品或服务"。这类产品或服务，企业愿意并且有能力生产或提供；另一类是为整个社会联合消费、共同受益的特殊产品或服务，如发电站、水库、铁路、大学、医院等，这类产品或服务，企业往往不愿意或没有能力生产或提供，难以通过市场渠道加以解决，往往需要政府出资兴建或予以资助，在理论上称为"公共或准公共产品或服务"。

下面，我们通过一个经济学中经常使用的关于"灯塔"的例子，来说明公共产品或服务存在的必要性。设想一个由居住在孤岛上的居民组成的社会，为了避免渔船夜晚搁浅或触礁，很显然需要一个灯塔。但是，无论是一个渔民为自己使用而修建，还是所有渔民都参与建设，只要灯塔建成了，每一个渔民都能从其服务中获取利益。像灯塔这样的公共或集体产品的显著特征就在于它的非竞争性和非排他性。非竞争性意味着一个灯塔可以由许多人使用。渔民数量的增加不会减少其他人可以得到的服务。而非排他性则意味着在现有技术手段条件下，难以排除其他渔民不付任何代价而使用灯塔的情况。这种"免费搭车"的现象导致公共产品或服务缺乏资金来源而无法正常供应。所以，公共产品的供应往往只有通过政府提供才可行。

准公共产品

我们生活的现代经济社会，就是这样一种由提供竞争性产品的"私人经济部门"和提供公共产品的"政府经济部门"两大部类组成的混合经济。而政府预算集中反映了政府部门提供公共产品的规模和结构，以及筹集所需资金的具体来源等。政府财政经济活动的具体操作过程，往往由专门机构来完成，普通公众由于时间和专业知识的局限，往往难以详细了解。而政府预算则汇总了政府公共部门年度经济活动的主要内容，是我们了解政府经济活动和宏观经济政策的重要窗口。

萨缪尔森和科斯的灯塔论战

## 1.1.2 政府预算与我们的日常生活

现实生活中，我们身边的许多事情都直接或间接在政府预算中得到反映。我们也经常可以从报刊、电视、广播以及互联网上看到或听到一系列政府预算涉及的问题。

政府预算在罗列预算收支时，首先要介绍政府预算收入的情况。政府预算收入的主要

---

① 拉费 J，勒卡荣 J.混合经济 [M]. 宇泉，译. 北京：商务印书馆，1995：7.

组成部分就是税收收入，无论工商企业还是居民个人，都要与税收打交道。作为我国主要税种的增值税、消费税是由工商企业缴纳的，当前几乎占全部税收收入的半壁江山，盈利企业还要缴纳企业所得税。企业税收负担水平的高低，既影响政府各项支出对资金的需要能否得到满足，又影响企业的资金运转与盈利水平，无疑是企业所关注的。通过政府预算，可以发现各项税收的完成情况与增长幅度，从而在宏观层面上了解企业的税收负担状况。至于公民个人的工资薪金和劳务报酬所得等需要缴纳个人所得税，其涉及的范围则更为广泛，几乎成为百姓生活常话常新的事情。

近年来，随着经济社会形势的新变化，社会保障问题日益引起人们的关注。中央和地方政府每年用于社会保障的资金到底有多少，增长幅度有多大，是否保证了公民最低生活水平的需要，是每个公民都关心的问题。这在政府预算中也有明确的说明。

个人所得税的生计费用扣除标准改革

例如，《关于2016年中央和地方预算执行情况与2017年中央和地方预算草案的报告》中就指出：在2016年主要支出政策落实情况中，注重提高社会保障水平。按6.5%左右的幅度提高了机关事业单位和企业退休人员基本养老金标准。推进居家和社区养老服务改革试点。继续提高全国城乡最低生活保障标准。进一步建立健全特困人员救助供养制度。保障优抚对象等人员各项抚恤待遇落实。支持做好退役士兵安置工作。在全国范围建立困难残疾人生活补贴和重度残疾人护理补贴制度。通过社会保险补贴、职业培训补贴等方式，鼓励企业吸纳就业困难人员，提高劳动者职业技能，增强就业公共服务能力。在2017年主要支出政策中的社会保障和就业方面，适当提高退休人员基本养老金标准，建立基本养老金合理调整机制。稳步推动基本养老保险制度改革，提高制度覆盖面。在推进各项相关改革工作的基础上，研究制订基本养老保险基金中央调剂制度方案。制订划转部分国有资本充实社保基金实施方案。强化基本养老保险基金收支管理，切实防范基金支付风险。加大统筹社会救助资源力度，科学合理确定城乡最低生活保障标准。完善特困人员救助供养政策。加强困境儿童保障和农村留守儿童关爱保护工作。加强对残疾人事业发展的支持。适时研究调整优抚对象等人员抚恤和生活补助标准。规范开展长期护理保险制度试点。实施更加积极的就业政策，健全就业创业政策措施，着力促进重点群体就业，研究建立终身职业技能培训制度。

此外，政府预算对于企业和投资者来说，还蕴藏着许多重要的商机。譬如，就房地产开发商而言，某地段附近城市基础设施和大型公益设施的修建（如修建地铁），无疑会促使地价迅速升值，率先在此投资自然会有丰厚的回报。而城市基本建设和大型公益设施的兴建往往要列入当年政府预算草案（以及中期财政规划），并且预算草案经立法机构审议通过后即具有法律效力，如无极其特殊的情况不得更改。通过这种渠道获得的信息，自然要比向政府官员"寻租"获得的消息可靠得多。

关于类似上述的事例不胜枚举。在治理国家的各种体制理论中，预算理论的历史最长，影响也最突出。①由此，我们可以发现政府预算并不仅仅是政府的事情，它与我们的日常生活息息相关。全面理解政府预算，就微观个人而言，可以帮助我们了解国家宏观经济政策，正确做出自己的应对决策；就宏观社会而言，可以帮助我们全面审查政府向公民

① 亨利 N.公共行政与公共事务［M］.项龙，译. 7版.北京：华夏出版社，2002：206.

"募集"资金的使用情况，防止政府对公共资金的随意浪费。

## 1.2　政府预算的起源与演进

### 1.2.1　政府预算名称的由来

1）财政的字源考察

在学科归属上，政府预算属于财政学的研究范畴，许多读者不禁要问什么是"财政"呢？

"财政"一词最早于13—15世纪出现在拉丁文中，意为结算支付期限、支付款项、确定罚款支付等。16世纪"财政"一词传入法国，意为公共收入。17世纪演变为专门指国家理财。19世纪进一步阐明是指国家及一切公共团体的理财，并相继传入欧洲其他国家。19世纪末，日本引进"public finance"的词义，同时借用中国的两个汉字"财"与"政"，确立"财政"一语（1882年日本开始用"财政奏折"一词）。

19世纪末，梁启超先生首创"和文汉读法"，将"预算""财政""经济"等词汇由日本传回我国。[①]在戊戌变法（1898年）"明定国事"诏书中首次出现"改革财政，实行国家预算"的条文。孙中山先生在辛亥革命时期宣传三民主义，曾多次应用"财政"一词来强调财政改革。自民国开始，以"财政"命名官方机构，称"财政部"。20世纪40年代中华书局出版的《辞海》对财政概念的解释是："财政谓理财之政，即国家或公共团体以维持其生存发达为目的，而获得收入，支出经费之行为也。"这亦是引用西方国家公共财政定义而进行的表述。

"财政"，顾名思义，就是"理财之政"或"政府理财""以财行政"。就财政一般意义而言，财政是国家为了维持其存在和实现政府职能的需要，凭借政治权力对社会产品进行的分配。马克思、恩格斯对财政与国家的关系都有明确的论述："为了维持这种公共权力，就需要公民缴纳费用——捐税……随着文明时代的向前进展，甚至捐税也不够了；国家就发行期票，借债，即发行公债。"[②]"赋税是政府机器的经济基础"[③]。财政作为以政府为主体的收支活动，从收入角度分析，国家通过参与国民经济的分配过程，筹集国家财政资金；就收入形式而言，主要包括税收、国有企业上缴利润、公债收入等。从支出角度分析，国家通过对集中起来的财政资金进行有计划的分配，以满足整个社会再生产和国家机器运转等各方面对资金的需要，从而为实现政府职能服务；就支出投向而言，按照支出功能划分，主要包括一般公共服务、外交、国防、公共安全、教育、科学技术、文化体育与传媒、社会保障和就业、医疗卫生、环境保护等方面；按照支出经济性质，可以划分为工资福利支出、商品和服务支出、转移性支出、债务利息和还本支出、基本建设支出等内容。政府预算作为政府的基本财政收支计划，所有上述财政收支活动都集中反映在政府预算安排之中。因此，了解了政府预算，也就基本了解了政府公共部门的运行轨迹。

---

① 梁启超先生1899年在其《爱国论》中就曾写道："以一国之财，办一国之事，未有不能济者也。而又于先事有豫算焉，于既事有决算焉。豫算者，先大略拟此事费用，逐条列而筹之也；决算者，征信录之意也。"
② 马克思，恩格斯. 马克思恩格斯全集：第21卷［M］. 中文1版. 北京：人民出版社，1965：195.
③ 马克思，恩格斯. 马克思恩格斯全集：第19卷［M］. 中文1版. 北京：人民出版社，1965：32.

2）预算的形式考察

从形式上考察，预算体现为一个有关收支计划的报表或报表体系，它涉及组织（可以是政府，也可以是企业和家庭）的财务收支及其平衡情况。预算报表与会计报表的区别在于，预算报表是前瞻性的，涉及未来时期的预期收入、支出及业绩；而会计报表是回顾性的，涉及已过去的历史情形。

3）政府预算的字源考察

从历史上考察，政府预算（budget）一词源于拉丁文"bulga"，原意为"皮革袋子""钱袋"的意思，根据《美国传统辞典》的字源分析，其进一步的字源来自古法语"bougette"和中古英语"bouget"，意指国王存放公共支出所需货币的钱袋。

政府预算是比税收、公债等都要年轻的一个财政范畴。预算在财政学上成为一个公认的名词，大约是在18世纪初期的英国。1733年，英国首相瓦尔坡尔（Oralpole）的财政提案，被一本《提包打开了》（The Budget Opened）的小册子所讥讽。在该书中，将这位英国首相画成一个变戏法的，预算法案就是他的技巧袋。[①]由于当时英国财政大臣到议会提请审议预算法案时，总是携带一个装有财政收支账目的大皮包，久而久之，人们就将政府收支计划寓意为"皮包"（参见专栏1-1）。列宁同志也曾机智地以"魔术师"作为比喻，对沙俄政府的预算做出了辛辣的讽刺：魔术师以惯常的灵巧动作向观众空手一摊，然后双手一挥，金币就一个接一个地变出来了。观众拍手叫好。但是魔术师本人却开始竭力为自己辩解，差点儿没有掉下眼泪，他要人相信他不是在骗人，他没有赤字，他的债务要比财产少。俄国公众深谙衙门规矩，他们在一旁看着觉得有点不好意思，但是只有少数人自言自语地嘟哝着法国谚语："谁为自己辩护，谁就是自己招认。"[②]

## 专栏1-1

### 英国的预算传统：基于财政大臣"红箱"的考察

2009年4月22日，英国财政大臣达林向议会宣读了2009年度英国财政预算。同往年一样，在今年财政预算方案公布之前，达林在记者和民众面前举起一个红色手提箱让记者拍照。早在1860年，英国任期最长的财政大臣威廉·格莱斯顿公布年度财政预算时，就将其发言稿放在了一个猩红色的手提箱里。此后，除了1965年财政大臣卡拉汉改用过一个"俗气的棕色小提箱"外，几乎每任财政大臣都一直用这个已经掉了多处油漆的破旧红箱子。"财政大臣的公文包"也就逐渐演变为英国年度财政预算的代名词。

事实上，每年的预算审议过程都是一场消耗体力和精力的会议。无论是财政大臣还是内阁成员们，都必须不断进食或者喝饮料才能坚持下来。最长的年度财政预算发言，是格莱斯顿1853年创造的4小时53分钟，最短的则是1867年财政大臣迪斯雷利创造的45分钟。1909年，财政大臣劳合·乔治在宣读其"人民预算方案"时，经过长达3个半小时的发言后，口干舌燥，竟然发不出声音。1960年，财政大臣德瑞克·希思科特·艾默里在宣读财政预算时，虚脱倒地。

财政大臣是英国政府部门最重要的职务之一，而关系到国计民生和作为政治斗争"重磅炸弹"的年度财政预算方案，则是历任财政大臣"苦守"的最高机密。曾4次担任英国首相的格莱斯顿，之所以总是"像一位深情地怀抱着婴儿的母亲"那样紧抱着手提箱，其

---

① 巴克.各国预算制度［M］.彭子明，译.北京：商务印书馆，1936：5.
② 列宁.列宁全集：第6卷［M］.中文1版.增订版.北京：人民出版社，1986：240.

实是为了躲避爱打听的维多利亚女王。担任过10年财政大臣的布朗，曾因布莱尔向他"低声下气"地哀求透露一些预算内容，而与其不欢而散。

1947年，时任财政大臣的休·道尔顿将该年度预算的部分内容，透露给伦敦《星报》的记者。在议会上，没等他念到这一段，英国民众就在该报中看到了对每品脱啤酒征收一便士和对赛狗征税的预算内容。第二天，被首相艾德里斥为"十足的笨蛋"后，道尔顿只有宣布辞职回家。1996年11月，财政大臣肯尼斯·克拉克在发布年度财政预算前夕，不慎将财政预算内容几乎全部泄露给了《每日镜报》。幸运的是，该报出于职业道德拒绝予以公布，并将之归还给了英国财政部。

资料来源：北洼. 英财政大臣"红箱"趣事多［N］. 环球时报，2009-04-24. 转引自：马蔡琛. 变革世界中的政府预算管理——一种利益相关方视角的考察［M］. 北京：中国社会科学出版社，2010：52-53.

随着现代预算制度与预算管理理念在世界范围内的兴起，东方学者则将这一词汇意译为"国家预算"。直到20世纪90年代中期，我们仍旧将政府预算称为国家预算。近年来，随着对多级政府理论的普遍认同，考虑到地方各级政府也在编制和执行着本级预算，经本级人民代表大会审议通过后，即具有法律效力，因此笼统称为"国家预算"并不准确，从而"政府预算"的称呼才逐渐普及（进一步的分析，可以参阅本书1.4.1节的相关论述）。

政府预算，是指国家以社会经济管理者身份取得收入，并用于维持政府公共活动，保障国家安全和社会秩序，发展社会公益事业等各项支出的政府基本收支计划。

预算制度是政府管理财政资金的重要制度，预算和财政一样，都是人类历史发展的产物，但预算和财政不是同一概念。通常认为，财政是随着国家的产生而产生，而预算则是社会发展到封建社会末期和资本主义社会初期才产生的。严格地说，资本主义社会以前尚未形成一种预算制度，财政范畴中还不包括预算。但自近代以来，所有财政现象全部列入了名为"预算"的文件之中，政府的一切活动都被集中纳入了预算，以此现象为研究对象的财政学才得以作为独立的学科而确立。[1]

## 1.2.2　政府预算制度的兴起

现代预算制度是在新兴资产阶级同封建君主进行斗争的过程中，作为一种经济斗争手段而出现的。这场斗争大体经历了三个阶段，最初表现在课税权上，对国王的课税权进行一定的限制，国王要开征新税或增加税负，必须经代表资产阶级利益的议会同意和批准；以后扩大到争夺财政资金的支配权上；最后，要求取消封建统治阶级对财政的控制和在财政上享受的特权。政府预算产生后，皇室的个人财务收支与国家财政收支的界限得以严格划分清楚。

在西欧封建社会末期，资本主义生产方式开始出现，商品货币关系也逐渐发展起来。从14世纪起，掌握着国家政权的封建统治阶级，对新兴资产阶级和农民横征暴敛，而自己却挥霍浪费，不负担任何捐税，严重地损害了新兴资产阶级和广大劳动群众的利益。在国家政权集中化过程中，国家机关的扩大，常备军的建立，国家机关官吏俸给的增加，都使国家的财政支出大量增加，于是产生了筹集经常性收入来源的要求。但是，国家在这一时期筹集资金比较困难。因为过去取得财物的方法已不完全适用，只好把负担转嫁到新兴

---

① 神野直彦. 财政学——财政现象的实体化分析［M］. 彭曦，等，译. 南京：南京大学出版社，2012：63.

资产阶级和广大农民身上。在这种情况下，从封建社会里成长起来的新兴资产阶级就凭借着广大农民和城市平民反封建的伟大力量，对封建统治阶级展开尖锐的斗争。国家的预算制度就是在新兴资产阶级同封建专制统治阶级进行较量的过程中，作为一种经济斗争手段而产生的。

现代国家的预算制度最早出现在英国，其确立与发展，是英国社会公众与君主之间经济利益争夺的产物，它体现出各相关利益主体维护自身利益的现实要求。其思想渊源可以进一步上溯到1215年英国《大宪章》首次确认的"非赞同毋纳税"以及1295年英国"模范议会"所提出的"涉及所有人的问题，应当由所有人来批准"的基本预算与税收原则。

但作为一个较规范的近代预算制度，它是经过很长时间才建立起来的。1789年，英国首相威廉·配第在议会通过一项《联合王国总基金法案》，把全部财政收入统一在一个文件中，至此才有了正式的预算文件。至19世纪初，才确立了按年度编制和批准预算的制度，即政府财政大臣每年提出全部财政收支一览表，由议会审核批准，并且规定设立国库审计部和审计官员，对议会负责，监督政府按指定用途使用经费。

模范议会

英国的预算制度从14世纪出现新兴资产阶级后，经过几百年的时间，到19世纪才发展成为典型的政府预算。新兴资产阶级向封建专制君主夺取财权的斗争，是资产阶级革命斗争中的一项重要内容，是现代国家预算制度产生、建立和发展的前提条件；现代预算制度的产生是社会化生产方式发展的必然结果。总体而言，"英国预算制度的主要特征，由当时实际上的需要所决定的成分多，而由想要达到某种目标那种理论所决定的成分较少。需要最先，其次是行动，行动往往要耽搁些时候，最后才由理论来解释已成的事实。"[①]

欧美其他资本主义国家的预算制度确立较晚，一般是在18、19世纪建立了资产阶级政权之后才形成的。比如，法国没有预算就被认为是拿破仑时代财政上的主要缺点。[②]法国大革命时期的《人权宣言》中对预算已然做出了规定，到1817年规定立法机关有权分配政府经费，从而完全确立了预算制度。

美国早期的宪法中没有关于预算制度的规定，直到1800年，才规定财政部要向国会报告其财政收支，但当时的报告仅仅是汇总性质。美国联邦预算制度的产生，除欧洲移民因素的影响外，几乎全部出自立宪制度。[③]在美国联邦预算制度形成的年代，美国首任财政部长汉密尔顿（Alexander Hamilton）确保了对所有财政事务的强有力行政领导。与英国政府预算制度是数百年英国社会自然演变的结果不同，美国联邦预算制度基本上是汉密尔顿个人天才的产物。[④]1790年1月，刚刚就任财政部长不久的汉密尔顿提交了《关于公共信用》的报告，为宪法指导下的美国财政奠定了基石。[⑤]

美国南北战争后的1865年，国会成立了一个拨款委员会，专门主管财政收支问题。1908年和1909年，美国财政收支连续出现赤字，这才促使美国政府考虑建立联邦预算制度。1910年，威廉·塔夫特总统责成国会研究建立美国联邦预算制度。第一次世界大战后，美国国会在1921年通过了《预算与会计法》，至此才正式规定总统每年要向国会提出

①　巴克.各国预算制度［M］.彭子明，译.北京：商务印书馆，1936：10.
②　巴克.各国预算制度［M］.彭子明，译.北京：商务印书馆，1936：12.
③　《美国联邦宪法》第1条第9款规定："除根据法律规定的拨款外，不得从国库提取款项。一切公款收支的定期报告书和账目，应不时予以公布。"
④　于中一.基层财政预算工作指导全书［M］.北京：经济科学出版社，2005：15.
⑤　柯南特 A C.美国国父列传：亚历山大·汉密尔顿［M］.欧亚戈，译.北京：北京大学出版社，2014：35-36.

预算报告。

资本主义制度下形成的近代预算制度，从唯物史观的角度来看，是具有一定进步意义的。它规定了一个国家的财政管理制度，取消了专制君主、封建贵族对人民的横征暴敛，并且明确地划清了政府财政收支和统治阶级个人收支之间的界限，这些都是它在历史上的进步作用。

## 1.2.3　政府预算制度在中国的发展

回顾20世纪初叶风云激荡的中国近代史，有许多事件当初仅是波澜壮阔岁月中的沧海一粟，却对此后的中国现代化进程产生了深远影响。从政府预算的角度来看，这一时期也同样发生了一系列开时代先河的重要事件。如果不过多地对当年的社会改良者加以苛求的话，20世纪初叶现代政府预算萌芽在中国的产生，至少在某种程度上标志着封建皇室收支与政府财政收支的界限开始明确，政府预算也开始有可能成为以广大民众为代表的民权一方与封建王室贵族进行斗争的工具，这对于中国现代化进程所产生的影响是相当深远的。当时一些学者就已经对政府预算的重要性有了相当深刻的认识。有人就曾指出："监督会计及预算之制，其严重如此，是皆国会重要之职权，即立宪国所以建设责任政府唯一之武器也。"[1]即使以现代的眼光来看，这些学者对政府预算重要性的认识也是发人深省的。

在中国，现代预算制度在清朝末期才开始建立。清光绪三十四年（1908），清政府颁布《清理财政章程》。宣统二年（1910）起，由清理财政局主持编制预算工作，这是两千多年来我国封建王朝第一次正式编制政府预算。该预算先由各省汇报，然后由度支部加以审核整理，资政院加以修正，奏请执行。但由于辛亥革命的爆发，这部我国历史上第一部近代意义的预算，只有预算而没有决算。

自20世纪初叶，现代预算萌芽在中国产生以来的近50年间，国内的学者对政府预算问题进行了一系列开拓性的探索与尝试（这里所说的开拓性，主要是指将预算理念传播到中国，并尝试与中国现实相结合而言）。目前，可以收集到的文献（依出版时间先后）主要有：吴琼的《比较预算制度》（商务印书馆，1911）[2]（参见专栏1-2），吴贯因的《中国预算制度刍议》（内务部编译处，1918）和《中国之预算与财务行政及监督》（上海建华书局，1932），陈启修（陈豹隐）的《财政学总论》（商务印书馆，1924），常乃德的《各国预算制度》（1930，出版社不详），胡善恒的《财务行政论》（商务印书馆，1935，分预算编成、预算之议定、财务行政、财政之监督等5编，逐一叙述各种财务制度的原理及各国施行的效果，并指出当时我国预算制度之不完善），何廉和李锐合著的《财政学》（商务印书馆，1935，侧重于中国财政制度的介绍），李权时的《财政学原理》（商务印书馆，1935，侧重介绍了英美的预算制度），尹文敬的《财政学》（商务印书馆，1935，精练分析了支出论及预决算论中的法理论述），杨骥的《中国现行公库制度》（正中书局，1941，重点介绍了当时中国和世界主要国家的国家金库制度），李君达的《中央预算制度》（独立出版社，1942），马寅初的《财政学与中国财政：理论与现实》（商务印书馆，1948，2001

---

[1]　杨度. 金铁主义说［N］. 中国新报，1907-01-20至1907-05-20.
[2]　令人颇为遗憾的是，关于中国第一部预算著作《比较预算制度》及其作者吴琼的生平，笔者近十年来遍查国家图书馆以及国内多家研究机构和高等院校的图书馆，均未发现任何线索。茫茫烟蔓寻何处，其人其书或许已然淹没于历史的尘埃之中。

年重印），彭子明的译著《各国预算制度》（Budget in Governments of Today，原作者巴克，商务印书馆，1936）等。①

## 专栏1-2

### 近代预算思想在中国的传播与国内第一部预算学著作

中国历史上的思想家论述财政收支规模及结构的较多，而对预算的完整性、公开性论述不够，中国近代预算思想和预算制度不是从中国社会内部自发产生的，而是伴随着近代西学东渐而舶来的。

早在19世纪末，一些曾经游历西方的中国人和在华传教士就在其著作中片断地向中国引入西方预算知识。中国近代著名的思想家、企业家郑观应在其1893年刊行的名著《盛世危言》中建议颁行"度支清账"（国家预算），并说这是中外各国"通盘理财之法"。黄遵宪在其1895年刊行的《日本国志》中介绍了西方的预算制度。值得注意的是，黄遵宪在这里将英文"budget"一词直接译为"预算"。

大体说来，19世纪末中国思想界对于西方预算制度的介绍仅停留在常识的水平上，未能进入到理论领域。1904年11月29日《时报》发表该报记者所撰的《论今日宜整顿财政》一文指出："财政之最要者，莫如预算……国家愈文明，则其岁出岁入之费愈多，则其预算之法亦愈精密。"1906年11月6日《南方报》刊载《论中国于实行立宪之前宜速行预算法》一文，对西方预算制度作了有一定理论深度的介绍："所谓预算者，国家预定收入、支出之大计划也……示民以信用之契据也。国用之支出亦以为民也，支出为民，故不得不邀民之许可，欲民许可，不得不受其监督。预算者，授民以监督之凭证也。"1907年4月21日，《时报》发表《论国民当知预算之理由及其根据》一文，对为什么要制定预算及预算性质作了理论分析。该文介绍了西方有关预算本质的三种学说，即法律说、财政委任说和行政责任免除说。宣统二年（1910）清政府试办之，宣统三年预算案发表后，梁启超发表《度支部奏定试办预算大概情形折及册式书后》一文，对清政府颁布的预算草案的收支不适合问题进行猛烈抨击。

以市场经济为参照的早期预算制度改革，推动着理论界对西方国家预算制度的研究。在此背景下，1911年吴琼出版了中国历史上第一部预算学著作——《比较预算制度》（上海：商务印书馆，1911）。

在人类历史上，传统财政制度向现代财政制度变迁过程中，预算制度的现代化是财政制度现代化的起点和核心内容。清末民初，近代预算思想在中国的逐渐传播，为此后中国预算现代化的开启奠定了基础，在中国预算史上具有十分重要的地位。

资料来源：邹进文. 清末财政思想的近代转型：以预算和财政分权思想为中心［J］. 中南财经政法大学学报，2005（4）.

当代中国的政府预算制度是随着中华人民共和国的成立而建立的。新中国成立以后，依据《中国人民政治协商会议共同纲领》中"建立国家预算决算制度"的有关规定，着手编制1950年全国财政收支概算。1949年12月在中央人民政府委员会第四次会议上，通过了《关于一九五〇年度全国财政收支概算草案编成的报告》②，这标志着新中国政府预算

① 马蔡琛. 变革世界中的政府预算管理——一种利益相关方视角的考察［M］. 北京：中国社会科学出版社，2010：18-19.
② 财政部办公厅. 中华人民共和国财政史料·第二辑·国家预算决算（1950—1981）［M］. 北京：中国财政经济出版社，1983：1.

的诞生。1951年7月，在统一全国财政经济工作的基础上，政务院又发布了《预算决算暂行条例》[①]，我国的政府预算管理制度从此建立起来。

### 1.2.4 现代预算制度发展历程的启示

至此，我们用较长的篇幅回顾了现代政府预算制度产生和发展的历史轨迹，其目的并非仅仅是丰富读者关于政府预算的背景知识，而是为了再一次说明本书引言中所指出的，"政府预算绝不仅仅是政府的事情"。

1）政府预算是公民主权在公共部门中的集中体现

回顾现代政府预算制度长达三个多世纪的产生与发展历程，我们可以发现，政府预算是作为以广大民众为代表的民权一方与封建王室贵族进行斗争的工具而产生的。其基本理论构架是：国家与公民之间存在着一种契约。在这种契约结构中，国家向公民提供公共产品，尤其是所有权保护，而公民则向国家纳税，政府是由纳税人养活的。作为公共财政资金的提供者——公民，自然有权全面了解政府是如何花费公民自己的钱的。其监督国家对公共资金使用情况的主要工具就是政府预算。

但就每一个公民个体而言，想要直接影响国家的政治决策则颇为困难。公民只有通过集体行动，才能在政治决策过程中传达出自己的声音。因此，只有广大公民真正普及了政府预算知识，才能从政府发布的年度预算报告及相关资料中了解并审查政府使用公民资金的绩效情况。也只有这样才能真正体现公共经济部门中的公民主权。

2）政府预算是为市场经济立宪的重要内容之一

所谓"为市场经济立宪"，就是从制度层面上明确政府与市场之间的分工与合作。也就是说，市场的分工就是要决定生产什么、如何生产和为谁生产；国家的分工则是要通过公共财政提供公共产品，其中包括国防、治安，以及对于市场经济来说不可或缺的产权保护。之所以要将这种分工上升到立宪的层次，就是为了强调防范国家权力过度干预市场的运行。

政府预算作为政府收支的集中反映，涵盖了政府经济活动的全过程。我们通过对政府预算的时点性考察，可以评判政府活动的社会经济效益，以及是否存在"越位"或"缺位"问题；通过对政府预算的时期性考察，可以了解我国经济的市场化进程。

3）普及预算知识，对于我国这样一个预算制度起步较晚，且处于经济转型期的国家而言，更为迫切

与市场经济国家300多年的政府预算历史相比，我国政府预算的历史还很短暂，从产生算起才刚刚100年出头，而新中国政府预算的历史则只有60多年。受传统计划经济模式的影响，公民参与管理、监督政府预算的意识还很淡薄；受既有路径依赖影响，个别政府部门从其本位出发，也不希望打开预算管理的"黑箱"，使得广大公民具有审议政府预算的知识和能力。恰恰因为如此，普及政府预算知识对于我国这样一个处于经济社会转型时期的国家而言，显得尤为重要。

最后，结合笔者当年在某省级财政部门工作的经历，我们再举一个例子，以说明政府预算知识普及的迫切性与必要性。在20世纪最后几年的时候，某省级人民代表大会常务

---

[①] 中国社会科学院，中央档案馆.中华人民共和国经济档案资料选编（1949—1952）：综合卷［M］. 北京：中国城市经济社会出版社，1990：301-307.

委员会的预算审查部门，在收到其本级政府年度预算草案后，要求本地财政部门以审查部门的名义，就审查结果草拟一份审查报告，其原因是预算审查部门缺乏预算管理的专门知识，不具备撰写预算审查报告的能力。于是，这种财政预算部门草拟政府预算报告后，又自己撰写审查报告的故事，就成了现实。抛开官员称职性问题不谈，这个事例从一个侧面反映了在当时我们的预算管理知识是何等贫乏，以至于一些代表人民审议政府预算报告的专业部门，都没有能力撰写出一份合格的预算审查报告。当然，经过近二十年的预算管理改革，这种状态应该已然得到了较大的改观。但这个故事仍旧提醒我们，普及全体公民的预算知识，提高公民（尤其是各级人大代表）的预算审查能力，仍旧是十分必要的。

## 1.3 现代预算制度的演化特征：基于百年预算史的考察[①]

财政为庶政之母，预算乃邦国之基。在当前全面深化改革中，财税体制改革成为各方关注的焦点。而现代财政制度的作用基础具体表现为现代预算制度[②]，建立全面规范透明、标准科学、约束有力的预算制度，全面实施绩效管理，构成了国家治理体系与治理能力现代化的基础性制度载体。"现代财政制度"与"现代企业制度"的提法相似，二者都可以视为对传统制度的发展。从现实来看，"现代企业制度"可以理解为公司制度，但"现代财政制度"似乎不具有此类确定性。[③]其实，何谓现代预算或现代财政制度，本身就是一个颇难界定的范畴。在现时的中国，涉及当代财政预算改革的诸多话题，往往动言美国"进步时代"的启示，甚或上溯至18世纪英国光荣革命以来的预算传统。其实，就常识而言，数百年前英美诸国的预算改革，大体属于"近代预算制度"，而非"现代预算制度"。近百年来，各国的预算制度已然从早期更具政治色彩的斗争工具，逐渐转化为国家治理的重要制度载体与支撑平台。现代各国的预算改革与制度建设，在追求决策理性化的过程中，逐渐演化出一系列更具绩效导向性与财政问责性的管理工具。

本书对于现代预算制度的研究，将分别从当今世界的预算改革潮流、中国传统理财经验的斟酌取舍、中国现实国情的沧桑正道，这样三个维度来界定预算现代性的内涵，从而尝试探寻未来中国政府预算治理体系及治理能力现代化的路径选择。

1）预算目标的渐进演化：从"控制取向"到"绩效导向"

纵观现代政府预算的演化进程，总体上呈现从"控制取向"逐步走向"绩效导向"的发展趋势。其早期阶段的功能设计是"控制取向"的[④]，更为强调古典预算原则[⑤]所倡导的"明确"与"约束"原则，注重通过控制预算收支，实现立法机构对行政机关的有效控制。然而，随着政府职能与规模的不断拓展，国家干预逐渐成为一种社会思潮，客观上要求行政机构在预算问题上更具主动性。某些发达经济体由于预算执行中的支出控制太多、过于严格，制约了各部门的创新能力和灵活性。于是20世纪50年代前后，出现了以加强政府财政权为主导思想的现代预算原则。与新公共管理运动（NPM）引入公共部门之间

① 马蔡琛. 现代预算制度的演化特征与路径选择 [J]. 中国人民大学学报，2014（5）.
② 贾康. 现代国家治理需现代财政制度作基础 [EB/OL]. [2013-11-29]. http://finance.qq.com/a/20131129/015020.htm.
③ 杨志勇. 现代财政制度：基本原则与主要特征 [P]. 收录于高培勇，马珺. 中国财政经济理论前沿（7）[M]. 北京：社会科学文献出版社，2014：48.
④ 马骏，赵早早. 公共预算：比较研究 [M]. 北京：中央编译出版社，2011：17.
⑤ 在资产阶级革命过程中，提出了一系列通过立法机关控制政府财政活动的方法，后来的学者将其概括为古典预算原则，其核心思想是加强议会对于政府预算的外部控制（参见本书3.1节的论述）.

的内部市场（internal market）竞争相适应，逐步采用了赋予行政部门更多自由裁量权的分权型预算管理模式，以鼓励创新与节约。其中，较具代表性的当属瑞典预算改革中提出的口号："各部的部长就是自己的财政部长。"①

尽管不断提升预算资源的配置与使用绩效，始终是现代预算制度不懈追求的目标，但就控制取向与绩效导向的现实应用而言，在不同国家的特定历史时期，结合自身的国情特点和经济社会发展阶段，又往往不得不有所侧重和取舍。二者甚至呈现某种"鱼与熊掌不可兼得"的关系。这正如艾伦·希克对发展中国家推行绩效预算改革提出的忠告："发达国家只有在已经建立起可靠的控制制度之后（而不是之前），才赋予管理者运作的自由，将先后顺序颠倒就要冒这样的风险，即在有效的制度建立以前，就给予管理者随心所欲地支配财政资金的权力。"②

在预算决策过程中，独立的预算编制传统的缺失，也成为大多数转型国家的制度障碍（尤其在转型初期）。③就中国预算管理的现实而言，由于长期以来对政府预算的管制太松，来自立法监督机构的外部约束弱化，造成了一定的资金浪费和低效率支出。因此，现阶段的中国政府预算改革还应循序渐进，先以"控制取向"为主，待时机成熟后再转入"绩效导向"。从这个意义上讲，中国预算改革可能呈现的从"合规控制"逐步走向"绩效导向"的"两阶段"发展假说，应该说是可以基本成立的。

2）预算合约的两难取舍：理性决策的追求与现实过程的妥协

从表现形式来看，预算体现为贴有价格标签的一系列公共目标，但在更深层面上，则可以将预算当成一份合同④，即一种以公法为基础的合约结构。⑤预算决策与执行也更多体现为一个制定和实施预算合同的过程。在预算决策中，由于信息交换的不对称性以及利益相关者逆向选择和道德风险的存在，这种合约结构往往呈现为不完全信息动态博弈。不同组织在实施预算合约时，采取的机会主义行为策略也有所不同。

在20世纪30年代以前，虽然各国预算制度各具特色，但其组织形式及程序仍大体相同；自60年代以来，美国成为世界上最强大的经济体，其预算制度的不断创新也引起了各国的纷纷效仿。⑥近半个多世纪以来的世界预算改革，总体上呈现出追求预算决策理性化的发展趋势，从而试图正面回应科依（Key）在20世纪40年代提出的颇具政治哲学意味的经典预算命题："将有限的预算资源配置给活动A，而不是活动B，做出这一预算决策的基础何在？"⑦第二次世界大战以来，发达市场经济国家的预算管理，以早期的分行列支预算（line-item budget）为基础⑧，先后开展了多种模式的管理制度创新，以期提升预算决策的理性化与科学化水平。

无论是关注产出的绩效预算（performance budget）、强调长期计划性的计划-规划-预算系统（planning-program-budget system，PPBS）、突出个体自主性的目标管理预算

① BLONDAL J.瑞典及OECD国家的预算编制管理［C］.预算编制与执行国际研讨会会议纪要，1999年7月29-31日.
② 希克A.当代公共支出管理方法［M］.王卫星，译.北京：经济管理出版社，2000：34.
③ MATINEZ-VAZQUEZ J,BOEX J. Budgeting and Fiscal Management in Transitional Economies［J］. Journal of Public Budget, Accounting & Financial Management, Vol.13. Fall 2001, No.3: 353-396.
④ 威尔达夫斯基A，凯顿N C.预算过程中的新政治学［M］.邓淑莲，魏陆，译.4版.上海：上海财经大学出版社，2006：2.
⑤ 程瑜.政府预算契约论——一种委托-代理理论的研究视角［M］.北京：经济科学出版社，2008：4.
⑥ 姜维壮.比较财政管理学［M］.北京：中国财政经济出版社，2000：317.
⑦ KEY O. The Lack of Budgetary Theory［J］. American Political Science Review, 1940, 34（12）：1137-1144.
⑧ 分行列支预算，也称逐项预算、线性预算、条目预算或分行排列预算，通常根据每一开支对象的成本来分配公共资源，这是最基本的预算组织形式.

（MBO）、强调项目优先次序的零基预算（ZBB），还是融合企业管理思想的新绩效预算（new performance budget）①，均试图提供某种理想的或最佳的预算模式，将有限的预算资源配置给最具价值的方向或活动。然而，现实的预算合约确定与执行过程，却更多体现了各相关方的利益交换与妥协，这似乎是一个可以普遍观察到的结果。

其实，现代公共财政本身就是一种市场与政府妥协的结果。②政府预算作为一个集体选择过程，不论是预算总规模，还是具体部门或项目的资金分配，都不同程度体现了利益交换的倾向。③在预算资源配置过程中，受到负面影响的群体（包括行政部门），会强烈抵制预算资源的重新分配，而来自受益方的支持却往往相对分散。回顾数百年的预算发展史，预算管理原则从"古典"到"现代"的演变，实际上也是立法机构与行政机构之间相互交易与妥协的结果。现时中的预算决策过程，则体现为多数人未来利益与少数人既得利益之间的彼此博弈，其最终结果的达成往往意味着双方讨价还价的交易结果。④因而，真实世界中预算合约的确定与施行，难免在某种程度上偏离理性决策的预设目标和轨道，但这并不妨碍提升预算决策的科学化水平，作为引导各国预算改革的一个方向性目标。

3）预算问责的纵深推进：从合规控制到公民参与的渐推渐进

如果说公共预算就是"以众人之财，办众人之事"，那么众人之事就当由众人来议定、让众人皆知晓、受众人之监督，这本是一个不言自明的问题。然而，自1295年英国"模范议会"最早提出"涉及所有人的问题，应当由所有人来批准"这一较具普适性的预算准则以来，在各国预算实践中，最终建成"以天下之财，利天下之人"的责任政府，仍旧是一个屡经波折的过程。

在通常的预算决策过程中，除了为数不多的市民大会或全民公决之外，大多数财政收支决策是由经过选举产生的议员做出的。⑤现代预算史的演进脉络显示，早期的预算问责侧重于强调议会的外部监督，预算成为对政府实施普遍控制的一种工具。20世纪80年代以来的全球预算改革浪潮，更为注重将预算作为赋权公民参与的工具。⑥通过广泛运用预算听证、公共服务调查、预算对话等技术手段，促使现代预算的功能从偏重合规性控制，逐步拓展为向公民赋权的一种公共治理工具，从而进一步提升了现代政府的合法性基础。

其中，较具代表性的当属参与式预算（participatory budgeting）在拉丁美洲、亚洲、非洲和欧洲诸国的广泛兴起。自1990年参与式预算的原始模型在巴西的阿雷格里港市面世以来，目前世界范围内有记录的实施案例已达1 000多个⑦，国内浙江省温岭市、河南省焦作市、上海市闵行区、云南省盐津县等地，也开展了不同形式的参与式预算改革试点。

尽管参与式预算之于普通公民而言，到底是一种"生活必需品"还是"奢侈品"，仍旧存在某些分歧。⑧然而，参与式预算通过预算过程中的公共学习，可以进一步促进政府与民间的和谐互动。作为公共服务受益方的公民，一旦通过行使公共权利而获得了权利主

① 亨利 N.公共行政与公共事务 [M]. 项龙，译. 7版. 北京：华夏出版社，2002.
② 吕炜. 我们离公共财政有多远 [M]. 北京：经济科学出版社，2005：33.
③ 马蔡琛. 初论公共预算过程的交易特征 [J]. 河北学刊，2006（5）.
④ 马蔡琛. 变革世界中的政府预算管理——一种利益相关方视角的考察 [M]. 北京：中国社会科学出版社，2010：54-55.
⑤ 米克塞尔 JL. 公共财政管理：分析与应用 [M]. 白彦锋，马蔡琛，译. 北京：中国人民大学出版社，2005：31.
⑥ 王雍君. 公共预算管理 [M]. 2版. 北京：经济科学出版社，2010：426.
⑦ 辛多默 Y，特劳普-梅茨 R，张俊华. 亚欧参与式预算：民主参与的核心挑战 [M]. 上海：上海人民出版社，2012：1.
⑧ 马蔡琛，李红梅. 参与式预算在中国：现实问题与未来选择 [J]. 经济与管理研究，2009（12）.

张，公民就应该接受、认同和内化权利主张的后果[①]，尊重经由公共选择程序而达成的预算结果。

4）预算周期的逐步拓展：从年度预算走向中期财政规划

预算程序中反复发生（且互有重叠）的事件，构成了预算周期（budget cycle），涵盖了预算编制、执行到决算的全过程。如同企业会计准则采用"会计分期假设"一样，各国的预算管理也往往以年度性原则作为预算周期的划分依据。年度性原则意味着预算必须每年都重新编制一次且只能覆盖某一特定时期。[②]然而，在20世纪的预算发展史中，由于年度性的预算周期假定增加了预算决策成本，无法满足跨年度的资本性支出需要，也难以反映预算安排与发展规划之间的有机联系，故而日益受到质疑。

同时，年度预算的决策模式容易助长短期行为倾向，而忽视了财政收支安排在中长期的可持续性，限制了政府对未来更为长远的考虑。在中国现实预算管理中，预算决策所覆盖的时间维度过短，也导致了预算调整过于频繁的"年年预算、预算一年"现象[③]。近年来，预算调整、预算超收、年终突击花钱等问题日益受到社会普遍关注，这既有社会转型期客观因素的影响，也不乏预算决策过程与公共政策制定过程分离、预算编制精细化程度有待提升的管理因素。

在"为将来而预算"的理念引导下，多数OECD成员国已采用了包括未来3~5年的多年期预算框架，以弥补年度预算的不足。[④]在那些因各种因素制约而难以全面实施中期财政规划的国家[⑤]，也针对资本性支出的未来成本、养老金等公民权益性支出的长期需求、政府担保等隐性负债，采用了某种方式的中长期展望。

需要注意的是，鉴以往之事易，证未来之事难，越是长时间尺度上的预算决策，其在预测精度上面临的挑战也越大。以美国为例，因金融危机而导致的经济形势变动，使得原有的基础性预测数据已不具有准确性，美国预算周期已然由1995年的"1+4"年缩短为"1+2"年[⑥]，这已较为接近其某些州政府的双年度预算。根据亚洲开发银行的观点，建立中期财政规划应具备经济运行稳定、可靠的宏观经济预测能力、严格的决策过程、良好的预算纪律性等条件。[⑦]从发展中国家和转轨国家的经验来看，由于上述条件还不完全具备，这些国家引入中期财政规划的成功案例尚不多见。因此，对于中期财政规划所可能达到的预期效果，仍需保持审慎乐观的态度。

## 1.4 常用预算术语的界定

### 1.4.1 国家预算、政府预算与公共预算[⑧]

在阅读相关文献和实际工作中，我们时常会发现国家预算、公共预算等与政府预算概

① 杨心宇. 现代国家的宪政理论研究 [M]. 上海：上海三联书店，2004：137.
② WILNER S. Budgetary Principles. Political Science Quarterly, 1935, 1 (2)：236-263.
③ 马蔡琛，黄凤羽. 国家治理视野中的现代财政制度 [J]. 理论与现代化，2014 (3).
④ 王雍君. 公共预算管理 [M]. 2版. 北京：经济科学出版社，2010：50.
⑤ 在国内外文献中，关于中期财政规划的类似称谓有很多，主要包括中长期预算、多年期预算、滚动预算、中期基础预算、中期财政框架、中期支出框架等，其具体含义大致相同.
⑥ 朱晓晶. 中长期预算体制的国际比较与启示 [J]. 经济研究导刊，2010 (15).
⑦ 斯基亚沃 S C，托马西 D.公共支出管理 [M]. 张通，译. 北京：中国财政经济出版社，2001.
⑧ 马蔡琛. 国家预算、政府预算和公共预算的比较分析 [J]. 中国财政，2006 (2).

念混用的问题。正确区分这三者之间的区别与联系，对于中国的预算改革和现代财政制度建设，无疑是十分重要的。

1）政府预算与国家预算的关系

在20世纪90年代中期以前，我国财政学研究和实务工作中，基本上使用的是"国家预算"的概念。直到1998年，在中央财政部每年修订一次的预算收支科目表中，将原来的"国家预算"改为"政府预算"，但当时以及此后的文献中并未对这种变化的原因加以说明。此后的研究中，使用"政府预算"这一概念逐渐多了起来，但仍有一部分学者沿用"国家预算"的概念。

从官方的解释中，至今无法找到对这种称谓变化的权威解释。但通过对文献的考察，我们可以发现，"政府预算"和"国家预算"在研究客体方面并没有显著的区别。但对同一研究对象，为什么会有两种不同的称谓呢？是仅仅出于使用者习惯上的差异，还是有其他深层次的原因呢？不同的学者对此也做过不同的解释。

倾向于采用"国家预算"的学者认为，国家预算比政府预算的内容、范围更加广泛，还包括社会保障和国有资本经营预算等；国家预算不仅是各级政府的预算，其学科范围还应该包括部门预算和单位预算；国家预算的运行不仅是在政府行政领域内，还包括预算的立法审批，因此采用国家预算的说法更为贴切。[①]

倾向于采用"政府预算"的学者认为：之所以采用"政府预算"一词，而不用长期以来惯用的"国家预算"一词，是因为"政府预算"的提法比"国家预算"更科学、更规范、更符合实际。从预算资金运行的内涵来看，它是与政府有着本质联系的，是为政府职能服务的，是实现政府职能的财力保证，体现了政府事权与财权、财力的统一，体现了以政府为主体的财政分配关系，它规定政府活动的范围和方向。从任何一个国家的年度预算里，都能清楚地了解该国政府在这个年度内将要干些什么事。[②]

但这种仅仅从用词规范角度所做的解释，似乎还不能说明这种称谓转变的真正原因。其实，从"国家预算"到"政府预算"不只是一种称谓习惯的改变，这标志着我国的财政学和预算管理的研究与实践已发生了一场"静悄悄"的变革。

为了进一步分析政府预算与国家预算的关系，我们有必要就二者的定语，即"政府"与"国家"的关系加以比较。在日常用语中，国家和政府往往交叉使用，并且基本上是同一个意思。在不少研究著作中，也往往将国家与政府归为同一个概念[③]，这恐怕是造成政府预算与国家预算概念混淆的主要原因。其实，在现代政治学和国际法意义上，国家与政府是两个彼此联系的范畴，国家是由居民、政府和领土组成的有机整体，而政府仅仅是组成国家的三大构成要素之一。在国家的三个构成要素中，政府与居民个人构成了现代国家中相互对立统一的一组重要范畴。马克思主义经典作家也认为："政治国家没有家庭的自然基础和市民社会的人为基础就不可能存在，它们是国家的必要条件。"[④]

在计划经济体制下，国家包揽了社会生活中的诸多事务，在生产上实行强制的指令性计划，在分配上实行严格的工资控制，在消费上实行全方位的票证制度，在流通中实行全

---

① 王金秀，陈志勇. 国家预算管理［M］. 北京：中国人民大学出版社，2001：前言2页. 在该书2007年第二版的前言中，已然与时俱进地删除了这段文字，这或许也从一个侧面表明，"政府预算"的提法已然逐渐获得认同.
② 麦履康，黄挹卿. 中国政府预算若干问题研究［M］. 北京：中国金融出版社，1998：前言1页.
③ 马国贤. 中国公共支出与预算政策［M］. 上海：上海财经大学出版社，2001：1.
④ 马克思. 黑格尔法哲学批判［M］//马克思恩格斯全集：第3卷. 北京：人民出版社，2002：10-12.转引自：袁祖社. 权力与自由［M］. 北京：中国社会科学出版社，2003：118.

面的价格管制。在这种"全能型"国家模式下，社会只有一个经济主体，即国家，企业依附于政府，而居民个人依附于企业，这就导致了人们将国家视同于政府。由于在利益格局的分配中对居民个人利益的极度忽视，几乎没有什么相对独立于政府之外的个人利益，政府与居民个人之间的委托－代理关系也难以确立。在这种状况下，可以说"国家预算"与"政府预算"是没有什么区别的，这也是长期以来以"国家预算"代替"政府预算"的原因所在。

而在市场经济中，国家三要素中的居民与政府利益"一元化"的模式得到了根本性的改变，居民的个人利益日益受到重视，而政府作为相对于居民而言的社会公共需要提供者，其主要功能在于不断为居民提供各种社会公共产品与服务，并受居民的监督。在这种委托－代理框架下，如果我们再以国家预算的概念涵盖政府与居民这两个要素，就显得不那么符合市场经济的要求了。因为国家预算即使可以包含政府预算，但无论如何是无法包容居民个人的"家计（家庭）预算"的。写到这里，似乎可以得出一个结论，国家预算是与计划经济相对应的，而政府预算则是与市场经济相对应的，从"国家预算"到"政府预算"的概念演变过程，是计划经济走向市场经济，传统财政模式走向现代公共财政的客观要求。

在肯定了政府预算与市场经济的内在联系之后，还有两个问题需要回答：一是"国家预算"所提出的部门预算和单位预算，在"政府预算"中应如何体现？二是超出一般行政领域的预算立法与审批问题，政府预算能否包容？

● 由于各级政府预算是由本级各部门的预算组成的，部门预算纳入政府预算序列自然不应有什么疑问。而单位预算的情况则相对复杂一些了，我们可以按资金来源性质分别加以考察，凡由财政拨付全部或部分经费的单位，其预算应该纳入各级部门预算予以汇总，也就属于政府预算规范的范畴之内；而经费全部由单位自身解决的，其预算编制与审核自然也就与政府预算无关，政府对这类单位预算的管理主要是通过会计制度与财务制度的规范来加以实现的。当然，如果这类自筹经费单位所提供的产品与服务属于社会公共需要的范畴，其预算虽不纳入政府预算范畴，但仍旧属于公共预算（其关系如图1-1所示）。

● 在考察预算立法与审批同政府预算的关系之前，我们有必要考察一下政府的范畴。在政治学文献中，政府有广义与狭义之分：广义的政府是指全部国家机构，即包括立法、司法和行政机关；狭义的政府一般只包括中央和地方各级国家机关的执行机关或国家行政机关，有时甚至仅指行政机构，即内阁。[1]如果我们采用广义政府的概念，预算立法与审批程序，自然也可以纳入政府预算的范畴。

2）政府预算与公共预算

在国外文献的检索中，我们可以发现另一个与政府预算（government budget）关系密切的概念——公共预算（public budget）。[2]在一些西方学者的著作中，公共预算与政府预算的含义是基本相同的，是与家庭和商业预算相区别的一种预算形式。[3]然而，如果我们将自20世纪90年代以来再度兴起的"第三部门"（third sector）的理念纳入研究视野，可

---

① 谢庆奎. 当代中国政府［M］. 沈阳：辽宁人民出版社，1991：2-6.
② 在检索中，有关国家预算（national budget）的概念则甚少出现，这或许从另一个侧面说明政府预算与市场经济的相容性.
③ 鲁宾 I. 公共预算中的政治：收入与支出，借贷与平衡［M］. 马骏，叶娟丽，译. 北京：中国人民大学出版社，2001：1-11.

以发现政府预算与公共预算之间似乎仍存在着一些差异。"第三部门"主要是指各类民间非营利组织，是指处于公共部门和私人经济部门之外的部门，它的显著特征是民间性（非官方性）、非营利性、自治性、志愿性和集体性（活动宗旨和范围超越了个人和家庭）。①这些民间非营利组织所从事的事业，大多属于满足社会公共需要（至少是一定范围内的公共需要），这些组织的资金筹集与运用也需要编制相应的预算。由于非营利组织独立于政府部门，其预算自然不应作为政府预算的组成部分，但鉴于其组织的公益性特点，我们可以将其作为公共预算的组成部分之一。

有关政府预算与国家预算、公共预算三者之间的关系如图1-1所示。

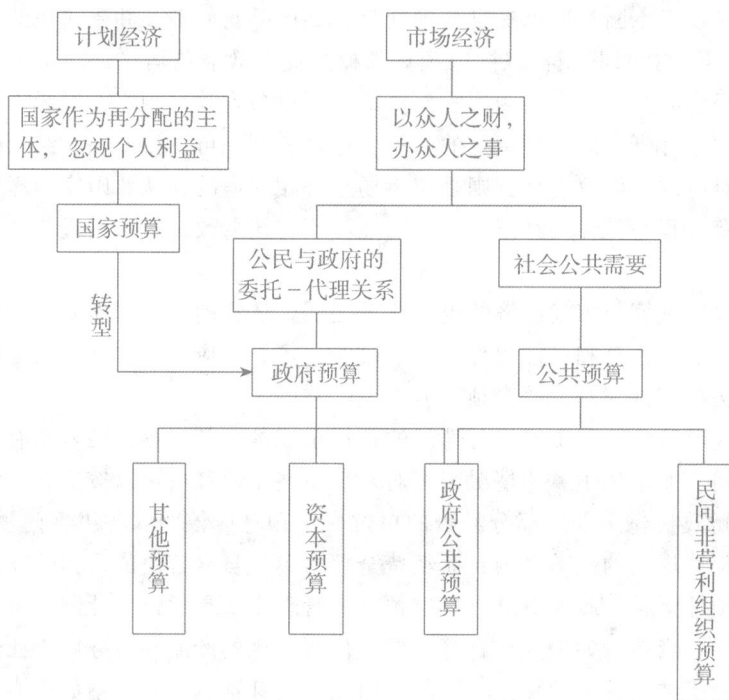

图1-1 政府预算、国家预算和公共预算的关系

通过以上比较分析，我们可以大致地描绘出政府预算、国家预算和公共预算之间的关系。从"国家预算"到"政府预算"的转变，是与从计划经济向市场经济的转型相联系的。国家预算是与计划经济相对应的范畴，在计划经济背景下，国家与政府的概念涵盖范围基本一致，这就造成了国家预算与政府预算的混同；而政府预算是与市场经济相对应的，突出了政府与公民之间的委托-代理关系，概念的外延也更为明确。在现代社会中，由于满足社会（或某一社会范围）公共需要的民间非营利组织的大量涌现，使得政府预算与公共预算之间也存在着一定的差异，但就其整体而言，政府预算与公共预算之间的共同之处还是主要的。就政府预算而言，虽然政府全口径预算中还包括了国有资本经营预算等其他预算，但政府预算的主体无疑是政府公共预算；就公共预算而言，虽然自20世纪90年代以来，民间非营利组织的影响力和规模不断扩大，但无论从规模上还是职能上，都远

---

① 根据国外学者的研究，在世界各国几乎都存在着一个由非营利组织或非政府组织组成的第三部门，大约占各国GDP的4.6%，相当于公共部门就业人口的27%。进一步论述可以参阅：王名，等. 中国社团改革——从政府选择到社会选择［M］. 北京：社会科学文献出版社，2001：1-4.

不能与政府公共部门相比，公共预算的主要研究对象也还是政府公共预算。

### 1.4.2 不同视角下的政府预算内涵界定

通过对国内外相关文献的考察，可以发现不同学者从不同的研究视角出发，对政府预算的含义有着不同的界定。概括起来，具有代表性的观点大致有以下几种：

1）政府预算是政府的基本财政收支计划或政府收支的说明书

无论是在国内还是国外，这都是一种对政府预算内涵认识的相对主流观点。马列主义经典作家曾经指出，"预算只不过是国家本年度预期收入和支出的一览表，并以上年度的财政经验即平衡表为依据……每一个国家预算的基本问题就是预算之间的对比关系，是编制平衡表、盈余表或者赤字表，这是国家确定削减或增加税收的基本条件"[①]。循着这一指导思想，国内持这种观点的学者认为，政府预算是指以财政收支表为主的政府财政资金的基本收支计划（马国贤，2001）。它的功能首先是反映政府的财政收支状况（陈共，1999）。从内容上看，政府预算是将财政收支活动记载在收支分类表中，以反映政府活动的范围和方向，体现政府的政策意图（项怀诚，1999）。国外学者同样认为，预算是一定时期内，政府财政活动的数字估量表（井手文雄，1990），而这种政府收支说明书或估计表格的形成与完善，经历了一个较为漫长的历史进程（埃克图斯坦，1983）。

2）政府预算是一种解决公共资源配置问题的重要管理工具

预算管理在本质上是工具性的（instrumental）（王雍君，2002），其实质在于配置稀缺资源，因而它意味着在潜在的支出项目之间进行选择（爱伦·鲁宾，2000）。政府预算作为一种国家干预经济的政策工具，是集政府行政、法律、经济为一体的特殊管理工具与调节手段，通过政府预算收支计划，参与社会产品与国民收入的分配与再分配，以实现政府职能，贯彻经济政策（邓力平，2001）。从这个意义上讲，政府预算是政府分配集中性财政资金、优化资源配置的重要工具（胡乐亭，1998）。公共预算涉及目标的选择以及达到这些目标的方式的选择。一旦资源通过预算进程进行分配，组织的战略就变得明显了，即使它们没有被明确称为"战略"（罗伯特·李，2011）。

3）政府预算是具有较强政治性的活动

这主要是国外学者对政府预算的观点，他们强调政府预算的政治性，指出它的整个活动过程受到立法机构和政治程序根本制约和规定限制的特点。国外学者认为，预算制度是关于民众赞同和监督国家财政活动的制度，立宪政治的历史可以说是现代预算制度的历史（井手文雄，1990）。在民主社会中，预算是限制政府权力的一个方法（罗伯特·李，2011），批复预算（"资金权力"）是立法部门对行政部门进行控制的主要形式，预算采取的形式必须使立法部门和公众能够对政府政策加以监督（萨尔瓦托雷·斯基亚沃-坎波、丹尼尔·托马西，1999）。预算将公民的偏好与政府产出联系起来，预算决策的制定描述了政府机构内部以及机构之间的预算行动者的相对权力，它也描述了处于一般利益集团和特定利益集团内的公民的重要性（爱伦·鲁宾，2000）。

4）政府预算是一种法律性计划，法治性是政府预算的根本特性

这种观点源于对预算本质上是计划还是法律的争论。持这种观点的学者认为，在本质

---

① 马克思，恩格斯. 马克思恩格斯全集：第9卷［M］. 北京：人民出版社，1961：67，87.

上，预算经立法机关批准公布后便成为法律，在计划经济下预算作为一种财政计划，而在市场经济体制下预算则是法律（焦建国，2001）。"计划"仅是政府预算的关键形式，唯有"法治性"才是政府预算的基本内容和活的灵魂，是政府预算区别于任何其他财政范畴的根本性质，是政府预算的精髓和要义所在。在市场取向的经济改革中，必须严肃政府预算的法治性，并用以约束政府的财政活动（张馨，1998）。循着政府预算行为法治化–政府财政运行规范化–政府公共经济行为规范化这样一条改革路径，我们也可以大致勾勒出未来中国现代财政预算制度的大致轮廓。

5）政府预算是与阶级和国家密切相关的，具有鲜明的阶级性

持这种观点的学者认为，国家预算是实现国家职能和任务的重要工具，要为统治阶级的利益服务，为壮大和巩固相应的生产资料所有制服务，体现统治阶级的根本利益及以国家为主体的分配关系。因而从国家预算的阶级性来说，不同社会制度下的国家预算具有不同的阶级性质（麦履康、韩璧，1987）。

以上各种观点大体上代表了国内外学者对政府预算含义问题的不同认识。在对各种观点加以综合比较的基础上，提出作为本书分析基点的"政府预算"概念，无疑是科学研究的通常思路。然而，通过对上述各种概念的比较考察，我们可以发现其中的差异很大，许多问题也远未取得总体上的共识。因而，我们对政府预算含义的诸多争议也只能存而不论。

在社会主义市场经济中，政府预算是政府接受民众的委托，为实现本国政府在一定时期内的政治、经济和社会目标，筹集和使用集中性财政资金的具有法律效力的基本财政收支计划。

政府预算也有广义与狭义两种理解。狭义的政府预算单纯是指政府预算表格和报告书；而广义的政府预算则包括预算编制、执行、决算、审计结果的公布与评价等全部环节，也就是全部预算管理制度。本书中所指的政府预算主要是就广义的政府预算而言的。

### 1.4.3 预算年度与预算先期执行

1）预算年度概述

预算年度（budget year），又称"财政年度"，是政府预算时效性的集中体现，是政府预算（或公共预算）编制和执行的有效起止期限。

预算年度的起止时间通常为1年，但也有一些例外。在历史上，时间跨度较长的当数欧洲历史上尼德兰王国时期的预算年度。"尼德兰之1817年宪法，规定经常之岁出，每间十年，须一次求议会之协赞。"[1]也就是说，该国政府经常性支出的预算年度为10年。

2）各国预算年度的采行状况

世界上多数国家的预算年度与公元纪年相吻合，即采用"历年制"，有些国家的预算年度与日历年度不一致，即采用"跨年制"。目前，采用历年制（从1月1日起至12月31日止）的国家主要有：中国、朝鲜、德国、法国、意大利、奥地利、比利时、丹麦、芬兰、希腊、爱尔兰、冰岛、卢森堡、荷兰、西班牙、葡萄牙、瑞士、挪威、俄罗斯、波兰、匈牙利、罗马尼亚、墨西哥、巴西等。

尼德兰王国时期的预算年度

---

① 吴贯因. 中国预算制度刍议 [M]. 北京：文益印刷局，1918：15.

采用跨年制的国家，主要的表现形式有四种：

（1）从当年 4 月 1 日起至次年 3 月 31 日止为一个预算年度的国家包括英国、加拿大、日本、印度、印度尼西亚、新加坡、缅甸、新西兰、博茨瓦纳、莱索托、马拉维、南非、不丹、斯威士兰、牙买加、伯利兹等。

（2）从当年 7 月 1 日起至次年 6 月 30 日止为一个预算年度的国家包括瑞典（自 20 世纪 90 年代财政危机以后，已改为实行"历年制"）[①]、科威特、孟加拉国、巴基斯坦、澳大利亚、塞拉利昂、津巴布韦、苏丹、埃及、喀麦隆、冈比亚、加纳、肯尼亚、毛里求斯、坦桑尼亚等。

（3）从当年 10 月 1 日起至次年 9 月 30 日止为一个预算年度的国家包括美国（联邦政府）、泰国、尼泊尔、海地等。

美国从 1844 年至 1976 年的预算年度为 7 月 1 日至次年 6 月 30 日。但在 1976 年实行了新的跨年制，根据《1974 年至 1976 年国会预算及扣押款项控制法》规定，1976 年 7 月 1 日至 9 月 30 日为过渡季，从 1976 年 10 月起采用从 10 月 1 日起至次年 9 月 30 日止为一个预算年度的做法。

但是，美国许多地方政府的预算年度开始于 1 月份。而在美国州一级政府层面上，除了阿拉巴马州、密歇根州、纽约州和得克萨斯州之外，所有其他州的预算年度都开始于 7 月份。阿拉巴马州和密歇根州的预算年度开始于 10 月份，纽约州的预算年度开始于 4 月份，得克萨斯州的预算年度开始于 9 月份。

（4）土耳其的预算年度为当年 3 月 1 日至次年 2 月 28 日（闰年为 29 日）止。

对于采用跨年制的国家，如某国从 2005 年 4 月 1 日起至 2006 年 3 月 31 日的预算，称为该国 2005—2006 财年预算。根据某些国家的传统，也通常以结束年度来对预算年度加以命名。

3）影响各国预算年度确定的因素

（1）实行计划经济的国家，预算年度的起止日期，通常与国民经济发展计划的年度安排保持一致。

（2）部分市场经济国家根据议会会期确定预算年度，以便在国会召开期间讨论和审议政府预算。"宜使预算议决之期与实施之期，紧相连接。盖因相距太远，则政治上社会上之事变，易使议决之预算，与事实不相应合，其结果必致追加预算，使财政上发生弊端。然亦不可与议决之期相距太近，因太近则预算尚未议决，而年度已开始，又将使用临时预算制或延长上年度预算制，是亦足以损坏正式预算之效力。"[②]

（3）气候与财政收支的季节性变化影响预算年度的确定。如果预算年度开始时正值税收旺季，国库充盈，便于执行新的预算安排。这种状况在财政收入受农业丰歉影响较大的国家表现得较为突出。譬如，西汉时代的戴圣在《礼记·王制》中记载："冢宰制国用，必于岁之杪，五谷皆入然后制国用。用地小大，视年之丰耗。以三十年之通制国用，量入

---

① 根据笔者的检索情况，当前有关各国预算年度进行的资料（甚至是教材），在介绍瑞典的预算年度时，多相互转引地认为瑞典实行的是"7 月制"。其实，目前瑞典实行的预算编年度为"日历年度"。其原因在于，20 世纪 90 年代初，世界范围内的经济衰退使瑞典深受其害，金融危机、高失业率更暴露了其原有福利体系的缺陷。瑞典在预算改革中将其预算年度由"跨年制"改为了"日历年度"。变更的主要原因是，在多年的估计基础上，更新经济数字一般都是根据日历进行的，人们把瑞典预算对未来进行预期的不准确，归咎于预算年度和日历年的不一致。资料来源：根据 1999 年 7 月 29 日—31 日，于河北省廊坊市召开的"预算编制与执行国际研讨会"上，经济合作与发展组织（OECD）公共服务部高级专家 Jon Blondal 对瑞典预算改革的发言记录整理而成（会议记录整理人：马蔡琛）。

② 何廉，李锐. 财政学［M］. 北京：商务印书馆，2011：451（原书于 1935 年由商务印书馆出版）。

以为出。"这就体现了农业国在年终岁尾、五谷皆入的时候，才开始编制国家用款计划（预算）的特点。

4）美国双年度预算的特案分析

在与预算年度相关的概念中，还有"双年度预算"也是需要加以了解的。所谓"双年度预算"（biennial budget），主要是在美国部分州政府中实行的一种做法，而美国地方政府则没有采用双年度预算的传统。在实施双年度预算过程中，美国各州的做法不尽相同。有的州在两年内实施两个年度预算，有的州在两年内实施一个为期两年的预算。对前者而言，在财政年度终了时，任何部门的资金结余，都要收归财政部门；对于后者而言，结余在第二个预算年度内仍可继续使用。在实践操作中，单年度预算与双年度预算的执行方式大体相同（如预算资金配给、预算拨款、对账与审查等）。但由于双年度预算的周期是单年度预算的两倍，其根本性的差别在于预算编制或行政准备阶段。

双年度预算最大的风险在于，它不利于对新的情况做出迅速的反应。由于不能对变化进行调整而付出的代价，可能会比该种模式节约的时间成本更加高昂。鉴于单年度预算体系比双年度预算体系更具一定的灵活性，20世纪以来，大多数国家更倾向于采用单年度预算体系作为其主要的预算管理模式。例如，早在1940年，美国有44个州采用双年度预算模式，只有4个州采用年度立法周期以及相应的预算年度（新泽西州、纽约州、罗德岛州、南卡罗来纳州）[1]；而如今在美国采用单年度预算的州则要比当年多得多了（并且多为人口较为密集的州）（参见表1-1）。同时，在实行双年度预算的州中也往往规定在中期"重开"两年度预算。[2]

5）预算先期执行问题

预算先期执行问题往往系因预算年度已然开始，预算尚未能及时议定而造成，这已是困扰各国政府预算管理长达数百年之话题，而不是什么新鲜事。早在近百年前，中国学者对此就曾有过精炼的论述：

预算议定之后，即当实行，然事实上各国之预算，往往因政治上之变动，而有未议定或不成立之事。预算未议定与预算不成立大不相同。不成立者，谓或由议会不成立，或由议会不一致，或由政府与议会关于预算之全部或一部生根本上之冲突，或由预算之议定，违背法规，致预算断无议定或确定之希望也。未议定者，谓或由新内阁初成立，其预算迟于提出，或由议会之议事，发生意外之停滞，致年度开始之时，预算尚未议决，必少假时日，始可议决也。预算之理想，在能议定于事前，显未议定及不成立，既为事实上所不可免，则不能不有一种便法以救济之。通常关于未议定时之处置法，各国现制上各不相同，约有三种：①法律上无办法者，如美国是也。②前预算延长制，如西班牙……是也。③临时预算制，如英法意比是也。第一制虽有自由处置之益，然同时又有破坏预算精神之害。第二制与第三制比较之，以第三制为优。盖第一，社会万般情事，逐岁变迁，若袭用前年度之预算，事实上必有窒碍。例如前年度之预算中，有营建衙署或其他建筑物一项，其经费三百万，然其事已于前岁竣工，若施行前年度之预算，则此等经费之支出，宁非无意义。又如今岁发生丧乱、灾变之事，急需巨款以谋善后，若施行前年度之预算，则此等经

① MEYERS R.Handbook of Government Budgeting [M]. New Jersey: Jossey-Bass, Inc., 1999.
② 李 R，约翰逊 R W，乔伊斯 P G.公共预算系统 [M]. 苟燕楠，译. 8 版. 北京：中国财政经济出版社，2011：48.

表1-1 美国州政府的预算年度

| 年度预算（31个州） | 双年度预算（19个州） |
| --- | --- |
| 阿拉巴马州 | 康涅狄格州 |
| 阿拉斯加州 | 夏威夷州 |
| 亚利桑那州 | 印第安纳州 |
| 阿肯色州 | 肯塔基州 |
| 加利福尼亚州 | 缅因州 |
| 科罗拉多州 | 明尼苏达州 |
| 特拉华州 | 蒙大拿州 |
| 佛罗里达州 | 内布拉斯加州 |
| 佐治亚州 | 内华达州 |
| 爱达荷州 | 新罕布什尔州 |
| 伊利诺伊州 | 北卡罗来纳州 |
| 爱荷华州 | 北达科他州* |
| 堪萨斯州+ | 俄亥俄州 |
| 路易斯安那州 | 俄勒冈州 |
| 马里兰州 | 得克萨斯州 |
| 马萨诸塞州 | 弗吉尼亚州 |
| 密歇根州 | 华盛顿州 |
| 密西西比州 | 威斯康星州 |
| 密苏里州 | 怀俄明州* |
| 新泽西州 | |
| 新墨西哥州 | |
| 纽约州 | |
| 俄克拉荷马州 | |
| 宾夕法尼亚州 | |
| 罗德岛州 | |
| 南卡罗来纳州 | |
| 南达科他州 | |
| 田纳西州 | |
| 犹他州 | |
| 佛蒙特州 | |
| 西弗吉尼亚州 | |

*表示实行双年度预算的州制定合并的两年期预算。其他双年度预算的州是制定两个年度预算。

+表示实行年度预算的州，其小型机构实行双年度预算。

资料来源：SNELL R K.Annual and Biennial Budgeting，The Experience of State Governments，National Conference of State Legislatures［R］，July 2007.Available online at http：//www.ncsl.org/default.aspx？tabid= 12658。转引自：MIKESELL J L. Federal Budget Structures and Institutions ［M］. In Fiscal Administration：Analysis and Applications for the Public Sector.9th ed.，Boston：Cengage Learning，2014：161.

费将何由筹措。反是，若采用临时预算制，其编制之大体，虽必以前年度之预算为基础，然可参酌本年度之情形而有所出入，则可期与事实相应，施行上不生障碍也。第二，预算之内容为政府全年度政策之所寄，而世态万变，必须每年有所策划，始能与日进不已之大势相应，若沿用前年度之预算，则行政必蹈常袭旧，而违反时势之所趋。反是，若采用临时预算制，则可持进步的主义，以定行政之纲领，而不至牵拘于成法，而不能应时势之要求也。临时预算复为两种：①依一年十二月计算，以提出预算上经费之总额为被除数，以十二除之，其所得之数，即为一月之费额，故名之曰临时十二分预算，但一次施行之期限得至两个月以上，不必仅限于一月，此法法国行之。②临时预算，在实际上以数月之收支为标准而论制之，但其施行之期，无明文之限制，此制英国行之。西法似以第二法为优，因其能察临时之需要，以为增减，不似第一法之固定也。①

　　根据《中华人民共和国预算法》（以下简称《预算法》）第18条规定，预算年度自公历1月1日起，至12月31日止。按照目前的惯例，全国人大在每年3月初至中旬开会，审议批准政府预算报告。预算报告获得批准后，如果加上财政部和各部门批复过程所耗费的时间，中央各部门所属单位的预算最快要等到4月才能得到批准。由于历年制的预算年度与全国人大会期之间的脱节，直接造成了每年前几个月的政府预算的执行缺乏法律依据，存在预算先执行后批准的问题。

　　事实上，我国这种预算先执行后批准的做法由来已久、延续至今，可从不同历史时期颁布的国家预算法律、法规中窥见端倪。能够代表我国不同时期预算管理制度的法律、法规主要有四部——1951年的《预算决算暂行条例》、1992年实施的《国家预算管理条例》、1994年的《预算法》和2014年的《预算法》。

　　1951年7月20日，政务院第九十四次政务会议通过的《预算决算暂行条例》是新中国成立后第一部关于国家预算的专门法规。该法规第14条第5款规定，"国家总预算草案，由中央财政部于每年11月15日前，审核汇编完竣，提请政务院核呈中央人民政府委员会核定"；第15条规定，"政务院于每年11月底以前，将核定之下年度国家总预算，分别通知，逐级下达"。据此，国家在预算年度内执行的应该是经过批准的预算。但是实际上并未依照《预算决算暂行条例》规定的时间执行。1952年8月6日，中央人民政府委员会第十六次会议听取和批准了财政部部长所作的《关于1951年度国家预算的执行情况及1952年度国家预算草案的报告》。此时预算年度已过大半，半年多执行的预算是未经中央审批的预算，这是新中国成立后政府预算先期执行的开始。②

　　1954年9月20日，第一届全国人民代表大会第一次会议通过的第一部《中华人民共和国宪法》规定，各级政府预算由同级人民代表大会批准，由此改变了预算的批准机关和程序。由于在每届人民代表大会期间送审的都是本年度的政府预算，所以每年都有几个月甚至半年多的时间执行的是未经批准的预算。

　　1991年10月21日，国务院颁布了《国家预算管理条例》。条例尽管未能解决预算先期执行的问题，但终究还是为预算先期执行提供了相对明确的法律依据。条例第40条规定："各级预算草案在未经本级人民代表大会批准之前，暂按照本级人民政府编制的预算草案执行。"

---

① 陈启修. 财政学总论 [M]. 北京：商务印书馆，2015：89-90（原书于1924年由商务印书馆出版）.
② 张献勇. 预算年度调整：强化全国人大预算审批权的一个可行思路 [J]. 人大研究，2005（10）.

1994年3月22日，第八届全国人民代表大会第二次会议通过的《预算法》第44条规定："预算年度开始后，各级政府预算草案在本级人民代表大会批准前，本级政府可以先按照上一年同期的预算支出数额安排支出，预算经本级人民代表大会批准后，按照批准的预算执行。"

由中华人民共和国第十二届全国人民代表大会常务委员会第十次会议于2014年8月31日通过、自2015年1月1日起施行的《中华人民共和国预算法》第54条规定："预算年度开始后，各级预算草案在本级人民代表大会批准前，可以安排下列支出：（一）上一年度结转的支出；（二）参照上一年同期的预算支出数额安排必须支付的本年度部门基本支出、项目支出，以及对下级政府的转移性支出；（三）法律规定必须履行支付义务的支出，以及用于自然灾害等突发事件处理的支出。根据前款规定安排支出的情况，应当在预算草案的报告中作出说明。预算经本级人民代表大会批准后，按照批准的预算执行。"

可见，我国政府预算先期执行的问题从其建立之始就存在，并一直延续至今。在2014年修订的新《预算法》中，针对这一问题的因应性规定，在延续1994年《预算法》相关规定的同时，又做了相应的细化和补充，总体而言，还是相对周密的。

## 1.4.4 预算周期

预算和支出程序中反复发生（并且互有重叠）的事件，构成了预算周期。所谓预算周期（budget cycle），亦称"循环预算"，是指预算的工作程序，包括预算的编制、批准、执行和监督四个阶段。预算周期实质上就是政府预算从编制、执行到决算的日程表，就每一预算年度而言，是一个周而复始的过程。

尽管不同政府的具体活动各不相同，但任何实行行政与立法分立的政府，都呈现出类似的特征。[1]大体上，预算周期可以划分为四个阶段：行政准备（executive preparation）阶段、立法审议（legislative consideration）阶段、预算实施（execution）阶段和审计评估（audit and evaluation）阶段。[2]

各年度的预算周期实际上也是联系在一起的，因为预算审计评估的结果，可以为将来的预算提供重要的数据。由于这四个阶段是周而复始的，因此，任何时候政府部门的预算管理都会处于不同预算年度的不同阶段中。如果一个政府机构实行的财政年度是日历年度，假设现在是2018年的12月，那么，这个政府机构正处于2018财政年度的实施阶段，同时还是2019财政年度的预算准备阶段和立法审议阶段，2017财政年度的预算审计阶段。

市场经济国家的预算编制程序，比较有代表性的是美国联邦政府预算的编制。美国联邦政府收支预算的决策程序大体分为预算编制、批准、执行和事后监督四个阶段，这也就是通常所说的"预算周期"，其预算编制阶段早在预算年度开始前18个月即着手进行，预算编制与执行阶段的周期恰好为30个月。

标准周期
预算制度

就中国现实而言，地方预算改革试点中提出的标准周期预算制度，是较具代表性的。其预算管理的周期大致划分为三个阶段，即"预算编制阶段""预算执行与调整阶段""决

---

[1] 国会制政府（parliamentary government）不完全适用这个周期，因为这些政府中行政部门和立法部门没有分开，即立法领袖同时也就是行政首脑。但依然还是编制和执行预算。
[2] 米克塞尔 J L.公共财政管理：分析与应用 [M].白彦锋，马蔡琛，译.北京：中国人民大学出版社，2005：49.

算与绩效评价阶段"（参阅专栏1–3）。

## 专栏 1-3

### 天津市标准周期预算管理办法（节选）

第二条　每一年度预算的标准周期为30个月。从时间上划分为三个标准阶段，即预算编制阶段、预算执行与调整阶段、决算阶段。

预算编制阶段，从当年开始，对上年预算执行情况进行分析总结和绩效评价，结合本年度预算执行情况，测算下年度预算收支规模和增长速度，编制下年度本级预算草案，汇总下级预算，形成总预算草案，并按规定程序报请人民代表大会批准，期限为12个月。

预算执行与调整阶段，从第二年开始，按照人民代表大会批准的年度预算组织执行，分析预算执行情况，办理预算调整与变更手续，完成年度预算任务，期限为12个月。

决算阶段，从第三年开始，组织编制本级决算草案，汇总下级决算，形成总决算草案，按规定程序报请人民代表大会常务委员会批准，并对预算执行结果进行分析总结和绩效评价，作为编制下年度预算的依据，期限为6个月。

每一预算年度同时有三部预算在不同阶段并存，即编制上年度决算、执行本年度预算、编制下年度预算。

第五十六条　决算编审工作完成后，财政部门和主管预算部门及时对预算执行结果进行绩效综合评价，对预算收支结构及其发展变化趋势进行分析和预测，对预算执行中的经济和政策变化情况等进行分析整理，以此作为编制下一年度预算的参考依据。

资料来源：《天津市人民政府批转市财政局拟定的天津市标准周期预算管理办法的通知》（津政发〔2001〕第51号）。

此外，还有一种与"预算周期"措辞颇为接近的"周期平衡预算"，也有必要略加介绍。周期平衡预算又称为瑞典预算，它是20世纪30年代首先在瑞典出现的一种预算。这种预算用经济周期代替财政年度，它不要求财政收支在每一财政年度平衡，只要求在一个经济周期中平衡，从而使政府既能实施反周期的宏观政策，又能平衡预算。但一些研究者认为，这种理论也存在一些自身无法解决的问题：首先，一届政府可能在某一年支出过多，从而产生赤字，却将赤字的弥补任务留给下一届政府。其次，经济周期中衰退和高涨的幅度与持续时间是不相等的。例如，长时间严重的经济滑坡后，很可能接着一个短期的、中等程度的经济复苏。最后，政府经常将一些长期因素，比如人口变化和一些结构性变化的失业率的上升和国民收入的下降，误解为短期周期性的因素所致，从而进行财政刺激。[1]从1953年至1960年，由于时任美国总统的艾森豪威尔采纳了新古典综合派经济学家的政策建议，美国的实际国民生产总值年均增长率仅为2.5%，这一时期被人们称为"艾森豪威尔停滞"[2]。

## 本章小结

- 政府预算并不仅仅是政府的事情，它与我们的日常生活息息相关。全面理解政府预

---

①　金俐.预算是否应该平衡——介绍西方经济学的几种观点［J］.上海大学学报（社科版），1991（6）.
②　刘溶沧，刘晓路.财政政策在扩大内需中的功能定位研究［P］.收录于刘溶沧，赵志耘.中国财政理论前沿Ⅲ［M］.北京：社会科学文献出版社，2003：17.

算，就微观个人而言，可以帮助我们了解国家宏观经济政策，正确选择与自己相关的决策；就宏观社会而言，可以帮助我们全面审查政府向公民"募集"资金的使用情况，防止政府对公共资金的随意浪费。

● 政府预算不仅是经济学问题，还更多地涉及政治学与行政学层面上的集体选择问题。现代政府预算作为一种管理工具，具有较为明显的经济学与管理学科际整合的特征。

● 现代预算制度呈现从"控制取向"走向"绩效导向"、从合规控制转向公民参与、从年度预算拓展为中期财政规划等演化趋势。

● 从"国家预算"到"政府预算"的转变，是与从计划经济向市场经济的转型相联系的。国家预算是与计划经济相对应的范畴，在计划经济背景下，国家与政府概念涵盖范围的基本一致，由此造成了国家预算与政府预算概念的混用；而政府预算是与市场经济相对应的，突出了政府与公民之间的委托-代理关系，概念的外延也更为明确。

## 综合练习

简答题

1.1 简要分析现代政府预算在世界范围内的发展与演进。

1.2 关于预算概念的主要观点有哪些？你对此有何见解？

1.3 现代政府预算的演化特征是什么？

1.4 政府预算、国家预算和公共预算的相互关系是什么？

1.5 影响各国预算年度选型的主要因素有哪些？

案例分析题

1.1

### 邓小平同志论预算

邓小平同志早在1954年1月13日"在全国财政厅局长会议上所作的报告"中，就对预算问题做出了深刻的分析。阅读以下材料，请思考以下问题：

（1）"数字中有政策，决定数字就是决定政策"的具体含义是什么？

（2）"预算要归口，不能有不归口的预算项目"的具体含义是什么？

更大的危险性是财政部代替各部门决定政策，这是不懂得数字中有政策，决定数字就是决定政策。归口就包括政策问题，数目字内包括轻重缓急，哪个项目该办，哪个项目不该办，这是一个政治性的问题……归口以后，就易于控制，预算就容易确定。所以预算要归口，不能有不归口的预算项目。归口不等于财政部不管，财政部有干预的权利，要提出意见。财政部提意见，是从全局出发，考虑有钱没有钱，是否符合国民经济发展的比例。预算不能由各部自行决定，但必须以各部门为主，共同商量。各级、各部门对归口是赞成的，现在有一些还没有归口，归口以后，工作就主动了。

资料来源：邓小平. 邓小平文选：第1卷［M］. 北京：人民出版社，1994.

1.2

### 调整预算年度的辩证思考

由于预算先期执行问题的长期存在，近年来时有调整预算年度的呼声。阅读以下材料，请思考以下问题：

（1）预算先期执行是否是各国普遍存在的一种现象？

（2）如果将我国的预算年度调整为跨年制，可能会造成哪些问题？

支持调整预算年度的观点认为（王凌智，2017）：从政府预算编制、审查、审批、批复的时间过程来看，是跨两个自然年度的，历经预算编制、审查审批两个阶段，而预算年度却是历年制的，与全国人大审查、批准政府预算的过程存在着脱节，造成预算年度已经过去一个季度了，预算才能得到批准，有关政府转移支付资金下达到市县政府，则时间更晚。应该调整现行的预算年度，改为跨年制预算年度，进而才能确保预算年度与政府预算编制、审查、批准和执行过程相衔接。从政府预算的编制、审查、批准过程以及编制依据来看，建议对政府预算年度进行调整，同时，考虑不改变目前全国人大及其常委会会议召开时间，由历年制调整为跨年度，即从当年的8月1日起至翌年的7月31日止。

反对调整预算年度的观点认为（黄晶华，2012；马蔡琛，2009，2014）：近年来，由于"历年制"容易导致预算先期执行、预算资金下达过晚而引致突击花钱，不断有主张实施"跨年制"预算年度改革的动议（如改为四月制或七月制）。然而，调整预算年度"牵一发而动全身"，涉及政府的会计年度、企业的纳税年度等多方面因素，如果操作不当甚至可能引致财经秩序混乱，因而，在我国社会经济转型时期，调整预算年度的可行性是值得审慎斟酌的。

其实，改行跨年制的预算年度，也不能从根本上解决预算先期执行问题。以美国为例，尽管采行了跨年制的预算年度（联邦政府为十月制，州和地方政府多为七月制），预算管理制度也堪称周密，然而，在1948—2012年的60多年间，在新预算年度开始之前，将全部13个拨款提案全部签署成预算法案的，只有1989年、1995年和1997年三个年份。而我国台湾地区，近半个多世纪以来的预算年度几经变迁，始终在七月制与历年制间不断变更，最终于1998年综合考虑多种因素而将预算年度敲定为历年制。

在多方呼吁下，2014年8月修改通过的《预算法》第18条规定："预算年度自公历1月1日起，至12月31日止"，维持了1994年预算法关于预算年度的规定，从稳定大局出发，体现了全面深化财税改革的宗旨和原则。

资料来源：黄晶华. 马蔡琛教授谈预算法修订的"三底线"[N]. 国际金融报，2012-08-26；马蔡琛，张洺. 海峡两岸政府预算制度的比较研究[J]. 河北学刊，2014（4）；马蔡琛. 论中国《预算法》的修订问题[J]. 云南社会科学，2009（6）；王凌智. 关于政府预算年度实行跨年制的探讨[J]. 西部财会，2017（1）.

## 推荐阅读资料

财政部《邓小平论财经》编辑组. 邓小平论财经[M]. 北京：中国财政经济出版社，1997.

高培勇. 共和国财税60年[M]. 北京：人民出版社，2009.

马蔡琛. 如何解读政府预算报告[M]. 北京：中国财政经济出版社，2002.

网上资源

　　http：//www.mof.gov.cn（中华人民共和国财政部）
　　http：//www.crifs.org.cn（中国财政科学研究院）

现代政府预算作为一个复杂的组织系统，既包括处于较高层面的政治因素，也更多地涉及处于基础层面上的技术因素。因而，政府预算的组织构架与研究视角，往往具有"横看成岭侧成峰"的特点。不同的学者从不同学科的视角出发，也形成了不同的预算理论。这些理论在社会转型期的中国政府预算改革舞台上也都或多或少地发挥着各自的影响，从而构成了更加丰富多彩的中国预算管理制度变迁的绚丽图景。

在本章中，我们将从政府预算的组织结构、管理体制、职权划分和研究视角等多个维度，就政府预算系统的运行模式加以较为全面的考察。

## 2.1 政府预算的组织构架与种类

### 2.1.1 政府预算的组织构架

一般来说，有一级政府就有一级财政收支活动主体，也就有一级预算。预算级次制度是国家根据预算管理权限所划分的预算层次，是纵向财政预算管理体制的基础。现代社会，大多数国家都实行多级预算。

我国现行预算组成体系是按照一级政府设立一级预算的原则建立的。我国宪法规定，国家机构由全国人民代表大会、国务院、地方各级人民代表大会和各级人民政府组成。与政权结构相适应，同时结合我国行政区域的划分，相应设立五级预算：①中央；②省、自治区、直辖市；③设区的市、自治州；④县、自治县、不设区的市、市辖区；⑤乡、民族乡、镇。

按照政权构架，全国预算由中央预算和地方预算组成。中央预算即中央政府预算，是经法定程序批准的中央政府财政收支计划；地方预算是经法定程序批准的各级地方政府财政收支计划的统称，由各省、自治区和直辖市总预算构成。地方各级总预算由本级预算和汇总的下一级总预算组成；下一级只有本级预算的，下一级总预算即指下一级的本级预算。没有下一级预算的，总预算即指本级预算。

在 2014 年 8 月修订通过的新《预算法》中，删除了 1994 年《预算法》中规定的"不具备设立预算条件的乡、民族乡、镇，经省、自治区、直辖市政府确定，可以暂不设立预算"。也就是说，明确规定了乡镇一级也必须设立本级预算。①

在近年来的政府预算管理改革实践中，出现了一种"乡财县管"和"省直管县"的模式，在一定程度上突破了五级预算的组织管理构架。有

---

① 依《预算法》第 24 条第 3 款之规定："经省、自治区、直辖市政府批准，乡、民族乡、镇本级预算草案、预算调整方案、决算草案，可以由上一级政府代编，并依照本法第 21 条的规定报乡、民族乡、镇的人民代表大会审查和批准。"

关这些改革模式的利弊，限于篇幅，我们暂不加以评价，相信今后的预算改革实践会提供一个明确的答案。

我国现行预算体系如图2-1所示。

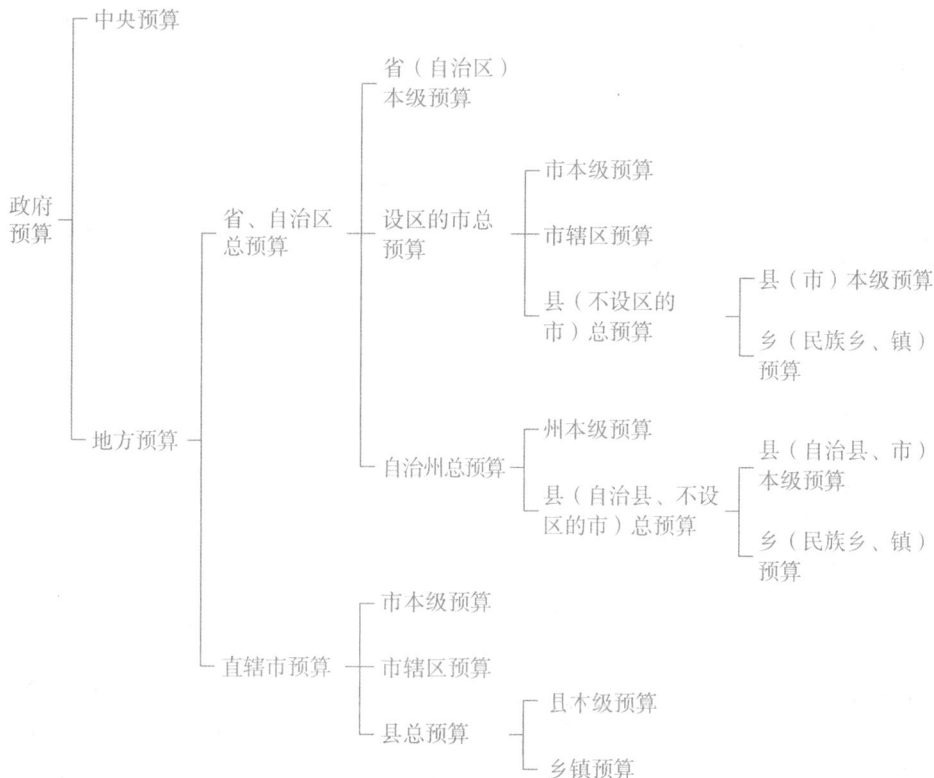

图2-1 我国的政府预算组织构架

我国法律规定，县级以上的地方各级人代会审批本行政区域内的预算以及执行情况的报告。需要说明的是，本行政区域内的总预算包括本级预算和下级预算，那么上级人大是不是审批下级政府的预算呢？目前的实际做法是，全国人大审批的国家预算包括中央本级预算和地方预算，但地方预算只是汇编，实质性审查和批准的是中央本级预算和中央部门预算。这样，实际上各级人大只对本级预算进行实质性审批。

例如，2017年3月15日第十二届全国人民代表大会第五次会议通过的《第十二届全国人民代表大会第五次会议关于2016年中央和地方预算执行情况与2017年中央和地方预算的决议》就是这样表述的："第十二届全国人民代表大会第五次会议审查了国务院提出的《关于2016年中央和地方预算执行情况与2017年中央和地方预算草案的报告》及2017年中央和地方预算草案，同意全国人民代表大会财政经济委员会的审查结果报告。会议决定，批准《关于2016年中央和地方预算执行情况与2017年中央和地方预算草案的报告》，批准2017年中央预算。"

人民代表大会制度规定各级人大之间不是领导关系，因而可以说各级政权拥有相对独立的预算管理权。之所以说这种独立性是相对的，是因为我国宪法还规定，国务院统一领导全国地方各级国家行政机关的工作，规定中央和省、自治区、直辖市的国家行政机关职权的具体划分，并且规定地方各级人民政府对本级人代会负责并报告工作的同时，对上一级国家行政机关负责并报告工作。因此，国务院可以决定国家的财政体制，从而决定中央地方事权和支出责任的划分。我国是单一制而非联邦制的国家，凡是全国性的财政方针政策的制定以及财税管理法律法规的制定，以及相应的解释权和修订权都由中央政府来行使。地方政府在不违背中央统一规定的前提下，有权制定地区性财政和预算管理制度。

### 2.1.2　政府预算的种类

政府预算是一项相对较为复杂的工作，涉及社会经济生活的诸多方面。为了实现政府预算的不同功能，根据政府预算活动中的各种主要关系，相应建立了不同形式的政府预算组织形式和预算分类方法。目前，按不同的标志，政府预算的分类主要有以下几种（具体内容如图2-2所示）。

按照不同的政府级次分类，可以分为中央预算和地方预算。

按照预算内容分类，可以分为总预算和分预算（分预算大体包括了后文将要介绍的部门预算和单位预算）。

按照收支范围分类，可以分为经费预算（或运营预算）和专项预算（或项目预算）。

按照预算作用的时间长短分类，可以分为年度预算和中期预算（或中期财政规划）。

按照政府预算的编制范围和预算技术组织形式分类，可以分为单式预算和复式预算。

按照预算编制的内容和技术方法分类，可以分为增量预算和零基预算。

按照立法手续分类，可以分为正式预算（本预算）、临时预算和追加预算。早在近百年前，陈启修（陈豹隐）先生在《财政学总论》中对本预算、临时预算和追加预算这三种预算的分析，在今天看来也是颇多洞见的："临时预算者，当本预算尚未议定，而年度已经开始之时，略划定一极短期际临时编制之预算，专行于本预算未施行之前者也。本预算者，一年度，本来应行之预算。追加预算者，当本预算已经提出国会之后为补本预算所不足，或为应付新发生事实，所追加之预算。从预算本来之目的言之，自以仅用本预算为最佳，盖临时预算及追加预算，在理论上皆足以破坏预算之统一，使预算本来之作用，不能发挥也。临时预算制与延长预算制，皆为一种预算未定时临时救济之方法，各国有行之者，有不行之者。追加预算则各国大抵皆不能免，盖未来之事，非事前所能逆料，苟于总预算编成之后，发生新需要，自不能不提出追加预算以应之也。然追加预算亦可发生大弊，盖追加预算可以隐蔽财政之真相，凡遇岁出非常膨胀之时，政府虑不得议会之承诺，往往不悉揭其额于本预算，而留一部分以编成追加预算，藉以行朝三暮四之术，以欺决意机关也。故各国对于追加预算，往往加以限制。"[①]

与前述中央预算和地方预算相联系的一个概念是总预算。一般说来，一级政府在一般性财政收支之外，往往还有一些特别项目的收支，如国有企业的财务收支、特别工程的收支等。过去，在相当长的时期内，这类收支与政府的一般财政收支是分别核算的，这种做法有损于预算的统一性和完整性。现在，许多国家都把这些预算合并在一起并统一列表核算，于是形成总预算。一级政府的总预算不仅包括本级一般财政收支和特别预算，也包括下级政府的总预算，从而形成完整的政府预算体系。

---

① 陈启修. 财政学总论［M］. 北京：商务印书馆，2015：74（原书于1924年由商务印书馆出版）.

按预算内容分类

可以把政府预算分为**总预算**和**分预算**。从预算项目的分合来看，总预算就是政府财政收支的综合计划，它包括一般经费收支和各类特别收支两大项目，而分预算则是这两大项目的细目

从预算的部门划分来看，国防预算、经济投资预算等部门预算就是分预算，而各部门预算的汇总就是总预算

按收支范围分类

**普通预算**（经费预算）是指政府编制的一般财政收支项目的预算

**特别预算**（专项预算）是指政府对某些具有特别意义的项目另行安排的预算。例如，在某些发达国家，公营企业投资预算，公共工程投资预算、社会保险预算以及各类特种基金预算都属于特别预算

实践表明，特别预算往往不利于政府在各类收支项目之间进行资金的调剂使用，也在一定程度上影响了综合反映政府全部财政收支使用、变化的情况。因而，近年来有些国家已经不再编制普通预算与特别预算，而是实行编制总预算和分预算制度

按政府级别分类

可把预算划分为**中央预算**和**地方预算**。在单一制国家里，政府预算可以分为中央政府预算和各级地方政府预算；在联邦制国家中，政府预算可以分为联邦政府预算、州（邦）政府预算和各级地方政府预算。过去，国家预算通常仅指中央政府的财政预算，而现在的国家预算则包括各级地方政府的财政预算

按立法手续分类

**本预算**（正式预算）。它是政府依法就每年度可能发生的财政收支加以预计编成的，经立法机构审批后即可公布实施的预算

**临时预算**。有些时候基于某种原因，新预算年度即将开始而政府预算草案尚未完成立法程序，不能成为正式的预算，在这种情况下，为解决预算成立前的政府经费开支问题，就要先编制一个暂时性的预算，作为在正式预算成立前进行财政收支活动的依据，这就是临时预算

**追加预算**。在本预算已经批准且付诸实施的情况下，如果必须增加某项支出并同时相应地增加财政收入，政府就需要编制一种追加的预算，作为本预算的补充

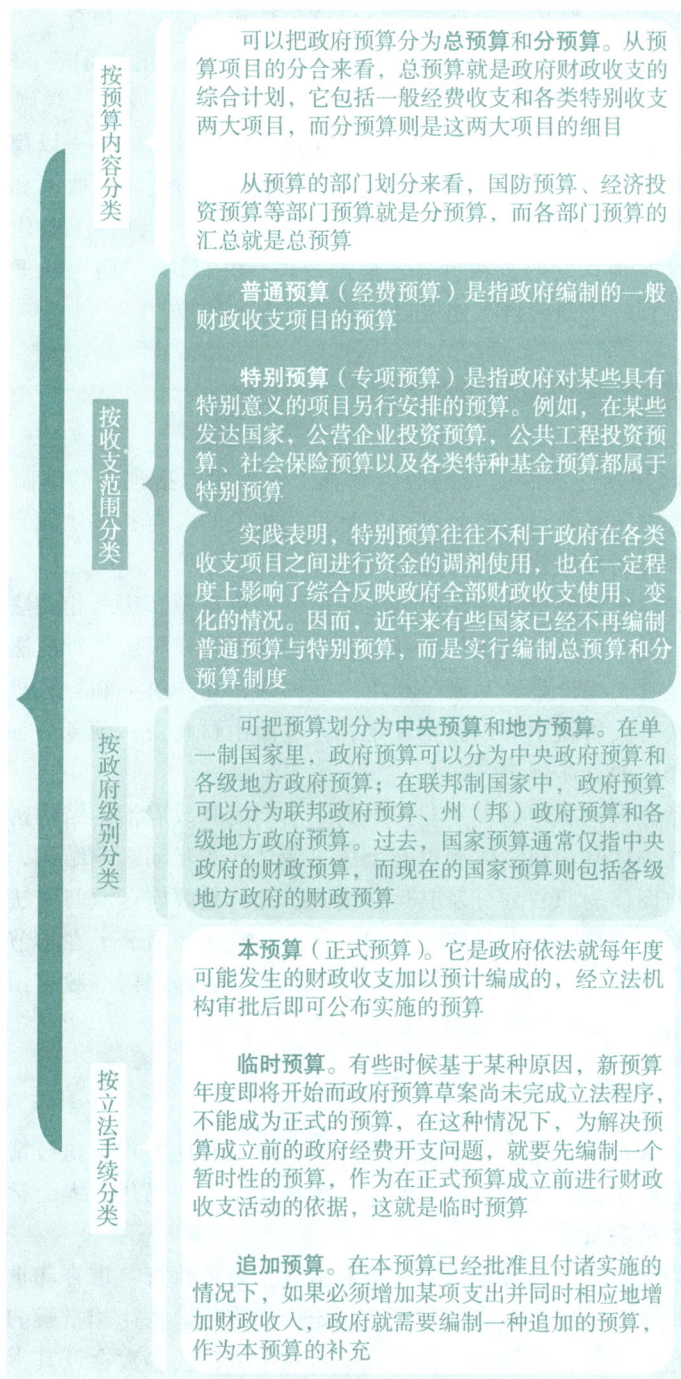

图 2-2　政府预算分类示意图

与总预算相对应的另一个概念是单位预算。单位预算是政府预算的基本组成部分，是各级政府的直属机关就其本级及所属行政、事业单位的年度经费收支所汇编的预算，另外还包括企业财务收支计划中与财政有关的部分，它是机关本身及其所属单位实现其职能或事业计划的财力保证，是各级总预算构成的基本单位。根据经费领拨关系和行政隶属关

系，单位预算又可分为一级单位预算、二级单位预算和基层单位预算。

此外，在理论研究层面还有微观预算和宏观预算之分。正如芬诺（Fenno，1965）和威尔达夫斯基（Wildavsky，1964）所描述的，第二次世界大战后，微观预算——从底层到中层的决策，通常是自下而上对行政部门、计划和项目做出的——以稳定和可预测的预算过程为特征；宏观预算——高层决策，通常是自上而下对支出、收入和赤字总额及相对预算份额做出的——因历史上长期庞大的赤字而逐渐盛行。①许多工业化国家使用宏观预算的迹象表明，这些预算发展也在世界各地进行。②我国目前"两上两下"的预算管理流程，更具有微观预算所强调的自下而上启动预算过程的特点。

## 2.2　政府预算的管理职权

正如本书1.4.4节所述的，通常的政府预算工作程序包括预算的编制、批准、执行和监督四个阶段。政府预算管理需要经过以上流程，相关的参与各方才能有效地行使各自的职权，以实现预算控制和绩效提升的预期目标。

政府预算管理职权，是指在宪法原则的框架下，依据预算法等相关法律法规，对参与政府预算管理系统的各利益相关主体，就其各自的职责与权限所进行的法律界定。从世界各国预算管理实践看，无论是联邦制还是单一制国家，立法机关和行政机关的预算管理职权，通常都在宪法有关条款中加以原则规定，并进而由财政法、预算法等相关法律法规做出更为详尽的可操作的具体规定。③

预算过程与预算管理职权的界定与一国的政治制度和政府治理结构密切相关。一国的行政管理体制、立法体制和司法体制以及上述三者之间的互动影响结构，决定了在预算管理过程中各机构与团体的职权划分及其运作模式，尤其是政府行政与立法监督机构之间的相互制衡关系，对于预算过程及其资源配置结果的影响尤为显著。在本节中，我们将结合中国现实，分别从立法监督机构、各级政府部门和财政管理部门等政府预算主要利益相关主体的视角，对其相应的预算管理职权加以分析。

### 2.2.1　各级人民代表大会的预算管理职权

全国人民代表大会审查中央和地方预算草案及中央和地方预算执行情况的报告；批准中央预算和中央预算执行情况的报告；改变或者撤销全国人民代表大会常务委员会关于预算、决算的不适当的决议。

全国人民代表大会常务委员会监督中央和地方预算的执行；审查和批准中央预算的调整方案；审查和批准中央决算；撤销国务院制定的同宪法、法律相抵触的关于预算、决算的行政法规、决定和命令；撤销省、自治区、直辖市人民代表大会及其常务委员会制定的同宪法、法律和行政法规相抵触的关于预算、决算的地方性法规和决议。

县级以上地方各级人民代表大会审查本级总预算草案及本级总预算执行情况的报告；批准本级预算和本级预算执行情况的报告；改变或者撤销本级人民代表大会常务委员会关

① 卡恩 A K，希尔德雷斯 B H.公共部门预算管理［M］．韦曙林，译．上海：上海人民出版社，2010：1-2.
② SCHICK A S.Macro-Budgetary Adaptations to Fiscal Stress in Industrialized Democracies，Public Administration Review，46（March/April 1986）：124-34.
③ 卢洪友．政府预算学［M］．武汉：武汉大学出版社，2005：20.

于预算、决算的不适当的决议；撤销本级政府关于预算、决算的不适当的决定和命令。

县级以上地方各级人民代表大会常务委员会监督本级总预算的执行；审查和批准本级预算的调整方案；审查和批准本级决算；撤销本级政府和下一级人民代表大会及其常务委员会关于预算、决算的不适当的决定、命令和决议。

乡、民族乡、镇的人民代表大会审查和批准本级预算和本级预算执行情况的报告；监督本级预算的执行；审查和批准本级预算的调整方案；审查和批准本级决算；撤销本级政府关于预算、决算的不适当的决定和命令。

全国人民代表大会财政经济委员会对中央预算草案初步方案及上一年预算执行情况、中央预算调整初步方案和中央决算草案进行初步审查，提出初步审查意见。

省、自治区、直辖市人民代表大会有关专门委员会对本级预算草案初步方案及上一年预算执行情况、本级预算调整初步方案和本级决算草案进行初步审查，提出初步审查意见。

设区的市、自治州人民代表大会有关专门委员会对本级预算草案初步方案及上一年预算执行情况、本级预算调整初步方案和本级决算草案进行初步审查，提出初步审查意见，未设立专门委员会的，由本级人民代表大会常务委员会有关工作机构研究提出意见。

县、自治县、不设区的市、市辖区人民代表大会常务委员会对本级预算草案初步方案及上一年预算执行情况进行初步审查，提出初步审查意见。县、自治县、不设区的市、市辖区人民代表大会常务委员会有关工作机构对本级预算调整初步方案和本级决算草案研究提出意见。

设区的市、自治州以上各级人民代表大会有关专门委员会进行初步审查、常务委员会有关工作机构研究提出意见时，应当邀请本级人民代表大会代表参加。

对依照《预算法》第22条第1款至第4款规定提出的意见，本级政府财政部门应当将处理情况及时反馈。

依照《预算法》第22条第1款至第4款规定提出的意见以及本级政府财政部门反馈的处理情况报告，应当印发本级人民代表大会代表。

全国人民代表大会常务委员会和省、自治区、直辖市、设区的市、自治州人民代表大会常务委员会有关工作机构，依照本级人民代表大会常务委员会的决定，协助本级人民代表大会财政经济委员会或者有关专门委员会承担审查预算草案、预算调整方案、决算草案和监督预算执行等方面的具体工作。

### 2.2.2 各级人民政府的预算管理职权

国务院编制中央预算、决算草案；向全国人民代表大会做关于中央和地方预算草案的报告；将省、自治区、直辖市政府报送备案的预算汇总后报全国人民代表大会常务委员会备案；组织中央和地方预算的执行；决定中央预算预备费的动用；编制中央预算调整方案；监督中央各部门和地方政府的预算执行；改变或者撤销中央各部门和地方政府关于预算、决算的不适当的决定、命令；向全国人民代表大会、全国人民代表大会常务委员会报告中央和地方预算的执行情况。

县级以上地方各级政府编制本级预算、决算草案；向本级人民代表大会做关于本级总预算草案的报告；将下一级政府报送备案的预算汇总后报本级人民代表大会常务委员会备案；组织本级总预算的执行；决定本级预算预备费的动用；编制本级预算的调整方案；监督本级各部门和下级政府的预算执行；改变或者撤销本级各部门和下级政府关于预算、决算的不适当的决定、命令；向本级人民代表大会、本级人民代表大会常务委员会报告本级总预算的执行情况。

乡、民族乡、镇政府编制本级预算、决算草案；向本级人民代表大会做关于本级预算草案的报告；组织本级预算的执行；决定本级预算预备费的动用；编制本级预算的调整方案；向本级人民代表大会报告本级预算的执行情况。

经省、自治区、直辖市政府批准，乡、民族乡、镇本级预算草案、预算调整方案、决算草案，可以由上一级政府代编，并依照《预算法》第21条的规定报乡、民族乡、镇的人民代表大会审查和批准。

### 2.2.3　各级财政部门的预算管理职权

国务院财政部门具体编制中央预算、决算草案；具体组织中央和地方预算的执行；提出中央预算预备费动用方案；具体编制中央预算的调整方案；定期向国务院报告中央和地方预算的执行情况。

地方各级政府财政部门具体编制本级预算、决算草案；具体组织本级总预算的执行；提出本级预算预备费动用方案；具体编制本级预算的调整方案；定期向本级政府和上一级政府财政部门报告本级总预算的执行情况。

### 2.2.4　各部门和单位的预算管理职权

各部门编制本部门预算、决算草案；组织和监督本部门预算的执行；定期向本级政府财政部门报告预算的执行情况。

各单位编制本单位预算、决算草案；按照国家规定上缴预算收入，安排预算支出，并接受国家有关部门的监督。

## 2.3　政府预算的研究视角

政府预算在世界范围的兴起，经历了大约数百年的发展历程，其总体变化趋势与整个社会科学研究（尤其是公共财政理论和公共管理理论）的演变呈现出较强的相关关系。在不同时空背景下，公共预算所依据的假设条件也有所不同，由此产生了不同的学说与理论。

就近代预算研究的早期发展而言，早在80多年前，南开大学的何廉先生和李锐先生在其《财政学》一书中就曾做过精炼的概括：

财务行政与立法之内容，包括预算之编制与批准，岁出之行政与监督，以及公款之保管与赋税之征收等。关于此方面之问题，始注意研究者，为德国之官房学派。官房学之目的，注重在国家财产之收入及管理方法，故是派之著作中，以讨论此方面为最多。然以之为近世财政学之一部而论之较详者，实始于斯泰因氏（Stein），盖在氏以前，研究财政学者，大抵仅注意于财政之经济方面，自氏则始注重其法律方面。故从兹以后，财务行政及立法，遂成为财政学范围内之一部分。法国学者斯脱姆（Stourm）著有《预算》一书，关于财务立法方面，讨论尤详。惟英美财政学者，多将此问题，于所著财政学之末，约略述其大概或一部分，鲜有加以详细论列者。①

回顾现代预算理论的发展历史，应该说在20世纪60年代以前，是缺乏一套相对系统完整的预算理论的。自20世纪60年代以来，在芬诺（Fenno）和威尔达夫斯基（Aaron Wildavsky）等人的努力下，逐步形成了"渐进主义"的主流预算理论；同时，公共选择理论中也体现了某些预算管理的相关思想（例如，中间投票人理论所揭示的"中间投票人决定预算结果"的结论、尼斯坎南的"预算最大化"模型所阐释的政治家和官僚在预算交易过程中的互动影响等）。20世纪80年代以来，鲁宾（Rubin）和勒娄普（Leloup）等人相继提出了政府预算的政策过程模型和宏观预测模型，但都未能取代渐进主义预算理论的主流地位。近年来，众多西方学者试图从新制度经济学、文化理论、后现代理论等视角来诠释现代政府预算，但目前的影响仍旧相对有限。正如巴特尔（Bartle，2001）所指出的，现在的情况是，我们有许多预算理论，只是没有一种最合适的政府预算理论。

概括起来，现代预算管理大体是循着两条分析脉络展开的。一方面，就研究对象而言，从早期的预算收入控制，逐步转向支出控制与运行绩效管理。同时，由于发达经济体的预算管理制度框架相对稳定，对其基本制度演化的研究相对较少，更多考察某一预算"子领域"中的具体问题，在许多方面体现出"精耕细作"的特征。其中，较具代表性的有，Kirchgaessner（2001）对于过去30年中预算程序与公共法令之间效率的比较，以及行政机构互动对预算影响的研究；②Meyers和Rubin（2011）对于美国近一个世纪以来预算执行与预算权演进的研究。③另一方面，就学科跨度而言，预算研究呈现出与其他学科（如公共管理学、政治学、社会学、心理学、法学等）交叉渗透的整合趋势。较具代表性的有，Kraan（1996）从公共选择视角对预算决策问题的研究；④Kelly（2003）从公共管理视角对20世纪预算管理模式制度演化的分析。⑤

从理论沿革角度，可以认为，现代预算理论是在19世纪初到20世纪30年代初的自由市场经济时期的预算管理理论，以及从20世纪30年代到60年代初的预算经济功能理论的基础上发展和完善而来的。

## 2.3.1 19世纪初—20世纪30年代初期的预算管理理论

西方世界19世纪之前的政府预算思想，主要体现在古典经济学中关于国家经济职能、财政收支组织原则等一系列理论之中。

19世纪初期到20世纪30年代，经济自由理论居于主导地位，推行的是以古典经济学为指导思想的自由市场经济，主张国家不过多地干预经济生活。这一思想同样体现在政府预算研究中，其思想渊源来自马克斯·韦伯的官僚理论，研究的领域主要集中在详细描述政府的预算和会计体系，以及立法机关与审计等部门的活动，注重通过组织结构改进以控制预算支出。其中，比较有代表性的是弗里德里克·克里夫兰（Frederick A. Cleveland）

① 何廉，李锐. 财政学［M］. 北京：商务印书馆，2011：447（原书于1935年由商务印书馆出版）.
② KIRCHGAESSNER. The Effects of Fiscal Institutions on Public Finance：A Survey of the Empirical Evidence［R］. CESifo Working Paper No. 617，the 57th Congress of the International Institute of Public Finance，2001.
③ MEYERS R T.，RUBIN I S. The Executive Budget in the Federal Government：The First Century and Beyond［J］. Public Administration Review，2011（3）.
④ KRAAN D J. Budgetary Decisions-A Public Choice Approach［M］. Cambridge：Cambridge University Press，1996.
⑤ KELLY J M. The Long View：Lasting（and Fleeting）Reforms in Public Budgeting in The Twentieth Century［J］. Journal of Public Budgeting，Accounting & Financial Management，2003（2）：309-326.

对美国预算的研究，在其 1915 年出版的代表作《美国预算观念的进化》（Evolution of the Budget Idea in the United States）中，系统阐述了现代政府预算的基本原则。此外，斯脱姆关于法国预算体系的研究[①]、德雷尔对英国议会体系的考察，也是这一时期的重要代表。[②]20 世纪 20—30 年代的政府预算研究，则主要集中在预算管理过程的考察，其分析重点是政府财政预算部门和资金使用部门之间、行政和立法部门之间以及行政部门内部的相互关系。

### 2.3.2    20世纪30—60年代初期的预算管理理论

两次世界大战后所发生的财政支出持续增长，以及国家干预主义经济政策的影响，构成了这一时期政府预算管理研究的基本背景。20 世纪 30 年代以来，政府预算研究的重心发生了转移，政府预算从单纯的控制收支的工具，转向成为政府对宏观经济运行施加影响的手段，政府预算的经济功能得到了充分重视。按照美国著名预算学者 A.普雷姆詹德的论述，预算作为经济政策的手段，其功能大体表现在以下几个方面："第一，从政策角度讲，它指明了经济的趋势，并表达了有效利用社会资源的意向……第二，预算的一个主要功能是促进经济的宏观平衡……第三，由于最近强调以公平的方式来分配资源，因而预算已成为减少不公平的工具……第四，预算应更好组织，以便使它对国民经济总体的影响得到快速的和富有意义的发展。"[③]

1940 年，V.O.凯伊在批评当时预算文献过于刻板的同时，提出了预算管理的"元命题"："究竟是什么决定要将 X 元用于 A 项目，而不是 B 项目？"[④]即使时至今日，就世界范围而言，对于这一问题的求解也远未能令人满意。从这个意义上讲，各国的政府预算管理改革或许永远在路上。

20 世纪 50 年代以来，现代政治理论对组织结构和政府等级结构的重视，系统论所提供的全面综合的理论构架，以及数量分析方法的广泛应用，促成了计划-规划-预算制度（PPBS）的产生，使得政府在预算配置资源效率问题上有了突破。这些从 20 世纪初期到 60 年代的改革强调项目信息的应用，最终为更多预算制度的创新改革和现行预算体系的建立，奠定了良好的基础。[⑤]

### 2.3.3    20世纪70年代以来政府预算管理理论的新发展：多学科整合

20 世纪七八十年代以来，在政治、经济、文化背景条件的变迁中，当代世界各国公共管理改革揭开了序幕。其主要特点是：引入私人部门的管理方法，探索建立"企业型政府"；广泛推行合同制，实现政府管理的市场化；分散政府管理职能，实施分权化改革；推动公共管理信息化改革，逐步建立电子政府。以公共选择学派、货币学派和供给学派为代表的经济学理论，崇尚市场至上的新公共管理、管理主义与后官僚主义等理论思潮，构成了这一政府公共治理模式变革的思想基础。政府公共管理作为一个科际整合的研究领

---

①    STOURM R. Le Budget ［J］. Guillaumin et Cie, 1896.
②    普雷姆詹德.预算经济学［M］. 周慈铭, 何忠卿, 李鸣, 译. 北京：中国财政经济出版社, 1989：前言.
③    普雷姆詹德.预算经济学［M］. 周慈铭, 何忠卿, 李鸣, 译. 北京：中国财政经济出版社, 1989：42-44.
④    KEY V O., Jr. The Lack of a Budgetary Theory ［J］. American Political Science Review, 1940, 34: 1138-1144.
⑤    李 R, 约翰逊 R W, 乔伊斯 P G.公共预算系统［M］. 苟燕楠, 译. 8 版. 北京：中国财政经济出版社, 2011：100.

域，它从政治学、经济学、社会学、心理学、管理学等学科借鉴了许多理论与方法。[①]政府预算作为东西方各国公共管理改革的重点问题之一，自然也体现了这一多学科整合的发展趋势。这种政府预算管理的多学科整合大体是沿着政治学、管理学、经济学和法学四条分析线索展开的。[②]

1）政治学的研究观点

政治学的研究观点强调预算过程的政治本质，其考虑问题的出发点是政治制度与政治行为之间的因果关系。政治学者认为政府预算本身就是一种政治产物，研究预算应从分析公共政策的决策过程与政府预算的贯彻执行出发。就此问题最著名的当属威尔达夫斯基于1964年出版的《预算过程的政治学》（The Politics of Budgetary Process）一书中所提出的预算策略的经典论述。威尔达夫斯基试图从政治的角度解释政府预算的演进过程及其结果，认为政府预算管理研究只是政府政策比较分析的一部分，预算过程的模型应考虑以下因素：组织内的妥协、主要利益相关角色的权力分配、政治策略，以及获得预算资金的预期等。舒曼（Shuman，1984）从行政部门与立法部门之间的互动角度来考察美国政府预算的形成过程，他认为预算与政治是分不开的，预算报告本身就是政治文件，而所谓"预算的政治"就是收益获得者与成本支付者之间的利益交换与斗争。

希克（Schick，1995）从议会政治与公共政策间关系的角度，来探讨近年来美国联邦政府的预算过程；而罗森布罗姆（Rosenbloom）则分析了研究政府预算问题的若干途径，包括管理的、政治的以及法律的途径，其中政治途径对政府预算的分析，强调了预算管理中的代表性、共识与联盟的建立和预算分配中的权力定位等价值观念，并以渐进主义（incrementalism）作为预算分配的主要方式。范加斯特和马歇尔（Weingast & Marshall，1988）则认为，立法机构或预算审查制度的形成主要受制于两方面因素：现任立法者寻求连任的目标偏好，以及降低交易成本（transaction cost）的目的。

米哈依（Mayhew，1987）则从立法机构成员的自利行为出发，分析了立法机构的预算审查过程，他指出立法机构成员在任期内的首要目标是寻求连任，因此选区利益与选票效应便成为立法机构成员审查预算法案的主要考虑因素之一。在预算决策过程中，时常会出现民选代表彼此相互掩护，通过利益交换，分吃"预算馅饼"的"肉桶政治"（pork barrelling）。科维伊特和迈克库宾斯（Kiewiet & McCubbins，1991）则将政府预算视为一种契约，政府官员在民众同意的条件下运用资金，向出资者（公民及其代表）提供公共产品与服务，由此在预算管理中引入了"委托-代理"分析范式。由于委托人与代理人之间存在信息不对称、逆向选择和道德风险等客观问题，需要立法机构在授权行政部门编制预算时设计适当的机制，以避免"代理人问题"的产生。

渐进主义理论的演进

2）管理学的研究观点

20世纪中后期，政府治理领域的重要变革趋势就是管理学、经济学、政治学、社会学乃至心理学在公共部门中的整合应用，将管理学与经济学的分析范式引入政府治理领域，从而掀起了所谓的"公共管理革命"。政府预算作为公共经济部门的核心范畴，自然

① 张成福，党秀云.公共管理学［M］.北京：中国人民大学出版社，2001：12.
② 此外，还有社会学的分析视角对政府预算问题的研究。社会学把政府预算视为一种社会分配和调整机制。这种再分配本身就内含着政府从社会公平角度对不同社会阶层的收入加以调整，从而实现促进社会公平、公正和稳定的政策目标。参阅卢洪友.政府预算学［M］.武汉：武汉大学出版社，2005：6-7.

也不可能回避这种管理变革的挑战。近年来，东西方各国的公共管理改革，都将政府预算改革作为重点领域之一，管理学的理论、方法与技术日益渗透到政府预算研究之中。

管理学的研究观点主张，影响组织行为唯一的、最有效的工具就是预算，因而应将政府预算过程视为一个功能性的名词，其内涵由控制、管理与规划等诸要素构成，预算制度应融合更多的政策分析与管理方法，以提高公共决策的绩效（徐仁辉，2000）。美国学者史蒂文·科恩与威廉·埃米克则认为，对于公共管理者而言，预算是一把双刃剑，既是一个控制手段又是一个被控制的手段。每一个预算程序要求公共管理者完成三个任务：一是从组织工作单位的环境中获得资源；二是在组织的从属单位中分配这些资源；三是跟踪消费以确保资源分配获得关注（Steven Cohen & William Eimicke，1998）。这种管理变革体现在预算形式上，要求从传统的按支出用途分类，改为按功能与绩效分类，并按项目与计划编制预算（诸如计划—规划—预算、零基预算等预算形式）。这些预算制度基本上是应用管理理论来解决预算分配问题，这些管理制度是建立在预算是一个理性决策过程这一基本假设前提之上的，其目的在于将预算过程从支持政府官员行政资源的被动角色，转变为积极地决定政府施政计划的有力工具（Schick，1973）。这种运用管理学基本原理分析政府预算问题的思路，拓展了传统预算管理研究的范围。这种以预算管理为核心的财政管理学研究框架，对于我国传统财政学研究范式的重构，所可能产生的影响将是十分深远的。从这个意义上讲，这也恰好印证了近年来我们所探求的财政学与公共管理学相互融合的研究范式。①

然而，这种理性决策的预算管理模型，在具体应用中仍旧面临着某些困难。这些困难主要源于三个方面：第一，预算决策的绩效不仅取决于具体的预算管理模式选择，还与历史习惯、传统模式的僵化、利益相关主体间的复杂关系等因素有关，仅仅通过管理系统的规范，是难以解决预算管理中的深层次问题的。第二，预算过程固然是决定政府计划与项目的工具，但仍应考虑政治制度对预算行为的影响及效果。第三，人类的行为（包括政府预算各利益相关主体的行为）作为一种不确定条件下判断和决策的体现，不仅受到利益的驱动，而且还受到多种心理因素的影响。②同时，将行为分析理论与经济运行规律、心理学与经济科学有机结合起来，也是21世纪以来作为经济学重要新兴分支的行为经济学（含相关方法的实验经济学）的重要特色。如何将心理学研究与政府预算研究有机结合起来，借鉴行为经济学的研究思路，探索预算决策过程中影响各利益相关主体行为特征的心理因素，并进一步尝试构建"预算心理学"的基本分析框架，也是当代预算管理研究的一个重要维度。③管理学研究将预算过程视为中性并可产生理性结果的观念，忽视了预算决策过程中的政治本质及利益冲突问题（Wildavsky，1966）。我们不妨将分析的视角再次投向各国政府预算管理改革的实践，同样也可以印证这种管理学研究观点所面临的困难。在过去几十年中，许多发展中国家在预算管理系统中引入了源于别国的创新模式，但其取得的成效却是十分有限的（王雍君，2002）。虽然就形式层面而言，这些国家的政府预算管理系统在每个环节上都是井然有序的，但低效率和腐败仍随处可见，居民负担了税收却只能得到劣质公共服务，许多发展中国家预算管理的技术性"改进"基本上是失败的。

---

① 高培勇，马蔡琛，白彦锋. 公共财政管理：分析与应用 [M].北京：中国人民大学出版社，2005：校译者前言.
② 马蔡琛，赵灿. 公共预算遵从的行为经济学分析——基于前景理论的考察 [J]. 河北学刊，2013（4）.
③ 马蔡琛. 变革世界中的政府预算管理——一种利益相关方视角的考察 [M]. 北京：中国社会科学出版社，2010：34-35.

3）经济学的研究观点

经济学对政府预算问题的研究，主要应用工具是福利经济学的相关理论，其研究既是实证的，也是规范的。规范的方法可以上溯到18世纪亚当·斯密提出的租税与政府支出原则。而实证方法则是通过运用经济计量方法，来解答"如何实现社会福利最大化"的问题。因而，经济学集中研究政府预算中的一些经济特性，如政府公共支出的适当组合与标准是怎样的?政府预算的规模如何确定?政府支出如何在不同项目之间分配?对于预算政策的经济效率应采用什么样的标准来衡量（Musgrave & Musgrave，1989）?另外，经济学的研究还关注于预算决策影响市场的诸多实证问题。例如，政府的不同收入与支出方案对社会目标的影响如何?政府税收和支出对社会经济与民众福利的影响怎样?私人经济部门对政府税收与支出政策变化作何反应?

总之，经济学对政府预算的研究最为注重的就是政府预算的"效率"问题。政府预算所提供的公共产品，具有不同于私人产品的非竞争性和非排他性特点，因而难以通过市场机制实现有效供给;而政府预算作为一种公共选择或集体选择的集中体现，所要解决的主要是非市场化决策如何确定的问题。针对公共产品与服务供给中所面临的困难，经济学的研究提出了许多解决方案。例如，由于大多数公共产品并不完全符合纯公共产品的标准，而是属于准公共产品的范畴，于是有的学者建议按公共产品产生的外部利益予以补贴（Steiner，1983）。至于公共产品的消费者偏好隐藏问题，则可以通过公共投票模型来取代市场机制。

然而，经济学对政府预算管理问题的研究与建议，基本上属于理论层面上的贡献，对于政府预算管理实践并未产生想象中的巨大影响（徐仁辉，2000）。其主要原因在于：外部性的测算相当困难;由于投票悖论的存在，投票结果难以代表选民的中间偏好;多数票的投票方式需要牺牲少数人的利益等。同时，由于预算收入的限制，政府活动的选择经常是零和（zero-sum）游戏，帕累托效率标准往往无法适用（李允杰，1997）。

4）法学的研究观点

法学主要从社会公众通过立法机构规范政府预算行为的角度出发，循着政府行为法治化的线索，考察法律对政府预算管理各利益相关主体间权利与义务关系的调节与规范。这种以理性基础上的立法约束政府权力的思想，其渊源可以上溯到柏拉图和亚里士多德等人的古典法治国思想，以及文艺复兴以来民主法治国家的理想与市民社会的实践。其中最具代表性的有：洛克对公共法律与社会公众之间关系的分析，孟德斯鸠对法律的人类理性的思考，以及法国重农学派代表人物魁奈对于"结成社会的人明显的最有利的秩序"（"自然法"）的强调。

从法学角度研究政府预算的学者认为，要实现政府谨慎并正确地运用自身权力的目标，仅仅依靠政府的自我意识与自我约束是远远不够的。具有法律权威的政府预算将能直接规范、约束与控制政府的具体活动，将政府行为和财政行为纳入法制化的轨道。政府预算法治化是财政行为法治化的基本途径，是公共财政赖以存在的基本形式。在现代市场经济中，可以循着政府行为法治化→财政行为法治化→政府预算法治化的思路，推动依法治国的历史进程（张馨，1999）。

在法学理论上，预算法有广义和狭义之分。广义的预算法，也就是实质意义上的预算法，是指一切有关调整政府预算关系的法律规范，包括宪法中有关预算的原则规定、国家权力机关和执行机关以及有关部门颁布的各种有关预算的法律法规和规范性文件等；而狭义的预算法，也称为形式意义上的预算法，是指国家最高权力机关制定的作为政府预算管理基本法的预算法。在法学实践中，世界各国都非常重视预算立法，其所采用的具体法律形式有以下几种：一是在《宪法》的有关章节中规定政府预算的有关问题；二是制定财政管理的基本法——财政法，在其中规定有关的预算管理问题；三是制定专门的预算法；四是通过年度预算方式确立预算的法律效力（张弘力，2001）。我国采取的是上述第三种方式，并1994年3月颁布了《预算法》，并于2014年8月通过了《预算法》颁布以来的第一次修正。

在预算基本法的原则框架之下，法学对政府预算管理的研究，分别循着预算实体法和预算程序法两个角度加以展开。预算实体法主要规定预算资金筹集、分配的方式，预算拨款的方式和负责机构等（如西方国家的季度预算法案、国会拨款法案等）；而预算程序法则主要规定政府预算草案提出后的审议环节、各有关机构的审批权限和要求、预算管理机构的职责及其与执法机关的关系；预算执法机构的会议活动；控制赤字、削减赤字，全面管理行政机构预算活动的要求等方面。

长期以来，在预算实体法与预算程序法的关系问题上，理论与实务部门往往更倾向于强调实体法层面上的预算资金的筹集与配置效率问题，而对程序法层面上的合规性认识不足。这种现状既受到当前我国法学领域"重实体轻程序"的现实影响，也与某些政府部门过分强调当前经济发展的现实政绩，而忽视长远发展的规则与程序的重要性有关。其实，就一个处于社会经济转型期的经济体的长远发展而言，建立社会经济生活运行秩序的"程序正义"原则，远较追求经济资源短期合理配置的"实体正义"原则要重要得多。也正是从这个意义上说，从法学角度研究政府预算问题，对于中国政府预算管理改革所具有的影响与意义将是相当深远的。

综上所述，政府预算管理研究总体上是一个渐进演变的进程。这些研究思路虽然并未形成一个统一的学术流派，但每一种思路与观点都涉及政府预算问题的不同侧面，并运用不同的模型来加以解释。上述研究观点虽然都对现代政府预算管理理论做出了贡献，但也都存在缺点或不严密之处。从经济学角度所做的研究，无法制定出一套实用的标准，以此来判断哪些社会经济活动最适于以政府预算来供给；从政治学角度所做的研究，总是难以正确描述各个时期、各个单位的政治行为的差异对预算的影响；而从管理学角度提出的预算管理模式，通常在实践中又存在着实施障碍的局限（陈纪瑜，2003）；从法学角度对预算程序所做的强调，也面临着预算原则从"古典"的强调立法控制向"现代"的强调行政灵活性转化的挑战。

当我们从事政府预算管理的实践工作时，上述各学科的研究视角都被不同的关键人物所使用。"法官认为预算是一系列的法律程序。经济学家和政治学家由于视角的不同，所描述的对象也不同。公共管理者眼中的预算和其他人也不同。没有人不对，因为他们都根据自己所受教育和职业的视角来定义现象。"[①]因而，这几种研究观点的跨学科整合与借鉴，仍旧是当代政府预算管理所面临的重要议题之一。

① 林奇 T D.美国公共预算［M］.苟燕楠，董静，译. 4版. 北京：中国财政经济出版社，2001：3.

## 2.3.4 后金融危机时代的预算研究最新进展①

自全球金融危机爆发以来，各国有关预算改革的文献大致可分为以下两类：一是针对预算管理改革的总体性研究，二是更为关注具体的预算改革举措。

就第一类研究而言，更多体现了对整体预算改革的关注，而较少描述具体的改革举措。理查德（Richard，2008）分析了预算改革呈现非线性②和不可预测性的主要原因：一是政府领导者缺乏决策主导权，导致预算管理的非均衡发展；二是部分发展中国家和转型经济体的财政管理机构执行能力相对低下，普遍缺乏预算改革持续推进的知识和技能。③在当代新公共管理运动中，预算管理改革不仅发生在财政部门，梅根（Megan，2012）还从立法监督机构的维度，系统考察了美国2011—2012年的预算改革举措。④譬如，2011年的《预算控制法案》（Budget Control Act of 2011）设立了法定的自由裁量支出限额，同时成立了赤字削减委员会，这些举措将从不同角度改变预算过程。此后，2012年的《预算增长法案》（Pro-Growth Budgeting Act of 2012）亦要求，对众议院和参议院提出的重大提案进行为期十年的宏观经济影响评估。

第二类研究主要聚焦于中期预算框架以及独立财政委员会等具体改革举措。自2008年金融危机以来，财政空间已然开始成为许多国家的稀缺资源，在OECD成员国中尤其明显。马里奥（Mario，2014）指出，应当通过具体的预算改革来有效拓展财政空间，而不是通过一揽子的财政整顿措施来拓展。具体而言，财政空间的扩展不仅要求预算管理方式的实质性变革，还要求预算决策覆盖时间范围的延展，不能只局限于单纯的年度预算。⑤经合组织（OECD，2010）考察了后危机时代捷克财政整顿所面临的挑战，指出有必要实行中期财政规划以对整顿过程进行有效指导。⑥若尔特（Zsolt，2010）考察了本轮金融危机对中西欧国家预算政策的影响，指出应该将中期预算框架纳入财政责任法，以此形成一个规范的法律约束体系。⑦德布鲁因和金道（Debrun & Kinda，2014）对IMF成员国所组建的独立财政委员会进行归纳总结，指出在危机后，独立财政委员会的数量呈显著增加的趋势，一个设计精良的独立财政委员会与良好的财政表现以及更精确的预算预测之间，呈现出较强的正相关性。⑧在欧盟呼吁各成员国组建独立财政委员会之前，也有一些非官方的学术团体或独立研究者为公共决策建言献策。譬如，罗伯特（Robert，2011）从国家规模的角度，解释了缘何在国家层面上建立独立财政委员会的效果更为显著。⑨

① 马蔡琛，李宛姝. 后金融危机时代的政府预算管理变革——基于OECD国家的考察 [J]. 经济与管理研究，2016（6）.
② 这里的"非线性"是指，一国提出预算改革措施后，完成改革需要的时间会非常漫长，且在此期间预算管理方法不一定是一直在改进的，甚至可能会出现倒退现象。
③ ALLEN R. Reforming Fiscal Institutions：The Elusive Art of the Budget Advisor [J]. OECD Journal on Budgeting，2008，8（3）：1-9.
④ LYNCH M S. Budget Process Reform：Proposals and Legislative Actions in 2012 [R]. CRS Report for Congress，2012.
⑤ MARCEH M. Budgeting for fiscal space and government performance beyond the great recession [J]. OECD Journal on Budgeting，2014，13（2）：9-47.
⑥ OECD 2010. OECD Economic Surveys：Czech Republic 2010 [R]，OECD Publishing，Paris.
⑦ DARVAS Z. The Impact of the Crisis on Budget Policy in Central and Eastern Europe [J]. OECD Journal on Budgeting，2010，10（1）：1-42.
⑧ DEBREBRUN. Strengthening Post-Crisis Fiscal Credibility-Fiscal Councils on the Rise. A New Dataset [R]. IMF Working Papers，No.58. 2014.
⑨ HAGEMAANN R. How Can Fiscal Councils Strengthen Fiscal Performance? [J]. OECD Journal：Economic Studies，2011（1）：1-24.

总体而言，第一类的研究为预算管理改革提供了宏观视角，揭示了各国预算改革中遇到的共性问题。但这类研究涉及的国家较为广泛，各类预算改革措施虽种类繁多，但研究的时间维度较长，难免会忽略对具体改革举措的深入分析，且归纳发现，目前有关本轮全球金融危机对预算管理影响的针对性研究仍较为缺乏。第二类文献研究的国别范围又略显狭窄，时间维度较短，往往局限于某一类具体预算改革措施的研究，譬如对 IMF 成员国之独立财政委员会的研究。而且这类文献的研究对象主要集中于欧美国家，对发展中国家和新兴工业化国家的关注度普遍不高。

财政空间的
定义

## 2.4　我国政府预算管理制度创新的经济学分析[①]

每当一种社会治理模式面临重大变革的时候，回顾其发展演进的变迁过程，对于反思过去与展望未来无疑都是十分重要的。如果从中国经济体制改革的宏观背景，进一步考察政府预算管理与改革问题，也不难得出这样的结论：政府预算在中国也同样正经历着这样的重大变革。循着只有总结过去才能着眼当前并放眼未来的思路，本节试图运用制度经济学中的制度变迁理论，分析中国政府预算管理制度变迁的历史轨迹，以期能够得出对中国政府预算演进趋势的某种中长程之判断。

### 2.4.1　中国预算管理制度变迁的演进轨迹

长期以来，有关新中国成立以来预算管理制度变迁的论述，大都集中在讨论有关财政体制的变迁问题上。财政体制诚然是预算管理制度的一个重要组成部分，但预算管理制度的内涵远不止这些。预算管理制度不仅包括预算体系内处理各经济主体之间关系（主要是各级政府间财力分配关系）的预算管理体制，还包括预算原则、组织形式、预算范围的变化趋势和预算工作程序等管理和制度层面的问题。而分级财政体制的变迁更多涉及属于政府间财力分配的问题，虽然它最终会成为决定预算管理制度变迁的重要因素，但由于既有的预算管理制度的路径依赖性，如果仅以财政体制的变迁为标志划分我国预算管理制度的演变阶段，就会使人产生错觉，认为财政体制发生了变化，预算管理制度也将同步变化。实际上，在财政体制发生变化的情况下，预算管理人员受到既有路径依赖的影响，只要原预算管理制度能够继续维持，总是尽可能维持原有制度框架。直到财政体制变迁导致利益分配格局重组，使得原有制度难以为继时，才会发生预算管理制度的变迁与创新。通过上述分析，本节将尝试重新划分我国预算管理制度变迁的历史阶段，并根据制度变迁的有关经济理论加以分析。

制度变迁的
概念

六十多年来，我国的预算管理制度变迁大体上经历了以下几个发展阶段：

1）预算管理制度的产生阶段（1949—1951）[②]

新中国的政府预算是随着中华人民共和国的诞生而建立的。在新中国成

---

①　马蔡琛．中国预算管理制度变迁的经济学分析［J］．税务与经济，2002（2）．

②　虽然在新中国成立前，政府预算在中国也经历了大约 50 年的发展历程，然而新中国的成立否定了旧中国的法律制度。尽管海峡两岸的"政府预算管理"都循着"同源而异流"的路径发展，今后也必将走上"汇百川而归海"的道路，但这毕竟已超越了本书的论述范围，而属于诸如"海峡两岸预算比较"之类题目研究的范畴。有兴趣的读者可以参阅：王永礼．我国大陆与台港澳地区预算法律制度比较［M］．北京：经济科学出版社，2010；马蔡琛，张洺．海峡两岸政府预算制度的比较研究［J］．河北学刊，2014（4）．因此，本书对于中国政府预算制度变迁过程的历史分期，将以新中国的成立作为当代中国政府预算管理制度变迁开始的标志。

立以前，各革命根据地曾编制过财政预算，但那只属于战时财政预算。由于客观条件的限制，在根据地被分割的情况下，不可能建立统一的国家预算。新中国成立以后，依据《中国人民政治协商会议共同纲领》中"建立国家预算决算制度"的有关规定，财政部着手编制 1950 年全国财政收支概算。1949 年 12 月在中央人民政府委员会第四次会议上，通过了《关于一九五〇年度全国财政收支概算草案编成的报告》[①]，这标志着新中国政府预算的诞生。1951 年 7 月，在统一全国财政经济工作的基础上，政务院又发布了《预算决算暂行条例》[②]，我国的政府预算管理制度从此建立起来。

2）长期相对稳定阶段（1952—1991）

这是一个跨度相当长的历史时期，期间财政体制大体经历了统收统支、总额分成、分级包干等多个历史阶段。基本的变动趋势是，从 20 世纪 50 年代的高度集中型，到 70 年代以集中为主、适度下放财权的类型，到 80 年代的地方分权为主、放权让利的类型。但期间预算管理制度则保持总体相对稳定，其特点表现为：在预算形式上采用单一预算，预算编制原则上贯彻国民经济综合平衡原则，长期沿用基数法编制预算，预算编制程序上采用"自下而上和自上而下，上下结合，逐级汇总"的方法，预算管理总体上比较粗放，预算编制透明度不高。

产生这种现象的原因，主要是由于中央与地方利益分配关系长期处于不断变化中，中央与地方政府的注意力主要集中在彼此利益分割的多重博弈问题上，缺乏通过优化预算管理内部制度约束，降低交易成本，提高资金使用效益的激励机制，从而导致预算管理制度变迁长期滞后。

3）中央政府供给主导型阶段（1992—1998）

以 1992 年开始实施的《国家预算管理条例》为标志，我国的预算管理制度变迁进入以权力中心提供制度变迁主要框架的供给主导型阶段。《国家预算管理条例》规定，我国国家预算采用复式预算编制方法，分为经常性预算和建设性预算，从 1992 年起，中央预算按复式预算形式编制。1995 年开始实施的《预算法》及其实施条例又进一步明确将中央预算和地方预算划分为政府公共预算、国有资产经营预算、社会保障预算和其他预算四部分。随着条件的成熟，复式预算体系还将进一步完善。与之相应，从 1995 年开始，地方预算也按复式预算编制。[③]在 2014 年 8 月修订通过的新《预算法》中，在未做出必要说明的情况下，直接删除了 1994 年《预算法》第 26 条关于复式预算的规定。复式预算作为一个预算管理术语，从此退出了舞台。

值得关注的是，在这段时期内，安徽省（1994）、河南省（1996）、湖北省（1993）、云南省（1995）、深圳市（1995）等省市结合自身财政预算管理的现状，借鉴国外经验，突破了传统的采用"基数法"编制预算的框架，实行了零基预算改革，[④]使得这一时期的预算管理制度变迁，具有某些"中间扩散型"制度变迁的萌芽。

---

① 财政部办公厅. 中华人民共和国财政史料·第二辑·国家预算决算（1950—1981）[M]. 北京：中国财政经济出版社，1983：1.
② 中国社会科学院，中央档案馆. 中华人民共和国经济档案资料选编（1949—1952）：综合卷 [M]. 北京：中国城市经济社会出版社，1990：301-307.
③ 据了解，目前我国大部分地方政府预算并没有按标准的复式预算编制，这也从一个侧面说明了这种供给主导型制度变迁模式存在缺陷。
④ 财政部预算司. 零基预算 [M]. 北京：经济科学出版社，1997：168-189.

4）"中间扩散型"与"供给主导型"并存的阶段（1999年至今）

以1999年初河北省正式启动"预算管理改革方案"和同年9月财政部提出"改变预算编制办法，试编部门预算"为标志，我国的预算管理制度变迁进入了"中间扩散型"与"供给主导型"制度变迁方式并存的阶段。

1998年6月，河北省财政预算管理部门提出了《关于改革预算管理，推进依法理财的思考与建议》，同年11月，河北省制定了《关于改革预算管理推进依法理财的实施意见》，并于1999年3月启动了按新模式编制2000年省级预算的工作。①这标志着中国地方预算管理改革的正式启动。

1999年6月，审计署代表国务院在第九届全国人大常务委员会第十次会议上所做的《关于1998年中央预算执行情况和其他财政收支的审计工作报告》和全国人大常委会《关于加强中央预算审查监督的决定》，针对中央财政预算管理中存在的问题，就进一步改进和规范预算管理工作提出了明确的要求：一是"严格执行预算法，及时批复预算"；二是"要细化报送全国人大审查批准的预算草案的内容，增加透明度"。全国人大常委会预算工作委员会具体要求财政部2000年在向全国人大提交中央预算草案时，提供中央各部门的预算收支等资料，报送部门预算。1999年9月，财政部在《关于改进2000年中央预算编制的意见》中指出，2000年选择部分部门作为编制部门预算的试点单位，细化报送全国人大预算草案的内容，由此拉开了20世纪90年代末期中央政府预算管理改革的序幕。

与此同时，天津、陕西、安徽等省市也相继根据本地区的情况，进行了预算管理制度改革的创新。天津市在借鉴市场经济国家预算管理经验的基础上，于1999年实行了标准周期预算管理制度②；陕西省率先在全国实行了国库集中支付制度；安徽省从1999年起在全省实施了综合财政预算。这一系列改革举措表明，我国的预算管理制度变迁方式已经进入"中间扩散型"与"供给主导型"并存的阶段。

### 2.4.2 中国预算管理制度变迁的演化趋势

1）"中间扩散型"与"供给主导型"制度变迁模式长期并存

在预算管理制度变迁中，之所以会存在"中间扩散型"与"供给主导型"长期并存的局面，其主要原因有以下两个方面：

（1）预算管理属于公共管理领域，其制度变迁机制与其他领域有所不同

按照我国制度变迁方式转换的三阶段理论，地方政府的自发制度创新必须经过权力中心的事后追认。当地方政府的自发制度创新需求与权力中心的初始制度供给意愿不一致时，地方政府总是设法突破在给定的体制条件下权力中心设置的进入壁垒。③

但是，在预算管理制度变迁中，由于我国实行的是多级预算体制，有一级政府就有一级预算，审批监督机构是全国人大和地方各级人大。对于下级人大对其本级政府预算的审批，上级人大原则上不加以干预，预算执行中合规合法性的审查，也主要由下级人大自身负责。在实务中，下级人大通过的上年预算执行情况和当年预算草案的报告，原则上也无

① 高志立. 政府预算公共化研究：理论、实践与路径选择［M］. 北京：中国财政经济出版社，2012.
② 马蔡琛. 关于标准周期预算的理论思考［J］. 中国财政，1999（10）.
③ 杨瑞龙. 我国制度变迁方式转换的三阶段论［J］. 经济研究，1998（1）.

须上报上级政府和上级人大审查批准。[①]因此，地方政府关于预算管理制度创新的行为，通常无须经过上级政府追认。其成功经验既可以由其他地方直接借鉴，从而横向构成"中间扩散型"制度变迁方式；也可以由权力中心在纵向层面上推荐其他地方政府参考学习，或直接用于权力中心本级政府预算管理制度创新的实践。[②]这是当前我国预算管理制度变迁中"中间扩散型"与"供给主导型"两种模式同时并存的法律基础。

（2）率先进行制度创新的地区多属于经济欠发达地区或老工业基地

在"阶梯式的制度变迁模型"中，由地方政府推进的中间扩散型制度变迁方式一般率先发生在发达地区。因为地方政府若想进行自主的制度创新，既要事先认识到进一步改革的好处，又要有足够的经济实力。[③]

但是，在始于1999年的预算管理制度变迁中，率先进行预算管理制度创新的地区，大多是经济欠发达地区或老工业基地。这些地区财政收入规模有限，而发展本地区经济对财政资金的需求却更为迫切。在分税制财政体制已经规定了中央与地方财政收入分配关系的前提下，只有通过预算管理制度上的创新，提高有限资金的使用效益，才能满足本地区经济发展的需要。这种现状使得"中间扩散型"与"供给主导型"制度创新方式长期并存的局面成为现实的可行选择。

就率先创新的地方政府而言，消极等待权力中心新的预算管理制度创新供给，则无法及时摆脱资金紧张、捉襟见肘的局面。同时，权力中心的制度创新供给是针对普遍地区而言的，而本地区经济发展相对滞后，这种制度供给短期内难以缓解自身资金紧张的局面。在比较制度创新的边际收益与边际成本后，这些地方政府具有成为制度创新中"第一行动集团"[④]的内在冲动。因此，今后一定时期，"中间扩散型"制度变迁方式还将在预算管理领域长期存在，并且在经济起飞阶段，即使是经济较发达地区也会感到财政资金紧张的压力，那些率先进行预算管理制度创新地区的成功经验，也会促使经济较发达地区加以效仿，"中间扩散型"制度创新方式的范围还会不断扩大。

就权力中心而言，由于预算管理改革属于公共管理领域的变革，加之各地情况千差万别，对此必须慎重。当前，如果仅仅依靠地方政府进行的"中间扩散型"制度创新，对于我国这样的单一制大国也是不现实的。因此，今后相当长时期内，只有既承认并鼓励地方政府的"中间扩散型"制度创新行动，并择其成功经验加以推广；又要针对各地普遍情况，适时提供制度供给，以保持预算管理制度变迁总体方向的一致性。

2）随着制度变迁中新的"第一行动集团"的成熟，预算管理制度变迁逐渐向需求诱致型模式转化

在现阶段的预算管理制度变迁中，扮演"第一行动集团"角色的主要是权力中心或各级地方政府。但是，政府预算作为政府财政收支活动的集中体现，其基本职责就是总括反映政府向民众所提供的公共产品和服务的数量与质量。改进政府预算管理模式，提高预算

---

[①]　根据《预算法》的有关规定，只要下级人大及其常委会关于预算、决算的地方性法规和决议、决定、命令等，不与宪法、法律和行政法规相抵触或存在其他不适当的规定，上级人大常委会即无权予以变更或撤销。

[②]　陕西省实行国库集中支付和工资统一发放的成功经验在全国的推广，就是一个很好的例证。

[③]　杨瑞龙，杨其静. 阶梯式的渐进制度变迁模型——再论地方政府在我国制度变迁中的作用 [J]. 经济研究，2000（3）.

[④]　制度变迁过程中的"第一行动集团"是指这样一些个人或个人组成的团体：他们作为熊彼特意义上的企业家，率先认识到通过改变现有制度安排的预期收益将会大于制度变迁的成本，因而他们会竭力推动现有制度安排的改进，从而启动制度变迁的进程。与之相对应的是制度变迁中的"第二行动集团"，他们是指那些协助第一行动集团完成制度变迁进程的个人或个人组成的团体。

资金使用效益的直接受益者，也理应是全体公民。

如果现行预算管理制度存在问题，通过改进预算管理获取的潜在边际制度收益，大于克服既有路径依赖的边际成本时，公民就会推动自身的代言人——最高国家权力机关（立法监督机构，如我国的各级人大）成为制度变迁的"第一行动集团"，与政府预算部门进行集体博弈，公民本身则作为"第二行动集团"，协助"第一行动集团"完成预算管理领域的"需求诱致型"制度变迁。[①]

现阶段，我国的预算管理制度变迁主要是由各级政府预算管理部门作为"第一行动集团"发起进行的。它们作为现行预算制度的设计者和执行者，受到既有路径依赖的影响，所进行的预算管理制度创新往往难以尽如人意。同时，个别地方的预算部门从自身部门利益出发，也往往设法掩盖预算资金分配中的具体博弈过程。这就使得作为预算管理法定监督者的各级人大和广大公众更难以揭开预算管理的"面纱"。

今后，随着广大公众预算管理知识的普及，各级人大对预算管理过程的深层次介入，我国预算管理制度变迁方式最终将向"需求诱致型"模式转化。但这种转变能否顺利实现，在某种程度上还取决于能否适时消除"供给主导型"预算管理制度变迁模式的惯性作用，以避免其可能造成的抑制"需求诱致型"制度变迁方式走向成熟的负面影响。

### 2.4.3 中国预算管理改革的最新进展

财政作为国家长治久安的制度保障，是当前全面深化改革的重点之一。现代财政制度主要包括预算制度、税收制度、事权与支出责任相适应的制度三个方面。在《中共中央关于全面深化改革若干重大问题的决定》中关于"改进预算管理制度"的部分，开宗明义地指出，实施全面规范、公开透明的预算制度，从而凸显了阳光财政建设的现代政府理财观。近年来，现代预算制度建设在中国取得了长足的进步，概括起来，大致包括这样几个值得浓墨重彩的方面：

第一，预算法修订历时十年而收其功，预算法治化的推进不断提速。财政作为国家治理的基础和重要支柱，预算法往往也被称为"经济宪法"。公共预算通过法治化的形式，规范了政府活动的范围和方向，构成了现代法治国家建设的重要内容。

2014年8月，历经长达十年的修订过程，预算法修正案终于由全国人大常委会以高票通过，完成了20年来的首次大修，这标志着全面深化财税改革在预算领域的率先破冰。2014年9月，国务院颁布了《关于深化预算管理制度改革的决定》（国发〔2014〕45号），进一步明确了建设现代预算制度的政府理财改革方向。应该说，预算法治化进程在这四年中还是收获颇丰的。

第二，在不断加强预算监督和控制的同时，进一步凸显了预算管理的绩效取向，预算绩效评价工作取得了实质性推进。纵观现代政府预算的演化进程，总体上呈现从"控制取向"逐步走向"绩效导向"的发展趋势。从这个意义上讲，中国预算改革可能呈现的从

---

① 诱致型制度变迁与强制型制度变迁的区分，是新制度经济学中最重要的一种制度变迁方式分类。诱致型制度变迁，是指现行制度安排的变更或替代，或者新制度的缔造，是由个人或一群人，在响应获利机会时，自发倡导、组织和实行的，其发生必须有某些来自均衡的获利机会。强制型制度变迁大体上相当于供给主导型制度变迁，是指由政府命令和法律引入和实现的制度变迁，其主体是国家及其政府。与诱致型制度变迁必须由某种在原有制度安排下无法得到的获利机会引起所不同的是，强制型制度变迁可以纯粹因为在不同选民集团之间对现有收入进行再分配或重新分配经济优势而发生。进一步的分析可以参阅袁庆明. 新制度经济学 [M]. 北京：中国发展出版社，2005：299-336.

"合规控制"逐步走向"绩效导向",这种"两阶段"发展假说应该基本上是成立的。尽管对于财政支出的绩效是否适合采用量化评价的方式,在现代预算发展史上,也曾存在过某些分歧;但随着现代信息处理技术在财政预算管理中的良好应用,政府会计和财务报告系统的改进,财政支出绩效是可以数量化测度的,已日益成为广泛的共识。

近年来,在不断强化预算的控制与监督功能的同时,预算绩效管理与绩效评价在中国取得了长足的进步,渐呈方兴未艾之势。仅就中央财政而言,2014年发布了《关于完善政府预算体系有关问题的通知》《地方财政管理绩效综合评价方案》;2015年发布了《中央部门预算绩效目标管理办法》《关于加强和改进中央部门项目支出预算管理的通知》《关于加强中央部门预算评审工作的通知》;2016年发布了《财政管理绩效考核与激励暂行办法》《关于开展2016年度中央部门项目支出绩效目标执行监控试点工作的通知》《关于开展中央部门项目支出绩效自评工作的通知》;2017年发布了《地方预算执行动态监控工作督导考核办法》等规范性文件。2016年,中央财政实现了绩效目标部门全覆盖、项目全覆盖和绩效责任全覆盖,161个中央部门全部实行绩效目标管理,中央部门10.3万个项目全部设定了绩效目标,对中央部门2 024个重大项目和93个中央对地方专项转移支付项目绩效目标进行了重点审核,并首次将部门重大项目绩效目标和具体指标与部门预算一同发文批复,相当于与各中央部门签订了一份"目标责任书",进一步强化了绩效目标的严肃性和约束力。因此,尽管预算绩效管理还在路上,但是行进的步伐已然明显加快,相应的绩效评价结果应用和预算管理水平提升,也日益见到实效。

第三,切实推进预算公开与阳光财政建设,奠定了反腐倡廉的财政制度基础。现代财政制度意义上的公共预算,应该不仅是"以众人之财、办众人之事",既然是"众人之事",就应该由"众人来决定",让"众人都知晓"。从这个意义上讲,依法推进预算公开,加快阳光财政建设,自然是中国现代预算制度建设的题中应有之义。以"阳光财政"推进"责任政府"建设,从"预算公开"走向"政务公开",进一步健全财政问责机制,也大体勾勒出了一条优化中国公共治理结构的路线图。

2014年8月修订的新预算法中,尤为关注预算公开问题,在其第14条、第16条、第89条、第92条中,多角度、全方位地规范了预算公开问题。与之相应,在《关于2014年中央和地方预算执行情况与2015年中央和地方预算草案的报告》中,在预算公开方面,也做出了新的探索与尝试,公开预决算的中央部门增加到99个,专门增加了"三公"经费财政拨款预决算表。中央财政预决算和部门预决算公开到支出功能分类最底层的项级科目,专项转移支付预算公开到具体项目。31个省(自治区、直辖市)全部公开了本地区一般公共预算和本级部门预算。在2015年预算草案中,详细报告了新预算法规定的人民代表大会审查预算的重点事项(如上年预算执行情况、本年度预算安排、政府债务、转移支付等),重点报告了支出预算和财政政策,自觉接受监督。提高政策信息透明度,每个专项资金都要发布操作指南并向社会全面公开。在《关于2015年中央和地方预算执行情况与2016年中央和地方预算草案的报告》中,按照基本指导思想——各级政府要坚持过紧日子,把每一笔钱都花在明处,用在实处——扩大纳入全国人大审查预决算的部门范围,首次公开分地区、分项目专项转移支付预算。开展地方财政预决算公开情况专项检查,增强地方财政透明度。将地方政府债务收支纳入预算,自觉接受各级人大的监督。建立地方政府债务限额及债务收支情况随同预算公开的常态机制。2017年,明确进一步改善预期管理，主动与市场主体互动沟通，听取市场主体合理诉求，及时完善政策措施。加强政策信息公开，提高政策透明度，向市场主体传递明确的政策信号。

第四，在预算周期的逐步拓展中，进一步实现年度预算与中期财政规划的有效衔接。中期财政规划改革体现了当代预算管理改革的发展潮流，也是建立现代财政制度、实现国家治理现代化的重要内容。党的十八届三中全会通过的《中共中央关于全面深化改革若干重大问题的决定》、2014年8月全国人大常委会审议通过的《中华人民共和国预算法》修正案、2014年9月发布的《国务院关于深化预算管理制度改革的决定》以及2015年1月发布的《国务院关于实行中期财政规划管理的意见》，均重点强调了建立跨年度预算平衡机制、实行中期财政规划管理改革。目前，中期财政规划已然在各级预算管理中全面展开，并不断向纵深推进，从而将传统的年度预算置于中期财政规划的视野之中，根据国家战略目标，确定公共支出重点及优先次序，进而实现有限预算资源的高效配置。

## 本章小结

• 我国国家预算组成体系是按照一级政权设立一级预算的原则建立的。与政权结构适应，并同时结合我国行政区域的划分，相应设立五级预算：①中央；②省、自治区、直辖市；③设区的市、自治州；④县、自治县、不设区的市、市辖区；⑤乡、民族乡、镇。

• 政府预算管理职权，是指在宪法原则的框架下，依据预算法等相关法律法规，对参与政府预算管理系统的各利益相关主体，就其各自的职责与权限所进行的法律界定。

• 现代预算管理大体是循着两条分析脉络展开的。一方面，就研究对象而言，该领域的研究从早期消极的税收收入控制，逐步转向支出管理控制与运行绩效评价及绩效管理。另一方面，就学科跨度而言，公共预算管理已超出了传统公共经济学的范畴，呈现出与其他学科（如公共管理学、政治学、行政学、法学、社会学、心理学等）交叉渗透的整合趋势，许多管理学和经济学中的新思想，在预算管理中得到了广泛的应用。

• 近年来，现代预算制度建设在中国取得了长足的进步，概括起来，大致包括这样几个值得浓墨重彩的方面：第一，预算法修订历时十年而收其功，预算法治化的推进不断提速；第二，在不断加强预算监督和控制的同时，进一步突显了预算管理的绩效取向，预算绩效评价工作取得了实质性推进；第三，切实推进预算公开与阳光财政建设，奠定了反腐倡廉的财政制度基础；第四，在预算周期的逐步拓展中，进一步实现年度预算与中期财政规划的有效衔接。

## 综合练习

简答题

2.1  我国的政府预算由哪些级次组成？

2.2  现代政府预算管理的研究视角有哪些？请加以简要评析。

2.3  简要说明中国政府预算管理制度变迁的演进历程。

2.4  试分析近五年来中国政府预算管理改革的最新进展。

案例分析题

## "省管县"与"乡财县管"的辩证思考

近年来，在政府预算层级的设置问题上，"省管县"与"乡财县管"是颇具特色的改革实践，请阅读以下资料，尝试回答下列问题：

1.根据公共产品的相关理论以及预算法修订的最新内容，分析乡镇财政预算存在的必要性。

2.尝试分析"省管县"改革的最新进展以及应注意的问题。

近年来，随着"省直管县"和"乡财县管"改革的推进，有关适当精简政府层级的呼声也日益高涨。根据经济合作与发展组织（OECD）的研究观点，中国的财政管理体制层级过多，乡镇一级只是社区的基本单位，位于县以上的地（市）一级存在的必要性，也是值得怀疑的。如果可以将现行的"四层级"地方财政精简为两个（或者三个）层级，则政府间事权与支出责任划分，就可以得到某些较具共识的解决方案。

（1）乡镇财政存在的现实维度分析

鉴于乡镇财政在农业税取消后的财力窘迫状况，以及"乡财县管"的全面推进，取消乡镇一级政府财政（改为派出机构）的说法，曾经一度不乏其声。其实，乡镇政府及其财政是否有必要作为一级独立治理体而存在，其本质上体现为，中国最基层的完整治理体（即"底层设计"）是置于在乡镇一级，还是县一级。

近年来，随着"撤乡并镇"的推进，很多地区的乡镇人口规模已达5万~10万人，而县级层面上的人口规模往往为几十万甚至上百万人。从最优管理半径来看，作为"底层设计"的标尺，无外乎地域和人口两个因素，尤其是人口因素，已成为中国基层治理体设置的独特国情因素。从这个意义上讲，仅就人口规模而言，乡镇作为最为基层的一级政府治理层级，拥有相对独立的财政权，也应该具有不言自明的特点。

（2）地级市存在的历史维度考察

较之乡镇财政是否应该存续尚有争议不同，当前取消地级市的动议，似乎得到了更加广泛的认同。对于这一问题同样需要加以辩证分析。从委托-代理的传导链条过长，导致财政供养负担沉重、人浮于事、效率低下等负面影响来看，地级市作为一级独立的财政治理体，其存在的必要性也确实需要重新思考。

然后，反观历史却会发现，省与县之间的"统县政区"在中国的政府治理结构中是一种长期存在的现象。长期以来的历史演变显示，在中国这样一个大国，采用以县为基本单元的"省县两级制"政府治理构架与相应的政府间财政制度安排，往往是行不通的，而任何准三级制的构造，最终又总是向三级制演变。应该说，结合中国的现实国情，采用混合型的地方行政体制，在省与县之间设置一个行政层级，或许是中国古代行政管理的一项宝贵经验。

究其历史原因大致有以下几个方面：第一，中国地域辽阔，人口众多，交通与通信不便，不得不缩小辖区管理半径，增设政府及财政层级；第二，政府职能不断扩张，管辖事务不断增多，也导致不得不增设政府及财政层级，以缓解本级政府的公共受托责任压力；第三，我国作为一个多民族国家，存在着大量的民族自治区域，其政府治理的层级设置往往具有一定的特殊性。

综观以上诸历史因素，除交通和通信问题，随着技术进步，已然得到了根本改观之外，其他诸因素时至今日仍不同程度存在。此外，20世纪一些欧洲国家的政府层级改革，也提供了域外视角的启迪：法国本来采用省与市镇两级制，二战后，在省以上出现了一个准建制——大区，20世纪80年代大区改为正式建制；意大利同法国一样，也采用大区-省-市镇三级制；英国原来为郡与市镇两级体制，20世纪90年代先后在苏格兰、北爱尔兰、威尔士分别设置了大区议会。这三个国家均为中央集权的单一制国家，人口大致相当于中国的一个省，而在地方层级上却先后由原来的两级制向三级制发展，这是颇为值得进一步深入思考的。因此，在现时的中国，是否全面取消"地级市"这一"统县政区"，仍旧需要加以审慎的、辩证的考量。

政府间财政关系问题研究起来相对容易，但解决起来需要长期不懈甚至几代人的努力，对我国这样的大国尤其如此。我们在处理政府间财政关系时，不能不充分考虑历史的惯性作用、多元文化结构、多层次政府架构、差异悬殊的自然禀赋、非均衡的人力资源分布、众多的人口与幅员辽阔的疆域等复杂的国情因素。

资料来源：马蔡琛，等. "营改增"背景下的分税制财政体制变革 [J]. 税务研究，2013（7）；楼继伟. 中国政府间财政关系再思考 [M]. 北京：中国财政经济出版社，2013.

## 推荐阅读资料

财政部预算司. 部分国家预算法汇编 [M]. 北京：外文出版社，2005.

财政部预算司. 中央部门预算编制指南（2017年）[M]. 北京：中国财政经济出版社，2016.

马蔡琛. 中国预算管理制度变迁的经济学分析 [J]. 税务与经济，2002（2）.

马蔡琛. 政府预算管理理论研究及其新进展 [J]. 社会科学，2004（5）.

马蔡琛，李宛姝. 后金融危机时代的政府预算管理变革——基于OECD国家的考察 [J]. 经济与管理研究，2016（6）.

## 网上资源

http：//www.npc.gov.cn（中国人大网）
http：//www.mof.gov.cn（中华人民共和国财政部）

# 第 3 章

# 政府预算的管理原则与主要模式

政府预算的管理原则是政府选择预算管理模式和构建预算组织体系的指导思想，体现了政府预算立法、编制、执行、监督所应遵循的基本宗旨。政府预算管理原则是随着现代预算制度的产生而逐步形成的，并伴随其演化而不断发展。概括起来，政府预算管理原则大致呈现如下的发展脉络：在预算管理的早期，比较注重其控制性与合规性，将预算作为监督和控制政府行动的工具；而后随着政府收支内容的日趋复杂，开始强调预算的周密性，更加注重预算技术和管理模式的改进；自功能预算理论①发展以来，开始注重发挥预算的功能性作用。

## 3.1　古典预算管理原则

在政府预算的不同发展阶段，预算体系面临的最紧迫问题是不同的，预算的目标及其管理原则也相应有所不同。资产阶级在革命过程中，为了限制封建皇室的财政权，提出了一系列通过立法机关控制政府财政活动的方法与原则，后来的学者将其概括为古典预算原则。古典预算原则的中心是强调"明确"与"约束"原则。在19世纪的预算改革浪潮中，也就是所谓的"预算时代"，其主要努力方向体现为这样两个方面：第一，建立对政府预算的外部政治控制——议会监督，将政治问责落实进预算过程；第二，在政府内部建立集中统一的财政控制，将行政控制引入政府预算过程。同时，19世纪的工业革命和经济发展所带来的金融和技术上的进步，也大大地降低了实行这样一种严格的预算控制所面临的交易成本。②内奥米·凯顿（Caiden，1989）就认为，这一时期的政府预算具有斯脱姆（Stourm，1909）所概括的四大要素：③（1）年度性（annuality），即预算决策必须每年进行一次；（2）一致性（unity），即所有的预算决策必须放在一起，同时，所有的资源必须集中在一起，从而所有的关于资源的预算要求才能获得公平的考虑；（3）拨款性（appropriation），即预算是公共的和公开的并且是经过议会同意的，只有那些预算拨付的资金才能够合法地进行支出；（4）审计（audit）要求，即政府部门的收支必须受到审计监督。

古典预算原则中较具代表性的当属意大利财政学者尼琪（F.Nitti）提出的预算管理六项原则和德国财政学者诺马克（F.Neumark）提出的预算管理八项原则。

---

①　功能预算理论（也称功能财政政策）的概念，创建于20世纪中叶，以凯恩斯经济理论为基础，强调将政府的课税、支出、举债等行为，作为一种具有调节经济功能的工具来加以运用。该理论认为，预算政策应以财政措施的实施后果（宏观经济总体运行和经济增长目标的实现）作为安排政府预算收支的依据。
②　马骏，赵早早. 公共预算：比较研究［M］. 北京：中央编译出版社，2011：7-8.
③　CAIDEN N. A New Perspective on Budgetary Reform ［J］. Australia Journal of Public Administration，1989，48（1）：51-58.转引自：马骏，赵早早. 公共预算：比较研究［M］. 北京：中央编译出版社，2011：7.

### 3.1.1 尼琪预算原则

所谓"尼琪预算原则",是由意大利财政学者尼琪提出的政府预算管理原则,是古典预算原则的重要代表之一。其主要内容包括以下六个方面。

1)公开性原则

所谓公开性原则,是指预算的内容应该力求详尽通俗,以便于立法机构和公众能够了解政府收支活动的全部情况。全部预算收支必须经过议会审查批准,成为公开性的文件。

2)确定性原则

所谓确定性原则,是指编制预算时,应该认真收集各种相关资料,依据社会经济发展的趋势,做出准确切实的预测,以防止预算的虚假,谋求预算的稳定确实性。

3)统一性原则

所谓统一性原则,是指同一预算收支体系内部,各项收支的编列与测算标准应该力求逻辑上的一致性,同时所有政府收支均应纳入同一预算之内(这是早期单式预算管理模式下预算理念的重要体现)。

4)总括性原则

所谓总括性原则,也称归一性原则,是政府预算完整性思想的集中体现,它要求所有财政收支都纳入预算(参见专栏3-1),避免预算外开支。该原则与前述统一性原则相近,其区别在于:统一性原则主张预算收支标准的一致,并强调编制单式预算;而总括性原则反映了预算完整性的思想,即所有的政府收支都应该通过预算过程的批准才能进行,所有的政府收支均应编列于预算收支表格之中,不得以任何预算外财政资金的形式存在。

5)分类性原则

所谓分类性原则,是指预算收支应根据其性质分门别类,一目了然,以便于社会公众和审议机构了解政府财政资金活动的来龙去脉。

6)年度性原则

所谓年度性原则,是指预算必须按照规定的预算年度编制和执行,预算不能逾越预算年度。这一原则在今天很多国家的公共财政管理中仍旧得到了体现。例如,在当代德国预算法体系的基本管理原则中,就有施行年度预算的规定。[1]其具体体现为禁止法规超载原则。也就是说,在年度财政预算中,仅仅考虑与年度收支有关的预算法,其他均不予考虑。[2]

## 专栏 3-1

### 纳入预算管理≠纳入预算

我国在部门预算改革中,曾经有过区分"纳入预算"与"纳入预算管理"的说法。也就是说,对于难以纳入政府预算体系的部分预算外资金,通过"收支两条线"等管理模式,由财政部门监督管理。但这与古典预算原则所要求的预算总括性原则还是有一定差距的。

2008年,审计署向全国人大常委会作报告时表示,2007年中央财政专户管理的行政

---

① OECD.The Legal Framework for Budget Systems-An International Comparison [J]. Journal on Budgeting(Special Issue)2004,4(3):224.

② 上海财经大学公共政策研究中心. 2010年中国财政发展报告——国家预算的管理及法制化进程 [M]. 上海:上海财经大学出版社,2010:146.

事业性收费等非税收入343.6亿元未纳入预算。对此，财政部表示，拟将全国性及中央部门单位的所有行政事业性收费全部纳入预算管理。同时，要求地方财政部门在2010年前将省级批准设立的行政事业性收费全部纳入预算管理。南开大学经济学院马蔡琛教授指出，"纳入预算管理"不等同于"纳入预算"，这是中国预算管理的特有现象。"纳入预算"是在政府预算收支表中列出该项目，接受人大和社会监督；而"纳入预算管理"仅是将这笔资金纳入财政专门账户管理，即"收支两条线"，但政府预算表中未必显示其来源与用途。

也就是说，"纳入预算管理"只是钱进入财政部门视野，和过去单位自主开户决定收支相比是很大的进步，但距"纳入预算"还有一个过程。

按道理，属于政府性资金都要纳入预算，不然这些收入就缺乏监督。"但实际操作存在一定困难。"马蔡琛指出，比如涉及一些控制资金配置权力部门的利益。再比如像农业、教育等领域，有部门支出与财政收入挂钩的规定，一旦将大量预算外资金纳入预算，会导致法定支出安排上的压力骤增。

资料来源：鲍颖. 财政部拟从今年起将中央行政收费纳入预算管理〔N〕. 新京报，2009-04-18.

### 3.1.2　诺马克预算原则

诺马克预算原则是古典预算原则强调预算民主监督功能和财政收支规划功能的又一重要代表，是由德国财政学者诺马克提出的，其主要内容包括八个方面[①]：

1）公开原则

所谓公开原则，是指政府预算内容应该公开，以使所有国民都能充分了解政府的收支状况、财务计划及施政纲领的运行成本。预算公开包括程序公开与结果公开两个层面。程序公开是指政府预算的编制流程和审议批准程序应该公开透明，置于立法监督机构的全程控制之下。结果公开是指政府预算的执行结果（决算）的公开，以便于公众对政府预算实际执行结果有全面的了解，并据以提出批评和建议。

2）明确原则

所谓明确原则，是指政府预算的收入来源渠道及支出用途、项目构成与分类方法，都应加以明确列示、清晰一致。在现实预算管理中，为了保证政府预算明确原则的实现，既需要编制总揽政府收支全局的总预算，也需要就每个部门的收入和支出情况，分门别类地加以详细列示，以体现公共部门的预算资金具体配置情况。

3）事前决定原则

所谓事前决定原则，是指政府预算应在财政年度开始之前，就经由立法监督机构审议通过。政府预算是公共财政体系运行的基本制度载体与运行平台，也是立法机构制衡政府行政部门行为的重要工具。如果预算在年度开始前未能决定，而绝大多数政府部门的公共活动是连续进行的，财政收支活动也需要随之进行，这就有可能产生侵犯立法机关职权和产生财政舞弊现象。因此，通常市场经济国家大多规定政府预算必须在预算年度开始前完成立法审议程序。即使因为特殊情况，不能完成上述法定预算程序，法律也规定了相应的救济途径（参阅专栏3-2）。

---

① 本小节的内容主要参考了徐仁辉. 公共财务管理——公共预算与财务行政〔M〕. 台北：智胜文化事业有限公司，2000；陈纪瑜. 政府预算管理〔M〕. 长沙：湖南大学出版社，2003.

## 专栏 3-2

### 德国的紧急预算制度

德国《基本法》第 111 条针对预算年度已经开始，政府预算尚未经议会审议通过的情况，规定了"紧急预算"制度。

1.如某个财政年度结束时，尚未以法的形式确定下一年度预算计划的，联邦政府在新预算计划生效前，有权就下列事项给予一切必要的支出：

（1）维持依法设立的机构运转和实施依法决定的措施；

（2）履行合法订立的联邦的义务；

（3）上一年的预算计划已批准拨款时，继续支付建筑工程、设备购置和其他给付，或以此为目的的继续支付的补助。

2.非根据特别法律规定获得的税收和其他来源的收入或运营准备金不足抵偿第 1 款所指的支出时，联邦政府可通过贷款方式，筹措为维持经济运转所需的资金，最高贷款额可达上一预算计划最后总额的四分之一。

资料来源：联邦德国《基本法》（1949 年 5 月 23 日颁布，2002 年 7 月 26 日最后一次修改）。

4）严密原则

所谓严密原则，是指政府预算应对各收支项目产生严格的约束力，力求与未来财政决算保持尽可能的一致性。这里的严密具有特殊的含义。就预算收入而言，预算预计的收入应与实际可能筹集的收入基本相符，如果低估收入，会导致预算的不平衡；而高估则会不必要地加重公众的宏观税负水平。就预算支出而言，也是这样。总之，预算应与实际执行结果保持尽可能的一致性。

5）限定原则

所谓限定原则，是指预算的各项目相互之间应有明确的界线，通常禁止经费相互流用。该原则有三个层面的含义：

第一，预算科目的设立与归宿应力求明确，以免 A 科目的费用改由 B 科目核销。也就是说，要尽可能避免隐性的不恰当的科目之间的流用。

第二，预算以外的支出项目必须禁止，包括预算中原来没有该项支出而安排支出，或超过预算授权限额安排支出，或者是将预算内列支的项目非法转移到预算外。这也是"先有预算，后有支出"原则的具体体现。

第三，禁止提前动支下年度的预算经费，或将本年度的经费未经法定程序结转下年使用。

6）单一原则

所谓单一原则，是指政府全部财政收支应纳入同一预算表内综合列示，不得另行编制独立的预算。单一原则包括两层含义：一是政府财政收支应统一编列，维持政府预算的完整体系；二是预算系统内部限定于同一项目的内容，不得分解列示于两个项目之内。单一原则实际上与前述尼琪预算原则中的统一性原则和总括性原则的含义是基本一致的。

7）完全原则

所谓完全原则，是指一切政府公共开支和预算收入均应完整地计入预算，不得存在任何游离于预算之外的政府性收支活动，以体现公共财政体系的健全与完整。

8）不相属原则

所谓不相属原则，也称收支不相属（non-affection）原则，是指任何财政收入与支出，不得有个别相属关系，不应以特定预算收入维持特定项目的预算支出。这是在没有出现专门目的税之时代，统收统支财政思想的集中体现。因为如果将特定的预算收入与特定的预算支出项目建立确定的钩稽关系，则会将预算收支割裂为为数众多的基金，这与现代预算所主张的保持预算完整性的指导思想相背离。

当然，无论是在古典预算原则时代，还是现时的世界，政府为兴办公共事业，而以举借债务的形式筹措资金，通常会设立必要的偿债基金，以指定某种收入作为偿债来源，但这只能作为预算管理过程中的一种特例，而不能因此突破收支不相属的基本宗旨与原则。

尼琪预算原则与诺马克预算原则是古典预算原则的代表，它们集中体现了自政府预算产生以来所彰显的传统预算目标。著名公共预算专家希克（1966）指出，公共预算有三种主要功能，进而有三种预算取向：控制取向、管理取向和计划取向。通过对古典预算原则的考察，其主要价值判断的形成，大体上是基于"控制取向"的。古典预算原则主要包括两个方面：一是为实现政府对预算收支的计划管理与执行，二是立法机构对政府财政措施的控制与监督。上述原则是与自由资本主义时期的健全财政的最高思想相一致的。也就是说，预算原则的指导思想是控制预算收支以达到预算平衡。古典预算原则的指导思想时至今日仍旧具有重要的指导意义。

## 3.2　现代预算管理原则

### 3.2.1　现代预算管理原则的主要内容

在市场经济国家的兴起历程中，政府预算体现了各利益相关主体管理权转移斗争的妥协与谈判交易过程。在政府预算的早期阶段，往往更为强调古典预算原则所倡导的"明确"与"约束"原则，注重通过控制预算收支，实现立法机关对行政机关的有效控制。然而随着政府职能与规模的不断扩张，国家干预经济逐渐成为一种社会思潮，传统的古典预算原则单纯强调立法监控已不适应经济环境的变化，客观上要求政府行政机构在预算问题上拥有更多的主动性。于是20世纪50年代前后，出现了以加强政府财政权为主导思想的现代预算原则。

对现代预算原则具有代表性的描述，是时任美国联邦政府预算局局长的史密斯（H.D. Smith）于1945年提出的预算管理八项原则（也有人将现代预算原则称为史密斯预算原则）。其主要内容包括以下八个方面：[1]

（1）计划原则，即预算必须反映国家元首的行政计划。

（2）责任原则，即预算必须加强行政责任，立法程序使正式预算成立，成立后的预算执行则属于行政部门的职责。

（3）以政府预算报告为依据的原则，即预算的编制、批准与执行应以政府各部门的财政与业务报告为依据。

---

① 邓子基，等. 比较财政学［M］. 北京：中国财政经济出版社，1987：128.

（4）灵活性原则，即预算收支在时间上要保证灵活性。

（5）程序多样化原则（多元预算程序原则），即预算程序必须依政府活动的种类而多样化。例如，可以采取追加预算或特别预算方式处理一些急需处理的计划。

（6）自由裁量原则，即预算要有适度的行政自主权，对于已经批准的支出项目不应过分限定，应保持行政机构具有一定的自由选择空间。

（7）执行中的弹性原则，即预算要有一定的弹性，预算中应包括随经济形势的变化而适当调整的内容。

（8）预算机构协调原则，即预算机构必须在预算的编制及执行上相互联系与协调，以保证预算能够顺利付诸实现。

即使我们不就现代预算原则的具体内容加以更多的展开，单纯从其原则表述中反复出现的"灵活性""多样化""自由裁量""弹性"等的字面含义，也可以大体上看出现代预算原则所主张的赋予政府行政机构更多的预算管理权能与灵活性的基本取向。

到后来，预算研究者内奥米·凯顿（Caiden，1989）进一步就现代预算的特性做出了如下概括：①①预算的非弹性（budgetary inflexibility）。虽然传统预算原则强调预算的非连续性或年度性，但20世纪70年代以来，预算越来越具有连续性，过去形成的对于某一团体的预算承诺常常不能随意终止，因此，许多预算决策就变成自动的而非年度的。②预算的不可预测性（budgetary unpredictability）。由于长期性的预算承诺所导致的支出每年都在变化，并取决于不可改变的去年的决策、涉及的受益人数和部门、经济波动等不可控制的因素，因此，预算变得越来越不可预测。③预算的碎片化（budgetary fragmentation）。虽然传统预算原则强调预算的全面性或完整性，即使是60年代实行的计划规划预算体系（PPBS）也强调这种完整性，但70年代以来，预算常常被各种隐蔽的方法拆散，某些领域逐渐形成自己自由支配的资金，预算外活动逐渐出现。④预算的私有化（budgetary privatization）。由于公共和私人部门之间的区别越来越模糊，并且各种准政府组织被允许提供公共服务，一些私人部门和准政府组织实际上介入了政府的收支活动，但是却常常不受政府预算控制。

### 3.2.2 现代预算原则与古典预算原则的关系

史密斯提出的现代预算管理原则，代表了当代社会经济条件下行政机构谋求预算主动权的一种倾向，也体现了预算原则演变的一种趋势。现代预算原则与传统预算原则最大的不同点在于：更加强调政府行政机构在预算上的自主权。例如，史密斯预算原则中的程序多样化、自由裁量和执行弹性原则，就与古典预算原则的指导思想存在着一定的冲突。

由于现代预算原则的提出和实践，古典预算原则被逐渐修改和打破。例如，由于预算外项目和基金的大量存在，以及复式预算、绩效预算制度的引入，传统预算的完整性和年度性原则逐渐被修正。预算的公开性原则也由于预算的行政主动权的加强而变得名不副实。另外，由于预算原则演进与法律修订二者时间差异的存在，往往使得法律明文规定的内容与实践中具体活动不相一致。例如，法国的预算法中，规定了年度性、完整性、统一性与专款专用等预算编制和执行原则，但这些原则在实践中并没有得到支持。法国预算中

① CAIDEN N. A New Perspective on Budgetary Reform ［J］. Australia Journal of Public Administration. 1989，48（1）：51-58.转引自：马骏，赵早早. 公共预算：比较研究［M］. 北京：中央编译出版社，2011：9.

的"附属预算"就是以收支相抵后的差额列入的，这显然违背了统一性原则。

政府预算管理原则的演变，实际上也是立法机构与行政机构之间相互交易与妥协的结果。虽然现代预算原则是作为对古典预算原则的修正与补充而提出的，体现了政府行政部门追求预算效率的自主权，然而各个市场经济国家仍旧在相当程度上保留了立法机构对预算的监督与控制，古典预算原则的基本思想在现代政府预算管理中仍旧得到了体现。

其实，史密斯所提出的预算原则中，多元预算手续、自由裁量、预算时间弹性等三项原则，与诺马克的原则是相互矛盾的；责任、以政府预算报告为依据、具备适当能力以及预算机构协调原则，以往均视为行政机关内部问题因而不予重视，但在今日讲究行政管理规划的时代则备受重视；至于预算计划原则，更是倡导规划预算制度下的产物。总之，预算的规范性（normative）原则并非是一成不变的，预算原则将随着预算的时代功能及制度的演进而改变，因此我们学习这些预算原则的目的，主要在于了解如何透过这些原则推进预算过程，达成预算制度所预期的功能。[①]

## 3.3　我国的政府预算管理原则

预算原则是整个预算过程的重要依据，指导着预算的编制、审批、执行、调整、决算等各个环节的顺利进行。[②]我国《预算法》明确规定，各级预算应当遵循统筹兼顾、勤俭节约、量力而行、讲求绩效和收支平衡的原则。

1）完整性原则

政府预算的完整性原则，就是要求政府预算必须包括政府的全部财政收支项目，反映以政府为主体的全部财政收支活动，不允许在政府预算规定范围之外存在任何以政府为主体的资金收支活动。完整性原则是建立规范化、法治化政府预算的前提条件。只有完整的政府预算才能保证政府控制、调节各类财政性资金流向和流量的顺利进行，充分发挥财政的分配与调节作用。同时，政府预算的完整性也有利于立法机关的审议批准和社会公众对政府活动的了解，便于其监督政府预算的执行。

目前，许多国家都致力于扩展政府预算的涵盖范围，凸显预算的完整性。例如，某些国家在预算报告中，开始尝试将税式支出、政府或有负债以及贷款担保等全面加以反映。[③]

2）统一性原则

政府预算是实施宏观经济调控的重要杠杆，保证政府预算的统一性是增强政府宏观调控能力的必要条件。政府预算的统一性原则，就是要求政府预算收支按照统一的口径、程序和方法来测算和编列。同时，任何机构的收支都要以总额列入政府预算，而不能只列收支相抵后的净额。这一原则实际上也是要求各级政府都只能有一个预算，而不能以临时预算或特种基金的名义另立预算。

3）可靠性原则

政府预算的可靠性原则，就是要求对预算收支的数字正确估算，不能过高或过低，更

① 徐仁辉．公共财务管理——公共预算与财务行政［M］．6版．台北：智胜文化事业有限公司，2014：48.
② 朱大旗．中华人民共和国预算法释义［M］．北京：中国法制出版社，2015：51.
③ 李燕．政府预算理论与实务［M］．北京：中国财政经济出版社，2004：14.

不能造假，而且各种预算收支的性质必须明确地区分，不能掺杂混同。

4）公开性原则

政府预算的公开性原则，就是要求全部预算收支必须经过立法机关审议，而且要采取一定形式向社会公布，接受其监督。

5）年度性原则

政府预算的年度性原则，就是要求政府预算按照一定的预算年度编制，列出全年的预算收支，对年度预算收支进行比较。

## 3.4 政府预算的主要管理模式及其演化

政府预算是公共治理的核心议题，预算管理制度的创新与演进也成为整个公共管理制度变革的关键。政府预算并非单纯体现了公共资源配置和使用的技术层面问题，而蕴含了更为深刻的政治哲学命题。正如西方学者所指出的，"预算是政府的血液和生命……如果我们不说'政府应该怎样做'，而说'政府预算应该怎样做'，就可以更清晰地看出预算在政府中所起的核心作用"[①]。

近年来，世界各国的公共管理改革都将政府预算改革作为重点之一，也反映了政府预算在当代公共管理中的战略地位。虽然政府预算在更多意义上属于一国国内法的范畴，出于各国治理模式的不同，政府预算管理模式与运行机制受国际惯例的约束相对较小，但各国对程序法层面上的政府预算管理模式的研究，作为人类探索社会"善治"的共同努力，仍旧具有相当重要的参考价值。就各国政府预算管理实践而言，也体现出各国之间管理模式上的整合与借鉴。

在20世纪30年代以前，虽然各国的预算制度各有特点，但在预算的组织形式及编制、批准、执行与监督等程序方面则大体相同；而自20世纪60年代以来，美国逐渐成为世界上最为强大的经济体，美国政府预算制度的不断创新也引起了世界各国的纷纷效仿。[②]

在预算发展史上，市场经济国家的政府预算管理大体经历了如下的发展变迁历程[③]：（1）以控制为目标的传统预算或分行列支预算管理模式；（2）以管理为目标的绩效预算（performance budget）；（3）以经济计划为目标的计划–规划–预算管理模式（PPBS）；（4）强调个人自主性的目标管理预算（MBO）；（5）强调项目优先次序的零基预算（ZBB）；（6）带有中央集权和立法色彩的自上而下预算或目标基础预算；（7）融合重塑政府思想的结果预算（其主要内容参见表3-1）。在此，我们从各国政府预算的主要管理模式演化过程，择其重点加以必要的介绍。

### 3.4.1 分行列支预算

分行列支预算（line-item budget），也有传统预算、逐项预算、逐条预算、线性预算、项目预算、条目预算、行政预算或分行排列预算等十来种译法，这是最基本、最传统的预算组织形式。分行列支预算是根据每一开支对象的成本来分配公共资源的一种预算制度。

① WILDAVSKY A. Political Implications of Budget Reform：A Retrospective ［J］. Public Administration Review，52（November/December）.1992：595.
② 姜维壮. 比较财政管理学 ［M］. 北京：中国财政经济出版社，2000：317.
③ HENRY N. Public Administration and Public Affairs ［M］. 7th ed. New York：Prentice-Hall, Inc., 1999.

表 3-1                                           预算观念的演进与差异

| 特征 | 分行列支预算<br>(1921—1939年) | 绩效预算<br>(1940—1964年) | PPB<br>(1965—1971年) | MBO<br>(1972—1976年) | ZBB<br>(1977—1980年) | 自上而下预算<br>(1981—1992年) | 结果预算<br>(1993年至今) |
|---|---|---|---|---|---|---|---|
| 主要倾向 | 控制 | 管理 | 计划 | 管理 | 决策 | 控制和实现单一体制目标 | 管理 |
| 范围 | 输入 | 输入和输出 | 输入、输出、效果和备选方案 | 输入、输出和效果 | 备选方案 | 任务明确的输入和效果 | 输入和输出；与可选择方法相联系的备选方案 |
| 个人能力 | 会计 | 管理 | 经济学和计划 | 管理"常识" | 管理和计划 | 与体制任务相关的政治、协调与知识 | 管理、计划和交流 |
| 重要内容 | 开支对象 | 部门活动 | 部门宗旨 | 方案效力 | 方案或机构的宗旨 | 方案或机构是否促进了体制目标 | 部门活动 |
| 决策方式 | 增量 | 增量 | 系统 | 分权 | 增量和参与 | 系统和进取性 | 增量、参与和分权 |
| 计划责任 | 责任不大 | 分散 | 集权 | 全面但各负其责 | 分权 | 集权 | 与预算总署共同承担 |
| 预算部门的角色 | 财务会计 | 效率 | 政策 | 方案的效力和效率 | 政策的优先权 | 实现单一体制目标 | 保证可信赖度 |

资料来源：亨利 N.公共行政与公共事务［M］.项龙，译. 7版. 北京：华夏出版社，2002：208.

在预算发展史上，自古代埃及、巴比伦和中国的宫廷时代起，就有了以某种方式来逐项记录开支的做法。[1]但是，现代意义上的分行列支预算直至20世纪初叶才基本成型，其标志是美国1921年开始实施的《预算与会计法》。

分行列支预算的主要功能是控制政府预算开支。其主要控制措施包括：分项、详细地记录政府购买的商品或劳务；采用标准化的政府会计控制系统；利用统一的政府采购制度和竞争性招标制度，增强政府购买性支出的透明度，力求节约公共开支。除了控制功能以外，分行列支预算还注重强调政府部门内部的增量决策、分散管理以及职责分工等内容，因此直至今日，该模式仍旧具有较为广泛的应用价值。

以下是A国某大学的分行列支预算表及其说明的示例，见表3-2。

分行列支预算中的每一行（line）就是一个特定的支出科目（item），这些科目分别代表着特定的支出用途以及相应的资金数量。关于支出用途的信息越详细，预算部门越能有效地控制各支出机构的支出。因此，这种预算模式非常有助于对支出实行预算控制。[2]

---

① 卢洪友. 政府预算学［M］. 武汉：武汉大学出版社，2005：43.
② BLAND R L, RUBIN I. Budgeting: A Guide for Local Governments. Washington, D.C. ICMA 1997：12. 转引自：马骏，赵早早.公共预算：比较研究［M］. 北京：中央编译出版社，2011：299-300.

表3-2 分行列支预算的范例——ABC会议的支出预算表及其说明　　　　预算表单位：元

| A. | 人员经费 | 元/人 | 合计 |
|---|---|---|---|
| | 20位参会者生活津贴 | 700 | 14 000 |
| | 项目主管津贴 | 1 750 | 1 750 |
| | 项目副主管津贴 | 1 500 | 1 500 |
| | 2位学生助手 | 1 000 | 2 000 |
| | 小计 | | 19 250 |
| | 保险费（小计×25%） | | 4 813 |
| | 合计 | | 24 063 |
| B. | 差旅费/餐费/住宿费 | | |
| | 23人的住宿费、就餐费 | | 7 750 |
| | 23人的差旅费 | | 7 500 |
| | 项目主管与副主管的会议费用 | | 500 |
| | 合计 | | 15 750 |
| C. | 通信及信息费 | | |
| | 复印费 | | 730 |
| | 邮资 | | 400 |
| | 合计 | | 1 130 |
| D. | 办公费 | | |
| | 运营办公费 | | 250 |
| | 咨询费 | | 600 |
| | 合计 | | 850 |
| | 加总数 | | 41 793 |
| E. | 间接费用（加总数×10%） | | 4 179 |
| | 总计 | | 45 972 |

预算说明：

该会议项目的预算包括五类支出：人员经费、差旅费/餐费/住宿费、通信及信息费、办公费和间接费用。上述分类是基于该校的传统预算分类体系而做出的。

A.人员经费（合计=24 063元，包括额外的保险费）

这项支出主要包括：给予每位参会人员的津贴（每人700元），项目主管的津贴（1 750元），项目副主管的津贴，雇用勤工俭学的学生的补助，这些学生主要承担与会议有关的大量事务性工作。

项目主管将与项目副主管研究制定会议议程，撰写会议结束后的项目总结。除了这些共同分担的工作以外，他将负责检查与会议项目相关的后勤与行政工作，以及向校董事会递交项目最终执行情况报告。

项目副主管将协助项目主管制定会议议程（包括会议内容、主要活动安排等），撰写会议结束后的项目总结。

会议参加者在会前将填写有关"混沌钟理论的宇宙探测功能"的调查问卷，并参加 2018 年秋季举行的此次会议。会议鼓励参加者提交与会议主题——政府预算绩效管理——相关的会议论文。

学生助手将负责向项目主管汇报以下工作：其所负责的邀请函名单、参会者的行程安排、收集并复印调查问卷，以及其分管的后期行政事务。

保险费：根据校方最近的（截至 2017 年 12 月 26 日）有关员工额外保险的规定，2018 年的保险费率为 25%。

B.差旅费/餐费/住宿费（合计=15 750 元）

上述费用主要包括：参会者抵达会议地点的交通费、参会者于会议期间在本市的"混元金斗连锁活动中心"发生的餐费和住宿费，以及项目主管和副主管撰写会议报告并完成本项目评估所发生的会议费用。

会议住宿费和餐费的预算估测，主要来自于本市 5 家类似活动中心的平均成本，以及 23 位与会者居住三个晚上的水平测算。全国"混元金斗连锁活动中心"每位客人每晚的住宿费标准为 59 元至 89 元不等。直至本预算申请提交之日，尚不能确定在上述"混元金斗连锁活动中心"的具体订房清单，因此本预算是按照其平均价格计算的。

差旅费的预算估测也是根据与会者抵达会议地点的平均机票价格水平测算的。

C.通信及信息费（合计=1 130 元）

上述费用主要包括：会议邀请函、调查问卷以及会议文献包裹的邮寄费用（400 元）；会议文件的复印费用（730 元）。

D.办公费（合计=850 元）

上述支出主要包括：与会议行政管理相关的办公用品（如信封、订书机、纸张等），以及会议期间使用的物品（如文件夹、新闻纸、放映用的幻灯胶片等）。如果预算允许，希望能够为每一位参会代表购买一部教学指导用书（由洪荒出版社出版的光明山学者陈九公讲席教授编写的教学指导用书《混沌钟的正确使用方法》），这将对于每位参会代表具有较强的会议研讨参考价值。

E.间接成本（合计=4 179 元）

会议的间接成本根据校董事会的规定，统一按照上述费用的 10% 提取，作为会议不可预见支出的预备费。

实际上，分行列支预算的形成过程，可以概括为政府行政部门与财政部门的一场紧张谈判过程。[①] 各行政部门希望其预算能够尽可能多地被通过，而财政部门则试图实现支出总额的适当削减。但是，很多政府行政部门往往得到一些强有力的利益集团的支持，并且行政预算的测算过程，技术相当复杂。例如，上例中会议支出的具体测算过程，政府财政预算部门往往难以真正考察其依据是否合理。

从上例中也可以发现，就形式而言，分行列支预算基本上是一种对机构投入加以具体说明的"家庭预算"的形式，如人员经费、设备支出、办公用品和交通费用等。不妨做一个简单的类比，传统的分行列支预算就像是一个面包师，虽然他购买了面粉、牛奶和糖，却没有考虑所要出售的蛋糕、甜点和面包的数量，以及可以制作这些产品的其他配方。这样做生意是愚蠢的，同样，如此运营政府也是愚蠢的。[②]

---

① 在本小节中，对于分行列支预算的评价，主要根据下面的相关内容归纳整理而成：瑞宾 J，林奇 T D. 国家预算与财政管理 [M]. 北京：中国财政经济出版社，1990.

② MIKESELL J L. Fiscal Administration: Analysis and Applications for the Public Sector. 9th ed. Boston: Cengage Learning，2014：249.

分行列支预算比较适用于较低层级的政府组织，而不适用于高层级的政府组织。如果意识不到这一点，就可能会导致"在宏观层面上进行微观管理"。[①]如果一个机构从事多项活动或项目规划，或者若干机构从事同一项活动或项目规划，就难以凭借分行列支预算的形式来确定其预算支出。同时，分行列支预算过于倾向于将预算决策的注意力集中于不断增长的人员经费和设备支出等项目，也容易诱使预算决策偏离对公共支出根本目的——满足社会公共需要程度——的考察。

尽管如此，分行列支预算仍旧是具有相当的生命力的。如果我们将美国1960年的预算框架与其1980年的各级政府预算实践加以对比的话，可以发现二者之间有着极其相似之处。造成相似的原因有两条：首先，一些预算改革没有能够完全付诸实践；其次，这20年的预算改革没有带来多大的实质性变化。[②]根据对美国的一项市、县预算的调查，截至20世纪末尚有80%的地方政府仍旧使用分行列支预算管理制度，只不过其中某些是与绩效预算或其他预算管理模式相互结合使用而已。[③]

### 3.4.2  计划-规划-预算制度

计划-规划-预算制度（planning-program-budget system，PPBS）[④]是根据国家的经济现状与发展趋势，以及国家当前所要达到的总体目标，利用系统分析以及成本效益考察等分析工具，评价公共计划的成本效益，协助政府拟定最有效的预算决策，以期实现公共经济资源合理配置的一种预算管理制度。[⑤]

计划-规划-预算制度的管理思想，萌生于美国的企业管理部门。早在1924年福特汽车公司就已经运用类似的管理模式，以试图提高企业效率。第二次世界大战期间，美国战时委员会制订的物资控制计划也援引了该方法。20世纪50年代，美国空军的兰德公司开始在武器系统检测中使用系统分析方法，并提出在空军的计划工作中使用所谓的"方案包"（也称为"规划包"）作为预算决策单元，但被当时的空军高层拒绝。在兰德公司提出的"方案包"建议中，包含了为完成某一特定的公共目标而拟采取的各种方案的集合。

1961年，麦克纳马拉就任美国国防部部长[⑥]，他认为"计划-规划-预算制度"有助于控制国防开支，在征得当时的美国总统约翰逊认可后，于1965年开始在美国联邦政府各部门中全面推行计划-规划-预算制度。截至1967年，美国预算局[⑦]指导21个部门实行了计划-规划-预算制度，并准备最终推广到36个部门。[⑧]

计划-规划-预算制度实际上是一种以程序为重点，而非以组织为重点，来评价短期与长期需求的预算管理模式。采用计划-规划-预算制度的首要意图，是使行政部门的预算摆脱渐进主义决策体系[⑨]，而改为一种合理的综合决策方法。计划-规划-预算制度包

① 马骏，赵早早. 公共预算：比较研究 [M]. 北京：中央编译出版社，2011：302.
② 瑞宾 J，林奇 T D. 国家预算与财政管理 [M]. 丁学东，等，译. 北京：中国财政经济出版社，1990：109.
③ COPE G H. Budget for Performance in Local Government [M]. Municipal Year Book, Washington, DC: International City Management Association, 1995: 42.
④ program budget在国内也有译为"项目预算"的，但考虑program budget与中国预算管理实务中的项目预算，还存在一定的差别，故本书还是采用了"规划预算"的称谓。
⑤ 陈纪瑜. 政府预算管理 [M]. 长沙：湖南大学出版社，2003：28.
⑥ 麦克纳马拉曾经担任福特汽车公司的经理职务，具有丰富的企业管理经验。
⑦ 1970年，美国预算局更名为管理和预算办公室（Office of Management and Budget，OMB），也译作"预算管理局"或"管理预算局"。
⑧ 亨利 N. 公共行政与公共事务 [M]. 项龙，译. 7版. 北京：华夏出版社，2002：210.
⑨ 有关渐进主义预算决策模式的分析，请参阅本书2.3节的有关内容。

括：（1）通过扩充项目预算使目标具体化；（2）使实现既定目标的机制具体化；（3）联系每一可供选择的方案进行成本-效益分析；（4）系统的长期（若干年）分析和计划。项目预算和成本-效益分析是计划-规划-预算制度的最重要内容。

在具体操作上，计划-规划-预算主要体现为如下几个基本步骤[1]：

首先，各政府行政机构根据总体上的公共部门现有资源、经济状况以及未来的经济形势分析等资料，设计组织的长期目标，并制订达到长期目标的各种可行的计划方案，然后对这些计划进行评估筛选，进而形成优劣排序。

其次，根据上一阶段设计的计划方案，预测未来五年内某项计划可能产生的效果与相关成本，并根据计划进度在五年期间加以妥善安排。

最后，在长期计划设计与编制五年计划的基础上，编制支出经费预算，并安排筹措年度预算经费，从而汇编形成年度预算。

表3-3描绘的是宾夕法尼亚州使用的规划预算分类。[2]注意其中的分类依据是向公众提供的服务，而不是依据各个政府部门（事实上，有几种服务是由不止一个政府部门提供的）或者该政府部门所购买的投入品以及这些部门的活动。这种预算结构是以最终产出为导向的。例如，在"对人员和财产的保护"这一项目中，就有好几个机构参与提供服务。如果我们只考虑其中的一个部门，比如说州警察部门，那么会对预算中的项目重要性问题提供一种误导性的观点。其中，"指导和帮助服务"是规划预算中常见的预算类别；根据这些功能所提供的投入品，而不是根据其他服务的提供，来进行相应的分配。宾夕法尼亚州的预算说明，许多机构会参加几个规划的活动，而许多规划的完成也不仅需要一个部门的活动（交通运输除外）。

计划-规划-预算制度的主要缺陷在于，大部分采用这一管理模式的政府机构（如美国，仅有其国防部是例外情况），都过于注重技术分析的作用。[3]具体说来，主要包括[4]：第一，难以确定适当的任务或绩效标准，定量问题的解决有一定难度；第二，当一个公共部门同时承担多项公共支出计划时，难以在不同的计划之间精确且合理地配置预算资源；第三，过于强调计量测度的精确性，忽视了政治、社会因素对于预算决策的影响等。我们可以通过如下的实例来进一步说明。[5]

例如，一个城市政策部门为了盗窃案发案率最小化的目标，可以通过多种途径来实现，而且所有这些途径初看起来似乎都是合理的。如拨出一定数量的资金，实施防盗项目。这个项目可能包括下列一些措施：（1）维持现行做法，设立一个中心警察局并配备一些双人巡逻车；（2）设立一个中心警察局并配备一些单人巡逻车；（3）增加公共教育项目支出，以加强市民的自我保护措施，如改进安装门锁、警报装置、照明系统等；（4）重点加强对海洛因的管制，因为从道理上分析，很多盗窃者是为了满足其吸毒瘾而作案的。在资金有限的条件下，成本-效益分析可用来比较防止盗窃最佳战略的措施。为了对这一实例中

① 陈纪瑜. 政府预算管理［M］. 长沙：湖南大学出版社，2003：28.
② 该案例转引自：MIKESELL J L. Fiscal Administration: Analysis and Applications for the Public Sector［M］. 9th ed. Boston：Cengage Learning，2014：256-258.
③ 当时的美国预算局局长斯塔茨在与美国农业部部长（农业部是当时实行PPBS较为成功的5个部门之一）谈话时，后者曾经对预算局局长说："斯塔茨，我的办公桌上有一摞约4英尺的PPBS报告，我该拿它怎么办？"资料来源：亨利 N.公共行政与公共事务［M］. 项龙，译. 7版. 北京：华夏出版社，2002：212.
④ 卢洪友. 政府预算学［M］. 武汉：武汉大学出版社，2005：47-48.
⑤ 该案例来自于瑞宾 J，林奇 T D.国家预算与财政管理［M］. 丁学东，等，译. 北京：中国财政经济出版社，1990：118-119.

表3-3　　规划预算的结构示例：宾夕法尼亚州政府，2007—2008年以及2013—2014年

　　**教育**（占2008年总预算的23.4%）：该项目的目标是确保教育资金可以落实到提高学生成绩的实践中。该项目为幼儿园启蒙班、全日制幼儿园以及小班化教育提供资金。此外，该项目还为基础教育和特殊教育项目以及诸如家庭教师、增加教师实践、课程素材和技术升级等教育支持项目提供资金。同时，该项目还将保证教师拥有高品质的职业生涯、技术教育以及更多的教育经验……

　　子项目：教育支援服务、基础教育、高等教育

　　所涉及的机构：教育局、税务局、公共福利局、劳动局、高等教育援助机构、税收公平委员会

　　**对人员和财产的保护**（占2008年总预算的13.2%）：该州项目的目标是构建和谐的生活环境和社会体系，保护个人与组织的生命和财产，使之免受非法或不公正的对待以及自然和人为灾难的侵犯

　　子项目：一般行政与支持、公共保护与执法、控制和减少犯罪、预防青少年犯罪、被告裁定、社会治安和社区安全、预防自然灾害、保障消费者权益

　　所涉及的机构：州警察部门、银行系统、州政府戒毒所、州检察署、酒类管制局、军事事务局、州务院、环境保护局、农业局、紧急事务管理局、乳品市场管理委员会、保险委员会、国土安全局等等

　　**卫生与公共服务**（占2008年总预算的43.4%）：该项目的目标是确保所有公民都能够享有优质的医疗服务、帮助人们寻求自给自足的生活、为退伍军人提供援助、创造机会使得个人和家庭能最大限度的融入社会中……

　　子项目：人力资源支持、社会中个体的发展、为宾夕法尼亚州的原住民提供援助、维持收入水平、保障物理治疗、保障公民心理健康

　　所涉及的机构：老年人问题局、卫生署、公共福利局、农业局、劳动和产业局、军事事务局、税务局、运输局等

　　**交通运输**（占2008年总预算的9.7%）：该项目的目标是建立一个连接全国乃至世界交通运输网的接口体系，可以满足州内人员与货物快捷、便利、高效、安全地移动

　　所涉及的机构：运输局

　　**娱乐和文化发展**（占2008年总预算的1.3%）：该项目的目标是改善宾夕法尼亚州城市居民、近郊居民以及乡村居民的生活质量。项目将资源集中于娱乐和文化设施建设，以确保宾州的居民都能充分享受本州的自然美景。同时，该项目还确保居民与游客们可以探索宾州文化传统的多样性、参观我们创造性的艺术社区、了解我们丰富的历史以及在保留国家遗产中的卓越成就……

　　子项目：娱乐、文化发展

　　所涉及的机构：环境资源和教育局、历史和博物馆委员会、钓鱼和船舶委员会、竞赛委员会、公共电视网、艺术委员会等

　　**经济发展**（占2008年总预算的4.5%）：该项目的目标是为宾夕法尼亚州的居民创造更多的就业机会。为了能实现这个目标，该项目提供了许多种类的补助金、贷款，同时还为增加经济投资、刺激经济增长、扩大就业机会的活动提供贷款担保……

　　子项目：经济发展援助服务、州经济发展、工作负担改善、社区发展

　　所涉及的机构：州经济发展局、宾夕法尼亚经济发展筹资局、基础设施投资管理局、审计署、教育局、劳动和产业局、税务局

　　**债务清偿**（占2008年总预算的1.6%）：这一全州项目的目标是保证有足够的财政资源来即时偿还州债务。州政府通过债务融资，为州内的资本性项目、选民批准的债务公投以及一些救灾项目提供资金

　　所涉及的机构：财政局

　　**指导和帮助服务**（占2008年总预算的3.0%）：这一全州项目的目标是提供一个有效和高效的管理支持系统，以此来促进本州各项目目标的实现

　　子项目：管理与援助服务、财政管理、健身设施和商品管理、州际关系

　　所涉及的机构：州长办公室、行政办公室、副州长、审计长、立法部门、财政局、民事服务委员会、税务和一般服务局、州雇员的退休系统等

　　注意：一些机构所开展的活动涉及好几个项目，并不是所有的项目都有子项目。

　　资料来源：Governor's Office of the Budget. 2009-2010 Executive Budget，Commonwealth of Pennsylvania［M］．Harrisburg：Commonwealth of Pennsylvania，2009.

的一些问题进行有益的分析，我们需要相当多的经验数据。请看上面的（3），改进门锁与防止盗窃之间有什么关系？如果两者之间只有一般的关系，且进一步的研究表明，治安教育项目并不十分有效，那么，我们就不会对这一措施提供投资。遗憾的是，很多项目具有多重目标，在集资过程中这些目标很可能彼此竞争。

总体上看，计划-规划-预算制度对于地方政府层面上的影响要相对显著一些。根据对美国运用 PPBS 情况的调查，41%的州政府机构和 35%以上的市、县，都在某种形式上采用了 PPBS，60%的城市至少在某些部门实行了这一制度，在普遍实行这一制度的城市中，57%的城市认为它"非常有效"。[①] 在 20 世纪 60 年代和 70 年代，PPBS 的影响逐渐超出美国，许多发达国家和发展中国家开始引入这一方法。例如，法国就充满热情地实施了 PPBS，这主要是因为法国本身就有很强的经济计划以及预算理性的传统。在联合国等国际组织的建议下，一些发展中国家也实行了 PPBS。即使现在，一些国家仍然用项目预算称呼它们的绩效预算。[②]

### 3.4.3　PPBE 与规划预算[③]

虽然总体上"计划-规划-预算制度"（PPBS）早在 30 多年前就被美国联邦政府放弃了，但仍被美国国防部所采用，因为它符合政策制定和多军种预算的多方需求，同时也提供了关于规划和支出的长期观念。[④]美国国防部在 2003 年将其更名为"计划-规划-预算-执行体系"（PPBES）。[⑤]"PPBE"（计划-规划-预算-执行，Planning，Programming and Budgeting Execution Process）是美国国防部在"PPBS"（planning-program-budget system）运行 40 多年并取得较好成效的基础上，经过改进而生成的预算管理系统。PPBE 作为军队系统的长期战略规划，将中期建设计划、年度预算以及预算执行与评审整合为一体，成为合理配置国防资源的预算管理体系。"规划预算"（program budgeting system）与"PPBS"存在着诸多联系，二者有着许多相通或重叠之处。它是根据消费者的需求或财政支出对于公共目标的实现所做出的贡献，来对预算所建议的支出活动进行组织。

通过对"PPBE"和"规划预算"的考察发现，其蕴含的预算理念以及追求的目标——效益——与绩效预算具有直接的联系。而前两者在注重投入预算、加强合规性控制的基础上，又突出了产出和效能的实现问题。因而，取其关键编制技术手段和管理理念，搭建一座从投入预算向绩效产出预算过渡的桥梁，不失为现时条件下预算改革的可行路径。

1）PPBE 及其主要特点

（1）PPBE 产生的背景

PPBE 是在 PPBS 的基础上产生的。PPBS 的管理思想萌生于美国的企业管理部门，早在 1924 年，福特汽车公司就已运用类似的管理模式以试图提高经营效率。1961 年，曾任福特汽车公司经理的麦克纳马拉就任美国国防部部长。他认为，在当时的预算管理模式

① 数据来源：亨利 N.公共行政与公共事务［M］.项龙，译. 7 版. 北京：华夏出版社，2002：212.
② 马骏，赵早早. 公共预算：比较研究［M］. 北京：中央编译出版社，2011：322.
③ 马蔡琛，李璐. 再论中国政府预算改革的路径选择——基于 PPBE 和规划预算的考察［J］. 甘肃行政学院学报，2009（1）.
④ 麦卡菲 J L，琼斯 L R.国防预算与财政管理［M］. 陈波，邱一鸣，译. 北京：经济科学出版社，2015：88.
⑤ JONES L R.，MACAFFERY J L. Budgeting Financial Management，and Acquisition Reform in the U.S. Department of Defense（Charlotte，N.C.：Information Age Publishing，2008）一书中对于国防部的预算和其他财政管理体系，包括 PPBES，都做了精彩的描述与分析. 转引自：MIKESELL J L. Fiscal Administration：Analysis and Applications for the Public Sector［M］. 9th ed. Boston：Cengage Learning，2014：259.

下，由各军种单独提出预算数额，国会只能根据上一年度的军费使用情况，先确定军费总额，然后由国防部在限额内切块分配给三军。由于缺乏统一规划，各军种单纯根据自己的设想进行战争准备，而难以考虑共同的军事战略目标，造成财力资源重复配置和严重浪费。为此，他将美国兰德公司的管理模式逐步运用于国防部，获得了巨大成功。据统计，麦克纳马拉任职期间（1961—1968年）共节省国防开支约150亿美元。[①]在国防部的影响下，美国联邦政府各部门、机构纷纷引进了PPBS系统，在美国形成了风靡一时的预算改革潮流。它将长期规划、中期建设计划与年度预算编制紧密结合起来，将传统的一年一度的预算准备转变为着眼于政府长期的公共政策目标。但由于种种原因，PPBS在美国其他政府部门运用不到十年时间，便于1971年停止使用了。而美国国防部自从1962年起，PPBS就一直在国防资源分配与管理中发挥着重要作用。

随着美国国家安全和军事战略的调整，进入21世纪以来，美国国防部提出军事转型战略，同时也在寻求军事规划活动的转变，以期能够找到一种面向未来、基于能力的预算资源配置方法。美国国防部认为，PPBS过于刚性且反应迟钝，难以适应动态的、不确定的国家安全环境，而且过程过于烦琐，不能及时有效地将军事战略协调地融入国防计划中。因此，美国国防部2003年5月发布"重大倡议决定913"文件，宣布对PPBS进行重大改革。新的国防资源分配管理办法——"计划–规划–预算–执行"（PPBE）——于2005财年开始实施。

尽管PPBE目前尚属于美国国防部内部使用的预算管理系统，但是其将远期目标、中期计划与预算执行有机结合的先进方法，从资源的投入控制到注重结果的绩效的运行程序，是值得在更加广泛意义上的公共预算管理中加以研究和借鉴的。

（2）PPBE较之PPBS的主要变化

①规划阶段，加强了作战需求部门在制定规划过程中的作用，以提升规划与作战能力需求的协调一致性。

②计划和预算过程由每年一次改为两年一次，计划和预算并行推进，分为预算年和非预算年。预算年是发布国防预算的偶数年（如发布2005财年预算的预算年是2004年），制定为期两年的计划与预算；非预算年是预算年的下一年度，即国防预算的奇数年。非预算年只需根据预算年所制订的方案进行调整和修订，以节约时间用于预算执行情况的评价和监督、资金流转的管理以及长期计划的执行等重要问题，而不是用于制订计划。

③增加了预算执行评审阶段，更好地评估国防项目的投资效益。PPBS着重考虑的是经费投入情况，效益问题一般要到经费已拨付或项目正在执行中才加以考虑。而在PPBE制度中，增加了预算执行的评审过程，采用绩效度量准则检查计划执行的情况，并将这种评审覆盖整个计划和预算过程，进一步保障了终极战略目标的实现。计划和预算的评审工作同时推进，避免了PPBS制度中计划和预算阶段依次进行所产生的大量重复评审和决策，提高了工作效率。[②]

（3）PPBE的主要特点

第一，以周期滚动推进的方式实现规划、计划与预算的有机结合。PPBE每两年进行

---

① 邹国臣，陈耀初. 美国的PPBS及其特点［J］. 现代军事，1989（5）.
② PAPARONE C R. Resourcing the Force in the Midst of Complexity：The Need to Deflate the "PPB" in PPBE［J］. Army Logistician，ProQuest Military Collection .Mar / Apr 2007：40.

一次滚动推进，根据长期规划制订后续六年的计划和其中头两年的预算，通过周期向前滚动，实现预算编制的连续动态性。制定规划就是制订计划，制订计划就是制定预算，使预算既能服从长远规划，又能适应不断变化的国际国内环境与相应的国防需求变动。

第二，按军事职能而不是按军种切块来编制计划和预算。军事计划项目的预算不按军种切块，而是按军事任务和功能分为11大类①。完成同一类任务的不同项目，无论来自哪个军种均纳入同一类计划。例如，"战略任务"计划类中，既包括海军弹道导弹核潜艇，也包括空军的战略轰炸机和陆军的洲际弹道导弹。这样把类似项目归纳在一起加以综合平衡和比较分析，减少了由于各军种分别安排各自发展计划而造成的重复和浪费。

第三，充分发挥国防规划与资源委员会的作用。国防规划与资源委员会负责国防部和各军种规划、计划与预算的审定，从而使国防部、参谋长联席会议、各军种部及所属主要司令部之间建立了一个完整的管理体系，使得规划、计划与预算工作层层负责、逐级审批、不断补充和修改，最后由国防部长办公室进行综合平衡，从而形成了一个有机整合的预算系统。

第四，形成制度化和规范化的工作制度与程序。在规划、计划和预算的不同阶段，不仅对各有关部门的工作内容、分析研究、文件编制、审批程序等有明确要求，而且有严格的时间限制和文件传递流程②，并且以法规形式将其固定下来，使之制度化、规范化，从而减少了推诿扯皮的现象，提高了预算过程的运行效率。同时，也有效约束了各阶段决策的自由裁量权和主观随意性。

第五，强化对计划和预算的执行评审，注重产出和绩效。在PPBS的基础上，PPBE进一步加强了对计划和预算执行的评审，以提高国防资源的使用效益。为此，国防部内设专门的系统分析机构——计划评估局——进行计划部分的系统分析，以节约公共资源，克服重复建设等弊端。同时，在预算编制上注重成本与效益分析，充分运用定量分析方法，审查每项支出计划的效果与费用的配比关系。

2）规划预算及其主要特点

规划预算（program budgeting system）中"规划"一词的内涵与PPBE中的"规划"（programming）非常相似。在预算系统中，"规划特指公共组织从事的、旨在促进相同目标的若干活动（activity）的集合"。在美国预算管理实践中，宾夕法尼亚州预算中的"指导和帮助服务"和帕克瑞志市预算中的"政策制定与管理"，都是规划预算中常见的规划类别。

规划的设立是以实现公共目标的贡献程度为基础，而不考虑具体提供服务的都是哪些行政管理组织。从本质上来说，规划框架要求政府机构明确自己能提供什么样的产品和服务，然后根据这些产品或者服务的流程来组织预算申请和预算执行。这种预算管理模式将预算的重点从财政支出的购买对象（政府所要购买的产品）转移到支出的目的（政府向社会提供服务）上来。

规划预算与传统预算相比其主要特点在于，传统预算管理中，对资金的竞争是在政府部门之间或者政府机构内部进行的，以部门或各组织机构为本位展开的。与之相反，规划

---

① 这11大类分别为：战略力量，常规力量，情报与通信，空运与海运，警备队与预备役部队，研究与开发，物资供应与维护，训练、医疗及其他人员保障活动，管理与保障，援外，特种部队等11类。
② PAPARONE C R. Resourcing the Force in the Midst of Complexity：The Need to Deflate the "PPB" in PPBE［J］. Army Logistician，ProQuest Military Collection .Mar / Apr 2007：48.

预算中，竞争是在相似的规划之间展开的，跨越了传统的组织本位界限。它可以促使所有参与者将其注意力集中转向公共支出结果，这些参与者包括部门管理者、部长、立法机关代表和公众。也就是说，"规划"与我们平常使用的项目并非是同一个概念。规划预算是按照有着特定目标的规划（与活动）、打破部门界限归集投入的预算资源，而不是按照组织机构来归集预算资源。这是规划预算不同于基于组织本位配置资源的传统投入预算的主要特征。

以韩国环境部的规划预算为例①，韩国环境部打破了向所属各局和办公室切块分配资金的办法，而是根据规划目标来组织资源以完成各项环境保护活动。部长的角色和职责范围就是根据确定的政策目标决定各规划的规模和适当数量，在年度预算中考虑中期规划，以将预算结构和绩效管理联系起来。图3-1是韩国环境部规划预算的结构图。该部工作的总体目标是"环境保护"，为达到总体目标，下设5个子目标，分别是"环境政策"、"水"、"空气"、"自然"和"废品"，每个子目标下又分别有2~5个规划，共计16个规划，其中环境管理局拥有一个独立的规划。根据规划制定预算，并且安排为达到这一规划目标的各项活动。比如"首都地区的空气质量"这一规划中安排的活动，就包括采用天然气公共汽车等。

由此可知，规划预算包括总目标、子目标、规划名称、预算资金、活动等各个方面，以规划作为预算拨款的基础，聚焦于由规划确定的各项活动的运行效率，围绕政府制定的战略目标做出资源分配决策，这不仅使得规划与资源配置相匹配，更增强了各预算支出机构的受托责任和预算透明度，使得政府与立法机构和社会公众的关系更为和谐友好。②

### 3.4.4 从"绩效预算"到"新绩效预算"：一个简要的演进脉络

#### 1）绩效预算的兴起

绩效预算（performance budgets）③在市场经济国家的兴起，可以追溯到20世纪最初十年间的纽约市。绩效预算的历史包括成立于1912年的塔夫特委员会（Taft Commission），这使得绩效预算于1934年在美国农业部采用，于20世纪30年代末被田纳西流域管理局（Tennessee Valley Authority）所采用，④而其作为一个预算术语使用则形成于1949年美国胡佛委员会提出的一个概念。⑤绩效预算是公共预算管理的一种全新理念和方法，其基本含义是将"绩效水平与具体的预算数额联系起来"。此后美国又曾经尝试过"规划预算""计划-规划-预算"等方法，都取得了一定的成效。这些预算改革在西方世界产生了巨大的影响，以"成本-绩效"作为评价标准的预算管理理念日益深入人心。⑥

---

① BARRACLOUGH K. Introduction to Program Budgeting [R]. Fiscal Management Reform Workshop, Istanbul. June 6-8, 2005.
② BARRACLOUGH K. Introduction to Program Budgeting [P]. Fiscal Management Reform Workshop, Istanbul. June 6-8, 2005.
③ 也可以称为"传统绩效预算"或"绩效预算的第一次浪潮"。
④ 麦卡菲 J L，琼斯 L R.国防预算与财政管理 [M]. 陈波，邱一鸣，译. 北京：经济科学出版社，2015：91.
⑤ 1949年美国胡佛委员会的报告将这种预算管理模式的变革称为绩效预算。在此之前，绩效预算被称为功能预算与行动预算。其实，美国联邦预算此前就已经开始绩效导向与绩效评价管理的变革了。这在很大程度上归功于1939—1946年时任美国预算局局长并提出著名的现代预算管理原则的哈罗德·D.史密斯。但是，胡佛委员会指出了政府实施分行列支预算时所遇到的问题，更加强调绩效的价值。1950年，杜鲁门总统向国会递交了第一份完整的绩效预算。
⑥ Commission on Organization of the Executive Branch of the Government. Budgeting and Accounting [M]. Washington, D.C.: U.S. Government Printing Office, 1949.

| | | | | | |
|---|---|---|---|---|---|
| 总目标 | 环境保护 | | | | |
| 子目标 | 1.环境政策 | 2.水 | 3.空气 | 4.自然 | 5.废品 |
| 规划 | 1.1环境管理<br>1.2基本的环境保护<br>1.3化学与有害物质管理<br>1.4国际合作 | 2.1水供应<br>2.2地表与地下水<br>2.3污水<br>2.4工业废水<br>2.5主要河流的水质量 | 3.1空气保护<br>3.2首都地区的空气质量<br>3.3日常污染 | 4.1生态系统<br>4.2国家公园 | 5.1废品管理局<br>5.2回收 |
| 预算 | 预算 | 预算 | 预算 | 预算 | 预算 |
| 活动 | 活动 | 活动 | 活动 | 活动 | 活动 |
| 目标 | 目标 | 目标 | 目标 | 目标 | 目标 |

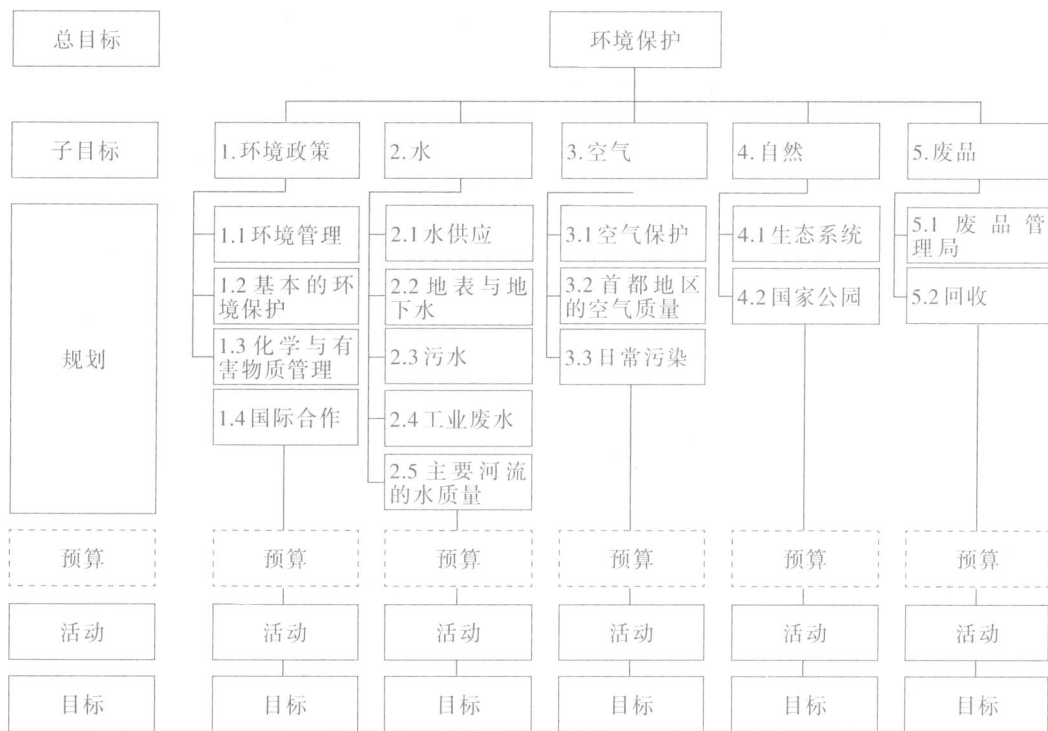

图 3-1 韩国环境部规划预算结构图

在绩效预算的概念中，包含了几项从传统分行列支预算思维方式的转变[①]：（1）预算信息要根据活动（例如，修路、种树、护理病人、教授学生和逮捕犯人等）而不只是单个项目来组织。（2）应当对活动进行度量，以确定其成本，并对从事这些活动的效率进行评估。（3）应当通过将每家政府机构的实际成本与执行情况同计划水平的对比，实现绩效管理。（4）尽管绩效指标一般都不是政府的"最终产品"，但是从理想的情况来看，应当将这些活动与受益结果或者产出联系起来。通过专栏 3-3 美国盐湖城公共交通管理支出的绩效预算，我们可以对美国绩效预算管理模式的具体应用形成更为直观的了解和认识。

绩效预算的核心应当是绩效指标（performance measures）的质量和立法-行政结果的真正协调一致。这些指标成为政府机构关注的焦点，而传统模式则难免会奖励拙劣绩效的公共管理者（例如，审计质量可能要比审计数量更重要，但因数量更容易量化，便可能作为绩效指标）。传统的绩效预算试图以政府机构的直接产出编制预算，而这些产出未必是政府存在的真正原因。例如，公共卫生部门为预防儿科疾病所实施的接种疫苗计划，并不是为了采购疫苗，而是为了降低婴儿死亡率，该机构活动的目标是儿童的健康，而不是参与项目的儿童数量。绩效预算指标的设计对此就显得力不从心了。

---

① MIKESELL J L. Fiscal Administration: Analysis and Applications for the Public Sector [M]. 9th ed. Boston: Cengage Learning, 2014: 252.

专栏 3-3

## 美国盐湖城公共交通管理支出的绩效预算

| 公共交通管理 | | | |
|---|---|---|---|
| 规划：积雪清理部门：公共事务部 | | | |
| 规划说明：在寒冷冬天的天气条件下，为了安全运输，清除街道上的冰雪 | | | |
| 规划运行支出（单位：美元） | | | |
| 资源需求 | 1979—1980年<br>（实际） | 1980—1981年<br>（预算） | 1980—1981年<br>（估测） | 1981—1982年<br>（建议） |
| 人工服务 | 19.5/279 318 | 16.9/325 358 | 11.25/190 618 | 4.7/111 975 |
| 运营费用和保养费用 | 39 081 | 48 300 | 29 763 | 47 720 |
| 收费和服务 | 61 774 | 193 169 | 111 864 | 199 379 |
| 资本性支出 | 0 | 17 596 | 12 570 | 0 |
| 作业信贷<br>（work order credits） | （212） | 0 | 0 | 0 |
| 合计 | 379 961 | 584 423 | 344 815 | 359 074 |
| 规划资源（单位：美元） | | | |
| 一般性基金 | 379 961 | 584 423 | 344 815 | 359 074 |
| 合计 | 379 961 | 584 423 | 344 815 | 359 074 |

规划预算要点说明：

1980—1981年的数据显示，对冰雪规划中的人员工作时数做了过量分配，为此在年中调整时进行了修正，并在1980—1982年的预算申请中得到了准确反映。在1980—1981年间，对过去5个冬季的情况进行了分析研究。研究显示，我们对1980—1981预算年度的预测显然是不切实际的，因此我们将雇员的工作时间向其他规划进行了分配，使其他规划的支出水平和人员经费都有所上升。

绩效目标：

1.为了研究除雪规划的"规模"。

2.为了扩大在实际中U.D.O.T.和S.L.C.之间的责任交换。

3.为了对"特大暴风雪"等紧急情况的处理系统进行评估。

| 绩效评估 | 1979—1980年<br>（实际） | 1980—1981年<br>（预算） | 1980—1981年<br>（估测） | 1981—1982年<br>（建议） |
|---|---|---|---|---|
| 需求 | | | | |

续表

| 绩效评估 | 1979—1980年（实际） | 1980—1981年（预算） | 1980—1981年（估测） | 1981—1982年（建议） |
|---|---|---|---|---|
| 1.需要优先清理积雪的道路里程（英里） | 400 | 400 | 460 | 460 |
| 2.降雪厚度（英寸） | 63 | 68 | 45 | 68 |
| 3.处理暴风雪所需要的员工人数 | 15 | 19 | 16 | 19 |
| 4.处理暴风雪所需盐的吨数 | 7 | 10 | 10 | 10 |
| 5.处理暴风雪需要除雪的次数 | 8 | 9 | 6 | 9 |
| 工作量 | | | | |
| 1.街道撒盐的员工工作小时数 | n.a.① | 12 640 | 1 000 | 2 060 |
| 2.街道除雪的员工工作小时数 | n.a. | 18 960 | 1 400 | 3 090 |
| 3.使用盐的吨数 | 7 410 | 8 000 | 4 900 | 8 000 |
| 生产能力 | | | | |
| 1.优先处理积雪的道路每英里的成本（美元） | 962 | 1 418 | 874 | 765 |
| 2.每场暴风雪的平均成本（美元） | 25 663 | 29 864 | 25 138 | 18 513 |
| 效果 | | | | |
| 1.冰雪所导致的车辆交通事故次数 | 253 | 250 | 135 | 250 |
| 2.所收到的投诉次数 | 49 | 50 | 35 | 50 |

①n.a.：该数据不可获得。

资料来源：MIKESELL J L. Fiscal Administration：Analysis and Applications for the Public Sector ［M］. 9th ed. Boston：Cengage Learning，2014：259.

与传统的投入预算相比，绩效预算开始从"对机构的预算资源配置"的关注，转移到"对机构业务活动的预算资源配置"的关注。从总体上看，绩效预算只是取得了有限的进展。在美国，由于国会的强烈反对，绩效预算并未得到全面推行。在不少国家，尤其是在发展中国家，尽管对绩效预算的期望很高，但实施结果却并不理想。这主要是由于当时绩效预算的设计在技术方面和政治方面存在许多障碍①：①由于各部门的工作性质差别很大，且具有不可比性，因而无论绩效指标的设计、工作量的统计，还是成本-收益分析，都需要进行大量烦琐的工作。②许多社会效益较强的政府活动和项目很难用量化的指标来评价，限制了成本-收益法的应用。③绩效预算虽注重对产出进行分类和测量，但却对政府的目标和计划关注不够，绩效考评缺乏政府长期战略规划的支撑，导致考评失去方向，而且考评结果与相应的资源配置也缺乏联系。④从政治角度看，绩效预算没能协调好行政

---

① 董振海. 美国20世纪五六十年代实施的绩效预算改革及启示 ［J］. 中国财经信息资料，2010（3）.

部门和立法部门的关系，缺乏来自于立法部门的支持是绩效预算失败的原因之一。为了克服绩效预算存在的这些问题，结合绩效预算与规划预算二者特色的"新绩效预算"理念就应运而生了。

2）新绩效预算的演进

20世纪90年代后期以来，人们在尝试将预算过程的重点从投入转移到产出或者结果的过程中，形成了新绩效预算。[①]新绩效预算的思路是，与政府绩效相关的是社会目标与结果，而不是机构的直接产出或活动，并根据其结果对机构进行考核，应关注这些结果到底是如何实现的。

现代政府"再造"运动（"reinvention" movement）对新绩效预算的发展具有重大影响。正如奥斯本（Osborne，D.）和盖伯勒（Gabler，T.）所认为的那样[②]，新绩效预算会使政府对结果负责，而不用根据投入品来对政府机构拨款。也因为政府机构节约了成本或者努力为民众提供了服务（其中也包括如果私人生产公共服务合适的话，政府机构将公共服务让渡给私人部门的情况），会对政府机构给予奖励，从而在战略发展、成本分析和计划中更注重长期性。通过实行以结果为核心的预算，政府应当对公众的利益变得更加负责；通过赋予政府更大的灵活性，在服务的提供过程中，政府可以变得更有效率、更富有企业家精神。

新绩效预算融合了传统绩效预算和规划预算的特点。对结果的关注是规划预算的重点，但新绩效预算并不要求跨越政府机构（将不同政府机构的相似规划集中到一起）。与传统绩效预算关注任务、活动或者直接产出不同的是，新绩效预算关注的是结果。从重要性上来说，新绩效预算综合了原有预算分类的思想。

当然，新绩效预算仍旧未能全面解决在"传统绩效预算"中的已有难题。绩效优的项目才应该享受财政资助，但难道不会是正因为缺少财政支持才造成项目的失败吗？绩效低的项目就应该被惩罚并减少对其的财政支持，难道不应该给予丰厚的财政支持以期提高这些项目的绩效？[③]

新绩效预算在美国地方政府中应用较为广泛。1998年，在美国50个州中，有47个州有以绩效为基础进行预算的要求。[④]美国联邦政府的步骤则显得相对缓慢，但也取得了一定的进展。1990年的《财务总监法案》（The Chief Financial Officers Act of 1990，CFOA）要求联邦机构的财政官员编制并报告自身部门的系统绩效指标；1993年的《政府绩效与结果法案》（The Government Performance and Results Act of 1993，GPRA）则进一步要求每个政府机构编制战略规划、年度绩效计划和年度绩效报告，而同年国家绩效评价委员会（National Performance Review，NPR）成立，专门负责GPRA的监督和实施，这也进一步推

---

① 新绩效预算还有很多别的名字，如企业式预算（entrepreneurial budgeting）、结果导向预算（result-oriented budgeting）、任务预算（mission budgeting）和结果基础预算（outcome-based budgeting）等。

② 奥斯本和盖伯勒称这个预算系统为"支出控制预算"（expenditure control budgeting）：议会为各个运营单位制定支出限额；议会对政府部门的管理依据的是绩效结果，而不是财政支出；议会放弃对政府部门运营活动的微观管理。政府部门可以收到"利润分成"（profile sharing），因为它们可以保留财政支出限额之内的结余。参阅 OSBORNE D，GABLER T.Reinventing Government：How the Entrepreneurial Spirit is Transforming the Public Sector［M］. New York：Plume，1992.

③ 刘昆.绩效预算：国外经验与借鉴［M］. 北京：中国财政经济出版社，2007：4-5.

④ 在这方面，加利福尼亚州的西尼维亚、俄亥俄州的丹顿和亚利桑那州的凤凰城，都名列前茅。在州政府中，密苏里州、得克萨斯州、路易斯安那州和弗吉尼亚州较早充分利用绩效信息来影响预算办公室的决策和运营；许多其他州只是将绩效指标用于内部管理（预算的执行），却没有更广泛地运用这些指标。尽管关于单个政府机构的绩效指标见诸于美国一半以上的州和许多城市中，但是，与投入种类相比，这些指标对责任和控制的集中程度仍然是十分有限的。参阅 MIKESELL J L. Fiscal Administration：Analysis and Application for the Public Sector［J］. 6th ed. ［s.n.］Wadsworth Publishers，2003.

进了美国政府绩效评价和预算制度的重大改革；2002年"评估与审议工具"（PART）的出台，使得GPRA的目标进一步强化，其目标是每年审核联邦政府所有项目的20%，最终每个项目在5年之内都会得到审核。

新绩效预算是GPRA明确的政府预算管理改革方向。传统的每年提交国会的单项否决预算，通常建议总统在每个项目上许可的开支额度以及如何在不同账户上分配资金。它只是确定了如何分配资金，而未能明确项目目标，这种做法与预期的项目结果之间的联系相对薄弱。所以法案提出要求，总统从1999财年开始，提交连同预算在内的全面的联邦绩效计划。尽管计划本身不是绩效预算，但却是非常有用的起点，因为它开始清楚地将预算开支与期待结果挂钩。同时法案还要求从1998财年起至少在5个联邦项目中实施"跨年度"绩效预算试点。从美国地方政府预算实践来看，尽管各州在新绩效预算方面做了长期努力，但是资源分配在很大程度上还是受到传统预算模式的驱动。其根本原因在于，在有意义的绩效评价上往往难以取得一致性意见，项目和资金分配结构的不协调性以及会计制度的局限性，也给新绩效预算的实施效果带来了不利影响。

此外，在美国等发达经济体，绩效测量即便被联邦政府机构的项目管理者所采纳，也只是用于预算的准备阶段以及对已分配资源的使用情况进行监督，而很少会被直接用于财政资金的分配中。在一定意义上，这说明了绩效测量作为管理工具比预算工具更有效。[①]

关于"新绩效预算"所产生的长期影响，现在还很难进行预测，但是，不管最终形式如何，以结果为导向、将绩效和预算进行融合，很可能继续成为美国联邦预算过程乃至世界范围内公共预算管理变革的重要理念。

3）"传统绩效预算"与"新绩效预算"的关系

"新绩效预算"（或结果预算）与此前的"传统绩效预算"有着相当深的历史渊源，二者相同的地方极多，但新绩效预算也有一些自身新的特点。与传统绩效预算一样，新绩效预算的基本思想也是强调管理。新绩效预算的决策方式也是渐增预算模式（incremental budgeting）。这一点在美国联邦政府执行《政府绩效和结果法案》时所采取的循序渐进的态度上也有所反映（详细内容可以参阅专栏3-4）。与绩效预算不同的是，新绩效预算的决策方式不仅是渐增式或增量式的，也是参与式和分权式的。美国联邦政府鼓励官员参与政府的改革，政府普通雇员对此也很积极。[②]

与传统绩效预算一样，新绩效预算的范围基本上也仅限于输入和输出，尽管后者对输出质量的重视要高于前者；同时，新绩效预算的范围也包括考虑现有方针之外的备选方案，但备选方案基本上仅限于市场外包抑或直接经营。

此外，二者的相通之处还体现在，实施新绩效预算的行政官员必须是精通管理的人。同时，他们还必须是出色的计划人员，善于与人交流。新绩效预算在很大程度上依赖于绩效评价，而归根结底，"绩效评价是一个政治沟通问题"[③]。

同传统绩效预算一样，实施新绩效预算时，必须沟通的关键信息是各机构的活动情况，重点是机构的效率和职责的完成情况。制订计划是各机构与预算管理局的共同任务（在典型的绩效预算中，制订计划的任务分散于各机构之中，并未引起较多的关注）。预算

① 刘昆.绩效预算：国外经验与借鉴 [M].北京：中国财政经济出版社，2007：5.
② HENRY N. Public Administration and Public Affairs [M].7th ed.New York：Prentice-Hall, Inc., 1999.
③ KETTL.Reinventing Government [J]. Appraising the National Performance Review, 1994：46.

管理当局的任务首先是保证职责的完成。在这一点上，新绩效预算与传统绩效预算有所不同，传统绩效预算关注的首要问题是预算机构的效率。

## 专栏 3-4

### 美国政府绩效评价系统的基本构架

根据 1992 年美国审计总署的一次调查，在被调查的 103 个联邦机构中，2/3 的机构拥有独立的长期战略规划，3/4 的机构收集了大量信息来评价项目绩效。所以，在美国绝大多数机构使用的信息属于项目层次，只有极少数机构有规律地收集绩效信息，为战略规划中规定目标的完成做准备。鉴于此，本专栏主要就项目层次对美国政府绩效评价系统进行相关介绍。

在美国，一个有效的项目绩效评价体系的组成要素包括：战略规划、年度绩效计划和年度绩效报告。《政府绩效与结果法案》（以下简称《法案》）不仅从法律上保证了以上组成要素的合法性，其提供的权力下放制度也增加了管理透明度和灵活性，并相应地检查了项目绩效预算的进展。

1.战略规划。战略规划是整个联邦政府建立绩效评价体系的起点和基础。一个成熟的多年战略规划能够详细说明组织的基本任务，以及为完成这些任务所必须实现的长期基本目标，同时也安排出完成目标所需的相应资源。基本目标的确定将有助于机构有效地保持正确方向，即使负责人更换也不会受太大影响。这一点对于高层职位更换频繁的联邦政府相当重要。

2.绩效计划。年度项目绩效计划明确了机构长期目标（如同战略规划中规定的）和日常管理者工作之间的联系。这些依等级排列的计划，表明了按照顺序哪些年度绩效目标必须完成，以确保下一级目标的顺利实现。年度绩效计划不仅包括确定了工作数量和质量标准的目标，而且涉及达成目标所需要的资源。总之，在年度绩效计划中表明了完成绩效目标所得到的一切支持，即足够的管理、技术支持、人力资源、预算管理以及物质资源。

3.绩效报告。年度项目绩效报告是对管理者、决策者和公众的一种反馈，反映了完成项目计划所花费的资源和已经取得的成果。《法案》还要求年度绩效报告中对未完成的目标做出相关解释，即说明完成目标的计划，无法完成的原因，并要求推荐改革方案。同时，报告还应当将绩效评价信息和项目评价结果联系起来，以描述机构的绩效和为改革所做的努力。

以上三个要素构成了一个有效的项目绩效评价体系。但是在具体运行过程中，该系统尚未达到理想中的效果。究其原因，首先，就战略规划而言，即使许多机构有所谓的"战略计划"，但由于这些规划与机构的日常工作联系过于紧密，极大地削弱了规划的有效程度，从而使其利用率不高。其次，项目绩效计划方面，其最常见的弱点在于对成果评价的过于依赖，而忽略了产出。况且并非所有的政府项目都存在便于评价的目标，很多机构项目评价目标的设计难度相当大，甚至根本无法提供有效的目标。

国家绩效评价委员会认为，联邦政府的管理者无法在主管项目内部调动资源或行使其他管理权力，因而他们往往不能对其取得的成果负责，而是对已受到严格管制的项目中的具体实施步骤负责。其他政府（地方、州和外国政府）的经验表明，只要给管理者更大的管理自由，并要求其对结果负责，管理者就可以提高项目绩效。因此法案中明确了授予管理者相关度和灵活度权力下放的条文。但是国家绩效评价委员会依旧强调，对管理权力还需有适当的程序控制。这也为法案中权力下放条款有限的灵活性提供了注解。

　　在美国绩效预算的具体实践中，尽管各州在绩效预算方面做了长期努力，但是资源分配在很大程度上还是受到传统预算模式的驱动。其根本原因在于对有意义的绩效评价往往难以达成一致性意见，项目和资金分配结构的不协调性以及会计制度的局限性也给绩效预算的实施效果带来不利影响。

　　资料来源：财政部财政科学研究所《绩效预算》课题组. 美国政府绩效评价体系［M］. 北京：经济管理出版社，2004.

### 3.4.5　零基预算

1）昙花一现的预算改革：零基预算的发展与演化

　　零基预算（zero-base budgeting，ZBB）最初始于20世纪60年代，是由美国德州仪器公司开发的，它要求管理者重新论证他们的预算申请，而不管以前是否有过拨款。零基预算专门用来克服增量预算的缺点，即活动一旦开始就永远进行下去。零基预算过程包括三个步骤：第一，将每一个独立的部门活动作为一个决策包；第二，按照决策在预算期间给组织带来的效益对决策包进行排序；第三，按照优先次序将预算资源分配给各个决策包。零基预算适合于管理日益减少的资源，当组织面临紧缩和财政困难时，管理者急需有效的手段来分配优先的资源，而零基预算正是这种手段。决策包（decision package）是一个识别和描述特定活动的文件，通常由部门管理者负责制定。它包括对活动目的的陈述、活动的费用、人员需求、绩效考评标准、备择行动方案，以及对直接效益和间接效益的评价。

　　同时，在实施零基预算时，还要就每个决策单位编制四种不同资金水平的预算①：第一，最低水平（minimum level），即预算若低于此水准则无法施行；第二，现行或维持水平（current or maintenance level），即维持现状而不做重大调整的预算金额水平；第三，中间水平（intermediate level），即介于最低和维持水平之间；第四，加强或改进水平（enhancement or improvement level），即为了实现增加产出或改进服务，而需增加的资金需求水平。但是，在美国零基预算的实际运行中，这四种不同水平预算的实施效果却并不理想。每项活动的维持性服务水平，仍旧是零基预算分析问题的起点，并以此为基础，各部门经常随意乘以不同的百分比，就轻易得出了上述四种不同资金水平下的预算方案。美国国会公共会计局（General Accounting Office）经调查发现，各机构在编制预算"决策包"时，并未进行适当的分析，大多是采用上述任意百分比的方式进行的。②

　　在零基预算制度下，预算过程不再只是单纯关注于新增的支出项目或计划，而是就所有的预算资源需求，不论是正在进行中的还是新增的，都要从其出发点开始审议（所谓"零基"）。由此，一些不必要或过时的预算活动，将有可能被终止。有鉴于此，零基预算制度往往不受以前年度预算资源配置格局的约束，可以重新确立支出项目的优先顺序，将有限的预算资源配置到使用效率更高的项目中，从而使得预算决策更具弹性。

① 黄世鑫，徐仁辉，张哲琛. 政府预算［M］. 台北：空中大学出版社，1995：163-167.
② United States General Accounting Office.Budget Formulation：Many Approaches Work But Some Improvement Are Needed［R］. Washington D.C.，1980：72-74.

零基预算编制方法于20世纪70年代初期异军突起，尤其是1977年开始在美国联邦政府所有部门与机关推广，使得其名声大震[①]；但旋即如昙花一现，于20世纪80年代初期以后逐渐销声匿迹。根据西方学者对零基预算效果的调查，零基预算只有在很小的范围内和特定的情况下才是有效的。[②]

"橡树项目"

零基预算失败的主要原因在于，其增加的工作量远远超过可能带来的收益，因此只能适应政府支出结构调整的一时之需，而难以作为一种长期安排上的预算决策方式。佐治亚州实行零基预算始于1973财政年度。一度成为公共焦点，但结果却并不如期待的那样成功。涉及决策包、多种资助水平和排序过程的大量正式文件应运而生，但它却未能将零基预算的项目焦点、决策包等典型技术融入预算实践和预算过程之中。理性的、全面的技术未能在微观层面对渐进决策造成影响，也没有在宏观层面的资源分配中发挥作用。[③]例如，一项研究显示，在对零基预算工作量负荷的检测中，某机构发现因使用零基预算增加了300%的预算文件，共计准备了90 000个文件，其中包含478个决策包，75个决策单位；而在实施零基预算之前，大约只需要22 500个文件就足够了。[④]目前，各国的预算决策虽然在不同程度上体现了零基预算削减支出的思想，但总体上仍旧是以增量方式（我国所谓的"基数法"）编制下年度预算的。

2）中国的零基预算改革

在始于20世纪90年代的中国政府预算改革中，零基预算带有某些非常耀眼的色彩。早在90年代中期，安徽省（1994）、河南省（1996）、湖北省（1993）、云南省（1995）、深圳市（1995）等省市结合自身财政预算管理的现状，借鉴国外经验，突破了传统的采用"基数法"编制预算的框架，实行了零基预算改革。时至今日，在众多地方政府的预算编制指导原则中，实行零基预算仍旧具有非常突出的重要性。

零基预算的
后续发展

需要指出的是，中国部分地区目前正在试行的零基预算的做法，与市场经济国家零基预算的典型经验，是不尽相同的。市场经济诸国实行的零基预算是以预算定编、定额、定标准等基础工作已经完成为起点，而中国各地区则是以预算定编、定额、定标准作为试行零基预算的起点。这表明，在中国试行零基预算需要付出更大的努力。[⑤]

### 3.4.6　一个简要的归纳

其实，每一次主要的预算改革运动，尽管可能会被新的所取代，但都会对后来产生持续的影响。[⑥]正如恩格斯所指出的那样："如果您画出曲线的中轴线，您就会发现，研究的时间愈长，研究的范围愈广，这个轴线就愈接近经济发展的轴线，就愈是跟着后者平行而进。"[⑦]通过对市场经济国家政府预算管理制度变迁的考察，其预算管理模式看似纷繁复杂，其实仍旧呈现出某种规律性的色彩。概括起来，现代预算管理模式的发展和演进规

---

① 1980年，零基预算制度在美国实施满三年时，美国管理和预算办公室宣称，零基预算制度取得了满意的效果，节省了大量的联邦政府经费，零基预算关于决策单位的优先顺序的比较是相当有用的。在联邦政府的推动下，到1982年，美国已有大约18个州采用了零基预算制度。
② 亨利N.公共行政与公共事务［M］.项龙，译.7版.北京：华夏出版社，2002：215.
③ 刘昆.绩效预算：国外经验与借鉴［M］.北京：中国财政经济出版社，2007：10.
④ United States General Accounting Office. Streamlining Zero-base Budgeting Will Benefit Recisionmaking［R］. Washington D.C.，September 25，1979：31.
⑤ 中华人民共和国财政部预算司.零基预算［M］.北京：经济科学出版社，1997：前言.
⑥ 凯丽 J M，瑞϶巴克 W C.地方政府绩效预算［M］.苟燕楠，译.上海：上海财经大学出版社，2007：14.
⑦ 马克思，恩格斯.马克思恩格斯选集：第4卷［M］.北京：人民出版社，1972：506-507.

律可以归纳为这样几个方面：

1）各国预算管理模式的选择，呈现追求预算理性化的色彩

回顾20世纪以来的各种预算管理模式选择，大多是为了从预算理念和管理理论上，解释科依（Key）于1940年提出的重要预算命题："在什么基础上，决定将某一数量的拨款拨给活动A而不是活动B？"[①]自20世纪30年代至80年代，为了提高预算资源配置效率，以美国为代表的市场经济国家实施了一系列预算改革，并很快影响到其他国家的预算管理模式选型。

这些预算管理模式都希望找到一种科学的、理性的预算资金分配模式，从而一劳永逸地解决预算资金的分配问题。具体地说，也就是希望用理性的预算分析，来取代根据政治判断和预算基数来分配资金的传统预算模式，因而也被称为"理性预算模式"（Kettl，1992）[②]。

2）预算管理模式体现了立法与行政机构之间的权力转移过程，并且随着最高行政首脑的更迭而不断变换

20世纪以来，美国联邦预算过程在重要的方面改变了很多次。[③]1921年，行政预算过程被采用；1974年，国会《预算改革法案》通过，它限制了总统在预算方面的一些自由裁量权，并加强了国会检查行政机构收入计划和经济设想的能力；1985年通过了《格拉姆-林德曼-霍林斯法案》，以设法减少和缩小赤字，经过多次反复后，该法案被1990年的《预算执行法案》代替，以进一步强化平衡标准。20世纪80年代和90年代，国会与总统（加上政府）更平等的预算权常常沿政党路线分裂，导致国会和总统之间进行高峰预算协商，最后导致OMB和国会领导的更集中的控制，以达成和实施协议。可见，这些看似纷繁复杂的预算管理模式变迁，其实质是立法与行政机构之间的权力争夺与转移过程。

就形式而言，尽管自20世纪中期以来，以美国为代表的市场经济国家政府预算管理模式经历了六七个发展阶段，名目变换似有眼花缭乱之感，其实，美国预算模式的选择主要是随着其总统任职的更迭而变化的，并非完全如坊间所流行的观点，认为其主要是理性且审慎选择的产物。

美国管理和
预算办公室

如果我们将各类预算管理模式的施行期间与美国总统的任期相比较的话，也可以大体验证上述结论。例如，计划-规划-预算实行于约翰逊任美国总统时期，自尼克松当选美国总统后，开始逐渐偏离了PPBS管理模式。目标管理预算（MBO）制度在福特任总统期间，于1975年由美国联邦政府的一些公共部门引入。零基预算实行于卡特入主美国白宫之后，但当里根继任总统后，美国管理和预算办公室于1981年正式取消了零基预算制度。小布什政府采用了项目等级评价工具（PART），这堪称是预算与绩效的一种整合方案。但奥巴马政府的第一个预算文件声称，政府会重塑PART体系，使普通民众、国会以及外界的专家了解预算过程："基于国会的意图和民众对政府项目的反馈，政府会减少意识形态上的绩效目标，取而代之的是美国人民真正关心的目标。项目不会被单独评价，所有目标人群一致的项目以及目的一致的项目都要放在一起进行评估。"[④]但通过

① KEY V O. The Lack of Budgetary Theory [J]. American Political Science Review, 1940, 34 (6): 1137-1144.
② KETTL, DONALD F. Deficit Politics [M]. New York: Macmillan, 1992. 转引自马骏. 中国公共预算改革：理性化与民主化 [M]. 北京：中央编译出版社，2005: 283-284.
③ 鲁宾 I. 公共预算中的政治：收入与支出，借贷与平衡 [M]. 马骏，叶娟丽，译. 4版. 北京：中国人民大学出版社，2001: 116.
④ Office of Management and Budget. Fiscal Year 2010 President's Budget—Overview: A New Era of Responsibility: Renewing America's Promise [R]. Washington D.C.: OMB, 2009: 39.

2013年的预算可以看出，PART显然并没有被替代或改进。奥巴马政府采用的是一种被称为"循证预算"（evidence-based budgeting）的管理方式。[①]

因此，中国政府预算管理制度的选型，未必需要严格遵循市场经济国家预算管理模式的演进路径，而应采用"拿来主义"的方式，结合具体国情加以审慎选择。

3）各国预算管理模式的演进呈现从投入预算走向产出预算的发展方向

从投入走向产出，从资金分配为中心走向注重预算资金运用的绩效结果，似乎是近年来中国预算改革中非常重要的一个议题。但是，投入（input）、产出（output）、结果（outcome）等的具体含义，在理解上则难免陷入术语解释的困境。我们不妨以城市道路修理为例，简要说明三者之间的关系。

（1）投入。城市街道部门购买所需要投入的各类资源（例如，沥青、碎石子、机器设备运营所需要的燃料以及雇用员工等）。

（2）产出。使用上述原材料和人工，开展道路修理活动，并最终完成任务（例如，填补道路凹凸不平、重新铺设路面等）。

（3）结果。由于这些活动的开展，达成了预期结果（人员和财物可以更安全且便捷地通行）。

（4）社会影响。提高人民生活水平。

## 本章小结

- 在资产阶级革命过程中，为了限制封建皇室的财政权，提出了一系列通过立法机关控制政府财政活动的方法与原则，后来的学者将其概括为古典预算原则，其核心思想是强调"明确"与"约束"原则。而现代预算原则主张赋予政府行政机构更多的预算管理权能与灵活性。

- 政府预算管理原则的演变，是立法机构与行政机构之间相互交易与妥协的结果。虽然现代预算原则是作为对古典预算原则的修正与补充而提出的，体现了政府行政部门追求预算效率的自主权；然而，各个市场经济国家仍旧在相当程度上保留了立法机构对预算的监督与控制。

- 在预算发展史上，以美国为代表的市场经济国家的政府预算管理大体经历了如下的发展变迁历程：（1）以控制为目标的传统预算或分行列支预算；（2）以管理为目标的绩效预算；（3）以经济计划为目标的计划–规划–预算管理模式；（4）强调个人自主性的目标管理预算；（5）强调项目优先次序的零基预算；（6）带有中央集权和立法色彩的自上而下预算或目标基础预算；（7）融合重塑政府思想的新绩效预算。

---

① MIKESELL J L. Fiscal Administration: Analysis and Applications for the Public Sector [M]. 9th ed., Boston: Cengage Learning, 2014: 283-289.

## 综合练习

### 简答题

3.1　如何理解现代预算原则与古典预算原则的相互关系？

3.2　我国的预算管理原则主要包括哪些内容？

3.3　简要叙述市场经济国家政府预算管理模式的发展演化历程。

### 案例分析题

#### 绩效结果取向的机制设计：以英国囚犯运送为例

请阅读以下资料，结合传统绩效预算与新绩效预算的相关理论，尝试回答下列问题：

1. 在该案例中，如果采用传统绩效预算的管理方式，应该如何设计考核评价指标。如果采用新绩效预算的管理方式，又应该如何设计考核评价指标（提示：可以借鉴国际贸易中有关"离岸价"与"到岸价"的关系来加以分析）。

2. 近年来，一些市场经济国家对于监狱或看守所等机构，采用了包括 PPP 在内的合作式或民营化管理方式。请查阅有关改革的最新进展，并就其利弊加以分析。

导读提示：在该案例中，"政府按上船时运送的囚犯人数来给船主付费"，就是所谓的"投入控制"；"政府改为按照下船时实际到达澳大利亚的囚犯人数来付费"，就是所谓的"产出控制"；而有效地降低囚犯在运送途中的死亡率，提高其生存质量，就是所谓的"绩效结果"。预算制度设计的政治哲学理念就在于，利用政府预算参与各方追求自身利益的动机，通过机制设计从"投入控制"转向"产出控制"的适时调整，实现提升预算资金使用效率的"绩效结果"。

18 世纪英国探险家到达澳大利亚并宣布其为英国属地，正值大英帝国在世界各地实行殖民统治时期。当时英国普通移民主要是到美国，为了开发蛮荒的澳大利亚，政府决定将已经判刑的囚犯运往澳大利亚，这样既解决了英国监狱人满为患的问题，又给澳大利亚送去了丰富的劳动力。

将犯人从英国运送到澳大利亚的船运工作由私人船主承包，政府支付长途运输囚犯的费用（自然属于政府预算支出）。一开始英国私人船主向澳大利亚运送囚犯的条件和美国从非洲运送黑人差不多，船上拥挤不堪，营养与卫生条件极差，囚犯死亡率极高。英国历史学家查理·巴特森写的《犯人船》一书记载，1790 年到 1792 年间，私人船主送运犯人到澳大利亚的 26 艘船共 4 082 名犯人，死亡 498 人，平均死亡率为 12%。其中一艘与著名灾难大片主角同名的"海神号"航船，424 个犯人死了 158 个，死亡率高达 37%。

如此之高的死亡率不仅造成了巨大的经济损失，而且在道义上引起社会强烈的谴责。罪不致死的犯人在海上运输中实际上面对了一次死刑的审判煎熬。政府如何解决这个问题呢？

从我们熟悉的一般思维方式上寻找解决问题的办法有：

一种做法是进行道德说教，让私人船主良心发现，希望他们改恶从善，不图私利，使他们认识到囚犯也是人，应该为囚犯创造更好的生活条件。所谓"万里漂洋只为财"，私人船主敢于乘风破浪，冒死亡的风险把囚犯送往澳大利亚，其最朴素的目的就是赚取利润。他们尽量多装犯人，提供最坏的饮食条件，都是为了降低成本增加利润，这是普通的经济学理性行为。而且，私人船主之间也存在竞争，大家都拼命压低成本竞争，谁要大发善心，恐怕就会在激烈的竞争中被淘汰没有生意做。在这种情况下，要把运送囚犯死亡率下降寄希望于人性改良似乎是不切实际的。

另一种办法就是政府进行干预，政府用行政手段来强迫私人船主改进运输方法。诸如由政府以法律形式规定最低饮食、居住和医疗标准，甚至由政府派官员到船上负责监督实施这些复杂的规定。但政府干预并不是万能的，这种做法成本很高，要严格实施法律就需要派官员到运送囚犯的船上去执法，这样就要在原有运费以外另外再增加一笔庞大的政府雇员开支，因为随船押送是一件苦差事，不给高薪没人肯干。即使派了监督官员，囚犯的待遇就可能改善吗？面对贪婪成性又有点海盗作风的船主，押运官员面临两种选择：一种是与船主同流合污，压低成本分享利润；另一种是坚决执法，但自己的生命受到威胁，在海上无法无天的船主把那些不识相的官员干掉，扔到海里，诡称他们暴病而亡，对船主不是什么难事。面对船主的利诱和威迫，官员的最优选择只能是与船主合作。当猫与鼠合作后，鼠辈就更猖狂了，押送中的囚犯困境可以想象会更糟。

其实200多年前，英国政府解决这个问题的办法非常巧妙，第一，没有乞求船主们发善心，寄希望道德说教的作用；第二，也没有设立什么新的政府监督机构，委派什么押运官员。而是对原有的制度进行了一个简单的创新性修改，实施了一种新制度就解决了问题。

政府不再按上船时运送的囚犯人数来给船主付费，而是按下船时实际到达澳大利亚的囚犯人数来付费。当按上船时人数付费时，船主拼命多装人好得到更多的钱，而且途中不给囚犯吃饱吃好，把省下来的食物成本变为利润，至于有多少人能活着到澳大利亚与船主无关。但是当政府按实际到达澳大利亚的人数付费时，能有多少人到达澳大利亚才至关重要。这些囚犯是船主的财源，当然不能虐待了，正如牧羊人不会虐待自己的羊一样。这时私人船主就不会一味多装囚犯，因为要给每个人多一点生存空间，要保证他们在长时间海上生活后仍能活下来，还要让他们吃饱吃好，当然还要配备医生，带点常用药……这些抉择与措施是极其复杂的，现在这是船主的事而不是政府的事情了。

据《犯人船》一书介绍，当政府按这种到达澳大利亚人数的新制度实施后，效果立竿见影。1793年，3艘船到达澳大利亚，这是第一次按从船上走下来的人数支付运费。在422个犯人中，只有一个死于途中。以后这种制度经过修改完善后普遍实施，政府按到澳大利亚的人数和这些人的健康状况支付费用，甚至还有奖金。这样，运往澳大利亚囚犯的死亡率迅速下降到1%～1.5%。私人船主的人性没有变，政府也不用立法或建立庞大的机构派人员去监督，只是改变一下付费制度，一切问题就都解决了。

资料来源：BATESON C B. The Convict Ships ［M］. 2nd ed. Glasgow : Brown, Son & Ferguson, 1969. 马蔡琛. 政府预算 ［M］. 大连：东北财经大学出版社，2007：77-78.

推荐阅读资料

马蔡琛. 变革世界中的政府预算管理——一种利益相关方视角的考察 ［M］. 北京：中国社会科学出版社，2010.

马骏，赵早早. 公共预算：比较研究 ［M］. 北京：中央编译出版社，2011.

亨利 N. 公共行政与公共事务 [M]. 项龙，译. 7 版. 北京：华夏出版社，2002.

米克塞尔 J L. 公共财政管理：分析与应用 [M]. 白彦峰，马蔡琛，译. 6 版. 北京：中国人民大学出版社，2005.

## 网上资源

http：//www.mof.gov.cn（中华人民共和国财政部）

http：//www.whitehouse.gov/omb（美国白宫预算管理局）

# 第 4 章

## 政府预算管理的利益相关方分析

在现实的管理世界中，政府预算作为一个集体选择问题，不论是政府预算的总体规模，还是预算资金的具体分配，都不同程度地体现了一种利益交换的倾向。循着这种利益交换的分析范式，政府预算组织体系中的各相关利益主体，作为追求自身利益的"经济人"，都将在相对理性的前提之下，展开彼此间复杂的博弈过程。在本章中，我们将从政府预算利益相关主体的行为特征入手，进一步考察不同利益相关方在预算过程中的相互影响与运行机制。

### 4.1 政府预算利益相关主体的结构

在公共产品理论中，从公共产品的实体形态出发，往往以政府部门作为公共产品的供给方，而以居民和企业为代表的私人经济部门作为公共产品的需求方。在图4-1中，从政府预算资金运动的角度出发，我们将政府预算部门作为预算资金的供给方，而将运用资金的各利益团体作为资金需求方。由此，政府预算管理利益相关方之间的基本组织结构可以概括为：

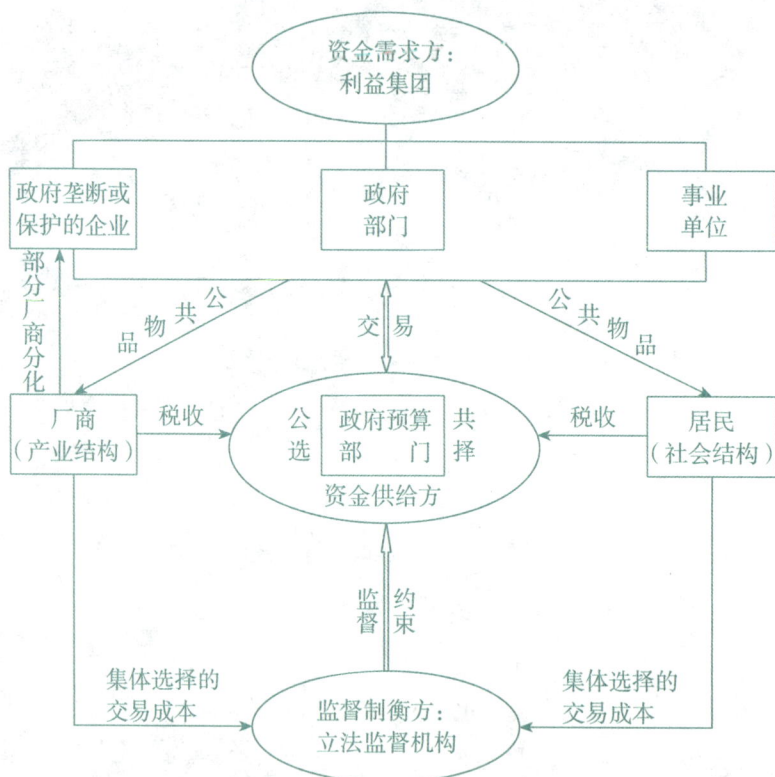

图4-1 政府预算管理利益相关方的基本组织结构

第一，预算资金使用者分析：从资金需求方考察。政府预算管理的资金需求方由各政府部门、财政拨款的事业单位和部分享受政府垄断管制或财政补贴的企业等组成。这些资金使用者在向广大居民与企业提供公共产品与服务的同时，作为相应的交换，将从政府预算部门获得预算资金。虽然在市场经济的通常情况下，预算资金总体上是有限的，各利益集团之间存在着此消彼长的竞争关系；但如果没有强供给约束，资金使用者不断追求预算规模最大化的内在冲动，是极有可能转化为现实的。由于预算资金供求上的信息不对称性（asymmetric information），预算资金使用者掌握着相对的信息资源优势，也往往能够实现预算规模的持续扩展，其方式自然是加大私人经济部门的税收负担。

　　第二，政府预算部门分析：从资金供给方考察。从图 4-1 中可以看出，政府预算部门作为联系利益相关方的核心角色，是各相关利益主体关注的焦点。由于政府预算部门处于承接预算资金使用者与立法监督机构的"桥梁"地位，因而具有比较典型的双重委托-代理关系。就政府预算部门与资金使用者而言，政府预算部门是委托方，资金使用者是代理方；就政府预算部门与公共选择机制形成的立法监督机构而言，立法监督机构是委托方，政府预算部门是代理方。在信息传导上，代理方总是处于优势信息地位，因此，就信息优势的传递而言，资金使用者>政府预算部门>立法监督机构。同时，政府预算部门所掌握的资金与其设租寻租收益之间，也存在较强的正相关关系。鉴于预算部门所具有的这种双重委托-代理关系，在缺乏监督制衡机制约束的情况下，预算部门为了实现自身效用函数的最大化，有时也会设法与资金使用者合谋，通过设租与寻租行为，扩大政府预算的总体规模。按照通常的理解，归属于公共部门配置的资源，如果超过必要的限度，其运用效率往往会低于私人部门。因此，纳入政府预算的资金规模过大，将会影响社会资源整体的配置效率。

　　第三，公共选择分析：从监督制衡机制考察。立法监督机构代表了最广大人民群众的根本利益，是政府公共治理结构中"消费者主权"的集中体现。监督制衡机制作为一种公共选择或集体选择的结果，其完善程度是建立在私人经济部门支付集体选择交易成本基础之上的。通过公共选择机制的约束与监督，可以在一定程度上抑制预算资金使用者与政府预算部门追求预算规模最大化的内在冲动。适当的公共选择机制设计，也可以改变其他利益关系方的效用函数，将预算规模控制在有限且有效的范围之内，以实现社会资源配置的进一步优化，从而获得相应的资源配置节约收益。然而，公共选择机制的设计与运行，作为追求"一致同意"的过程，同样面临着个人效用加总为集体效用的困难，也是存在相当大的交易成本的。随着公共选择机制完备程度的提高，其交易成本将呈现加速递增态势，因而现时的监督制衡机制应在约束预算规模的节约收益与机制设计运行的交易成本之间寻求某种均衡。

## 4.2　预算管理的资金需求方

### 4.2.1　预算资金需求方的结构

　　如果从实体形态与资金形态的直接对应来看，似乎公共产品与服务的供给方就是预算资金的需求方，但是二者之间还是存在着一定差异的。更严格的表述应该是，凡是依法取得政府预算资金的经济组织都属于预算资金的需求方。总体而言，资金需求方的结构大体包括以下几个方面：

1）各类政府部门与机构

在任何一个经济体中，政府机构总是作为与市场机制相对应的社会系统存在的。从某种意义上说，在市场经济中，政府实质上是一个特殊的产业部门（提供公共产品或服务）。正如人们到商店买东西需要为之付款一样，政府提供的公共产品或服务也不是"免费的午餐"[1]。各类政府机构在运行模式上或许存在着这样或那样的差别，但在需要政府预算资金以维持其运转上却是基本一致的。在各国的不同历史时期，各类政府部门与机构都是预算资金需求方的重要组成部分。

在自 20 世纪 80 年代以来的"政府再造"运动[2]中，政府的传统治理模式发生了许多根本性的变革，出现了市场式政府（market model of government，强调政府管理市场化）、参与式政府（participatory government，主张对政府管理有更多的参与）、弹性化政府（flexible government，认为政府需要更多的灵活性）和解制型政府（deregulating government，提出减少政府内部规则）等新的政府治理模式（B.盖伊·彼得斯，2001）。东西方各国先后发起的这些公共管理改革的首要经济背景，却是面临着不同程度的财政经济危机，以及由此所导致的日益严重的财政压力。正如西方学者所指出的："当代西方世界的行政改革主要是由严重的财政赤字所引发。大规模地削减预算无疑构成了大多数行政改革的主要动因。"[3]由此可见，无论是过去还是将来，各类政府部门与机构都是政府预算资金最为重要的需求者之一。

2）事业单位

事业单位或许是一个颇具中国特色的词汇[4]，就其通常含义而言，事业单位是指那些不具有社会生产职能和国家管理职能的，不以营利为目的，资金供应主要依靠财政拨款或其他来源，直接或间接为上层建筑或经济基础以及人民生活服务的社会组织或机构。中国目前的事业单位作为预算资金的需求方，大体有三种情况：一是全额预算单位，即全部资金需求都来自于政府预算；二是差额预算单位，即部分资金来自政府预算，不足部分自行解决；三是自收自支的单位，这些单位从资金缴拨关系上已体现不出传统事业单位的特点，只不过其提供的产品与服务仍具有一定的公共性罢了。

3）提供公共产品与服务的私人经济部门

公共产品不仅可以由政府部门生产，同样也可以由私人经济部门生产，再以政府采购的方式向社会提供。从这个意义上讲，提供公共产品与服务的私人经济部门也是政府预算资金需求方的组成部分。在市场经济国家，政府采购的规模通常占到当年 GDP 的 10% 以上，或为财政支出的 30% 左右。按前一个口径计算，我国政府采购的规模应在 8 000 亿元以上；按后一个口径计算，也应在 4 000 亿元左右。[5]因此，扩大政府采购规模无疑是中国公共支出管理未来的发展方向。

① 高培勇. 中国纳税人丛书［M］. 北京：中国人民大学出版社，2000：总序.
② 自 20 世纪 80 年代以来，为了适应国际化的挑战，革除政府的各种弊病，世界各国均开展了大规模的政府改革或"政府再造"运动。政府再造运动作为一种新的公共管理典范，其核心理念是塑造企业型政府，期望通过强调顾客导向的市场取向改革，提升政府治理能力，促进社会的发展与进步。
③ 基克特 W. 荷兰的行政改革与公共部门管理［M］. 国家行政学院国际合作交流部，编译. 转引自国家行政学院国际合作与交流部. 西方国家行政改革述评［M］. 北京：国家行政学院出版社，1998：196.
④ 之所以将其称为事业单位，或许是为了与企业单位相对应，企业是以利润作为其生存与发展的资金来源的，而事业单位则没有相应的盈利（至少其设立的初衷没有考虑盈利的因素），为了维持其运转并完成相应的事业使命，就需要政府或其他经济组织予以资金上的支持。
⑤ 张通. 加快我国政府采购制度的建设步伐［J］. 预算管理与会计，2000（12）.

然而，与享受政府转移支付的居民个人一样，在实际预算资金运动中，这些私人部门并不与预算资金供给方发生直接的资金转移关系，其资金需求总是纳入某一个政府部门或机构的预算之中。在目前实行的国库集中收付制度改革中，政府采购资金的账面流转，不再经过各部门与机构的资金账户，而是由财政国库部门直接划拨到公共产品或劳务提供者账户中去。但这只是资金核算方式上的一种表面变化，在部门预算和政府采购预算的资金需求方序列中，是不存在独立的私人经济部门的。鉴于私人部门与政府之间的产品交换已经属于相对典型的市场交易行为，而这并非是本章讨论的重点，因此，本章以下对资金需求方的进一步分析，将不包括对这些私人经济部门的考察。

### 4.2.2 预算资金需求方的行为特征

预算资金使用者之间在组织结构上虽然存在着很大的差异，但其作为统一的资金需求方仍旧存在许多共同特征，也正是这些特征决定了资金需求方整体上的价值取向与行为模式。概括起来，其基本行为特征主要包括以下几个方面：

1）预算资金需求方在组织结构上大多具有"科层制"组织的特点

所谓"科层制"①是德国社会学家马克斯·韦伯对工业社会组织形态的一种概括，按照通行的解释，科层制指的是一种权力依职能和职位进行分工和分层，以规则为管理主体的组织体系和管理方式。②更具体地说，也就是指类似政府机关那样专门化、层次分明、制度严格、责权明确的组织模式。按照公共行政学的观点，理想的科层制组织的核心特征包括等级管理、层级节制、专业分工、报酬固定、人格中立、文书和档案管理等几方面。预算资金需求方在组织结构上基本符合科层制组织的这些特征。在现代工业化社会中，无论是采用何种经济制度的国家，政府机构都是典型意义上的科层制组织。因此，预算资金需求方总体上具有科层制的组织形态，组织内部权力的分布呈现"金字塔"式的构架。在这种严密的等级管理制度下，任职者和机构严格按照层级节制的方式进行管理，权力的行使主要集中在组织的少数领导者手中，下级人员和机构要受上级的控制和监督。

2）预算资金需求方总体上是一些具有自身利益取向的利益集团

通常意义上，利益集团（interest group）或压力集团（pressure group）是指那些具有某种共同的目标并试图对公共政策施加影响的有组织的团体。如果从经济人假设出发来加以考察，这些有共同利益的经济个体所组成的集团，其追求的目标自然是集团自身利益的最大化。政府预算资金需求方作为一个群体，它们的共同目标是通过各种方式（或者以提供公共产品作为交换，或者通过寻租获得利益）而获得政府预算资金。尽管获得预算资金的途径各异，但有一点是共同的，即都需要通过集团行动影响政府预算部门的资金分配来加以实现。因此，可以认为预算资金需求方在某种意义上类似于一些具有自身利益取向的利益集团。

---

① 韦伯使用的德语原词为burokrate，英语为bureaucracy，中文最初译为"官僚制"，是指类似政府机关那样层次分明、制度严格、责权明确的组织模式。官僚制原本是一个中性词汇并无贬义，目前我国台湾学者的著作中也仍旧使用"官僚制""官僚政治"等译法。但近半个世纪以来，国内使用的"官僚"一词往往含有贬义，因而国内学者在分析Bureaucracy时，采用了"行政制""科层制""行政组织体系"等译法。为了避免与通常含有贬义的"官僚主义"相混淆，本章此处在描绘其组织结构时采用了更为形象性的"科层制"的说法。后续章节在分析其运行机制与模式时，则采用"官员机构"这一虽不准确但更为中性的概念。
② 孙远东. 组织管理方式的历史生成与现代重构[J]. 管理现代化，1998（4）.

3）预算资金需求方提供公共产品的成本与收益衡量具有模糊性

资金需求方得以换取预算资金的条件，是向社会提供一定数量的公共产品与服务。不论是公共经济部门还是私人经济部门，对其产出进行评估的主要手段都是成本-收益分析方法。但在对资金需求方所提供的公共产品进行成本-收益分析时，往往存在着相当程度的模糊性。这种模糊性主要源于许多公共产品的投入与产出不能直接以市场价格来加以衡量。

首先，由于大多数预算资金使用者并未通过市场机制竞争性地出售其提供的公共产品与服务，许多与公共产品相联系的项目的市场价格根本就不存在（例如国家安全、环境保护等）；其次，由于市场失灵的存在，许多市场价格也难以反映相关产品的真实社会边际成本或社会边际收益；最后，在政府预算交易过程中，供求双方处于双边垄断的地位，就资金需求方而言，往往某种公共产品只由一个或少数几个政府部门提供，这也为政府部门掩盖公共产品的真实边际成本与边际收益提供了可能。

在预算交易过程中，预算资金需求方在名义上总是根据其提供公共产品所需的成本换取相应的预算资金。而这种成本-收益比较上的模糊性，使得资金需求方提供公共产品的实际成本与追求自身利益而在集体行动中花费的交易成本之间，难以做出明确的界定。资金需求方集团的少数领导者，可以利用这种交易过程中的模糊性，将追求利益集团自身利益而支出的交易成本隐蔽地加入到集团提供公共产品的整体成本中去，而不必由利益集团自身支付其集体行动的成本。

4）预算资金需求方以实现公众利益作为集团目标的合法性基础

在现代混合经济中，预算资金需求方所提供的公共产品与服务，具有满足社会公共需要的特性。政府经济职能在某种程度上也确实可以弥补市场经济的不足，有效地供给公共产品与服务毕竟是提高全民福利的客观要求。因而在现时的预算活动中，资金需求方往往不需要直接表露其追求集团利益最大化的实际动机，而是以社会正义和公众利益作为其获取预算资金的合法性基础。实现大众的福利总是人们美好的愿望与追求，在给定预算资金供求双方谈判能力的前提下，面对这种社会正义理念的感召，由于信息不对称的存在，政府预算部门也难以明确资金需求方所提供产品的真实成本与收益，加之又缺乏其他的竞争性组织作为比较的参照系，往往也只能满足资金需求方的要求。

## 4.3　预算管理的资金供给方

### 4.3.1　预算资金供给方的结构

与资金需求方庞杂的结构相比，供给方的结构要相对简单得多。在市场经济国家的预算管理实践中，通常是由政府财政部门总揽政府公共收支的。①与之相应，资金供给方也基本上是由政府预算部门组成的。

虽然由于历史发展道路和政治经济体制的不同，各国预算部门的设置及其具体职能划

---

① 鉴于某些政府性收支游离于预算之外仅是我国社会转型时期的暂时性问题，而本章研究的体制前提是相对成熟、规范的社会主义市场经济，因此，预算外收支问题将不作为本章考察的重点，本章将主要分析政府预算部门作为资金供给方的行为特征。

分存在着诸多差异，但以政府预算部门作为资金供给方，履行向广大资金使用者配置预算资金的职能，却是各国普遍采取的预算管理模式。根据各国预算法的规定，资金供给方（政府预算部门）的主要职责通常包括编制年度或多年期政府预算草案；批复与执行立法监督机构审议通过的政府预算；监督预算执行，编制年度决算并进行绩效评价等。在预算管理流程上，我国与发达经济体的做法也是基本一致的。

## 4.3.2　预算资金供给方的行为特征

### 1）供给方同样具有自身的部门利益

在通常的预算管理实务中，预算部门往往被视同一种"中性"的组织。在财政学与公共管理学的分析框架中，也甚少涉及政府预算部门自身的利益取向分析。似乎预算部门就是一个理性地完成政府委托的预算使命，忠实地履行预算编制、执行以及决算的"中性"机构，在这一过程中并不掺杂任何预算部门自身的利益。然而，如果从"经济人"的研究假设出发，或许可以进一步打开预算管理的"黑箱"，从而洞悉政府预算部门的利益之所在。

政府预算部门作为一种具有自身价值取向的利益团体，也同样追求本部门效用的最大化。承认这种预算部门追求自身利益的价值取向，并不意味着预算部门就是一个纯粹追求私利的利益集团。通过预算资金配给，实现社会资源的合理配置，同样是预算部门所追求的目标，也是其在社会公共部门体系中得以存续的合法性基础之所在。现实中的政府预算部门，往往同时面对自身利益与社会利益的双重目标，只不过当部门偏好与社会目标发生冲突的时候，如果预算部门有更多的自主决策空间，或者自身偏好有可能以社会偏好的名义实现，政府预算部门也许更注重自身目标。

### 2）供给方拥有结构性配给的适度自由裁量权

在预算规模既定的条件下，供给方往往倾向于获取预算资金在各使用者和各级政府之间结构性配给的自由裁量权（discretionary power）[①]，从而不仅在预算总量上体现本部门的重要性，更从预算结构上对资金使用者施加影响，并为预算部门的"灵活"调剂提供更多的权力空间。

政府预算部门所拥有的这种资金结构性配给中的自由裁量权，是随着预算管理原则由古典向现代的变迁与演进而逐渐确立的。[②]自 20 世纪 30 年代以来，随着国家干预经济活动从单一政策向社会普遍思潮的演化，在预算管理问题上，各国更加强调以政府预算部门为代表的行政机构在预算管理中的主动权。这种主动权表现为政府行政机构对于已获立法批准的支出项目具有一定的自由选择空间，并对预算执行负有更多的责任。随着古典预算原则向现代预算原则的演进，作为预算资金供给方的政府预算部门，逐渐由单纯的被监督的对象，转变为拥有更多预算资金配给自由裁量权的利益相关主体。这种供给方在资金结构性配给中的自由裁量权，主要体现在横向与纵向两个层面。

从横向上看，政府预算部门不仅介入各资金使用者预算规模总量的确定，还进一步干

---

[①]　这里所说的"自由裁量权"（discretionary power）主要借用了法理学理论中对行政机构自由裁量权能的界定，是指法律赋予行政机关根据具体情况进行判断、决定其行为的权力。也就是说，法律允许在一定情况下，或一定限度内，由行政机关自己决定是否实施、怎样实施及实施哪种行政行为。"自由裁量权"的设定目的，在于使行政机关根据具体情况、具体对象，做出一个正确合理的选择和判断，从而更加准确地贯彻政府预算管理法律法规的政策意图。

[②]　有关古典预算原则向现代预算原则的演进过程，参阅本书第 3 章中的相关论述。

预各部门对自身预算的结构性安排。预算部门通过支出定额以及备选项目排序等控制手段，掌握了对各部门预算支出结构配置的自由裁量权。这种做法虽然确实可以在一定程度上通过标准定额、绩效评价等方式抑制各部门对预算资金的浪费。然而，按照信息分布的基本原理，预算资金使用者对于资金结构性配置所掌握的信息，要远优于政府预算部门，所以这种资金结构性配置权力向预算部门的转移，有时可能是非效率的。

从纵向上看，按照所谓"政柄操之自上"的传统政治哲学理念，上级政府财政部门更倾向于削减下级政府的财政预算收支权限，再通过转移支付的方式返还下级，以体现上级部门的重要性。虽然自20世纪80年代以来，随着"分灶吃饭"财政体制的施行，这种状况有所改观，但其总体趋势并未改变。[①]前些年提高"两个比重"的呼声曾经甚高，随着积极财政政策的实施，国民收入分配格局也逐渐向政府公共部门倾斜，这自然有其合理的一面，但也同样有一些现象反映了政府预算部门借此实现"资金结构性配给权力转移"的冲动。例如，与"提高中央财政收入占全部财政收入的比重"相对应，某些地方政府财政部门也提出了"提高本级财政收入占地方财政收入的比重"的观点，并且在每一级预算中都或多或少地存在着这种集中资金收支分配权的趋势。[②]

3）供给方的管理模式与手段日趋复杂化

政府预算作为公共治理的核心问题之一，在其产生以来的数百年间，日益得到人们的重视。随着时代的变迁，许多新的经济学与管理学研究成果也不断应用到政府预算管理中。与之相应，政府预算部门从事预算管理的手段与技术也在不断发生变化，其总体趋势是管理手段日益呈现复杂化。

早期的分行列支预算模式以控制作为主要的管理目标，所应用的主要管理手段只是通常的会计与计划等一般性的管理工具。随着管理模式的演进以及经济学与管理学的发展，政府预算对效率与效果重视的倾向日益明显。政府预算部门逐渐采用了目标管理、决策理论、系统理论、控制理论以及计量经济学和博弈论等一系列更为复杂的管理方法与手段。尤其是现代复式预算体系中的资本预算的发展，与传统经费预算的管理模式存在诸多不同之处，这更使得预算管理工具与方法呈现出某种难以避免的复杂性。同时，在20世纪后半期兴起的新公共管理运动中，经济学、政治学、管理学、社会学、心理学等多学科的方法与技术在政府预算管理中的整合应用，使得政府预算管理模式与管理手段的复杂化趋势进一步深化。政府预算也就逐渐由相对简单明了的收支平衡表，转变为只有专业人士才能理解的专业文献了。

4）供给方与其他相关主体间具有双重委托-代理关系

从本章图4-1对政府预算利益相关方组织结构的分析中可以发现，政府预算部门作为联系其他相关主体的核心角色，是各利益相关方关注的焦点，发挥着中介与桥梁的作用，具有相对典型的双重委托-代理关系。

---

① 自1994年实行分税制财政体制以来，经过二十多年的建设，我国的地方税体系不但没有发展壮大，反而日渐萎缩。凡是有可能成为地方预算收入主体的地方税种（如个人所得税、企业所得税、营业税），都先后改为共享税。这或许能从一个侧面说明政府预算部门内部的利益博弈关系。上级政府部门从自身利益出发，往往将可能成为预算收入新增长点的税种上划，以体现上级部门的权威性与重要性。

② 我国现行分税制财政体制的运行，也同样印证了这一观点。目前，这种集中财权的倾向被盲目推广和延伸，在省、市一级政府预算中，形成了上级政府都应集中资金的逻辑思维。1994年以来，我国省级政府的资金集中程度不断加大，年均提高2%（从1994年的16.8%到2000年的28.8%）。市一级政府同样在想方设法增加集中度。2000年地方财政纯结余134亿元，而县、乡财政赤字增加。这些现象说明实际上财力在向省、市集中。参见贾康，白景明. 县乡财政解困与财政体制创新［J］. 经济研究，2002（2）.

　　就政府预算部门与立法监督机构而言，在法律关系上，政府预算部门接受立法机关的委托，将公众以税收形式缴纳的满足社会共同需要的资金加以汇总分配。政府预算部门所拥有的资金配给权力，源于立法机构的委托与授权。政府预算部门是受立法机构（以及形成立法机构的广大民众）的委托，从事预算资金的具体分配工作的。预算部门要对资金的运用效果向立法机构负责，这也是政府预算部门作为一个独立的公共机构得以存续的原因所在。在二者的关系上，立法监督机构是委托方，政府预算部门是代理方。

　　就政府预算部门与资金需求者而言，预算部门根据资金使用者提供公共产品的状况，将集中的预算资金配给到具体的资金使用部门，以换取相应的公共产品与服务。由此，政府预算部门又将资金运用的具体权力委托给资金使用者具体执行，预算资金使用者运用资金的效果（也就是所提供的公共产出的质量与数量），要接受政府预算部门的监督与审核。在二者的关系上，政府预算部门是委托方，资金使用者是代理方。

　　以上分析所指向的委托方与代理方，是从法学角度就委托-代理关系加以确定的，而经济学则是从更一般的抽象意义上界定委托-代理关系。经济学上的委托-代理关系，泛指任何一种涉及非对称信息的交易，在交易中占有信息优势的一方称为代理人，另一方则称为委托人。[1]

　　在政府预算部门与其他利益相关主体的信息分布上，负责具体工作的一方总是处于信息优势地位。政府预算部门作为专门管理预算资金的部门，其日常工作主要是围绕预算管理活动展开的，预算部门获取资金运用的信息成本比外部监督者要低得多。同时，立法监督机构的事权范围较之政府预算部门广泛得多，管理与监督政府预算只是其众多职责中的一项，因而在投入的精力与掌握的信息上，二者之间往往是不对称的，政府预算部门要比立法监督机构具有更多的信息优势。与政府预算部门关注全部预算资金的配给与运营不同，作为需求方的各资金使用者所关注的只是资金配给中可能属于自己的相对份额。各使用者对于各自专属领域内预算资金配给的成本-收益分析，作为一种"私人信息"通常是不会对外透露的，并且由于专业分工的局限，政府预算部门对于各资金使用者专属领域内的具体公共支出活动，也往往知之甚少。于是在特定资金使用者资金份额的分配中，资金使用者的信息又优于政府预算部门。因而，就信息优势的传递而言，资金使用者>政府预算部门>立法监督机构，也同样显示出某种双重委托-代理关系的特征。

### 4.3.3　预算资金供给中的寻租行为分析

　　在经济学的分析视野中，预算资金供给过程在作为一种政府调节社会经济活动手段的同时，也体现为预算资金使用者竞争有限预算资源的互动博弈过程。在这一竞争过程中，由于政府预算各利益相关主体的信息分布存在着非对称性（就信息传递优势而言，资金使用者>政府预算部门>立法监督机构），使得政府预算管理活动中诱发某种形式的"设租"与"寻租"行为有了可能。通过对预算管理中的"租金"价值加以适当的界定，分析预算管理寻租活动的运行机制与特征表现，比较不同机制设计与制度安排下抑制寻租行为的路径选择，提高公共预算资源的配置效率，自然也就具有了十分重要的现实意义。

---

①　杨瑞龙. 当代主流企业理论与企业管理 [M]. 合肥：安徽大学出版社，1999：60.

1) 预算管理"租金"含义的界定

通常意义上，政府预算反映了一定时期内政府活动的范围和方向。将预算管理这种政府配置社会公共经济资源与实现宏观经济调控的重要工具，与国内学界往往视同于"腐败"的寻租活动联系起来，似乎是有些难以接受的。其实，腐败与寻租之间存在着诸多区别，我们对政府预算管理寻租行为的分析，也主要就其中合法性的寻租活动加以考察。

租金作为一个重要的经济学范畴，最初是专指地租而言的。近代以来，租金的概念不断拓宽，往往泛指各种生产要素的租金，即支付给资源所有者的款项中超过这些资源在任何其他可供选择的用途中所能得到的最大款项的那部分收入，也就是超过机会成本的收入。在寻租经济学中，租金进一步被用来表示由于政府的行政干预（不同的体制、权力结构和组织设置）导致垄断而形成的超额利润或价差收入。

具体就预算管理过程中的寻租活动而言，其租金的表现形式则显得相对隐蔽与复杂。由于预算资金使用者提供公共产品的成本与收益衡量具有相对模糊性、各个利益集团的自身利益往往与公共利益相互叠加，难以准确区分，因此，按照通常的分析范式，或许难以准确揭示预算活动中的租金价值。然而，在具体管理实践和常识层面上，预算管理中的寻租活动在一定范围内确

寻租与腐败
的区别

实是存在的。正如公共选择理论所指出的，来自政府预算的资金流量是一笔被搜寻的奖金，能够从中获益的决定这项资金流量分配的人明白这个事实，因而展开寻租活动。为了进一步揭示预算过程中所蕴含的租金价值，首先需要从预算资金使用者的效用函数来加以考察。

如果将每个预算资金使用者视为一个独立个体，其提出的预算申请大体由两部分构成：一是以上年预算规模为基础的适度调整，二是特殊情况申请的追加拨款。如果以 $Y_{it}$ 表示第 $i$ 个资金使用者在 $t$ 时期的预算资金需求，则 $Y_{i(t-1)}$ 为前一时期（$t-1$ 时期）实际分配给第 $i$ 个资金使用者的预算规模；以 $\beta_{it}$ 表示第 $t$ 期较前一期的预算调整幅度（通常情况下 $\beta_{it}>1$，即每个资金使用者的预算规模基本呈现渐增的趋势）；$\zeta_{it}$ 表示第 $t$ 期该资金使用者获得的追加拨款数额；那么单个资金使用者的预算需求函数可以表示为：

$$Y_{it} = \beta_{it} \cdot Y_{i(t-1)} + \zeta_{it}$$

也就是说，每一个资金使用者实现自身效用最大化（在此体现为预算规模最大化）的途径有两个：一是在上年预算规模基础上尽可能扩大本年预算的增加幅度；二是在因不可预见因素而可能出现预算追加的情况下，尽可能获取更多的补充拨款。

根据渐进主义预算理论，由于各类支出安排增长幅度的标准差较小，使得各资金使用者的支出增幅 $\beta_{it}$ 的差异并不很大。产生这种现象的原因或许在于，虽然任何一个资金使用者都在努力向其他利益相关方证明本部门比其他部门更重要，理应获得更多的增量预算资金配给，但由于资金使用者提供的公共产品满足社会共同需要的特性，往往没有此优彼劣的评价标准，从而导致了在各类公共支出的重要性之间进行取舍是相当困难的。在 $\beta_{it}$ 难以大幅度增长的情况下，因特殊因素而产生的补充预算拨款（$\zeta_{it}$）对于各资金需求者的重要性就更加不容忽视了。

因此，预算管理中的租金主要来源于这样两个方面：一是预算资金增幅（$\beta_{it}$）；二是额外的补充预算追加（$\zeta_{it}$）。当预算资金增长与预算追加超过该资金使用者提供公共产品

或服务的必要成本的时候，其中的超额预算资金配给部分就相应构成了预算资源分配中的租金价值。各预算资金使用者寻求更多超额预算资金配给的活动以及政府部门预算资源分配中的自由裁量权，也就相应形成了预算管理过程中的"寻租"与"设租"活动。

2）预算管理寻租活动的运行机制

对于预算管理过程中寻租活动的运行机制，可以从如下三个层面来加以考察：一是预算资源的市场交易环境；二是寻租者的互动竞争影响；三是双向信息不对称可能引致的"设租"行为。

（1）预算资源分配的市场交易环境

政府预算管理作为一种资金供求双方间的交易过程，是在一个内部市场（internal market）结构中进行的。在内部市场中，预算资金使用者在提供公共产品或服务的同时，作为交换，从资金供给方获得了相应的预算资金。

在内部市场结构中，由于政府预算资金在供给和需求上都难以完全具备竞争性市场所要求的条件，供求双方都处于相对垄断的地位，因此，在政府预算过程中，政府往往需要依赖某一特定的资金使用者提供既定的公共产品与服务，而这些机构除了预算资金之外，也往往没有可供替代的其他资金供给来源。如果从经济学的视角加以界定的话，这种官员机构与资金供应方之间的关系，具有比较典型的"双边垄断"市场结构的特点。鉴于竞争性资金供给者与产品提供者引入的困难，资金使用者就不仅是一个完全垄断者（这意味着它可以将供给价格提高到边际成本以上），而且还是一个实行差别待遇的垄断者（这意味着它可以就同样的单位产品向不同的消费者索取不同的价格）。在内部市场环境中价格标准的模糊性与双边垄断条件下价格高于边际成本的现实可能性，导致了政府预算资金供求双方交易活动的真实成本与收益往往难以准确衡量。这种特殊的市场交易环境，既使得资金需求方实现预算规模最大化的愿望有了可能，也为资金供给方在有限政府预算资源的配置过程中实现自身收益最大化提供了设租与寻租的空间。

（2）寻租过程中的互动竞争性分析

在通常的寻租理论中，寻租活动往往强调这样一种现象，那就是利用政府机器，带有强制性地实现财富转移的可能性，将会鼓励个人或集团投入资源，从事游说或反游说的负和博弈，以获得或阻止资源的转移（塔洛克，1999：32）。在预算分配过程中，不同预算资金使用者之间的相互竞争，也大体符合寻租经济学的理论描述。在预算规模既定的条件下，利益彼此对立的资金使用者相互之间的竞争手段（或寻租手段）是多种多样的：既可能通过代表本部门的利益集团向资金供给方施加压力；也可能利用各种手段对资金供给方进行游说；还可能利用自身的信息优势，人为扩大公共产出的成本等。由于预算规模既定，社会获得公共产品与服务的总量也是一定的，而这种寻租活动是需要相应成本的，需求方之间的彼此竞争博弈并非是一种零和游戏，因为在博弈过程中会把大量的社会资源浪费在彼此竞争的交易过程中，其最终结果应该是某种"负和"的社会损失。下面利用博弈论中的"囚徒困境"（prisoners dilemma）模型，进一步分析提供不同公共产品的资金使用者之间竞争的具体行为过程。

假设社会中只有两个部门 A 与 B，分别提供两种社会必需的公共产品。每个部门面对其他部门的竞争都有两种可选择的策略：竞争或不竞争。在不竞争的时候，两个部门的得益①分别为 $Ma$ 和 $Mb$。以 $\delta ar$ 和 $\delta ac$ 表示 A 部门竞争的收入与成本（$\delta ar>\delta ac>0$），$\delta br$ 和 $\delta bc$ 表示 B 部门竞争的收入与成本（$\delta br>\delta bc>0$）。于是得到如图 4-2 所示的 A、B 两部门寻租博弈的战略式表述。

| | | 部门B | |
| --- | --- | --- | --- |
| | | 不寻租 | 寻　租 |
| 部门A | 不寻租 | $Ma, Mb$ | $Ma - \delta br,\ Mb + \delta br - \delta bc$ |
| | 寻租 | $Ma + \delta ar - \delta ac, Mb - \delta ar$ | $Ma + \delta ar - \delta ac - \delta br,\ Mb + \delta br - \delta bc - \delta ar$ |

图4-2　预算资金使用者寻租活动的囚徒困境模型

在图 4-2 中，不论对方选择什么战略，每个部门的最优战略都是"寻租"。例如，如果部门 B 选择寻租，部门 A 选择不寻租时的得益为 $Ma - \delta br$，选择寻租时的得益为 $Ma + \delta ar - \delta ac - \delta br$，由于 $\delta ar - \delta ac > 0$，因而寻租要比不寻租好；如果部门 B 选择不寻租，部门 A 也不寻租时的得益为 $Ma$，部门 A 选择寻租时的得益为 $Ma + \delta ar - \delta ac$，因而寻租还是比不寻租好。也就是说，"寻租"是部门 A 的占优战略。②类似地，"寻租"也是 B 的占优战略。因此，（$Ma + \delta ar - \delta ac - \delta br, Mb + \delta br - \delta bc - \delta ar$）作为该博弈的唯一纳什均衡，是部门 A 和 B 理性选择的结果。然而，对于整个社会资源的配置来说，这种纳什均衡的结果却是不利的，双方不寻租时的净收益之和为 $Ma + Mb$，寻租时的净收益之和为：（$Ma + \delta ar - \delta ac - \delta br$）+（$Mb + \delta br - \delta bc - \delta ar$）= $Ma + Mb - \delta ac - \delta bc$。

显然，就整个社会而言，"不寻租"的净收益要大于"寻租"的净收益。之所以产生这种结果的原因在于，各资金使用者之间的寻租作为一种寻求超额预算资金配给的交易过程，并没有创造任何社会价值，而是通过浪费有价值的资源来消灭价值，无谓地以交易成本的形式消耗了很多社会资源。令人遗憾的是，如果缺乏相应的机制设计改变各部门博弈中的得益状况，这种浪费社会资源的不利局面将作为纳什均衡而长期存在。

纳什均衡

这种彼此竞争与寻租所导致的最终结果，很可能产生某种使政府预算管理陷于低效率发展路径的"锁住效应"（lock-in effect），那就是各资金使用者通过无节制的竞争来获得预算资源，而不是通过竞争使资源从低效率的部门中释放出来，并转入具有高效益的部门，其长期演进的后果将导致政府预算资金的总体配置逐渐演变为一种低效率的格局。

（3）双向信息不对称条件下的"设租"与"寻租"行为

根据公共选择理论的分析，如果政府干预市场的调整过程缺乏竞争性的进入力量来促使租金耗散，那么租金就会存在，寻租活动就不可避免。③在预算管理的双边垄断内部市场结构中，由于双向信息不对称的存在，预算资源分配过程中存在的超额预算资金配给（租金），往往难以通过竞争性的力量加以耗散，因此，预算过程中的寻租活动具有某种长

① 得益代表参加博弈的各对弈方从博弈中所获得的利益，在这里代表各部门在预算资金寻租竞争中所获得的利益。
② 占优战略（dominant strategies）是指，让博弈的参与人单独地评估他面临的战略组合中的每一个战略，并且，对于每一个组合，他从自己的所有战略中选择一个使他盈利最多的战略。如果对于参与人面临的每一个不同的战略组合，参与人都选择同一个战略，这个被选择的战略就叫该参与人在博弈中的"占优战略"。
③ 方福前. 公共选择理论——政治的经济学 [M]. 北京：中国人民大学出版社，2000：131.

期性的特点。

预算管理中的双向信息不对称体现在以下两个方面：一是预算资金使用者在资金运用上具有更多的信息优势。资金使用者可能凭借其信息优势，并利用公共产出服务于广大民众的正义性感召力量，通过各种游说与寻租活动向政府预算部门施加压力，从而人为地扩张其预算资金需求。二是政府预算部门具有资金配给自由裁量权上的信息优势，可以利用资金配给权影响资金使用者的行为，从而通过不断改变预算资金配给的规则与结果，人为地创设超额预算资金配给的分布结构，并以这种"设租"行为，诱导预算资金使用者在新的租金分布格局下展开新一轮的寻租活动。同时，从动态的角度加以考察，政府预算部门所掌握的资金配给自由裁量权还有不断扩大的趋势，这就使得预算管理活动中存在的租金价值难以消散。

3）预算管理寻租行为的主要特点

绝大多数预算管理活动内生于政府部门的特点，决定了预算管理中的"寻租"与"设租"现象除了具有寻租活动的一般特征外，还具有其自身的特点。

（1）现实预算管理中寻租现象具有合法性的特点

分析寻租问题时，通常将寻租定义为类似于腐败的非法性活动，认为寻租活动就是政府官员的腐败行为，其实腐败并不等于寻租活动，这一点在预算管理中表现得尤为明显。政府预算部门在进行预算资金的结构性配给中，往往会面对来自各个资金使用者的"游说"与"反游说"活动（以下统称为"游说活动"）。这些游说活动并非是针对某一官员个人的，在现实的预算管理过程中，真正向预算管理人员进行直接货币支付的行为相对较少。然而，这些游说活动毕竟是需要进行精心策划、反复论证的，也同样会花费大量的社会资源。在现实中，每个预算资金使用者内部都存在着专门负责"协调"与政府预算部门关系的专业人员，仅从人力资源浪费的角度出发，这种"寻租"活动所消耗的社会成本也是不容忽视的。

也恰恰是这种合法性的特点，导致了治理预算管理寻租活动机制设计上的困难。司法武器面对这种合法性的寻租活动，通常是束手无策的。这些精心策划的以满足社会公共需要形式出现的游说活动，由于高举社会正义与民众福利的旗号，也往往具有相对较强的说服力。政府预算部门面对这种寻租行为，也不得不采取某种妥协的方法，给寻租者配置相对更多的预算资金。寻租成功的"示范效应"，又会进一步鼓励更多的预算资金使用者加入寻租的行列。

（2）资金使用者属于公共部门的特点，可能引致出现寻租成本最大化的倾向

在存在政府管制的情况下，可能被纳入管制序列或享受政府垄断保护的企业，也会采取某种寻租行动。然而企业毕竟是一个追求利润最大化的经济体，当寻租的边际成本大于其边际收益时，企业就会考虑停止其寻租活动。而大多数预算资金使用者属于政府公共部门，资金使用者所追求的目标是其所属部门权力效用最大化，这种效用最大化在某种程度上则进一步体现为预算规模的最大化。因此，实现利润最大化的边际成本等于边际收入的约束条件，对于预算资金使用者往往并不适用。当寻租的边际成本超过其边际收益时，只要有进一步的寻租投入，扩大预算资金配给的总规模，资金使用者就存在着继续追加寻租成本的内在冲动。

由于双向信息不对称的存在，虽然资金使用者对其提供公共产出的成本-收益的度量

掌握较为充分的信息，在游说活动中往往居于较为主动的地位。但各使用者之间的竞争通常是非常激烈的，各使用者对预算部门资金配给自由裁量权的具体运用又往往不甚了了，于是在一次总付性预算拨款模式下，在明了其最终的预算资金配给之前，各使用者往往难以确定自身预算总规模的可能状况。为了确保实现预算规模最大化的目标，某一资金使用者只能尽其所能地开展游说活动，尽可能多地投入寻租成本。在信息双向不对称的条件下，甚至可能会出现寻租总成本大于寻租收益的极端情况。

（3）预算部门资金配给自由裁量权的存在，使得租金耗散的趋势受到阻碍

根据寻租经济学理论，如果政府的活动受到必要的限制，市场过程能够主导经济行为，并保证任何经济租金都由竞争性的进入力量来耗散的话，那么寻租活动就会逐渐没有存在的空间。然而，政府预算资金供求双方的博弈过程，是在一种具有供求双边垄断特征的内部市场结构中展开的，政府预算资金供求中的租金价值，往往难以通过竞争性进入力量的加入来耗散。

同时，政府预算部门所拥有的资金配给自由裁量权，作为一种限制供给的行为，又会不断创造出新的租金分布状态，从而进一步诱导各资金使用者去寻求潜在的租金价值。这种"创租"与"寻租"活动的彼此结合，使得预算管理过程中存在的潜在租金价值短期内不会轻易消散，因而政府预算管理活动中的"寻租"活动往往呈现长期性的特点。

4）可行的路径选择："科层制"与"委员会"决策机制的比较

通过上述分析可以发现，预算管理的寻租活动得以存续的原因，主要在于政府预算部门在预算决策中拥有较大的资金结构性配给权力。循着这一思路，似乎解决政府预算管理中寻租问题的症结，也就在于改变预算管理的决策机制。20世纪80年代以来，各国研究者就如何减少政府公共管理中的寻租活动进行了相当深入的研究，并提出了一些颇有启迪意义的可行思路。那就是改变传统科层制组织结构下的决策方式，通过引入"委员会决策机制"，促使租金加速消散，以减少政府预算管理（乃至政府公共管理）中的寻租活动（Congleton，1983）。现通过以下的简单模型分析，来说明"委员会决策机制"与"科层制决策机制"在寻租活动中的区别。

假设存在着一笔不可分割的增量预算资金①，价值为10万元，仅有两个资金使用者A和B，并且A与B对于另一方所采取的策略是可以观测的，同时也可以根据对方的策略选择，及时调整自身的策略。对于这笔增量预算资金的分配存在着两种不同的模式，即"科层制决策机制"与"委员会决策机制"。（1）在科层制决策机制下，虽然需要经过政府预算部门的集体讨论，但最终的资金配给则取决于某一层面决策者的个体偏好，而领导者的偏好在很大程度上受到资金使用者寻租和游说活动的影响。某一方在寻租活动中投入的成本越大，就越有可能获得全部的预算资金增量。在这种决策机制下，每一方为了获得竞争中的胜利，都会试图用稍稍高于对方的代价作为游说与寻租的投入。如果初始状态为双方各投入5万元用于彼此竞争，那么A只要略微增加投入（如追加0.5万元），使力量对比变为5.5∶5，即可获得竞争胜利，从而获得4.5万元（10-5.5）的净收益。同样，B也会采取相应的策略（如追加0.6万元）。于是，最后的竞争结果必然导致双方的投入都接近于增量

_____

① 之所以选取增量预算资金作为分析的对象，主要是因为增量的规模可能较小，便于进行分析讨论；同时在渐进主义预算理论之下，现实预算资金分配的关注焦点也主要集中在增量部分。至于将资金假定为不可分割的原因，主要是出于分析简化的考虑，并且在现实中，如果一笔资金的规模相对较小，如此处假定的10万元，也的确难以在各使用者之间加以分割。

预算资金的价值，使得彼此的力量对比接近 10∶10 的水平。（2）在委员会决策机制下，增量预算资金的分配由一个 3 人委员会投票决定，而每个委员的投票倾向则取决于资金使用者游说与寻租的努力程度。由于在 3 人委员会投票决定胜负的情况下，每一资金使用者只要争取两票赞成即可获胜。假设资金使用者 A 初始的投入分布为每个委员 1 万元，即投入分布为 1∶1∶1；则使用者 B 只要选择 1.3∶1.3∶0，即可获胜；针对 B 的策略选择，A 只要将投入分布改变为 0∶1.6∶0.3，就可以争取到多数票；而 B 在下一轮则可能选择 0.3∶0∶0.6，从而转败为胜。如此以往，双方的寻租投入会越来越小，从而使得不投入寻租成本成为 A 与 B 的理智选择。

由此可以得出如下结论：采用多人委员会表决的民主方式来分配政府预算资金，可能会更富有效率。虽然通过引入多人委员会的决策机制，可能诱导资金使用者从自身利益出发，理性地放弃寻租活动，但是，由于政府预算部门作为一种科层制的组织结构，具有等级管理、层级节制等先天特点，在政府预算部门的决策过程中引入委员会决策机制，也确实存在着某些难以克服的障碍。在众多的决策模式中，最具委员会决策机制典型特征的组织形式，当属经由全体民众以代议制形式产生的立法监督机构，而最终决定并监督政府预算资金配给的权力也理应属于立法监督机构所有。因此，上述分析或许提供了另一种解决政府预算管理寻租问题的可供选择的思路：通过构建政府预算管理的公共选择机制，强化立法监督机构在预算资金结构性配给中的作用，约束资金供求双方的行为，从而尽可能有效地解决政府预算管理过程中可能产生的"设租"与"寻租"问题。

## 4.4　预算管理的监督制衡方

### 4.4.1　引入政府预算监督制衡机制的必要性

1）完善政府预算管理中的监督制衡机制是实现依法治国的客观要求

依法治国作为基本的治国方略，几乎已成为各国的通例。这绝非是各国发展道路上的偶然决策，而是某种必然的选择。法国启蒙思想家孟德斯鸠在《论法的精神》一书中就曾指出："一切有权力的人都容易滥用权力，这是万古不易的一条经验。有权力的人们使用权力一直到遇有界限的地方才休止……从事物的本质来说，要防止滥用权力，就必须以权力约束权力。"[1]在社会主义国家中，人民具有共同的根本利益，没有党派之间的互相争斗与拆台，但从巴黎公社以来的历史经验教训表明，社会主义国家也必须建立基于法律的监督与制约机制。

法治的作用不仅在于约束微观经济主体的行为，更在于对政府行为的约束。[2]依法治国的思想在公共经济领域的体现，就是依法理财、依法监督政府公共经济活动，而政府预算恰恰是政府公共经济活动的集中反映。只有通过立法监督机构对政府预算资金收支实施全方位监控，才有可能将政府的全部经济活动置于法律的监督之下，从而约束政府经济行为在法制的轨道上运行。也只有通过立法监督机构对政府公共部门膨胀的冲动加以约束，建设社会主义法治国家的事业才具有根本的制度保障。

---

① 孟德斯鸠. 论法的精神：上册 [M]. 张雁深，译. 北京：商务印书馆，1961：154.
② 钱颖一. 市场与法治 [J]. 经济社会体制比较，2000（3）.

2）完善政府预算管理中的监督制衡机制是加强党的领导的现实需要

在社会主义社会中，全体人民的根本利益是一致的，各种具体的利益关系和内部矛盾可以在这个基础上进行调节。在新的历史时期，加强党的领导和健全监督制衡机制是调节各种利益关系和人民内部矛盾的主要方式。中国共产党与立法监督机构之间存在着根本利益的一致性，中国共产党和立法监督机构都代表着中国最广大人民群众的根本利益。我党之所以赢得广大人民的拥护，是因为我党在革命、建设、改革的各个历史时期，总是代表着中国最广大人民的根本利益，并为实现国家和人民的根本利益而不懈奋斗。

正如在新中国成立初期我党就已认识到的那样，"我们的财政是'取之于民，用之于民'的人民的财政，全国人民代表大会和地方各级人民代表大会都有监督我们的财政收支的权力和责任"[①]。在政府预算管理过程中，通过突出党委的领导核心作用，强化立法监督机构作为最高国家权力机关的职能，按照党总揽全局、协调各方的原则，规范政府预算利益相关主体——党委与人大、政府、政协以及人民团体——之间的关系，经过法定程序，使党的主张与人民的意愿成为国家意志。因此，完善政府预算管理中的监督制衡机制，是加强党的领导的现实要求。

3）完善政府预算管理中的监督制衡机制符合人民群众当家理财的时代潮流

让广大民众当家做主、管理国家事务，始终是现代文明所追求的重要理想与目标之一；建设社会主义民主，也是人民群众的共同愿望。早在设计新中国成立方略之初，党的第一代领导集体就指明了建设社会主义国家的"新路"，那就是只有让人民来监督政府，政府才不敢松懈；只有人人起来负责，才不会人亡政息。[②]几十年来，社会主义民主政治下的人民代表大会制度日益完善，人民群众可以通过立法监督机构传达自己的心声，真正成为管理国家事务的主人。

政府公共经济领域公民主权的具体体现，就在于立法监督机构对政府公共收支的监督与制衡。在市场经济中，公民要向国家纳税，以保证政府财政收入的充足；而政府则担负着为公民提供公共产品的义务。同时，社会主义市场经济更加强调微观经济主体自身的经济利益，作为让渡自身资金的广大纳税人关注其税款是如何被政府花费的，也符合现代市场经济规律的客观现实。作为政府财政资金的供给者——公民，自然有权全面了解政府是如何花费公民自己的钱的。而公民监督政府对公共资金使用情况的主要工具就是政府预算。公民只有通过集体行动，凭借立法监督机构的监督与制衡功能，才能在政府预算决策过程中传达出自己的声音。因而，完善政府预算管理中的监督制衡机制，既符合现代财政民主决策、民主理财的要求，也是建立廉洁、高效政府的现实途径，体现了全社会共同治理和实现政府"善治"的时代潮流。

### 4.4.2　政府预算监督制衡方的行为特征分析

1）代表人民利益是监督制衡方最基本的行为特征

作为监督制衡方的立法监督机构，从其产生之日起，就是出于代表民众利益的需要，

---

① 周恩来. 周恩来选集：下卷［M］. 北京：人民出版社，1984：142.
② 1945年7月，毛泽东同志在中国革命胜利前夕同黄炎培先生有一段谈话。黄炎培先生说："我生60多年，耳闻的不说，所亲眼看到的，真所谓'其兴也勃焉'，'其亡也忽焉'，一人、一家、一团体，一地方，乃至一国，不少单位都没有能跳出这周期率的支配力……一部历史，'政怠宦成'的也有，'人亡政息'的也有，'求荣取辱'的也有。总之没有能跳出这周期率。"毛泽东同志回答说："我们已经找到新路，我们能跳出这周期率。这条新路，就是民主。只有让人民来监督政府，政府才不敢松懈。只有人人起来负责，才不会人亡政息。"

也始终是人民群众最根本利益的代表。这也是立法监督机构在行为特征上与其他利益相关主体（资金需求方和供给方）最主要的区别之一。就总体而言，立法监督机构所体现的民众利益主要表现在两个方面，即民众保护者和民意发掘者。所谓民众保护者，是指立法监督机构在工作过程中积极听取民情，提出民隐，以及伸张民意。所谓民意发掘者，是指立法监督机构以主动发掘民间疾苦、解决民众问题为己任。

预算作为一种政治过程，立法监督机构代表民众利益的特点，在预算管理过程中表现得更加淋漓尽致。首先，在制定政府预算法案和审议年度预算草案时，立法监督机构将会认真地采纳公民个人的意见并加以提炼，而不是把某一利益相关方的政策倾向强加于人。其次，如果代表不同利益的公民与团体，在预算政策的取舍上存在某种利益冲突，并有可能导致政府预算管理产生阻滞，立法监督机构作为居中协调的"经纪人"，为各方提供了一个交换意见的协商空间。

2）监督制衡方具有委员会决策机制的特点

由于立法监督机构不可能采取全体民众都参与预算决策的"一致同意"的方式，因而采用某种形式的代议制是各国政府公共治理的通行模式。正如列宁在《国家与革命》一书中指出的那样，"如果没有代议机构，那我们就很难相信什么民主，即使是无产阶级民主"①。代议制民主（representative democracy）作为人类创造的一种治理国家的工具，在不同国家具有不同的具体形态，我国的人民代表大会制度就是一种社会主义的代议民主制度，是具有中国特色的政权组织形式。在代议制的政府治理构架下，立法监督机构是"虚弱"还是"强大"，主要依赖于其对政府预算的控制，只有经由政府预算，立法监督机构才能够对政府行为施加切实有效的影响；反之，也只有作为国家权力机关的立法监督机构与作为执行机关的政府部门之间建立起相互约束、相互制衡的共同治理模式，政府预算制度才可能有效地运转。

3）监督制衡方面临偏好加总的困难以及组织协调的交易成本

由于监督制衡方的代表来自社会各行各业，分别代表了不同的利益取向，他们对预算政策的偏好也往往存在着一定差异，将这些不同的利益与偏好加以整合是相当困难的，通常需要一个相对漫长的彼此谈判交易、讨价还价的过程，甚至在极端的情况下，个人偏好总合成社会偏好将是不可能的。按照美国学者阿罗的分析，"如果我们排除效用人际比较的可能性，各种各样的个人偏好次序都有定义，那么把个人偏好总合成为表达社会偏好的最理想的方法，要么是强加的，要么是独裁性的"（Arrow，1963：59），这就是著名的"阿罗不可能定理"（Arrow's impossibility theorem）。该定理揭示了立法监督机构整合民众意愿上的困难，即不可能存在一种能够把个人对 N 种备选方案的偏好次序转换成社会偏好次序，并且准确表达全体社会成员的各种各样的个人偏好的社会选择机制（方福前，2000：57）。

即使通过表决程序的安排以及相关约束，可以在一定程度上消除"阿罗不可能定理"的影响，但是，在有限的政府预算决策期间内，就各利益相关方的偏好与要求加以整合与协调，也仍旧面临着相当大的困难，自然也需要投入大量的组织成本和谈判交易成本。

---

① 列宁. 列宁选集：第 3 卷 ［M］. 北京：人民出版社，1972：211.

4）立法监督机构成员视角广泛性与精力有限性的矛盾

立法监督机构的组成人员代表着社会各方面的利益要求，其关注的视野涉及社会民生的各个层面。在我国社会经济转型时期，许多新生事物亟待通过国家立法加以规范，不适应社会主义市场经济要求的法律也需要修订，因而立法监督机构承担相当繁重的立法任务。同时，立法监督机构作为国家权力机关，还承担监督宪法和法律的实施，监督"一府两院"的工作等监督职能。关于政府预算的法律法规的制定修改和对年度政府预算的审议，仅仅是立法监督机构众多职能中的一项。同时，在特定的年度中，立法监督机构委员会全体会议召开的次数有限（我国为每年一次），并且会期有限，而需要审议的内容很多，也容易导致立法监督机构组成人员在关注视角的广泛性与自身精力的局限性之间，难以达成理想的平衡，以至于对于政府预算决策的考量往往难以深入，对预算资金配给的轻重权衡也难免有失偏颇。

我国人大审议政府预算采用的是一次表决的决策方式，也就是一次性表决、一次性通过。这也导致了即使有些代表对预算草案的部分内容存有疑问，由于缺乏政府预算审批中必要的辩论程序，在表决时既不能全部否决，也缺少发表意见的机会。这种局面更进一步促使与会代表将有限的精力，集中于其他更有发言权的议题。

这种关注视角广泛性与精力有限性之间矛盾的另一种表现，是立法监督机构组成人员除了作为代表之外，往往还拥有许多个人事业和职业生涯。加上现实中的政府预算又往往具有日趋复杂化的倾向，更加使得立法监督机构的个别组成人员未必完全具备审议修改政府预算所必需的专业素养。因而，市场经济国家的立法监督机构往往增聘某些预算管理专家加入幕僚机构，以弥补代表（或议员）专业知识的不足。例如，美国国会的专业研究机构国会预算局（Congressional Budget Office）、国会研究服务处（Congressional Research Service）以及国会图书馆（Library of Congress）等专业团体，对于提高立法监督机构的政府预算审议水平都具有重要的作用。这种做法对于我国的政府预算管理也是颇有启迪意义的。

5）监督制衡方也会受到利益集团的影响和议程的控制

由于立法监督机构的组成成员来自不同的利益团体，代表了社会不同阶层的利益，在其决策过程中，自然也会受到相应利益团体的影响。在某些集团的利益彼此有冲突的情况下，立法监督机构对政府预算的审议，也将体现各利益集团之间彼此谈判交易的过程。这种倾向在预算资金配给权向监督制衡方倾斜的情况下，将表现得更加明显。当然，这种不同利益团体通过立法监督机构相互交换意见，彼此讨价还价的过程，也为社会各阶层之间相互沟通、化解社会矛盾提供了一种合法的议事机制，有利于维护社会的稳定。

立法监督机构审议政府预算的过程与最终的均衡结果，还会受到来自议程安排的影响。根据公共选择理论的研究，在多数票规则下，如果事先确定一个投票（或表决）程序，委员会决策机制的集体选择将会获得某种确定的结果，从而避免出现投票循环①的不

①　投票循环也称为投票悖论（the paradox of voting），是由法国学者孔多塞和博尔塔在18世纪80年代考察投票规则时提出的重要理论，其基本含义是，在多数票规则下，如果备选方案超过两个，其最终投票结果将不能在多个备选方案中达成均衡，而是在各种选择之间循环。但如果在两个备选方案之间进行选择，多数票规则就可以获得一个均衡的结果。有关投票悖论的详细内容，可以参阅方福前. 公共选择理论——政治的经济学 [M]. 北京：中国人民大学出版社，2000：56-57.

利影响。因而，在不同表决程序安排下，对政府预算法案的审议也将出现不同的结果，确定表决程序的权力也常常就是决定预算审议结果的权力。于是，立法监督机构对政府预算的审议，在很大程度上还将受到议程安排的控制。

## 4.5 利益相关方的整合：共同治理的预算管理框架

循着本章前述的分析脉络，似乎可以得出这样一个结论：不论是预算资金供求双方，还是立法监督机构，受其自身行为特征的局限，在政府预算管理中，都或多或少地存在着某些缺陷与不足。如果仅仅通过约束与改善某一方的行为，往往难以达成提高预算资金使用效率的目的。现实的政府预算管理，需要在不同利益相关主体之间实现某种程度的整合。通过构建某种共同治理（co-governance）的政府预算管理框架，有望实现提升政府预算资金配置效率的目标。

现代实验经济学的研究显示，在人类的幼年时期表现出了更强的自利倾向，这与新古典理论的假设条件更为接近，然后人类在后天为了维持群体的整体利益，而逐渐形成了利他主义的倾向。[1]因此，利益相关主体共同治理的模式不仅体现了当代政府公共治理领域变革的发展潮流，也是人类文明日益走向成熟的标志。政府治理所面临的复杂性、动态性与多元性的现实环境，使得政府的治理过程绝非政府单方面行使职权的过程，而是一个政府与整个社会的互动过程。[2]政府、社会、公民的共同治理已成为实现政府"善治"的客观要求。政府预算管理作为公共管理的重要内容之一，其治理模式的选型也应体现利益相关主体共同治理的发展方向。

政府预算管理利益相关方的共同治理结构涉及众多的利益相关主体，既包括作为本章分析重点的预算资金使用者、政府预算部门、立法监督机构，还包括本章没有专门述及但绝非不重要的审计部门、新闻媒体、社会公众的舆论与评价等。这些行为主体之间的互动不仅复杂，而且每个行为主体都有可能对预算产生决定作用。然而，由于立法权和行政权具有主导作用，因此大部分研究主要集中在平衡这两种权力的影响，以及在不同情况下这种平衡或失衡产生的结果，会大致接近于公民的诉求。[3]

所谓政府预算利益相关方的共同治理结构，就是要将这些利益相关主体之间的互动影响与相互制约关系整合于一个彼此衔接、相互制衡、权责明确、激励兼容的框架之下，以期从机制设计上减少政府预算管理中的资源浪费现象，提升有限预算资源的使用效率。概括起来，政府预算管理利益相关方共同治理结构的基本框架可以用图4-3加以说明。

在图4-3中，将政府预算利益相关方共同治理的框架划分为两个相互影响的系统，左侧为政府预算决策与执行系统，包括确定预算总规模、各资金使用者的预算规模，以及资金使用者内部资金分配结构的确定三个层面的内容。右侧为利益相关方系统，包括政府预算管理涉及的各利益相关主体，即民众及其代表组成的立法监督机构、政府预算部门、资金使用者、审计部门、社会公众与新闻媒体等。各利益相关主体在预算管理中的相互影响

① 贺京同. 行为经济学与中国经济行为 [M]. 北京：中国财政经济出版社，2006：9.
② 张成福，党秀云. 公共管理学 [M]. 北京：中国人民大学出版社，2001：369-370.
③ CAF-拉丁美洲开发银行. 面向发展的公共财政：加强收入与支出之间的联系 [M]. 北京：知识产权出版社，2013：260.

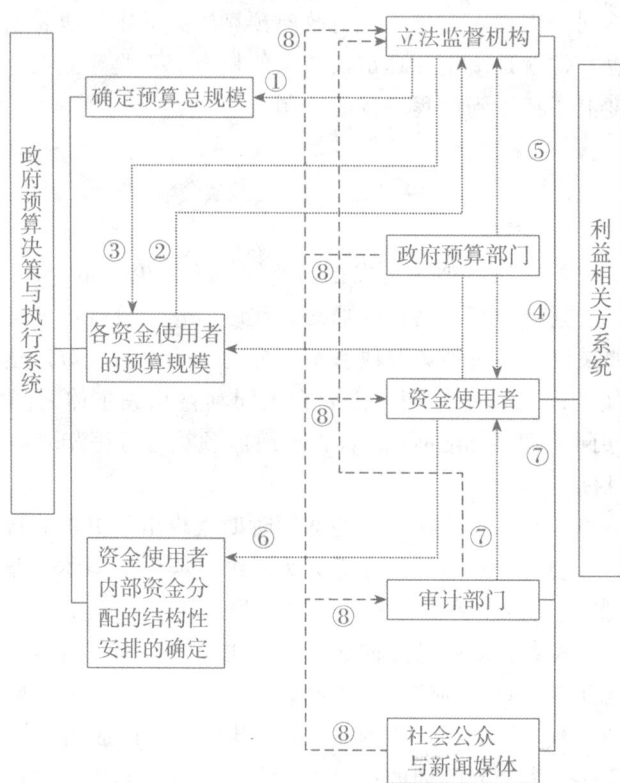

图 4-3  政府预算管理利益相关方共同治理结构的基本框架示意图

与共同治理，是通过其在预算决策与执行系统中具有的不同职责划分与权能分布实现的，其基本影响结构如下：

（1）预算总额的确定。预算总额是由民众及其代表组成的立法监督机构，根据一定时期国民经济发展态势和社会公共需要变化趋势确定的（图中节点①），该总额一经确定，除经立法监督机构审议修改，执行中不得变更、突破。

（2）各资金使用者结构性预算规模的确定与执行。各资金使用者在既定预算总额中所占份额的确定以及预算的执行，大体经过以下三个步骤：首先，在政府预算部门和不同资金使用者之间通过初步谈判，提出总额控制下各资金使用者的预算规模预案（图中节点②）；其次，立法监督机构对各资金使用者的结构性预算规模进行分部门表决（图中节点③）；最后，政府预算部门监督资金使用者遵守各自预算规模的情况（图中节点④），并及时向立法监督机构报告（图中节点⑤）。

（3）资金使用者内部预算资源配置结构的确定与执行。各资金使用者行政首长在其预算规模范围内拥有确定各自预算资源结构配置的最终决策权（图中节点⑥），但其执行结果与绩效评价要接受审计部门的监督，并由审计机构向立法监督机构报告（图中节点⑦），以此作为考核下期预算规模的依据。

（4）社会监督体系对利益相关主体的控制与评价。社会公众与新闻媒体肩负着监督与考核立法监督机构及其他利益相关方的职能（图中节点⑧）。对于立法监督机构调整预算总额，以及各资金使用者浪费预算资金的现象，予以披露和曝光；对于在预算决策中玩忽职守的代表予以撤换。

针对社会监督而言，预算公开与阳光财政建设体现了现代国家治理的普遍发展趋势。无论是发达经济体，还是新兴经济体，盖莫如是。从 1996 年开始，直至 2002 年，美国白宫每年都会在发布年度总统预算提案时，同时公布一本《联邦预算公民指南》，这不仅有助于公众加深对联邦预算的理解，同时也有利于普通民众与民选官员就优先支出项目进行沟通。可惜，令人遗憾的是，2002 年之后，白宫再也没有发布过《联邦预算公民指南》。于是，一个民间版本的《联邦预算——美国政府怎样花钱》应运而生，它为普通人提供了一本新的预算指南，使他们能够得到关于联邦支出的一手信息。[①]

通过以上分析可以发现，在政府预算利益相关主体共同治理框架下，不同利益相关主体的权能分布与职责划分是不同的。立法监督机构的权能主要包括确定预算总规模和各资金使用者结构性预算规模、根据审计结果对资金使用者进行相应奖惩。政府预算部门的权能包括同资金使用者谈判并提出资金结构性分配的初步建议、监督资金使用者遵守预算规模的情况。资金使用者的权能包括确定其内部预算资金的具体分配方案。审计部门的权能包括监督资金使用者结构性预算安排的效率与效果。社会公众和新闻媒体则负责披露预算过程中的各种非效率行为、监督立法监督机构及其他利益相关方的行动。因此，在政府预算利益相关主体共同治理模式中，各利益相关方都被赋予了一定的预算管理权能，这些权能之间相互制约、相互激励，形成了一个相对完整有效的社会共同治理模式。

## 本章小结

● 预算资金需求方由各政府部门、财政拨款的事业单位等组成。由于预算资金供求上的信息不对称，预算资金使用者掌握着相对优势的信息资源，也往往能够实现预算规模的持续扩展。

● 政府预算部门作为联系利益相关方的核心角色，处于承接预算资金使用者与立法监督机构的"桥梁"地位，具有比较典型的双重委托-代理关系。就政府预算部门与资金使用者而言，政府预算部门是委托方，资金使用者是代理方；就政府预算部门与公共选择机制形成的立法监督机构而言，立法监督机构是委托方，预算部门是代理方。

● 立法监督机构代表最广大人民群众的根本利益。适当的公共选择机制设计，也可以改变其他利益关系方的效用函数，将预算规模控制在有限且有效的范围之内，以实现社会资源配置的进一步优化。

● 所谓政府预算利益相关方的共同治理结构，就是要将这些利益相关主体之间的互动影响与相互制约关系，整合于一个彼此衔接、相互制衡、权责明确、激励兼容的框架之下，以期从机制设计上减少政府预算管理中的资源浪费现象，提升有限预算资源的使用效率。

## 综合练习

简答题

4.1 政府预算管理利益相关主体包括哪些方面？

---

[①] 克莱默 M. 联邦预算：美国政府怎样花钱 [M]. 上海金融与法律研究院，译. 北京：生活·读书·新知三联书店，2013：4.

4.2 简要分析政府预算各主要利益相关主体的基本行为特征。

4.3 试举例说明预算管理利益相关方共同治理结构的基本框架。

## 推荐阅读资料

马蔡琛. 变革世界中的政府预算管理——一种利益相关方视角的考察 [M]. 北京：中国社会科学出版社，2010.

马蔡琛. 政府预算管理中的"寻租"活动分析 [J]. 财贸经济，2004（11）.

## 网上资源

http：//www.npc.gov.cn（中国人大网）

http：//www.cftl.cn/Index.aspx（中国财税法网）

# 第二篇　政府预算的流程管理与相关改革

# 第 5 章

# 政府预算的收支分类体系

所谓分类，意指按照种类、等级或性质分别归类。对预算资源就其功能加以分类，可以促使预算授权和支出、借款担保和税式支出同其试图满足的公共需求联系起来，也有助于实现既定的预算目标。[①]政府预算收支分类体系是编制政府预算和决算、组织预算执行以及预算单位进行会计核算的重要依据，是财政预算管理的重要基础性工作，直接关系到预算透明度的提升，关系到预算管理的科学化和规范化，是现代财政制度建设的重要核心议题之一。

## 5.1 政府预算收支分类概述

"预算总数只是预算冰山之一角"，当我们将总预算分解成各政事别、各机关别甚至更细部的预算来进行观察时，人们所忽略的预算过程中的许多重要方面，都将显露在阳光之下。[②]政府收支分类，就是在政府预算管理中，按照特定的标准，对政府预算收入和支出进行类别和层次划分，以全面、准确、清晰地反映政府收支活动，从而有效地为政府预算的编制、执行和决算提供基础性的技术平台。[③]预算决策的具体操作务必使财政收支的归宿清楚，科学的收支分类能够为预算决策提供分类的、有层次的、系统的财政经济信息。[④]因此，政府收支分类体系是编制政府预决算、组织预算执行以及预算单位进行会计核算的重要依据。

### 5.1.1 政府收支分类的意义

第一，适应经济运行的市场化转型，提升公共资金使用绩效。我国现行政府预算收支科目的基本框架，是在20世纪50年代仿照苏联财政管理模式建立的。市场化改革以来，从1997年开始，政府预算收支科目分为一般预算收支科目和基金预算收支科目两大部分。1998年预算收支科目修订后又分为三部分，即一般预算收支科目、基金预算收支科目和债务预算收支科目。通过2007年的收支分类改革，新的科目体系包括收入分类、支出功能分类和支出经济分类三部分。体现计划经济特点的一些支出科目，如"企业挖潜改造资金、流动资金"等，退出了收支分类的历史舞台。这顺应了我国经济运行机制的市场化转型，有效地提升了公共资金的使用绩效。

第二，因应经济全球化的发展潮流，促进中外政府财务语言的对接与整合。我国的政府收支分类要将国际政府财政收支统计的常规口径与

---

① 米克塞尔 J L. 公共财政管理：分析与应用 [M]. 白彦锋，马蔡琛，译. 6版. 北京：中国人民大学出版社，2005：237.
② 苏彩足. 政府预算之研究 [M]. 台北：华泰书局，1996：91.
③ 在政府预算管理实务中，政府收支分类、政府预算收支分类和政府预算收支科目这三个概念，往往是经常混用的。鉴于三者之间的指向是大同小异的，故本书将之视为同一概念。
④ 王金秀，陈志勇. 国家预算管理 [M]. 3版. 北京：中国人民大学出版社，2013：30.

我国国情相结合，将长远目标和现实需要有机衔接。既要符合市场经济国家的通行做法，体现政府职能和经济性，以便进行国际比较和研究；又要充分满足我国现行经济体制和经济管理的客观要求，体现政策的延续性，保证改革的顺利推进。[①]

第三，增加预算透明度，实现人民群众当家理财。按照通常的理解，公共财政就是"以众人之财，办众人之事"。其实，在这一说法的背后，还蕴含着更深层次的含义，那就是"众人之事，当由众人来议定"。从我国国情出发，建立起一个民主的、高效的预算管理制度体系，保证人民依法实现民主决策、民主管理和民主监督政府预算的权利，是推进社会主义政治文明和依法治国的必然要求。

然而，在现实中，仍有许多常话常新的问题总是困扰着我们：为什么涉及无数纳税人千百亿资金的公共预算，没有能够引起广大公众的足够关注？为什么预算制度距离"依法用好百姓钱"的目标仍旧存在某些差距？产生这些问题的原因固然是多方面的，但作为非专业人士的人大代表和普通公众看不懂政府预算，应该说是一个重要的因素。政府收支分类的科目设置要科学合理，列示的内容和范围应该清晰明了，便于操作，避免过于复杂。通过收支分类改革，可以保证预算决策的公开透明，能够实现非专业人士"看得懂""说得清""审得明"公共预算的改革目标。通过对政府财政收支分类的"多维定位"，清晰地说明政府的钱是怎么来的，最终用于何处。

## 5.1.2　政府收支分类体系的运用范围

政府收支分类在财政管理中主要应用于以下几个方面：

（1）编制和汇总预决算。各地区、各部门、各单位的预决算收支，都要按照政府收支分类统一规定的科目填报汇总。

（2）办理预算缴、拨款。各单位和个人都要按照政府收支分类科目填制专用凭证，办理缴、拨款，进行对账和结算。

（3）组织会计核算。各级财政总会计、各单位预算会计的收支明细账，都要按政府收支分类科目进行核算。

（4）报告预算执行情况。各地区、各部门、各单位都要按照政府收支分类科目，定期汇编总预算和单位预算收支执行情况表，以便各级人大、政府、社会公众及时了解预算收支执行情况。

（5）进行财务考核分析。行政事业单位可以综合运用支出功能分类和经济分类，对既定的行政事业计划任务和单位预算进行分析比较、绩效考核。

（6）进行财政收支统计。政府财政收支数据只有按统一的政府收支分类科目进行归集、整理，才可与有关历史数据、国际数据进行合理的对比分析。

## 5.1.3　我国现行预算法规定的政府收支范围

新中国成立以来，随着我国政府预算收支范围和内容的变化，以及政府机构的调整、经济体制改革的不断推进等，政府预算收支范围的划分也相应时有调整。针对计划经济条件下政府预算收支科目存在的问题，财政部从1999年启动了政府收支分类改革工作，借

---

① 王金秀，陈志勇. 国家预算管理 [M]. 3版. 北京：中国人民大学出版社，2013：32.

鉴国际货币基金组织、OECD成员国等经验，于2004年形成《政府收支分类改革方案（征求意见稿）》，并于2005年选择6个中央部委和5个省市进行模拟试点。2006年2月，财政部发布了《政府收支分类改革方案》，将政府收入按照来源和性质分为6类，每类下设款、项、目；将政府支出按照政府功能和政策目标分为17类，每类下设款、项；将政府支出按照经济性质和具体用途分为12类，每类下设款，比如"工资福利支出"类下设"基本工资""奖金""住房公积金"等款。其后，财政部每年均下发次年政府收支分类具体科目，用以指导预算编制和会计核算。2009年8月，财政部下发了《关于推进财政科学化精细化管理的指导意见的通知》，提出"建立由公共财政预算、国有资本经营预算、政府性基金预算和社会保障预算组成的有机衔接的政府预算体系"，并对各预算功能、收支范围及其管理做出了概括解释。[①]2014年修订通过的新《预算法》对于预算收支范围做出了进一步明确规定：

一般公共预算收入包括各项税收收入、行政事业性收费收入、国有资源（资产）有偿使用收入、转移性收入和其他收入。一般公共预算支出按照其功能分类，包括一般公共服务支出，外交、公共安全、国防支出，农业、环境保护支出，教育、科技、文化、卫生、体育支出，社会保障及就业支出和其他支出。一般公共预算支出按照其经济性质分类，包括工资福利支出、商品和服务支出、资本性支出和其他支出。

政府性基金预算、国有资本经营预算和社会保险基金预算的收支范围，按照法律、行政法规和国务院的规定执行。

中央预算与地方预算有关收入和支出项目的划分、地方向中央上解收入、中央对地方税收返还或者转移支付的具体办法，由国务院规定，报全国人民代表大会常务委员会备案。

上级政府不得在预算之外调用下级政府预算的资金。下级政府不得挤占或者截留属于上级政府预算的资金。

## 5.2　政府收支分类体系的国际经验

### 5.2.1　政府收入分类

国际货币基金组织在《2001年政府财政统计手册》中将政府收入划分为税收、社会缴款、赠与、其他收入四类，具体情况如下：

1）税收收入

税收收入类下细分为：对所得、利润和资本收益征收的税收，对工资和劳动力征收的税收，对财产征收的税收，对商品和服务征收的税收，对国际贸易和交易征收的税收，其他税收等。

2）社会缴款

社会缴款类下细分为：社会保障缴款和其他社会缴款。其中社会保障缴款又按缴款人细分为雇员缴款、雇主缴款、自营职业者或无业人员缴款、不可分配的缴款。

① 朱大旗. 中华人民共和国预算法释义 [M]. 北京：中国法制出版社，2015：116.

3）赠与

赠与类下细分为：来自外国政府赠与、来自国际组织赠与和来自其他广义政府单位的赠与。

4）其他收入

其他收入类下细分为：财产收入，出售商品和服务，罚金、罚款和罚没收入，除赠与外的其他自愿转移，杂项和未列明的收入等。

### 5.2.2　政府支出分类

1）政府支出分类的主要类型

国际上，预算支出分类的主要方式有部门分类、功能分类和经济分类三种。

（1）部门分类。这是指对预算支出先按部门进行分类，然后在部门内部按所属预算单位进行分类。比如，可以将预算支出分为：国防部门支出、教育部门支出、农业部门支出等。这种分类方式主要按政府的部门结构来进行，可以明确政府各部门的支出规模和财政财力，但不能反映出部门支出的真正用途和支出性质。

（2）功能分类。这是指按预算支出的功能进行分类，也就是按照预算支出的性质进行分类，具体可分为：一般公共服务支出、国防支出、外交支出、教育支出、社会保障和就业支出等。根据国际货币基金组织《政府财政统计手册》的功能分类模式，预算支出按政府执行的职能，可以进一步划分为一般政府服务职能的支出、公共服务和社会服务职能的支出、经济服务职能的支出、其他职能的支出等四类。

（3）经济分类。这是指对预算支出按其是否与物品和服务相交换为标准而区分为购买性支出和转移性支出。购买性支出，直接表现为政府购买日常政务活动所需要的或用于投资所需的物品和服务的支出。转移性支出，直接表现为资金无偿的、单方面的转移。这类支出主要包括补助支出、捐赠支出和债务利息支出。

公共财政的职能在于提供公共产品和服务，而政府收支分类改革的目的，就是为老百姓提供一本政府服务成本的明白账。政府支出分类体系改革，按照支出功能与经济用途设置的复合分类体系，恰恰具有这样的特点。我们不妨将其与企业的成本核算相类比加以说明。

大多数企业都生产很多种产品，并且要逐一核算每种产品的生产成本，这是企业理财中的基本常识。政府收支分类改革中的功能分类，详细列举了一般公共服务、外交、国防、公共安全、教育等政府公共支出类型，大体相当于向公众描绘了政府这个"工厂"到底向社会提供了哪些具体产品的目录。而经济分类则具体解析了工资福利支出、基本建设支出、商品和服务支出、债务利息支出、债务还本支出等具体的项目经济构成，从而进一步描绘了各种公共产品的成本结构。也就是说，如果从企业成本管理的角度来类比，部门分类大体类似于按照车间来分类（生产公共产品的不同部门），功能分类大体相当于按照产品来分类（不同类型的公共产品），经济分类则近似于按照成本构成来分类（直接材料、直接人工等）。综合比较三种预算支出分类方法，各有其利弊。部门分类主要明确资金管理责任者，解决"谁"的问题；功能分类主要反映政府支出的功能，明确"做什么"的问题；经济分类主要反映支出的经济性质，明确"如何使用"的问题。

2）国际货币基金组织的政府支出功能分类

国际货币基金组织最新的政府财政统计标准，将政府要承担的主要功能和服务责任（classification of functions of government）做了如下的分类：

（1）一般公共服务，包括行政和立法机关金融和财政事务、对外事务，对外经济援助，一般服务，基础研究，一般公共服务"研究和发展"，未另分类的一般公共服务，公共债务操作，各级政府间的一般公共服务等。

（2）国防，包括军事防御、民防、对外军事援助、国防"研究和发展"、未另分类的国防等。

（3）公共秩序和安全，包括警察服务、消防服务、法庭、监狱、公共秩序和安全"研究和发展"、未另分类的公共秩序和安全等。

（4）经济事务，包括一般经济、商业和劳工事务，农业、林业、渔业和狩猎业，燃料和能源，采矿业、制造业和建筑业，运输，通信，其他行业，经济事务"研究和发展"，未另分类的经济事务等。

（5）环境保护，包括废物管理、废水管理、减轻污染、保护生物多样性和自然景观、环境保护"研究和发展"、未另分类的环境保护等。

（6）住房和社会福利设施，包括住房开发、社区发展、供水、街道照明、住房和社会福利设施"研究和发展"、未另分类的住房和社会福利设施等。

（7）医疗保障，包括医疗产品、器械和设备，门诊服务，医院服务，公共医疗保障服务，医疗保障"研究和发展"，未另分类的医疗保障等。

（8）娱乐、文化和宗教，包括娱乐和体育服务，文化服务，广播和出版服务，宗教和其他社区服务，娱乐、文化和宗教"研究和发展"，未另分类的娱乐、文化和宗教等。

（9）教育，包括学前和初等教育、中等教育、中等教育后的非高等教育、高等教育、无法定级的教育、教育的辅助服务、教育"研究和发展"、未另分类的教育等。

（10）社会保护，包括伤病和残疾、老龄、遗属、家庭和儿童、失业、住房、未另分类的社会排斥、社会保护"研究和发展"、未另分类的社会保护等。

这种功能性分类的数据，为政府预算的国际比较提供了一个良好的基础，也为规划预算以及绩效预算的编制框架提供了一个良好的开端。[①]

3）国际货币基金组织的政府支出经济分类

按照国际货币基金组织政府财政统计分类标准，政府支出按经济性质分类主要包括：

（1）雇员补偿，包括工资和薪金（分现金形式的工资和薪金、实物形式的工资和薪金）和社会缴款（分实际的社会缴款和估算的社会缴款）。

（2）商品和服务的使用。

（3）固定资产的消耗。

（4）利息，包括向非居民支付的、向除广义政府外的居民支付的和向其他广义政府单位支付的。

（5）补贴，包括向公共公司提供的（分向金融公共公司提供的和向非金融公共公司提供的）和向私人企业提供的（分向金融私人企业提供的和向非金融私人企业提供的）。

---

① 米克塞尔 J L. 公共财政管理：分析与应用［M］. 白彦锋，马蔡琛，译. 6版. 北京：中国人民大学出版社，2005：241.

（6）赠与，包括向外国政府提供的（分经常性和资本性两种）、向国际组织提供的（分经常性和资本性两种）和向其他广义政府单位提供的（分经常性和资本性两种）。

（7）社会福利，包括社会保障福利（分为现金形式的社会保障福利和实物形式的社会保障福利）、社会救济福利（分为现金形式的社会救济福利和实物形式的社会救济福利）、雇主社会福利（分为现金形式的雇主社会福利和实物形式的雇主社会福利）。

（8）其他开支，包括除利息外的财产开支和其他杂项开支（分为经常性和资本性两种）。

### 5.2.3　辩证地看待相关国际经验

其实，有关预算之科目（filiation）应如何区分，早在近百年前中国学者就曾有过精辟的论述：[①]

（1）预算科目之纵断的多寡疏密如何。此问题亦为一种便宜问题，当因时因地而异其答解。考欧洲各国古来预算皆甚疏略，其后因立宪政治发达，议会权力扩张，遂逐渐由粗疏而趋于精密。以现状言之，其在英国，约百数十，普国约三百，法日二国约至七八百，意大利则竟至九百以上，其参差不同，可谓甚矣？平心论之，预算分科过于亲略，固无由知财政之真相然，过于繁密，亦不免劳费而无大利益，要当视其时其地之情状，而斟酌定之也。（2）预算科目之横断的等级多寡如何。关于此事，各国各有不同，有分为款项目者，有分为款项者。大抵分科之等级过多则病劳费，而分级太少，则又难于动知财政之内容，要当斟酌财政上之情形而定之。

20世纪70年代以来，许多发展中国家引进了国际组织推荐的标准预算规则和方法，却未能取得令人满意的效果。这恰恰说明，良好的预算程序如果不能同预算参与各方的利益协调机制实现整合，仍旧可能会产生不良的绩效结果。政府收支分类改革只是现代财政制度建设的一个制度运行平台，预算过程是政府财政部门与其他利益相关主体、政府与整个社会的互动过程。在政府收支分类改革这个"舞台"上，还需要整合政府部门、立法监督机构、社会公众等各个方面的力量，构建具有纵深体系的公共预算利益相关主体共同治理结构。

尽管政府预算在更大意义上属于一国国内法的范畴，由于各国公共治理模式的不同，政府预算管理模式与运行机制受国际惯例的约束相对较小，但政府收支分类体系作为政府公共经济行为的"商务语言"，仍旧需要较多地考虑其国际可比性问题。

我国始于2007年的政府收支分类改革主要参考了国际货币基金组织（IMF）的《政府财政统计手册》（GFS）和联合国出版的《政府事务的经济和功能分类手册》等内容，这些范本在强调经济分类和功能分类的重要性上是大体一致的。但有两点需要注意：

第一，我国始于21世纪第一个十年的政府收支分类改革，变化较大的是政府支出功能分类体系的构建。但自20世纪70年代以来，由于对经济影响的估计日益重要，许多国家在主要预算文件中采用了支出的经济分类，尽管功能分类仍旧是最主要的分类，但经济分类的重要性也日益突出。功能分类强调预算活动和政策，而经济分类强调预算的经济影响，两者不可偏废。

---

① 陈启修. 财政学总论［M］. 北京：商务印书馆，2015：83（原书于1924年由商务印书馆出版）.

第二，我国的政府收支分类改革似乎更多参照了国际货币基金组织于1986年发布的政府财政统计体系，从这个意义上讲，已然大体实现了中外政府商务语言的对接与整合。然而，随着联合国国民账户体系（SNA，1993年版）的发布，国际货币基金组织在征求各国意见后，于2001年正式发行了新版的《政府财政统计手册》，使得国际货币基金组织的财政统计核算体系与联合国国民账户体系的新标准保持一致。修改后的政府财政统计体系对比1986年《政府财政统计手册》，主要的修改有以下几个方面：对政府财政统计体系记录的单位和经济事件的范围、记录经济事件的时间、定义、分类和平衡项目进行了重大调整。

其中需要特别关注的是经济事件的记录时间问题。在修改后的《政府财政统计手册》中，记录交易和其他经济流量的时间由权责发生制原则确定。也就是说，流量在经济价值被创造、转换、交换、转移和消失时记录。而在1986年《政府财政统计手册》中，交易在收到和支出现金时记录。这一变动的预算改革背景在于，自20世纪80年代以来，权责发生制预算与政府会计原则在市场经济国家的应用范围日益扩大，并取得了一定的成功。

## 5.3 我国现行政府收支科目体系：以2018年为例[①]

### 5.3.1 一般公共预算收支科目

1）一般公共预算收入科目

一般公共预算收入科目包括税收收入、非税收入、债务收入、转移性收入四个类级科目。

（1）税收收入主要包括增值税、消费税、企业所得税、企业所得税退税、个人所得税、资源税、城市维护建设税、房产税、印花税、城镇土地使用税、车船税、船舶吨税、车辆购置税、关税、耕地占用税、契税、烟叶税、其他税收收入等款级科目。

（2）非税收入主要包括专项收入、行政事业性收费收入、罚没收入、国有资本经营收入、国有资源（资产）有偿使用收入、捐赠收入、政府住房基金收入、其他收入等款级科目。[②]

其中，专项收入包括教育费附加收入、铀产品出售收入、三峡库区移民专项收入[③]、场外核应急准备收入[④]、地方教育附加收入、文化事业建设费收入、残疾人就业保障金收入、教育资金收入[⑤]、农田水利建设资金收入[⑥]、育林资金收入[⑦]、森林植被恢复费收入[⑧]、水利建设专项收入[⑨]、油价调控风险准备金收入[⑩]、其他专项收入等项级科目。

行政事业性收费收入包括公安行政事业性收费收入、法院行政事业性收费收入、外交

① 中华人民共和国财政部. 2018年政府收支分类科目［M］. 北京：中国财政经济出版社，2017.
② 鉴于非税收入类级科目的内容较多且广受关注，故本节略详述之，而对于其他类级科目则仅简要介绍下辖之款级科目。
③ 反映中国三峡工程开发总公司和中国长江电力股份有限公司缴纳的三峡库区移民专项收入。
④ 反映按核电厂事故应急准备专项收入管理规定征收的场外核应急准备收入。
⑤ 反映从土地出让收益中计提的教育资金。
⑥ 反映从土地出让收益中计提的农田水利建设资金。
⑦ 反映林业部门从木材、竹材销售收入中按规定收取的育林专项资金。
⑧ 反映林业部门按《森林植被恢复费征收使用管理暂行办法》征收的森林植被恢复费。
⑨ 反映按《水利建设基金筹集和使用管理办法》等有关文件规定缴入国库的水利建设基金收入。
⑩ 反映各地专员办征收的油价调控风险准备金。

行政事业性收费收入、工商行政事业性收费收入、商贸行政事业性收费收入、财政行政事业性收费收入、税务行政事业性收费收入、海关行政事业性收费收入、审计行政事业性收费收入、人口和计划生育行政事业性收费收入、国管局行政事业性收费收入、外专局行政事业性收费收入、保密行政事业性收费收入、质量监督检验检疫行政事业性收费收入、新闻出版行政事业性收费收入、安全生产行政事业性收费收入、档案行政事业性收费收入、港澳办行政事业性收费收入、贸促会行政事业性收费收入、宗教行政事业性收费收入、人防办行政事业性收费收入、中直管理局行政事业性收费收入、文化行政事业性收费收入、教育行政事业性收费收入、科技行政事业性收费收入、体育行政事业性收费收入、发展与改革（物价）行政事业性收费收入、统计行政事业性收费收入、国土资源行政事业性收费收入、建设行政事业性收费收入、知识产权行政事业性收费收入、环保行政事业性收费收入、旅游行政事业性收费收入、海洋行政事业性收费收入、测绘行政事业性收费收入、铁路行政事业性收费收入、交通运输行业行政事业性收费收入、工业和信息产业行政事业性收费收入、农业行政事业性收费收入、林业行政事业性收费收入、水利行政事业性收费收入、卫生行政事业性收费收入、食品药品监管行政事业性收费收入、民政行政事业性收费收入、人力资源和社会保障行政事业性收费收入、证监会行政事业性收费收入、银监会行政事业性收费收入、保监会行政事业性收费收入、电力市场监管行政事业性收费收入、仲裁委行政事业性收费收入、编办行政事业性收费收入、党校行政事业性收费收入、监察行政事业性收费收入、外文局行政事业性收费收入、南水北调办行政事业性收费收入、国资委行政事业性收费收入、其他行政事业性收费收入等项级科目。

罚没收入包括一般罚没收入、缉私罚没收入、缉毒罚没收入、罚没收入退库等项级科目。

国有资本经营收入包括利润收入、股利股息收入、产权转让收入、清算收入、国有资本经营收入退库、国有企业计划亏损补贴、烟草企业上缴专项收入、其他国有资本经营收入等项级科目。

国有资源（资产）有偿使用收入包括海域使用金收入、场地和矿区使用费收入、特种矿产品出售收入、专项储备物资销售收入、利息收入、非经营性国有资产收入、出租车经营权有偿出让和转让收入、无居民海岛使用金收入、转让政府还贷道路收费权收入、石油特别收益金收入、动用国家储备物资上缴财政收入、铁路资产变现收入、电力改革预留资产变现收入、矿产资源专项收入、排污权出让收入、航班时刻拍卖和使用费收入、农村计提经营性建设用地土地增值收益调节金收入、新增建设用地土地有偿使用费收入、水资源费收入、国有留成油上缴收入、其他国有资源（资产）有偿使用收入等项级科目。

捐赠收入包括国外捐赠收入和国内捐赠收入等项级科目。

政府住房基金收入反映按《住房公积金管理条例》等规定收取的政府住房基金收入，包括上缴管理费、计提公共租赁住房资金、公共租赁住房租金收入、配建商业设施租售收入、其他政府住房基金收入等项级科目。

（3）债务收入主要包括中央政府债务收入、地方政府债务收入 2 个款级科目。

（4）转移性收入反映政府间的转移支付以及不同性质资金之间的调拨收入，包括返还性收入、一般性转移支付收入、专项转移支付收入、上解收入、上年结余收入、调入资金、债务转贷收入、接受其他地区援助收入等款级科目。

2）一般公共预算支出功能分类科目

一般公共预算支出功能分类科目包括一般公共服务支出、外交支出、国防支出、公共安全支出、教育支出、科学技术支出、文化体育与传媒支出、社会保障和就业支出、医疗卫生与计划生育支出、节能环保支出、城乡社区支出、农林水支出、交通运输支出、资源勘探信息等支出、商业服务业等支出、金融支出、援助其他地区支出、国土海洋气象等支出、住房保障支出、粮油物资储备支出、预备费、其他支出、转移性支出、债务还本支出、债务利息支出、债务发行费用支出等类级科目。

（1）一般公共服务支出反映政府提供一般公共服务的支出。一般公共服务支出类科目分设28款：人大事务、政协事务、政府办公厅（室）及相关机构事务、发展与改革事务、统计信息事务、财政事务、税收事务、审计事务、海关事务、人力资源事务、纪检监察事务、商贸事务、知识产权事务、工商行政管理事务、质量技术监督与检验检疫事务、民族事务、宗教事务、港澳台侨事务、档案事务、民主党派及工商联事务、群众团体事务、党委办公厅（室）及相关机构事务、组织事务、宣传事务、统战事务、对外联络事务、其他共产党事务支出、其他一般公共服务支出。

在"一般公共服务"中，大多数"款"级科目下都设有"行政运行"、"一般行政管理事务"和"机关服务"等项级科目。"行政运行"科目反映行政单位（包括实行公务员管理的事业单位）的基本支出。"一般行政管理事务"反映行政单位（包括实行公务员管理的事业单位）未单独设置项级科目的其他项目支出。"机关服务"科目反映行政单位（包括实行公务员管理的事业单位）提供后勤服务的各类后勤服务中心、医务室等附属事业单位的支出。其他事业单位的支出，凡单独设置了项级科目的，在单独设置的项级科目中反映。未设置项级科目的，在"其他"项级科目中反映。

（2）外交支出反映政府外交事务支出。人大、政协、政府及所属各部门（除国家领导人、外交部门）的出国费、招待费列相关功能科目，不在本科目反映。

外交支出类科目分设8款：外交管理事务、驻外机构、对外援助、国际组织、对外合作与交流、对外宣传、边界勘界联检、其他外交支出。

（3）国防支出反映政府用于国防方面的支出。国防支出类科目分设5款：现役部队、国防科研事业、专项工程、国防动员、其他国防支出。

（4）公共安全支出反映政府维护社会公共安全方面的支出。公共安全支出类科目分设12款：武装警察、公安、国家安全、检察、法院、司法、监狱、强制隔离戒毒、国家保密、缉私警察、海警、其他公共安全支出。

（5）教育支出反映政府教育事务支出。教育支出类科目分设10款：教育管理事务、普通教育、职业教育、成人教育、广播电视教育、留学教育、特殊教育、进修及培训、教育费附加安排的支出、其他教育支出。

（6）科学技术支出反映科学技术方面的支出。为适应科教兴国战略要求，同时考虑目前我国科技经费管理的特殊需要，支出功能分类单设了"科学技术"类级科目，反映国家用于科学技术方面的支出。

科学技术支出类科目分设10款：科学技术管理事务、基础研究、应用研究、技术研究与开发、科技条件与服务、社会科学、科学技术普及、科技交流与合作、科技重大项目、其他科学技术支出。

同时，需要注意的是，中国社会科学院、中国科学院和中国农业科学院所属研究生院的支出，不列入教育支出类中，而应分别属于科学支出的"其他社会科学支出"和"其他基础研究支出"。①

（7）文化体育与传媒支出反映政府在文化、文物、体育、广播影视、新闻出版等方面的支出。文化体育与传媒支出类科目分设 5 款：文化、文物、体育、新闻出版广播影视、其他文化体育与传媒支出。其中，从业余体校的教育内容看，既包括体育技术训练，也包括文化教育。政府收支分类将其归入"群众体育"，主要是考虑在国民经济行业分类中，业余体育学校列入其他体育。

（8）社会保障和就业支出类科目反映政府在社会保障与就业方面的支出。社会保障和就业支出类科目分设 20 款：人力资源和社会保障管理事务、民政管理事务、补充全国社会保障基金、行政事业单位离退休、企业改革补助、就业补助、抚恤、退役安置、社会福利、残疾人事业、自然灾害生活救助、红十字事业、最低生活保障、临时救助、特困人员救助供养、补充道路交通事故社会救助基金、其他生活救助、财政对基本养老保险基金的补助、财政对其他社会保险基金的补助、其他社会保障和就业支出。

（9）医疗卫生与计划生育支出反映医疗卫生与计划生育管理方面的支出。医疗卫生与计划生育支出类科目分设 12 款：医疗卫生与计划生育管理事务、公立医院、基层医疗卫生机构、公共卫生、中医药、计划生育事务、食品和药品监督管理事务、行政事业单位医疗、财政对基本医疗保险基金的补助、医疗救助、优抚对象医疗、其他医疗卫生与计划生育支出。

（10）节能环保支出反映政府节能环保支出。节能环保支出类科目分设 15 款：环境保护管理事务、环境监测与监察、污染防治、自然生态保护、天然林保护、退耕还林、风沙荒漠治理、退牧还草、已垦草原退耕还草、能源节约利用、污染减排、可再生能源、循环经济、能源管理事务、其他节能环保支出。

（11）城乡社区支出反映政府城乡社区事务支出。城乡社区支出类科目分设 6 款：城乡社区管理事务、城乡社区规划与管理、城乡社区公共设施、城乡社区环境卫生、建设市场管理与监督、其他城乡社区支出。

（12）农林水支出反映政府农林水事务支出。农林水支出类科目分设 10 款：农业、林业、水利、南水北调、扶贫、农业综合开发、农村综合改革、普惠金融发展支出、目标价格补贴、其他农林水支出。

（13）交通运输支出反映交通运输和邮政业方面的支出。交通运输支出类科目分设 7 款：公路水路运输、铁路运输、民用航空运输、成品油价格改革对交通运输的补贴、邮政业支出、车辆购置税支出、其他交通运输支出。

（14）资源勘探信息等支出反映用于资源勘探、制造业、建筑业、工业信息等方面支出。资源勘探信息等支出类科目分为 8 款：资源勘探开发、制造业、建筑业、工业和信息产业监管、安全生产监管、国有资产监管、支持中小企业发展和管理支出、其他资源勘探信息等支出。

（15）商业服务业等支出反映商业服务业等方面的支出。商业服务业等支出类科目分

---

① 尽管中国科学院大学和中国社会科学院大学已然成立，但在《2018 年政府收支分类科目》中，仍旧如此列示。

为4款：商业流通事务、旅游业管理与服务支出、涉外发展服务支出、其他商业服务业等支出。

（16）金融支出反映金融方面的支出。金融支出类科目分为5款：金融部门行政支出、金融部门监管支出、金融发展支出、金融调控支出、其他金融支出。

（17）援助其他地区支出反映援助地方政府安排并管理的对其他地区各类援助、捐赠等资金支出。援助其他地区支出类科目分为9款：一般公共服务、教育、文化体育与传媒、医疗卫生、节能环保、农业、交通运输、住房保障、其他支出。

（18）国土海洋气象等支出反映政府用于国土资源、海洋、测绘、地震、气象等公益服务事业方面的支出。国土海洋气象等支出类科目分为6款：国土资源事务、海洋管理事务、测绘事务、地震事务、气象事务、其他国土海洋气象等支出。

（19）住房保障支出集中反映政府用于住房方面的支出。住房保障支出类科目分为3款：保障性安居工程支出、住房改革支出、城乡社区住宅。

（20）粮油物资储备支出反映政府用于粮油物资储备方面的支出。粮油物资储备支出类科目分为5款：粮油事务、物资事务、能源储备、粮油储备、重要商品储备。

（21）预备费反映预算中安排的预备费。

（22）其他支出反映不能划分到上述功能科目的其他政府支出。其他支出类科目分为2款：年初预留、其他支出。年初预留主要是指有预算分配权的部门年初预留的支出。其他支出主要反映除上述项目以外其他不能划分到具体功能科目中的支出项目。

（23）转移性支出反映政府的转移支付以及不同性质资金之间的调拨支出。转移性支出类科目分为8款：返还性支出、一般性转移支付、专项转移支付、上解支出、调出支出、年终结余、债务转贷支出、援助其他地区支出。

（24）债务还本支出反映归还债务本金所发生的支出。债务还本支出类科目分为3款：中央政府国内债务还本支出、中央政府国外债务还本支出、地方政府一般债务还本支出。

（25）债务利息支出反映用于归还债务利息所发生的支出。债务付息支出类科目分为3款：中央政府国内债务付息支出、中央政府国外债务付息支出、地方政府一般债务付息支出。

（26）债务发行费用支出反映用于债务发行兑付费用的支出。债务发行费用支出分为3款：中央政府国内债务发行费用支出、中央政府国外债务发行费用支出、地方政府一般债务发行费用支出。

### 5.3.2 政府性基金预算收支科目

政府性基金预算收支科目包括政府性基金预算收入科目和政府性基金预算支出功能分类科目。

政府性基金预算收入科目包括非税收入、债务收入和转移性收入3个类级科目。

政府性基金预算支出功能分类科目包括科学技术支出、文化体育与传媒支出、社会保障和就业支出、节能环保支出、城乡社区支出、农林水支出、交通运输支出、资源勘探信息等支出、商业服务业等支出、金融支出、其他支出、转移性支出、债务还本支出、债务付息支出、债务发行费用支出15个类级科目。

### 5.3.3　国有资本经营预算收支科目

国有资本经营预算收支科目包括国有资本经营预算收入科目和国有资本经营预算支出功能分类科目。

国有资本经营预算收入科目包括非税收入和转移性收入2个类级科目。

国有资本经营预算支出功能分类科目包括社会保障和就业支出、国有资本经营预算支出、转移性支出3个类级科目。

### 5.3.4　社会保险基金预算收支科目

社会保险基金预算收支科目包括社会保险基金预算收入科目和社会保险基金预算支出功能分类科目。

社会保险基金预算收入科目包括社会保险基金收入和转移性收入2个类级科目。社会保险基金收入科目包括企业职工基本养老保险基金收入、失业保险基金收入、职工基本医疗保险基金收入、工伤保险基金收入、生育保险基金收入、新型农村合作医疗基金收入、城镇居民基本医疗保险基金收入、城乡居民基本养老保险基金收入、机关事业单位基本养老保险基金收入、城乡居民基本医疗保险基金收入、其他社会保险基金收入11个款级科目。转移性收入包括上年结余收入、社会保险基金上解下拨收入2个款级科目。

社会保险基金预算支出功能分类科目包括社会保险基金支出和转移性支出2个类级科目。社会保险基金支出科目包括企业职工基本养老保险基金支出、失业保险基金支出、职工基本医疗保险基金支出、工伤保险基金支出、生育保险基金支出、新型农村合作医疗基金支出、城镇居民基本医疗保险基金支出、城乡居民基本养老保险基金支出、机关事业单位基本养老保险基金支出、城乡居民基本医疗保险基金支出、其他社会保险基金支出11个款级科目。转移性支出包括年终结余、社会保险基金上解下拨支出2个款级科目。

### 5.3.5　支出经济分类科目

支出经济分类是按支出的经济性质和具体用途所做的一种分类。在支出功能分类明确反映政府职能活动的基础上，支出经济分类明细反映政府的钱究竟是怎么花出去的，是付了人员工资、会议费，还是买了办公设备等。支出经济分类与支出功能分类从不同侧面、以不同方式反映政府支出活动。它们既是两个相对独立的体系，又相互联系，可结合使用。

1）设置政府支出经济分类的缘由

一是为了使政府收支分类体系更加完整。依照国际通行做法，政府收入分类、支出功能分类以及支出经济分类共同构成一个全面的、明晰反映政府收支活动的分类体系。如果我们只设支出功能分类而不设支出经济分类，政府每一项支出的具体用途便无法反映。

二是为了使原有支出目级科目反映的内容更加明晰、完整。我国2001年以前只设有12个反映支出经济性质、具体用途的支出目级科目。2002年以后有关具体科目虽然细化、扩展到了30多个，但仍存在不够完整、不够明细的问题。比如，一些资本性支出就无法得到明细反映。改革后的支出经济分类设类、款两级，可以更加全面、清晰地反映政府支出情况。

三是为了规范管理。支出经济分类既是细化部门预算的重要条件，同时也是预算单位执行预算和进行会计核算的基础。因此，单设支出经济分类对进一步规范和强化预算管理具有十分重要的意义。

2）设置政府支出经济分类的原则

（1）全面反映的原则。支出经济分类将原来一个粗略反映政府部分支出性质的附属科目表，转变成一个可按支出具体用途独立反映全部政府支出活动的分类体系。

（2）明细反映的原则。支出经济分类较原预算支出目级科目更加细化，按预算管理要求分设90多个款级科目，可充分满足细化预算和强化经济分析的要求。

（3）便于管理的原则。支出经济分类科目的设置既参考了国际通行做法，也充分考虑了我国目前政府支出管理和部门预算改革的实际需要。

在支出功能分类中，机关运转支出与各专项业务支出分别通过"行政运行""一般行政管理事务""机关服务"以及各相关功能科目单独进行了反映。而支出经济分类主要反映政府的钱是怎样花出去的，是用于发放干部职工工资，还是用于购买商品和服务。因此，不需要在支出经济分类中再设置机关运转支出与专项业务支出科目。

3）政府预算支出经济分类科目

根据《支出经济分类科目改革方案》（财预〔2017〕98号）修订后的支出经济分类科目分为政府预算支出经济分类科目和部门预算支出经济分类科目。在此重点介绍政府预算支出经济分类科目。

（1）机关工资福利支出。反映机关和参照公务员法管理的事业单位（以下简称参公事业单位）在职职工和编制外长期聘用人员的各类劳动报酬，以及上述人员缴纳的各项社会保险费等。

（2）机关商品和服务支出。反映机关和参公事业单位购买商品和服务的各类支出，不包括购置固定资产、战略性和应急性物资储备等资本性支出。

（3）机关资本性支出（一）。反映机关和参公事业单位资本性支出。切块由发展改革部门安排的基本建设支出中机关和参公事业单位资本性支出不在此科目反映。

（4）机关资本性支出（二）。反映切块由发展改革部门安排的基本建设支出中机关和参公事业单位资本性支出。

（5）对事业单位经常性补助。反映对事业单位（不含参公事业单位）的经常性补助支出。

（6）对事业单位资本性补助。反映对事业单位（不含参公事业单位）的资本性补助支出。

（7）对企业补助。反映政府对各类企业的补助支出。对企业资本性支出不在此科目反映。

（8）对企业资本性支出。反映政府对各类企业的资本性支出。

（9）对个人和家庭的补助。反映政府用于对个人和家庭的补助支出。

（10）对社会保障基金补助。反映政府对社会保险基金的补助以及补充全国社会保障基金的支出。

（11）债务利息及费用支出。反映政府债务利息及费用支出。

（12）债务还本支出。反映政府债务还本支出。

（13）转移性支出。反映政府间和不同性质预算间的转移性支出。

（14）预备费及预留。反映预备费及预留。

（15）其他支出。反映不能划分到上述经济科目的其他支出。

## 本章小结

● 政府收支分类，就是在政府预算管理中，按照特定的标准，对政府预算收入和支出进行类别和层次划分，以全面、准确、清晰地反映政府收支活动，从而有效地为政府预算的编制、执行和决算提供基础性的技术平台。

● 我国现行《预算法》规定，一般公共预算收入包括各项税收收入、行政事业性收费收入、国有资源（资产）有偿使用收入、转移性收入和其他收入。一般公共预算支出按照其功能分类，包括一般公共服务支出，外交、公共安全、国防支出，农业、环境保护支出，教育、科技、文化、卫生、体育支出，社会保障及就业支出和其他支出。一般公共预算支出按照其经济性质分类，包括工资福利支出、商品和服务支出、资本性支出和其他支出。政府性基金预算、国有资本经营预算和社会保险基金预算的收支范围，按照法律、行政法规和国务院的规定执行。中央预算与地方预算有关收入和支出项目的划分、地方向中央上解收入、中央对地方税收返还或者转移支付的具体办法，由国务院规定，报全国人民代表大会常务委员会备案。上级政府不得在预算之外调用下级政府预算的资金。下级政府不得挤占或者截留属于上级政府预算的资金。

● 国际上，预算支出分类的主要方式有部门分类、功能分类和经济分类三种。部门分类主要明确资金管理责任者，解决"谁"的问题；功能分类主要反映政府支出的功能，明确"做什么"的问题；经济分类主要反映支出的经济性质，明确"如何使用"的问题。

## 综合练习

简答题

5.1 政府收支分类体系的适用范围有哪些？

5.2 我国现行预算法规定的政府收支范围是怎样的？

5.3 简要分析政府收入分类的主要内容。

5.4 简要分析政府支出功能分类的主要内容。

5.5 简要分析政府支出经济分类的主要内容。

案例分析题

### 从政府部门的支出分类归属变化谈起

始于 2007 年的政府收支分类改革，仅仅是改变了资金的反映渠道和统计口径，并不触及各方面现有的资金分配和管理权限以及工作流程，不涉及利益格局的调整，是一项技术性和基础性的改革。但从各部门的理解看来，却未必如此。很多部门往往将该部门在政府收支分类体系中是否单独列示，乃至归属的级次，看作是对本部门重视与否的标志。

请阅读以下资料，并尝试回答：

1. 为什么某一个部门的支出，是否单独列示，以及归属的级次（类款项），对于部门利益仍旧会产生一定的影响?

2.查看最近几年的政府收支分类科目,找出一个您熟悉的政府部门或单位,分析其在政府收支分类科目中的变化情况。

在2007年的收支分类改革方案颁布后不久,中国红十字会网站上就发布了这样的消息:在政府收支分类方案中新增了"红十字事业"科目,实现了红十字会经费真正意义的单列,这项改革再次体现了政府对红十字事业的关心和支持。如果将政府收支分类是否单列科目看作是对某项公共事业是否支持与关注的标志,那就难免诱发未列科目的单位争列科目,已列科目的部门争列高级次科目的利益冲动。

2004年10月,在针对国家海洋局系统的一项部门预算绩效考评工作中,在海洋局下属单位——国家卫星海洋应用中心(以下简称"卫星中心")实地考察时,发生过这样一个故事。

在当时,卫星中心性质为公益服务的业务中心,属于财政全额拨款的事业单位。其主要职责和任务是:拟定海洋系列卫星及其应用研究规划,负责对全国重大海洋卫星遥感应用项目与系列海洋卫星发展项目进行综合论证;管理海洋卫星遥感业务及其应用的技术工作,组织开展海洋卫星遥感应用技术研究;拟定海洋卫星遥感应用业务化系统的建设规划,组织实施海洋卫星遥感应用业务;负责海洋卫星地面应用系统及海洋卫星地面接收站的建设和管理等。

非常有趣的是,当分析卫星中心的财务报表时发现,该中心的财政拨款支出基本上列支于"文体广播事业费"类级科目之下。而按照当时的规定,"文体广播事业费"反映的是除基本建设支出、挖潜改造资金、流动资金和科技三项费用以外的各项文体广播等部门的事业费。即使是非财经类专业的人士,单纯从科目名称上判断,也不难发现文体广播事业与卫星中心主要从事海洋卫星研发管理的职能,基本上是"风马牛不相及"的。进一步核对发现,不仅海洋中心,整个国家海洋局系统的事业经费支出,都隶属于"文体广播事业费"类级科目之下的款级科目——海洋事业费(代码:1207)。

为什么会出现这样的情形呢?经过反复询问,一个或然性的答案是,当初设立国家海洋局这一机构的时候,只有"文体广播事业费"类下还有一些富余的经费,于是就将该部门列支于此了。这是一个早期政府预算科目体系设置不合理的典型案例。

在2007年实施的新政府收支分类体系中,在支出功能分类科目中的第一项支出——一般公共服务(代码:201)——类级科目下,专门设置了"海洋事务管理"(代码:19)款级科目,用来反映用于海洋管理方面的支出。在海洋事务管理科目下,又分设了15个项级科目。国家卫星海洋应用中心的事业费支出,归属于其中的"海洋卫星"款级科目(代码10),专门用来核算反映海洋卫星及地面接收系统建设等方面的支出,可谓是"各归其类"。

资料来源:马蔡琛. 政府预算 [M]. 大连:东北财经大学出版社,2007:127-131.

## 推荐阅读资料

中华人民共和国财政部. 2018年政府收支分类科目 [M]. 北京:中国财政经济出版社,2017.

葛守中. 政府财政核算体系（GFS）与中国政府财政统计改革研究［M］. 上海：上海财经大学出版社，2017.

## 网上资源

http：//www.mof.gov.cn（中华人民共和国财政部）

http：//www.xinlicai.com.cn（新理财网）

# 第 6 章

# 政府预算编制

在中国四大古典文学名著之一《三国演义》第三十六回"玄德用计袭樊城，元直走马荐诸葛"中，有这样一段文字——却说单福正与玄德在寨中议事，忽信风骤起。福曰："今夜曹仁必来劫寨。"玄德曰："何以敌之？"福笑曰："吾已预算定了。"当然，这里的"预算"是作为动词使用的，与政府预算作为一项专门术语的应用，其含义相去甚远。但"预算定了"之于政府公共治理和军事运筹学的同等重要性，似乎仍旧可以从上述徐庶（单福）与刘备的对话中窥见一二。在政府预算管理中，"预算定了"的最为重要环节，就是本章所要叙述的预算编制问题。

## 6.1 政府预算编制概述

预算编制其实就是预算决策过程，这是政府预算管理中非常重要的一个环节。预算管理与政策是密切相关的，预算必须体现政府的公共政策，但预算又不同于政策。政策高于预算，但又必须受预算约束。预算是实现政策——核心是财政政策——的工具。财政政策涉及的是"需要做什么"，预算管理涉及的是"需要怎样做"，两者之间存在着一定的差别。此外，在实施机制、技术、技能和数据要求方面，好的政策与好的预算管理之间也存在着很大差异。[1]在现实预算编制过程中，不同偏好的组合与不同层次的权力，必须通过预算过程来协调。如果某些参与者感到他们在预算中过于弱小，他们很可能不再参与预算过程或者成为反对者，进而阻止任何协议的达成或提出僵化的不能协商的决定。[2]

一般认为，预算编制属于行政权的一部分，因而各国通常将编制预算的权力赋予政府，具体由政府财政部门主管（奥地利预算由审计院编制）。[3]也有学者认为，无论哪个国家，如果把预算编制权归属于议会，从预算制度民主化看，较为理想，但操作起来困难。[4]

对大多数政府而言，预算成为一个一年一度的过程。往往在预算年度结束之前，部门已在进行新的预算年度申请工作。[5]就各国预算编制的时间跨度而言，一般认为，预算编制时间最好在9个月左右。而预算正式编制时间一般为6个月左右（指决定部门最高限额到正式提交预算给立法机构的时间）[6]，这大体相当于我国预算编制中"一下"与"二上"环节之间所应间隔的时间。

① 王雍君. 公共预算管理 [M]. 2版. 北京：经济科学出版社，2010：12.
② 苟燕楠，董静. 公共预算决策——现代观点 [M]. 北京：中国财政经济出版社，2004：73-74.
③ 张献勇. 预算权研究 [M]. 北京：中国民主法制出版社，2008：84.
④ 井手文雄. 日本现代财政学 [M]. 陈秉良，译. 北京：中国财政经济出版社，1990：199.
⑤ 梅耶斯 R T. 公共预算经典：第1卷 [M]. 苟燕楠，董静，译. 上海：上海财经大学出版社，2005：374.
⑥ 上海财经大学公共政策研究中心. 2010年中国财政发展报告——国家预算的管理及法制化进程 [M]. 上海：上海财经大学出版社，2010：351.

在整个预算准备过程中，无论是中等的还是大型机构遵循的程序，和预算首脑在整个政府过程中使用的程序十分相似，在预算过程的最早阶段，良好的部门计划和准备是最终成功的关键。在整个过程的这个节点，来自行政首脑或预算长官的总体指导意见通常被提供给各部门。其中包括关于整个财政状况的声明，可能实施的战略规划的情况，以及立法和执行上的优先权。此后，先后经历如下阶段，以完成预算的准备过程：①①设置内部过程，也就是确定谁参与预算过程。在一个大型机构中，通常包括各部门首脑和高层官员。他们中的每个人都在本部门中相应运作一个"迷你"预算过程。②初次分配。在一般的自上而下体系中，部门首脑在过程开始时召见关键的内部人员，他们一同确定关注的问题、优先权，以及节约或扩大支出的机会。③内部审查。在与预算长官和部门首脑的指导意见一致的前提下，管理者在内部预算官员的协助下准备预算。预算官员对这些请求的准确性和恰当性进行审查。接下来和部门首脑一道制定工作会议日程。预算办公室并不对部门工作会议提出要求，它们纯粹是内部事务。工作会议给部门首脑机会来做出决策，并考虑如何为实现部门的项目而取得必要的资源。④提交给预算办公室。在符合核心指导的前提下，内部预算分析人员开始准备将提交给预算办公室的报告。在与核心预算办公室发生关系时，部门通常按照标准的格式或标准的电子版提交审查后的报告。部门首脑通常附上一份概况说明，以强调正式报告的关键要素和要求。⑤外部决策制定。完整、清晰、标准明确且及时提交的预算申请，在核心预算办公室面前最易通过。有时候部门首脑和预算长官会面以决定究竟提交什么。有时候双方到行政首脑面前寻求最终决定。有时候仅仅问题没有解决的部门会见行政首脑。这要由组织文化和行政首脑的风格来定。部门首脑、预算长官以及行政首脑之间的谈话，通过一个特别的增加或削减在宏观层面上展开，接下来预算官员通过表格和项目落实决策。

就政府预算编制的组织形式而言，可以划分为单式预算和复式预算两种。

单式预算（single budgeting），又称单一预算，是指在预算年度内，将全部公共收支编入一个预算表格。作为传统的预算编制方式，单式预算具有较强的综合功能，能够全面地反映当年财政收入的总体情况，有利于全面掌握政府财政状况，简单明了，便于审议批准；但不能有效地反映财政收支结构和项目的经济效益，也不便于进行年度间和部门间的比较。

复式预算（multiple budgeting），是在单式预算的基础上发展演变而成的，是指在预算年度内将全部预算收支按经济性质归类，分别汇编成两个或两个以上的预算，以特定的预算收入来源保证特定的预算支出，并使两者具有相对稳定的对应关系。市场经济国家的复式预算制度，一般分为经常预算和资本预算。这种预算形式对总体情况的反映功能比较弱，但能明确揭示财政收支的分类状况，反映财政收支的结构和经济建设项目的效益，较为接近商业会计原则。在制订长期计划时，资本预算能够对长期公共投资进行较为有效的管理。

1927年丹麦率先创立复式预算。复式预算的产生和推广，是与政府职能的扩大和赤字预算的推行联系在一起的。复式预算制度中的经常预算，对应的是公共部门日常收支活动，支出范围多限于满足公共部门实现社会管理职能所需，其收入主要依靠税收。复式预

---

①　梅耶斯 R T. 公共预算经典：第1卷［M］. 苟燕楠，董静，译.上海：上海财经大学出版社，2005：376-377.

算中的资本预算，其支出主要是非市场性投资，收入包括经常预算的结余、各类专项建设税费、公债等。从世界各国预算编制的形式来看，随着新公共管理运动的掀起，国有经济规模的相对缩小，许多国家已不再编制复式预算。

资本预算的反对者指出，对政府来说，把经常支出和资本支出区分开来是很困难的。教育和职业培训计划是一种经常性支出，还是一种在未来能带来收益的人力资本投资呢？导弹是一种投资（因为它将保存很长时间），还是一种经常支出（因为它不可重复使用）？这种区分上的模棱两可会导致政治闹剧，因为每一个新支出计划的支持者都声称它是一种投资，因而属于资本预算。[①]

截止到20世纪90年代中期，世界上实行复式预算制度的国家大约有几十个，发达国家有英国、法国、意大利、日本、比利时、荷兰、丹麦（第二次世界大战后回复到单式预算）、瑞典、挪威、卢森堡、葡萄牙等国，实行复式预算的发展中国家有印度、巴基斯坦、印度尼西亚、新加坡、韩国、以色列、沙特阿拉伯等及非洲80%以上的国家。如果仅仅从数量上看，实行复式预算制度的国家数目比例不到世界现有国家（地区）数量的一半，但也不在少数。可是，在具体的国别构成分析中，非洲国家的数目占了实行复式预算制度国家的绝大多数。因此，就实行复式预算制度的西方诸国的代表性而言，复式预算制度未必能代表市场经济国家政府预算管理改革的主流模式，并且在某些采行复式预算制度的发达市场经济国家（如德国），其经常项目的收入和支出，仍旧构成了政府预算收支的主体，大体占其联邦预算收支总额的80%以上。

相对客观的评价或许应该是，许多发展中国家实行复式预算制度；有些发达国家也实行，但存在着减少的趋势。西方国家纷纷放弃复式预算而转向单式预算的原因大体有以下两个方面：首先，随着自由主义经济思潮的重新兴起，市场经济国家往往或多或少地减少了对市场运行的干预程度，资本性政府支出的数额相对下降，通过实行复式预算提高政府投资效能的需求相应降低；其次，政府宏观经济调控手段的日益成熟和新公共管理运动所倡导的"重塑政府"观念的广泛认同，市场经济国家的宏观经济管理逐步转向运用税率、利率、汇率、产业政策等间接调控手段，资本预算所代表的政府直接投资管理手段的效用也在逐步弱化。我国2014年的《预算法》修订中，取消了有关复式预算的规定。

## 专栏 6-1

### 单式预算的变异：美国联邦政府的统一预算模式

统一预算（unified of consolidated budget）是美国联邦政府的基本预算形式。美国从1933年配合"新政"开始实行复式预算制度，其财政收入和支出分为"一般项目"和"非一般项目"，前者贯彻收支平衡的原则，后者遵循扩张与刺激经济增长的政策。第二次世界大战后，美国放弃了复式预算。自第二次世界大战后到1969年，联邦政府采取三种不同但相互补充的预算：行政预算、综合现金预算和国民收入账户中的联邦政府收入预算。1969年，鉴于其预算制度过于复杂，联邦政府就三种预算加以改革，将其合并为统一预算。

统一预算是一种总括性的、包含预算内外收支的多年度综合性预算。统一预算将联邦政府的所有预算收入、支出、总盈余/赤字、债务都包含在内，全面反映联邦预算的基本

---

① 罗森 H S，盖亚 T G. 财政学 [M]. 郭庆旺，译. 10版. 北京：中国人民大学出版社，2015：377.

状况。统一预算采用多年预算的形式，除编制本年度的预算外，还包括当前年度正在执行的预算之估计数以及未来4个预算年度的财政基本状况的预计数。

统一预算对联邦预算收支不按照经常项目和资本项目分类。虽然美国许多州和地方（市、县）编制资本预算，国会也常有编制资本预算的动议，但近年来美国联邦政府从未编制过资本预算。

但这并不意味着在美国联邦预算体系中不重视资本性支出。对于联邦政府有关土地、建筑物和设备的购买，对贷款和贷款担保的补贴，对州和地方政府的转移支付等资本性支出，在美国管理和预算办公室（OMB）提交的预算文件附件"分析和展望"中，通常会进行专门性的分析与阐释。

资料来源：王德祥. 现代外国财政制度［M］. 武汉：武汉大学出版社，2005：31-39.

## 6.2 预算编制的法律规定

在2014年修正通过的《预算法》中，对于预算编制做出了较为系统的规定：

国务院应当及时下达关于编制下一年预算草案的通知。编制预算草案的具体事项由国务院财政部门部署。各级政府、各部门、各单位应当按照国务院规定的时间编制预算草案。

各级预算应当根据年度经济社会发展目标、国家宏观调控总体要求和跨年度预算平衡的需要，参考上一年预算执行情况、有关支出绩效评价结果和本年度收支预测，按照规定程序征求各方面意见后，进行编制。各级政府依据法定权限作出决定或者制定行政措施，凡涉及增加或者减少财政收入或者支出的，应当在预算批准前提出并在预算草案中作出相应安排。各部门、各单位应当按照国务院财政部门制定的政府收支分类科目、预算支出标准和要求，以及绩效目标管理等预算编制规定，根据其依法履行职能和事业发展的需要以及存量资产情况，编制本部门、本单位预算草案。

省、自治区、直辖市政府应当按照国务院规定的时间，将本级总预算草案报国务院审核汇总。

中央一般公共预算中必需的部分资金，可以通过举借国内和国外债务等方式筹措，举借债务应当控制适当的规模，保持合理的结构。对中央一般公共预算中举借的债务实行余额管理，余额的规模不得超过全国人民代表大会批准的限额。国务院财政部门具体负责对中央政府债务的统一管理。地方各级预算按照量入为出、收支平衡的原则编制，除本法另有规定外，不列赤字。经国务院批准的省、自治区、直辖市的预算中必需的建设投资的部分资金，可以在国务院确定的限额内，通过发行地方政府债券举借债务的方式筹措。举借债务的规模，由国务院报全国人民代表大会或者全国人民代表大会常务委员会批准。省、自治区、直辖市依照国务院下达的限额举借的债务，列入本级预算调整方案，报本级人民代表大会常务委员会批准。举借的债务应当有偿还计划和稳定的偿还资金来源，只能用于公益性资本支出，不得用于经常性支出。除前款规定外，地方政府及其所属部门不得以任何方式举借债务。除法律另有规定外，地方政府及其所属部门不得为任何单位和个人的债务以任何方式提供担保。国务院建立地方政府债务风险评估和预警机制、应急处置机制以及责任追究制度。国务院财政部门对地方政府债务实施监督。

各级预算收入的编制，应当与经济社会发展水平相适应，与财政政策相衔接。各级政府、各部门、各单位应当依照本法规定，将所有政府收入全部列入预算，不得隐瞒、少列。

各级预算支出应当依照本法规定，按其功能和经济性质分类编制。各级预算支出的编制，应当贯彻勤俭节约的原则，严格控制各部门、各单位的机关运行经费和楼堂馆所等基本建设支出。各级一般公共预算支出的编制，应当统筹兼顾，在保证基本公共服务合理需要的前提下，优先安排国家确定的重点支出。

一般性转移支付应当按照国务院规定的基本标准和计算方法编制。专项转移支付应当分地区、分项目编制。县级以上各级政府应当将对下级政府的转移支付预计数提前下达至下级政府。地方各级政府应当将上级政府提前下达的转移支付预计数编入本级预算。

中央预算和有关地方预算中应当安排必要的资金，用于扶助革命老区、民族地区、边疆地区、贫困地区发展经济社会建设事业。

各级一般公共预算应当按照本级一般公共预算支出额的百分之一至百分之三设置预备费，用于当年预算执行中的自然灾害等突发事件处理增加的支出及其他难以预见的开支。

各级一般公共预算按照国务院的规定可以设置预算周转金，用于本级政府调剂预算年度内季节性收支差额。各级一般公共预算按照国务院的规定可以设置预算稳定调节基金，用于弥补以后年度预算资金的不足。

各级政府上一年预算的结转资金，应当在下一年用于结转项目的支出；连续两年未用完的结转资金，应当作为结余资金管理。各部门、各单位上一年预算的结转、结余资金按照国务院财政部门的规定办理。

中央预算由全国人民代表大会审查和批准。地方各级预算由本级人民代表大会审查和批准。

国务院财政部门应当在每年全国人民代表大会会议举行的45日前，将中央预算草案的初步方案提交全国人民代表大会财政经济委员会进行初步审查。省、自治区、直辖市政府财政部门应当在本级人民代表大会会议举行的30日前，将本级预算草案的初步方案提交本级人民代表大会有关专门委员会进行初步审查。设区的市、自治州政府财政部门应当在本级人民代表大会会议举行的30日前，将本级预算草案的初步方案提交本级人民代表大会有关专门委员会进行初步审查，或者送交本级人民代表大会常务委员会有关工作机构征求意见。县、自治县、不设区的市、市辖区政府应当在本级人民代表大会会议举行的30日前，将本级预算草案的初步方案提交本级人民代表大会常务委员会进行初步审查。

县、自治县、不设区的市、市辖区、乡、民族乡、镇的人民代表大会举行会议审查预算草案前，应当采用多种形式，组织本级人民代表大会代表，听取选民和社会各界的意见。

报送各级人民代表大会审查和批准的预算草案应当细化。本级一般公共预算支出，按其功能分类应当编列到项；按其经济性质分类，基本支出应当编列到款。本级政府性基金预算、国有资本经营预算、社会保险基金预算支出，按其功能分类应当编列到项。

## 6.3  部门预算编制流程

### 6.3.1  "二上二下"的部门预算编制流程

部门预算编制程序实行"二上二下"的基本流程。

"一上"：部门编报预算建议数。部门编制预算从基层预算单位编起，主要是按照每年预算编制通知的精神和要求编制项目预算建议数，并提供与预算需求相关的基础数据和相关资料，主要是涉及基本支出核定的编制人数和实有人数、增人增支的文件、必保项目的文件依据；然后层层审核汇总，由一级预算单位审核汇编成部门预算建议数，上报财政部。

"一下"：财政部下达预算控制限额。对各部门上报的预算建议数，由财政部各业务主管机构进行初审，由预算司审核、平衡，在财政部内部按照规定的工作程序反复协商、沟通，最后由预算司汇总成中央本级预算初步方案报国务院，经批准后向各部门下达预算控制限额。涉及有预算分配权部门的指标确定，由财政部相关主体司对口联系，其分配方案并入"一下"预算控制数统一由财政部向中央部门下达。

"二上"：部门上报预算。部门根据财政部门下达的预算控制限额，编制部门预算草案上报财政部，基本支出在"目"级科目由部门根据自身情况在现行相关财务制度规定内自主编制。

"二下"：财政部批复预算。财政部根据全国人民代表大会批准的中央预算草案批复部门预算。财政部门在对各部门上报的预算草案审核后，汇总成按功能编制的本级财政预算草案和部门预算，报国务院审批后，再报人大预工委和财经委审核，最后提交人代会审议，在人代会批准预算草案后一个月内，财政部预算司组织各部门预算管理司统一向各部门批复预算，各部门应在财政部批复本部门预算之日起15日内，批复所属各单位的预算，并负责具体执行。预算编制总的流程如图6-1所示。

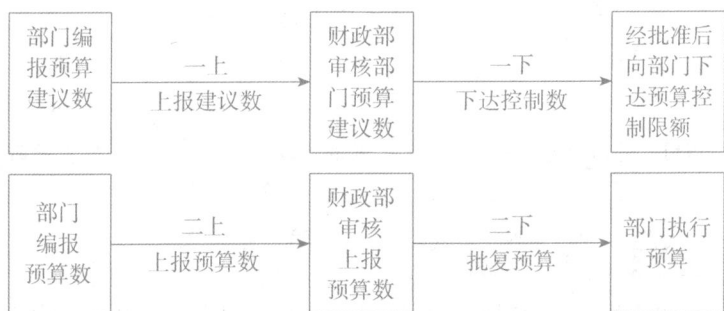

图6-1  中央部门预算流程图

实际操作过程中，结合预算改革的要求和深化程度，各财政年度对"上"和"下"的具体内容进行必要的调整。在"二上二下"的过程中，各部门与财政部可随时就预算问题进行协商、讨论，及时、充分地交流有关预算信息。

专栏6-2

**"三上三下"：河北省的独特预算编审流程**

河北省财政厅于每年3月份部署预算编制工作，11月20日前向省人大常委会报送功能预算和部门预算草案。整个预算编制过程划分为六个阶段，并遵循"三上三下"的程序。六个阶段包括布置预算编制、编制预算建议计划、财政审核、征求意见和编制部门预算文本、编制并上报预算草案、批复预算。"三上三下"程序："一上"，预算部门于8月上旬向省财政厅报送部门预算收支建议计划和单位基本情况。"一下"，省财政厅于8月底下达部门支出限额和预算建议计划初步审核意见。"二上"，部门于9月15日前根据限额和省财政厅意见，编制部门预算文本，报省财政厅。"二下"，省财政厅调整修改部门预算文本，于10月上旬下达部门征求意见。"三上"，部门于10月15日前向省财政厅反馈部门预算文本意见。"三下"，全省人民代表大会批准预算后，省财政厅在30日内批复省级部门预算（包括部门政府采购预算），各部门在省财政厅批复部门预算后15日内下达所属单位预算。

**河北预算编制程序模式与全国模式的比较**

| | 全国模式 | 河北模式 |
|---|---|---|
| 一上 | 各部门向财政部门报送本部门与预算需求相关的基础数据和相关资料，由财政部门计算各部门基本预算支出 | 预算部门向省财政厅报送部门预算收支建议计划和单位基本情况 |
| 一下 | 财政部门向各部门下达基本支出预算控制数，按照项目支出预算管理办法审核下达项目支出预算控制数 | 省财政厅下达部门支出限额和预算建议计划初步审核意见 |
| 二上 | 各部门根据基本支出控制数、项目支出预算控制数，按照预算科目编制部门预算，并按规定报送财政部门 | 部门编制部门预算文本，报省财政厅 |
| 二下 | 各级人大批准预算后，财政部门在规定的时间内批复、下达各部门预算 | 省财政厅调整修改部门预算文本，下达部门征求意见 |
| 三上 | | 部门向省财政厅反馈部门预算文本意见 |
| 三下 | | 全省人民代表大会批准预算后，省财政厅批复省级部门预算（包括部门政府采购预算），各部门下达所属单位预算 |

资料来源：高培勇，等. 地方预算改革典型模式的比较与评价［R］. 中国发展研究基金会委托课题，2006.

### 6.3.2 支出部门和财政部的具体预算编制流程

部门编报预算的流程：部门或单位在编报预算的过程中通过利用"中央部门预算编报系统"，编制和上报部门预算建议数，根据预算控制数编制和上报部门预算数。部门编报预算的流程如图6-2所示。

财政部审核和上报预算的流程：财政部在管理部门预算的过程中，根据现行管理职能将部门预算拆分给各部门预算管理司；各部门预算管理司通过预算专网在自己的权限范围内审核各部门的预算数据，向各部门下达部门预算控制限额；根据全国人大批准后的中央预算，预算司代表财政部统一向各部门批复预算。财政部审核部门预算和上报中央预算的流程如图6-3所示。

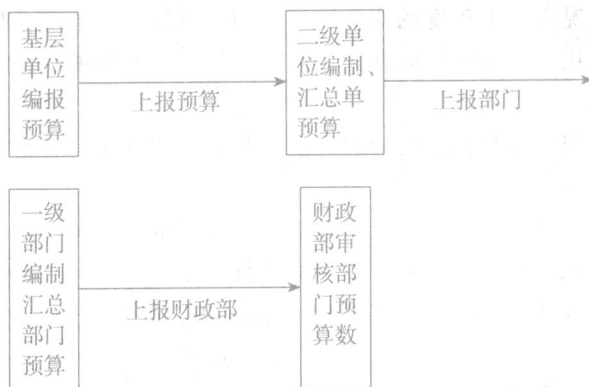

图 6-2　部门编报预算流程图

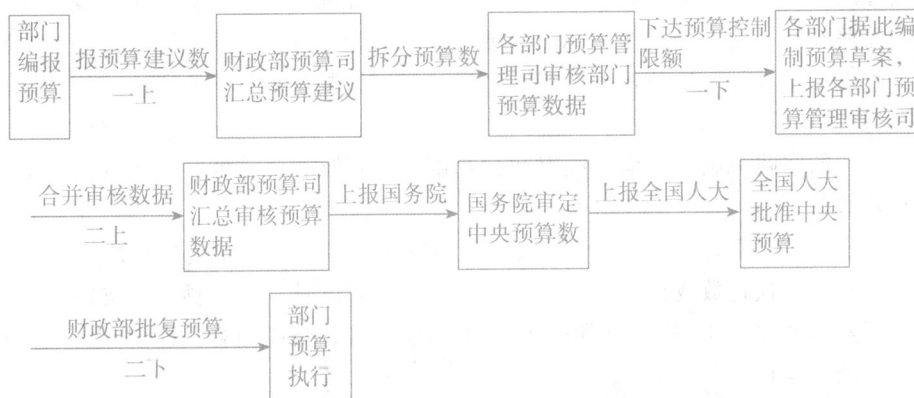

图 6-3　财政部审核和上报预算流程图

财政部批复预算的流程：全国人大批准中央预算后，财政部在一个月之内将预算批复到各部门。其流程如图 6-4 所示。

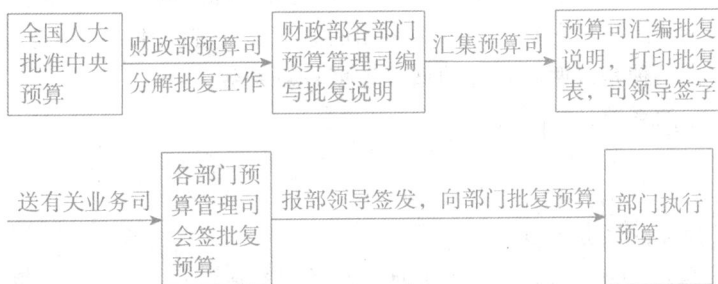

图 6-4　财政部批复预算流程图

## 6.4　政府预算收支的测算方法

1）收支测算的步骤

政府预算收支的测算又分为初步测算和具体测算两步。

（1）初步测算

初步测算是指在上年第四季度，由财政部门根据本年度预算执行情况和下一年度国民经济计划初步安排情况以及下年度的变化因素，初步测算下一年度的收支情况。初步测算也称匡算，匡算是采用"算大账"的办法，确定下一年度的各项预算收支的数额。匡算的具体步骤如下：

第一，对上年度国民经济各部门的财务活动和各项生产建设事业的收支情况与发展趋势做出全面预计和分析。

第二，根据国家下达的生产、流通、运输、文教卫生、科学等有关经济指标和事业指标，结合有关财务指标、预算定额和开支标准进行测算。

第三，充分估计各种有利和不利因素对预算收支的影响。

（2）具体测算

具体测算则是在匡算的基础上，根据有关的经济指标和预算定额分各部门、各单位，对各项预算收支指标逐项进行具体测算，以求得更为准确的预算指标数额。具体计算方法是，根据国民经济计划中的具体指标和各项事业发展计划进行逐项预算，然后再由财政部门对预算收支总量进行对比分析和平衡，之后即进入编制预算草案阶段。

2）收支测算的主要方法

经过多年的实践总结，当前各级财政预算部门测算预算收支的方法主要有以下几种：

（1）基数法

基数法也称"基数增减法"，是财政部门测算收支指标时常用的方法之一。它是以报告年度预算收支的执行数或预计执行数为基础，分析影响计划年度预算收支的各种有利因素和不利因素，并预测这些因素对预算收支的影响程度，从而测算出计划年度预算收支数额的一种方法。其计算公式为：

$$\text{计划年度某项预算收入或支出数额} = \text{某项预算收入或支出的上年基数} \pm \text{计划年度各种增减因素对预算收支的影响}$$

（2）系数法

采用系数法测算收支，就是利用预算收支同经济指标之间的比例关系（系数），测算计划年度预算收支数的一种方法。测算中采用的系数通常有两种：一种是以两项指标的绝对额计算系数，另一种是以两项指标的增长速度计算系数。

①根据绝对数的系数计算

系数=同期预算收入（或支出）的绝对额/同期有关经济指标的绝对额×100%

预算收入（或支出）=有关经济指标的计划数×系数

②根据增长速度的系数计算

系数=同期预算收入（或支出）的增长速度/同期有关经济指标的计划增长速度×100%

计划年度预算收入（或支出）的增长速度=有关经济指标的计划增长速度×系数

$$\text{预算收入（或支出）} = \text{报告年度预算收入（或支出）} \times \left[1 + \text{计划年度预算收入（或支出）的增长速度}\right]$$

（3）比例法

比例法是指财政部门根据财政统计资料，计算出各项预算收支占总收入或总支出的比例，并据以由单项收支测算总收支，或以总收支测算单项收支的一种方法。这是利用局部占全部的比例关系，根据其中一项已知数值，计算局部或全部数值的一种方法。其计算公式为：

①用单项预算收支测算预算收支总额的公式

$$单项预算收入（或支出）占预算收入或支出总额的比例=\frac{一定时期某项预算收入（或支出）数}{一定时期预算收入（或支出）总额}\times100\%$$

$$计划年度预算收入（或支出）总额=\frac{计划年度某项预算收入（或支出）数}{某项预算收入或支出占预算收入（或支出）总数的比例}$$

②用预算收支总数测算单项预算收支的公式

$$单项预算收入（或支出）占预算收入（或支出）总额的比例=\frac{一定时期某项预算收入（或支出）数}{一定时期预算收入（或支出）总额}\times100\%$$

$$计划年度某项预算收入（或支出）数=计划年度预算收入（或支出）总额\times某项预算收入（或支出）占预算收入（或支出）总数的比例$$

（4）定额法

定额法是利用各项预算定额和有关经济指标，来测算计划年度某项预算收入和支出数的一种方法。预算定额是国家或财政部规定的预算收入和预算支出的数量标准。各项定额与相关指标相乘，即为计划年度的预算收支数。如利用某些特定单位的收入标准，结合预算计划期内的业务活动量或某产品的产量，就可测算出某部门或某企业所能组织的该项收入。又如利用预算计划期内某部门或事业单位的人员编制数及每人月平均工资标准，即可测算出该项预算支出数。其计算公式为：

$$预算收入或支出计划数=定额\times有关计划指标数$$

这种方法一般适用于文教、卫生、行政以及新开办的事业单位的支出测算。

（5）综合法

综合法是在报告年度预算收支基数的基础上，既使用系数法计算经济和事业增长的因素，又考虑各种影响地方财政收支的因素，综合分析测算，因此又称为系数法加因素法。其计算公式为：

$$计划年度预算收入（或支出）=报告年度预算收入（或支出）基数\times[收（支）增长速度]\pm各种增减因素$$

或：$计划年度预算收入（或支出）=有关经济指标计划数\times系数\pm各种增减因素$

以上这些方法，都是当前编制预算比较通用的方法，随着数学在我国经济研究领域的应用不断深入，经济计量分析方法也日益成为各级财政测算预算收支、加强预算管理的一种常用方法。经济计量分析法在预算工作中的运用，不仅使预算收支能够完全通过电子计算机进行分析，提高了预算收支分析的科学性和准确性，同时也使预算工作的参谋与决策能力大大提高。目前，我国各级财政预算部门进行的预算管理改革的重要内容之一，就是运用计量经济学方法建立预算收支预测模型，以加强预算管理的科学性和准确性。

需要注意的是，正如一些经济史研究者所指出的那样，"在经济学领域，人们描述和预测经济世界的能力，只是在1800年前后达到顶峰，工业革命后，利用经济模型来预测各国、各地区间收入和财富差异的能力越来越差"[①]。譬如，对于新项目的成本通常会被大大低估。悉尼歌剧院的预计成本是700万美元，但实际花费了1.02亿美元。[②]因此，对于这些预测结论的具体应用，仍旧需要保持必要的谨慎。

---

①　克拉克 G. 应该读点经济史：一部世界经济简史［M］. 北京：中信出版社，2009：334.
②　斯密德 A. 制度与行为经济学［M］. 刘璨，译. 北京：中国人民大学出版社，2004：46.

## 6.5 部门预算的报表体系

传统意义上，对政府预算的界定就是一系列收支表格的汇总一览。可见预算表格对于政府预算过程是相当重要的，对于预算编制过程尤其如此。我们对于市场经济国家政府预算的考察，也主要是通过其预算表格来进行的。如果登录美国管理和预算办公室网站http：//www.whitehouse.gov/omb，可以下载美国历年各部门的支出预算数字表格，全部打印出来，大约有将近半尺厚。

我国的部门预算的报表体系主要包括部门预算录入表和部门预算输出表。

部门预算录入表主要包括基础信息报表和部门预算报表。

（1）基础信息报表

基础信息表主要反映单位基本情况、人员和资产信息，具体包括：

反映单位基本情况部分：基本情况表（录入01表）。

反映人员情况部分：包括在职人员工资情况表（录入02表）、离退休人员离退休费情况表（录入03表）、财政负担普通高等院校学生情况表（录入04表）、财政负担其他人员情况表（录入05表）、在职人员经费变化情况表（录入09表）、行政事业单位未休假情况统计表（录入10表）。

反映资产情况部分：包括房屋面积及相关设备情况表（录入06表）、公用设备其他情况表（录入07表）、公务用车情况表（录入08表）。

项目数据库通过项目基本信息表（录入11表）、项目明细表（录入12表）、政府采购预算表（录入16表）和政府社会力量购买服务项目申报表（录入18表）等报表来采集。

（2）部门预算报表

部门预算报表体系主要包括"录入表"和"输出表"两部分，"录入表"用于录入或修改预算数据，实行软件管理，内部结构基本稳定；"输出表"主要用于审核、汇总、输出预算数据，是在"录入表"的基础上根据预算管理的需要由软件自动生成。

在现实预算管理中，主要的预算收支表格如表6-1至表6-15所示：

表6-1　　　　　　　　　　　　　收支预算总表　　　　　　　　　　单位：万元

| 收入预算 | | 支出预算 | |
|---|---|---|---|
| 项目 | 2017年预算 | 项目 | 2017年预算 |
| 一、财政拨款 | | 一、一般公共服务支出 | |
| 二、事业收入 | | 二、国防支出 | |
| 三、上级补助收入 | | 三、公共安全支出 | |
| 四、附属单位上缴收入 | | 四、教育支出 | |
| 五、经营收入 | | 五、科学技术支出 | |
| 六、其他收入 | | 六、文化体育与传媒支出 | |
| | | 七、社会保障和就业支出 | |

续表

| 项目 | 2017年预算 | 项目 | 2017年预算 |
|---|---|---|---|
| | | 八、医疗卫生与计划生育支出 | |
| | | 九、节能环保支出 | |
| | | 十、城乡社区支出 | |
| | | 十一、农林水支出 | |
| | | 十二、交通运输支出 | |
| | | 十三、资源勘探信息等支出 | |
| | | 十四、商业服务业等支出 | |
| | | 十五、金融支出 | |
| | | 十六、援助其他地区支出 | |
| | | 十七、国土海洋气象等支出 | |
| | | 十八、住房保障支出 | |
| | | 十九、粮油物资储备支出 | |
| | | 二十、其他支出 | |
| 本年收入合计 | | 本年支出合计 | |
| 七、用事业基金弥补收支差额 | | 二十一、结转下年 | |
| 八、上年结转和结余 | | | |
| 收入总计 | | 支出总计 | |

表 6-2　　　　　　　　　　收入预算总表　　　　　　　　　　单位：万元

| 单位编码 | 单位名称 | 总计 | 上年结转和结余 | | | | 财政拨款 | | | | | 事业收入 | | 上级补助收入 | 附属单位上缴收入 | 经营收入 | 其他收入 | 用事业基金弥补收支差额 |
|---|---|---|---|---|---|---|---|---|---|---|---|---|---|---|---|---|---|---|
| | | | 合计 | 财政拨款结转和结余 | | | 其他结转和结余 | 合计 | 经费拨款 | 专项预算管理部门安排的拨款 | 纳入预算管理的行政事业性收费拨款 | 政府性基金拨款 | 合计 | 其中：纳入财政专户的行政事业性收费拨款 | | | | | |
| | | | | 小计 | 结转 | 结余 | | | | | | | | | | | | | |
| ** | ** | 1 | 2 | 3 | 4 | 5 | 6 | 7 | 8 | 9 | 10 | 11 | 12 | 13 | 14 | 15 | 16 | 17 | 18 |
| | | | | | | | | | | | | | | | | | | | |
| | | | | | | | | | | | | | | | | | | | |

表6-3　　　　　　　　　　　　　　　　　　支出预算总表（分部门）　　　　　　　　　　　　　　单位：万元

| 功能科目 | 单位编码 | 单位名称（功能科目） | 总计 | 基本支出 | | | | | 项目支出 | 经营支出 | 上缴上级支出 | 对附属单位补助支出 | 其他支出 |
| | | | | 合计 | 人员经费 | | | 公用经费 | | | | | |
| | | | | | 小计 | 工资福利支出 | 对个人和家庭的补助 | | | | | | |
| ** | ** | ** | 1 | 2 | 3 | 4 | 5 | 6 | 7 | 8 | 9 | 10 | 11 |
| | | | | | | | | | | | | | |
| | | | | | | | | | | | | | |
| | | | | | | | | | | | | | |
| | | | | | | | | | | | | | |

表6-4　　　　　　　　　　　　　　　　支出预算总表（按功能科目汇总）　　　　　　　　　　　　单位：万元

| 功能科目 | 单位编码 | 单位名称（功能科目） | 总计 | 基本支出 | | | | | 项目支出 | 经营支出 | 上缴上级支出 | 对附属单位补助支出 | 其他支出 |
| | | | | 合计 | 人员经费 | | | 公用经费 | | | | | |
| | | | | | 小计 | 工资福利支出 | 对个人和家庭的补助 | | | | | | |
| ** | ** | ** | 1 | 2 | 3 | 4 | 5 | 6 | 7 | 8 | 9 | 10 | 11 |
| | | | | | | | | | | | | | |
| | | | | | | | | | | | | | |
| | | | | | | | | | | | | | |
| | | | | | | | | | | | | | |

表6-5　　　　　　　　　　　　　　人员经费（工资福利支出）预算表　　　　　　　　　　　　单位：万元

| 功能科目 | 单位编码 | 单位名称（功能科目） | 合计 | 工资性支出 | | | | | 社会保险缴费 | | | | | | | | 伙食补助费 | 其他工资福利支出 |
| | | | | 小计 | 基本工资 | 津贴补贴 | 年终一次性奖金 | 绩效工资 | 小计 | 养老保险 | 医疗保险 | 失业保险 | 工伤保险 | 生育保险 | 职业年金 | 其他缴费 | | |
| ** | ** | ** | 1 | 2 | 3 | 4 | 5 | 6 | 7 | 8 | 9 | 10 | 11 | 12 | 13 | 14 | 15 | 16 |
| | | | | | | | | | | | | | | | | | | |
| | | | | | | | | | | | | | | | | | | |
| | | | | | | | | | | | | | | | | | | |
| | | | | | | | | | | | | | | | | | | |
| | | | | | | | | | | | | | | | | | | |

表 6-6　　　　　　　　　　人员经费（对个人和家庭的补助）预算表　　　　　　　　单位：万元

| 功能科目 | 单位编码 | 单位名称（功能科目） | 合计 | 离退休费 | | | 退职（役）费 | 抚恤金 | 生活补助 | 救济费 | 医疗费 | | | 助学金 | 奖励金 | 住房补贴 | | | | 采暖补贴 | 物业服务补贴 | 其他对个人和家庭的补助 |
|---|---|---|---|---|---|---|---|---|---|---|---|---|---|---|---|---|---|---|---|---|---|---|
| | | | | 小计 | 离休费 | 退休费 | | | | | 小计 | 离休医疗费 | 在职及退休医疗费 | | | 小计 | 住房公积金 | 购房补贴 | 提租补贴 | | | |
| ** | ** | ** | 1 | 2 | 3 | 4 | 5 | 6 | 7 | 8 | 9 | 10 | 11 | 12 | 13 | 14 | 15 | 16 | 17 | 18 | 19 | 20 |
| | | | | | | | | | | | | | | | | | | | | | | |
| | | | | | | | | | | | | | | | | | | | | | | |
| | | | | | | | | | | | | | | | | | | | | | | |

表 6-7　　　　　　　　　　　　　　　公用经费预算表　　　　　　　　　　　　　　单位：万元

| 功能科目 | 单位编码 | 单位名称（功能科目） | 合计 | 办公费 | 印刷费 | 咨询费 | 手续费 | 水费 | 电费 | 邮电费 | 取暖费 | 物业管理费 | 差旅费 | 因公出国（境）费用 | 维修（护）费 | 租赁费 |
|---|---|---|---|---|---|---|---|---|---|---|---|---|---|---|---|---|
| ** | ** | ** | 1 | 2 | 3 | 4 | 5 | 6 | 7 | 8 | 9 | 10 | 11 | 12 | 13 | 14 |
| | | | | | | | | | | | | | | | | |
| | | | | | | | | | | | | | | | | |
| | | | | | | | | | | | | | | | | |

| 功能科目 | 单位编码 | 单位名称（功能科目） | 会议费 | 培训费 | 公务接待费 | 专用材料费 | 被装购置费 | 专用燃料费 | 劳务费 | 委托业务费 | 工会经费 | 福利费 | 交通费 | | 其他公用经费 | |
|---|---|---|---|---|---|---|---|---|---|---|---|---|---|---|---|---|
| | | | | | | | | | | | | | 小计 | 其中：公务用车运行维护费 | 小计 | 其中：公务用车购置 |
| ** | ** | ** | 15 | 16 | 17 | 18 | 19 | 20 | 21 | 22 | 23 | 24 | 25 | 26 | 27 | 28 |
| | | | | | | | | | | | | | | | | |
| | | | | | | | | | | | | | | | | |
| | | | | | | | | | | | | | | | | |
| | | | | | | | | | | | | | | | | |
| | | | | | | | | | | | | | | | | |
| | | | | | | | | | | | | | | | | |

表6-8　　　　　　　　　　　　　　　　项目支出预算　　　　　　　　　　　　　　　单位：万元

| 功能科目 | 单位编码 | 项目名称 | 拟定项目实施起止年份 | | 是否政府购买服务 | 是否纳入绩效评价范围 | 金额 | | | | | | | |
|---|---|---|---|---|---|---|---|---|---|---|---|---|---|---|
| | | | 开始年份 | 结束年份 | | | 合计 | 工资福利支出 | 对个人和家庭的补助 | 商品和服务支出 | 基本建设支出 | 其他资本性支出 | 对企事业单位的补贴 | 其他各项支出 |
| ** | ** | ** | 1 | 2 | 3 | 4 | 5 | 6 | 7 | 8 | 9 | 10 | 11 | 12 |
| | | | | | | | | | | | | | | |
| | | | | | | | | | | | | | | |
| | | | | | | | | | | | | | | |
| | | | | | | | | | | | | | | |

表6-9　　　　　　　　　　　　　　　　政府采购预算表　　　　　　　　　　　　　　单位：万元

| 功能科目 | 单位编码 | 单位名称（项目名称） | 序号 | 是否政府购买服务 | 资金来源 | | | | | | | | | | | |
|---|---|---|---|---|---|---|---|---|---|---|---|---|---|---|---|---|
| | | | | | 总计 | 财政拨款 | | | | 事业收入中纳入财政专户的行政事业性收费拨款 | 上年结转和结余 | | | | 其他自有资金 |
| | | | | | | 合计 | 经费拨款 | 专项预算管理部门安排的拨款 | 纳入预算管理的行政事业性收费拨款 | 政府性基金拨款 | | 合计 | 财政拨款结转和结余 | | 其他结转和结余 | |
| | | | | | | | | | | | | | 小计 | 结转 | 结余 | |
| ** | ** | ** | ** | ** | 1 | 2 | 3 | 4 | 5 | 6 | 7 | 8 | 9 | 10 | 11 | 12 | 13 |
| | | | | | | | | | | | | | | | | |
| | | | | | | | | | | | | | | | | |
| | | | | | | | | | | | | | | | | |
| | | | | | | | | | | | | | | | | |
| | | | | | | | | | | | | | | | | |
| | | | | | | | | | | | | | | | | |

表6-10　　　　　　　　　　　　　　　财政拨款支出预算表　　　　　　　　　　　　单位：万元

| 功能科目 | 功能科目名称 | 总计 | 基本支出 | 项目支出 | 备注 |
|---|---|---|---|---|---|
| ** | ** | 1 | 2 | 3 | 4 |
| | | | | | |
| | | | | | |
| | | | | | |
| | | | | | |

表6-11                            **非财政拨款支出预算表**                            单位：万元

| 功能科目 | 功能科目名称 | 合计 | | | 事业收入中纳入财政专户的行政事业性收费拨款 | | | 上年结转和结余 | | | 其他自有资金 | | |
|---|---|---|---|---|---|---|---|---|---|---|---|---|---|
| | | 小计 | 基本支出 | 项目支出 | 小计 | 基本支出 | 项目支出 | 小计 | 基本支出 | 项目支出 | 小计 | 基本支出 | 项目支出 |
| ** | ** | 1 | 2 | 3 | 4 | 5 | 6 | 7 | 8 | 9 | 10 | 11 | 12 |
| | | | | | | | | | | | | | |
| | | | | | | | | | | | | | |
| | | | | | | | | | | | | | |
| | | | | | | | | | | | | | |

表6-12                    **财政拨款人员经费（工资福利支出）预算表**                    单位：万元

| 功能科目 | 单位编码 | 单位名称（功能科目） | 合计 | 工资性支出 | | | | | 社会保险缴费 | | | | | | | | 伙食补助费 | 其他工资福利支出 |
|---|---|---|---|---|---|---|---|---|---|---|---|---|---|---|---|---|---|---|
| | | | | 小计 | 基本工资 | 津贴补贴 | 年终一次性奖金 | 绩效工资 | 小计 | 养老保险 | 医疗保险 | 失业保险 | 工伤保险 | 生育保险 | 职业年金 | 其他缴费 | | |
| ** | ** | ** | 1 | 2 | 3 | 4 | 5 | 6 | 7 | 8 | 9 | 10 | 11 | 12 | 13 | 14 | 15 | 16 |
| | | | | | | | | | | | | | | | | | | |
| | | | | | | | | | | | | | | | | | | |
| | | | | | | | | | | | | | | | | | | |
| | | | | | | | | | | | | | | | | | | |

表6-13                    **财政拨款人员经费（对个人和家庭的补助）预算表**                    单位：万元

| 功能科目 | 单位编码 | 单位名称（功能科目） | 合计 | 离退休费 | | | 退职（役）费 | 抚恤金 | 生活补助 | 救济费 | 医疗费 | | | 助学金 | 奖励金 | 住房补贴 | | | | 采暖补贴 | 物业服务补贴 | 其他对个人和家庭的补助 |
|---|---|---|---|---|---|---|---|---|---|---|---|---|---|---|---|---|---|---|---|---|---|---|
| | | | | 小计 | 离休费 | 退休费 | | | | | 小计 | 离休医疗费 | 在职及退休医疗费 | | | 小计 | 住房公积金 | 购房补贴 | 提租补贴 | | | |
| ** | ** | ** | 1 | 2 | 3 | 4 | 5 | 6 | 7 | 8 | 9 | 10 | 11 | 12 | 13 | 14 | 15 | 16 | 17 | 18 | 19 | 20 |
| | | | | | | | | | | | | | | | | | | | | | | |
| | | | | | | | | | | | | | | | | | | | | | | |
| | | | | | | | | | | | | | | | | | | | | | | |
| | | | | | | | | | | | | | | | | | | | | | | |

表6-14 财政拨款公用经费预算表 单位：万元

| 功能科目 | 单位编码 | 单位名称（功能科目） | 合计 | 办公费 | 印刷费 | 咨询费 | 手续费 | 水费 | 电费 | 邮电费 | 取暖费 | 物业管理费 | 差旅费 | 因公出国（境）费用 | 维修（护）费 | 租赁费 |
|---|---|---|---|---|---|---|---|---|---|---|---|---|---|---|---|
| ** | ** | ** | 1 | 2 | 3 | 4 | 5 | 6 | 7 | 8 | 9 | 10 | 11 | 12 | 13 | 14 |
| | | | | | | | | | | | | | | | | |
| | | | | | | | | | | | | | | | | |
| | | | | | | | | | | | | | | | | |
| | | | | | | | | | | | | | | | | |

| 功能科目 | 单位编码 | 单位名称（功能科目） | 会议费 | 培训费 | 公务接待费 | 专用材料费 | 被装购置费 | 专用燃料费 | 劳务费 | 委托业务费 | 工会经费 | 福利费 | 交通费 | | 公用经费其他 | |
|---|---|---|---|---|---|---|---|---|---|---|---|---|---|---|---|---|
| | | | | | | | | | | | | | 小计 | 其中：公务用车运行维护费 | 小计 | 其中：公务用车购置 |
| ** | ** | ** | 15 | 16 | 17 | 18 | 19 | 20 | 21 | 22 | 23 | 24 | 25 | 26 | 27 | 28 |
| | | | | | | | | | | | | | | | | |
| | | | | | | | | | | | | | | | | |
| | | | | | | | | | | | | | | | | |
| | | | | | | | | | | | | | | | | |
| | | | | | | | | | | | | | | | | |

表6-15 财政拨款项目支出预算表 单位：万元

| 功能科目 | 单位编码 | 项目名称 | 拟定项目实施起止年份 | | 是否政府购买服务 | 是否纳入绩效评价范围 | 金额 | | | | | | |
|---|---|---|---|---|---|---|---|---|---|---|---|---|---|
| | | | 开始年份 | 结束年份 | | | 合计 | 工资福利支出 | 对个人和家庭的补助 | 商品和服务支出 | 基本建设支出 | 其他资本性支出 | 对企事业单位的补贴 | 其他各项支出 |
| ** | ** | ** | 1 | 2 | 3 | 4 | 5 | 6 | 7 | 8 | 9 | 10 | 11 | 12 |
| | | | | | | | | | | | | | | |
| | | | | | | | | | | | | | | |
| | | | | | | | | | | | | | | |
| | | | | | | | | | | | | | | |

## 6.6　中期财政规划改革

中期财政规划改革体现了当代预算管理改革的发展潮流，也是建立现代财政制度、实现国家治理现代化的重要内容。党的十八届三中全会通过的《中共中央关于全面深化改革若干重大问题的决定》、2014 年 8 月全国人大常委会审议通过的《预算法》修正案、2014年 9 月发布的《国务院关于深化预算管理制度改革的决定》及 2015 年 1 月发布的《国务院关于实行中期财政规划管理的意见》中，均重点强调了建立跨年度预算平衡机制、实行中期财政规划管理改革。中期财政规划并非对年度预算的简单替代，而是在中期时间跨度内（通常为 3～5 年）准备政府预算，或将年度预算置于中期财政规划的视野之中，其主要目的是根据国家战略目标，确定公共支出重点及优先次序，设定部门支出限额，从而推动有限预算资源的有效配置。在现时的中国，中期财政规划的前身是 2008 年前后就已在河北省、河南省焦作市和安徽省芜湖县启动的三年期滚动预算试点。①

多年期的预算方法很早就被提出了，其对资源的分配从长期的角度出发，被看作是加强理性选择的一次创新。一年期的预算方法一直以来都有争议，被认为导致了目光短浅，因为它只考虑了次年的开支；被认为导致了过度开销，因为在未来几年中的大量开支被隐藏了；被认为是一种保守主义的做法，因为即使预算增加，也不会看到一个更宽广的未来；还被认为是一种狭隘主义的做法，因为各个项目被孤立看待，没有比较它们未来的成本，而未来成本在考虑时要结合预期的收入。将预算的时间间隔延长为 3 年或 5 年也有争议，有观点认为这样一来就使预算的长期计划性代替了其短期反应性，而同时预算所具有的对于资金的控制也会变成了应付了事。另外，一般到了预算年底，会出现增加开支来用光本年度预算的现象，而如果将预算的年度延长，则会降低这种现象出现的频率。②

年度预算的另一个主要缺陷就是忽略了潜在的财政风险。许多当前的政策或政府承诺隐含着导致未来开支或损失剧增的财政风险，但在年度预算框架下，由于这些开支不能在预算中体现出来，从而忽略了这些可能造成高昂代价的潜在风险，而一旦注意到这一点时已经为时已晚，从而无法使决策者在早期阶段就鉴别风险，并采取相应的措施以防患于未然。③

中期预算的思想可以上溯到 20 世纪 40 年代美国经济学家阿尔文·汉森（Alvin Hansen）提出的周期预算平衡政策或长期预算平衡理论。④中期预算框架也可追溯至 20 世纪 50 年代关于发展计划的系列文献。20 世纪 80 年代澳大利亚的预算改革大致可以算作当代中期支出框架（Medium-Term Expenditure Framework，以下简称 MTEF）的雏形。⑤MTEF通常是一个为期 3～5 年的滚动且具有约束力的支出框架。早在 20 世纪 60 年代，著名预算学者阿伦·威尔达夫斯基就曾指出，中期支出框架已逐渐成为预算编制和弥补年度预算缺陷的一种方法，有望解决诸如短视、保守主义（预算僵化）、狭隘主义（争夺预算资源）、

---

① 从 2008 年起，财政部预算司分别选取河北省、河南省焦作市和安徽省芜湖县作为中期基础预算的省级、市级和县级试点单位，标志着中期预算区域性试点工作的展开。2014 年财政部要求全国各地启动 2015—2017 年三年期滚动预算编制。资料来源：陈益刊.中期财政规划实施编制预算放宽至三年期［N］.第一财经日报，2015-01-26.
② 威尔达夫斯基 A.预算：比较理论［M］.苟燕楠，译.上海：上海财经大学出版社，2009：258.
③ 王雍君.公共预算管理［M］.2 版.北京：经济科学出版社，2010：50.
④ 马海涛，安秀梅.公共财政概论［M］.北京：中国财政经济出版社，2003：295.
⑤ World Bank. Beyond the Annual Budget-Global Experience with Medium-Term Expenditure Frameworks［R］. International Bank for Reconstruction and Development，2013：27.

年终突击花钱等问题。[①]目前，全球已有超过2/3的国家实行了某种形式的中期支出框架，其中，较为普遍的是处于初级阶段的中期财政框架。但近年来已开始转向更高阶段的中期预算框架和中期绩效框架，有的国家则直接采用后两者，而不再经过中期财政框架的过渡（参见表6-16）。[②]

表6-16　　　　　　　1990—2008年采用MTEF的国家变化情况（单位：个）

| 发展阶段 | 模式 | MTEF的数量 | | 1990—2008年的变化 | | |
|---|---|---|---|---|---|---|
| | | 1990 | 2008 | 新的MTEF | 过渡/转换 | 逆转 |
| 初级阶段 | MTFF | 9 | 71 | 104 | −41 | −1 |
| 中级阶段 | MTBF | 1 | 42 | 21 | 23 | −3 |
| 高级阶段 | MTPF | 1 | 19 | 0 | 18 | 0 |
| 统称 | MTEF | 11 | 132 | 125 | 0 | −4 |

资料来源：World Bank（2013）.

注：MTFF（Medium-Term Fiscal Framework），即中期财政框架；MTBF（Medium-Term Budget Framework），即中期预算框架；MTPF（Medium-Term Performance Framework），即中期绩效框架。MTFF逆转发生在阿根廷，MTBF逆转发生在阿根廷、爱沙尼亚和美国，18个转换为MTPF，其中9个源于MTFF，9个源于MTBF。此处，逆转是指MTEF退回到上一发展阶段。

### 6.6.1　中期财政规划（中期预算）的国际经验[③]

#### 1）发达国家中期预算改革的成功经验

目前，通过基线筹划法（baseline projections）在中期支出框架下制定年度预算的做法，在发达国家已经普遍制度化，如德国、新西兰、瑞典、法国、英国、西班牙、澳大利亚、美国、荷兰、挪威、加拿大、瑞士、爱尔兰、芬兰等所有OECD成员国以及一些重要的国际组织（如欧盟）均已实行了某种形式的中期预算。[④]虽然发达国家的中期预算模式各异，且效果也不尽相同，但与发展中国家和新兴市场国家相比，发达国家引入中期预算改革较为成功，也更有利于实现当代公共支出管理的三个目标：财政纪律、优先配置、运营绩效。

目前，发达国家的中期预算已经普遍制度化了，其中许多国家还采用长期的财政评估（包括代际会计、环境会计或有负债计量技术）方法，来弥补中期预算在"长期"（通常在10年以上）视角上的不足。[⑤]

值得注意的是，在应对金融危机方面，中期预算也确实发挥了重要的作用。[⑥]中期预

① 威尔达夫斯基A. 预算：比较理论 [M]. 苟燕楠，译. 上海：上海财经大学出版社，2009：258.
② MTFF、MTBF和MTPF各自的侧重点不同，依次强调财政纪律、分配效率和技术效率，属于一个逐渐递进的过程（World Bank，2013：19）。由于三者只是中期预算改革的不同手段和方法，因此，本书不作过于严格之区分，统一用"中期预算"来表述。
③ 马蔡琛，袁娇. 中期预算改革：国际经验与中国现实 [J]. 经济纵横，2016（4）.
④ 自1988年开始，欧盟除每年编制共同财政预算外，还会定期提出一份跨年度的中期共同财政方案，以增强欧盟预算的透明度和延续性。资料来源：李力. 欧盟中期预算谈判重启 [N]. 光明日报，2005-11-03.
⑤ 王雍君. 中国公共预算改革：从年度到中期基础 [M]. 北京：中国财政经济出版社，2011：2.
⑥ 2008年金融危机时，MTEF的实施提高了一些国家的财政信誉。英国和澳大利亚制订了财政刺激计划和整顿计划以应对危机，中期预算框架迫使政策制定者详细说明税收和支出将在何时增加或减少。资料来源：SCHICK A. Post-Crisis Fiscal Rules: Stabilising Public Finance while Responding to Economic Aftershocks [J]. OECD Journal on Budgeting，2010（10）.

算采用"自上而下"的集中型预算模式，可将计划与预算紧密结合，通过设定支出上限，严格在收入范围内进行合理支出，以更好地实现周期性预算平衡的目标。中期预算模式下所形成财政政策，更注重熨平经济周期，减少周期性因素对预算的冲击，尽可能避免财政政策的顺周期性，[①]以起到经济稳定器的作用。

例如，澳大利亚在经历了2008年金融危机之后，主权债务等级还被世界三大评级机构评为AAA级，就主要归功于其公共财政强大的稳健性。[②]这与该国自20世纪70年代以来的预算改革密不可分，更是其在新财政规则约束下有效实施中期预算框架的直接结果。澳大利亚适时建立了规则导向的中期预算框架，预测财政经济政策对未来经济发展的影响，进而相机调整财政政策以维持合理的债务规模。[③]同时将中期预算框架与绩效预算、财政透明度改革紧密结合，对澳大利亚免遭债务危机重创起到了重要作用。

"自上而下"
模式

此外，作为新兴市场国家的韩国，在经历1997年亚洲金融危机和2008年金融危机后迅速复苏，也充分体现了其良好的财政稳健程度，被视为构建有效财政管理体系的典范。[④]韩国自2003年开始大刀阔斧地推进预算改革，正式引入中期财政框架，通过对公共支出管理的有效控制，使得韩国在2008年金融危机中并未出现严重动荡，一直保持稳健的财政状态，甚至在危机蔓延后一年内，就已实现了少量的财政盈余。[⑤]

就各国实践而言，每一级政府都可以编制中期预算，但编制什么内容，则取决于各级政府具体承担了哪些支出责任。总体而言，中央政府和地方政府职能上的差异，决定了中期预算内容和形式上的不同。从世界范围看，地方政府既没有承担平抑经济波动的职能，也没有能力去承担，因此，地方层面的中期预算报告多为对具体项目的收支进行预算和评估的资本预算。[⑥]

发达国家的实践表明，中期预算能够为制定、评估和实施财政政策提供比年度预算更为有效且透明的工具，有助于促进财政可持续性与资源的有效配置，但成功实施中期预算改革也殊非易事，其改革成功的关键条件主要包括以下几个方面：

第一，强大的财政管理能力和健全的预算制度。中期预算不同于传统的年度预算，前者要求在一个经济周期内实现预算平衡（实现跨年度或周期性预算平衡），而后者要求在本年度内实现预算平衡。从传统的年度预算平衡走向跨年度预算平衡，是现代预算治理结构的重要变化之一，这需要强大的公共财政管理能力和健全的预算管理制度作为保证。

第二，稳定的经济环境和相对准确的宏观经济预测。一般来说，一个极不稳定的宏观经济环境（如重大经济危机或战争）会使预测极其困难，甚至无法实行中期预算。例如，为应对2008年全球经济和金融危机，亚美尼亚和俄罗斯在2009年就曾暂停实施中期预

①　财政政策的顺周期是指财政支出与经济发展呈趋同趋势，即在繁荣期财政支出扩张，在萧条期财政支出收缩。这会引致赤字偏见，有损宏观经济的稳定，削弱了抵御外部冲击的宏观调控能力，也容易形成财政风险。资料来源：马蔡琛，孙利媛. 中国财政政策的顺周期性问题——基于预算平衡准则的实证考察 [J]. 经济与管理研究，2015（4）.
②　Commonwealth of Australia. Mid-Year Economic and Fiscal Outlook （2012-2013）[EB/OL]. [2012-12-13]. http：//budget.gov.au/2012-13/content/myefo/html.
③　赵早早. 澳大利亚政府预算改革与财政可持续 [J]. 公共行政评论，2014（1）.
④　PARK N，CHOI J. Making Performance Budgeting Reform Work：A Case Study of Korea [R]. Policy Research Working Paper of World Bank，2013.
⑤　张发.后危机时代的韩国预算改革：通往财政可持续之路 [J]. 公共行政评论，2014（3）.
⑥　王朝才，张晓云，马洪范. 部分国家中期预算制度 [M]. 北京：中国财政经济出版社，2016.

算。①这主要考虑到全球经济增长的急剧放缓和国民经济的衰退，以及不确定的复苏前景，致使宏观经济和财政预测显得异常艰难。同时，收入下降、财政刺激计划和银行救助等一系列变化的财政后果，使得支出的优先排序更加困难。②此外，宏观经济预测与物价、消费、就业和收入水平的稳定性密切相关。因此，某些国家在中期预算实践中，通过引入通胀率、汇率、失业率、消费指数等变量，建立了更加全面的宏观经济预测模型（如瑞典、英国和美国等）。

第三，年度预算的可靠性和可预测性。实施中期预算并不意味着放弃年度预算。年度预算作为中长期预测的基础，如果年度预算的可信度和可预测性不甚理想，则中期支出预测就会存在较大的误差。③年度预算的可靠性主要取决于以下因素：一是预算资源的充足性，当预算资金不能及时足额拨付时，年度预算的可信度就会大打折扣。二是预算分配与政策目标的匹配程度。只有在财政部门和各支出部门普遍认为预算分配与其政策目标相适应时，中期预算才具有可行性。三是预算的执行刚性。如果预算执行效率较低且外部条件不稳定，则政府可能会对年度预算进行重大调整，大大降低了年度预算的可信度。

第四，中期财政规则的确立。中期预算的构建需要确立约束规则，以限制各部门增加支出的冲动，实现真正的预算硬约束。只有当政府明确承诺不超过特定的支出水平或赤字规模时，④或者能够保证各项支出与财政目标相一致时，中期预算约束才具有较高的可信度。

2）对新兴市场国家实行中期预算的反思

20世纪90年代以来，许多发展中国家和新兴市场国家也开始引入中期预算模式，如非洲13国⑤、新加坡、哈萨克斯坦等。这些国家引入中期预算旨在借此变革传统的年度预算，以便在政策制定、计划安排和预算编制之间建立起有机联系，但由于公共行政与财政管理能力相对欠缺，这些国家在引入中期预算中遇到了诸多困难，其成效和进展参差不齐（参见表6-17）。⑥一些国家由于满足了前述关键条件而得以成功，而另一些国家则因未能满足一个或多个关键条件而效果不佳。总体而言，新兴市场国家的改革效果较为显著，而非洲地区的改革效果则相对较差。⑦

（1）中期预算改革的成功案例及其表现

与其他发展中国家相比，新加坡、韩国、俄罗斯、哈萨克斯坦、南非、乌干达⑧等国的中期预算改革效果相对较为显著，其成功离不开强有力的政府承诺、利益相关者的支持、各类技术援助机构间的有效协调以及更具现实性的时间安排等。其成功经验具体表现在这样几个方面：

---

① 受国际金融危机影响，俄政府曾中止了三年期联邦预算（2009—2011年），转而执行一年期预算，其后两年的预算失效，但涉及的长期计划和已签署的合同仍有效。与亚美尼亚不同的是，俄罗斯在危机之后，于2010年迅速重新启动中期预算，有效改善了2010—2012年预算周期内的财政状况（The Government of The Republic of Armenia, 2010：4）.资料来源：http：//euroasia.cass.cn/news/94807.htm.
② World Bank. Performance Management （PM） in Russia ［R］. World Bank Policy Note Prepared for the Ministry of Economic Development of the Russian Federation. World Bank, Washington, DC, January, 2011.
③ 1997—2007年，OECD成员国广义政府支出的预测数和结果数之间的平均差异显示：葡萄牙实际支出比预测数高4%左右，而爱尔兰实际支出比预测数低5.5%左右。
④ 例如，《马斯特里赫特条约》规定预算赤字不得超过GDP的3%，《稳定与增长公约》也规定债务率不超过GDP的60%。
⑤ 非洲13国包括乌干达、加纳、马拉维、南非、莫桑比克、几内亚、坦桑尼亚、肯尼亚、加蓬、卢旺达、纳米比亚、布基纳法索、贝宁。除纳米比亚外，其余12个非洲国家的中期预算改革均不同程度得到世界银行的支持（Le Houerou, P., and R. Taliercio, 2002）.
⑥ 王雍君.中国公共预算改革：从年度到中期基础［M］.北京：经济科学出版社，2011：67，204-205.
⑦ QAG （Quality Assurance Group）. Improving Public Sector Governance Portfolio：Quality Enhancement Review ［R］. QAG, World Bank, 2008.
⑧ BEVAN D L. The Budget and the Medium Term Expenditure Framework in Uganda ［R］. 2001.

表6-17　　　　　　　主要发展中国家与新兴市场国家的中期预算实践情况

| 改革相对成功的国家 | 改革效果欠佳的国家 |
| --- | --- |
| 新加坡（2000，5年期）、韩国（2004开始MTPF试点，2005年全面引入，5年期）、俄罗斯（2005年引入中期财政规划，2007年开始引入MTBF，2010年转为MTPF，3年期）、哈萨克斯坦（2002，3年期）、南非（1998年引入MTBF，2002年开始实行MTPF，3年期）、乌干达（1992年引入MTFF，1995年开始MTBF试点，1997年全面实施，3年期） | 马拉维（1992，3年期）、加纳（1999，3年期）、莫桑比克（1997，支出6年期、收入10年期）、坦桑尼亚（1998，3年期）、肯尼亚（1998，3年期）、卢旺达（1999，3年期）、几内亚（1997，3年期）、尼加拉瓜（2002年开始实行MTFF，2006年开始MTBF试点）、约旦（2005年引入MTFF，2008转为MTBF，3年期）、尼日利亚（2005年正式引入，4年期） |

资料来源：World Bank（2013）& Le Houerou, P., and R. Taliercio（2002）& Kanayo Ogujiuba, Benedict Ezema, and Omoju Sola（2013）.

注：MTFF，中期财政框架；MTBF，中期预算框架；MTPF，中期绩效框架。括号内分别表示中期预算开始年度及时间跨度。

在预算编制程序方面，采取"自上而下"的预算编制方法，赋予各部门以相对充分的自由裁量权，即各部门可在预算限额内按项目优先顺序自主进行资金分配，如新加坡、俄罗斯、南非、乌干达和尼日利亚。[1]有资料显示，除亚洲金融危机和最近一轮全球金融危机期间外，韩国均实现了综合平衡。这很大程度上得益于其"自上而下"的集中型预算模式。[2]新加坡的预算时间表安排也较为合理，其国会预算程序规定于2月初财政部提交预算报告。因此，在4月1日财政年度开始前，国会有近两个月的时间来审查预算。

在法律约束方面，各国都明确了中期预算的法律地位。2007年7月，俄罗斯颁布了《2008—2010年联邦预算法案》，这是其有史以来首次出现三年期预算，[3]哈萨克斯坦制定了专门的《中央预算和地方预算执行监督法》，为预算监督提供法律保障，提高了预算执行效率。新加坡的预算法律规定，各部门必须力求收支平衡、略有结余，确保年度实际结余控制在预算总额的5%以内，不得超支，否则将削减下一年度的预算拨款。此外，新加坡在宪法中规定了三个关键性的财政规则，[4]充分体现了政府必须在其任期内实现预算平衡的原则。这种"任期预算平衡"的原则，也可算作"改良版"的跨年度预算平衡机制。这种不违背法定财政规则的态度，促使各支出部门加强了节约意识。[5]

在预算监督方面，南非由各部委专家、财政部官员和顾问共同组成审查小组，对中期预算进行严格审查。俄罗斯要求对新的支出项目进行严格审核，且必须同时满足以下三个条件才可能通过：属于国家经济社会政策优先项目的范畴、进行了项目绩效评价、不影响预算平衡。[6]哈萨克斯坦主要对支出环节进行预算监督，包括推行统一的经常性开支标

① OGUJIUBA K, EZEMA B, SOLA O. Medium Term Expenditure and Fiscal Management in Nigeria: A Review of the （2005-2008）Framework [J]. Journal of Economics and Behavioral Studies, 2013, 5（5）: 292, 293.
② Ministry of Strategy and Finance. The budget System of Korea [R/OL]. [2014-12-10]. http://english.mosf.go.kr/upload/pdf/TheBudgetSystemofKorea.pdf.
③ 资料来源于http://euroasia.cass.cn/news/94807.htm.
④ 一是政府不应挪用先前历届政府积累的财政资金。每届政府必须在其任期内实现预算收支平衡，即任期内某一年的赤字，须通过执政前的累积盈余，进行弥补以实现平衡。二是政府只能将财政累积储备的年度净投资收益的一半视为预算收入。三是允许政府实行赤字财政以及使用过去的累积盈余，但必须得到国会和总统的同时批准，这被称为新加坡的"双钥匙"保障机制（"two-key" safety mechanism）（Jón R. Blöndal., 2006: 52）.
⑤ BLÖNDAL J R. Budgeting in Singapore [J]. OECD Journal on Budgeting, 2006（1）: 51-52.
⑥ 傅志华. 透视俄罗斯百年财政中的五次"预算困境"[J]. 俄罗斯中亚东欧研究, 2009（3）.

准、提高支出计划的决策效率、建立预算评估机制等。

在应对金融危机方面，建立了抵御经济危机的国家安全气囊——财政稳定基金，并将其作为逆周期财政政策的调节工具。面对2008年的全球性金融危机，俄罗斯并没有重演1998年亚洲金融危机的悲剧，其中最主要的原因就在于2004年设立的财政预算储备机制发挥了积极的反危机功效，为经济稳定提供了可靠的财力保障和强大的心理依托。①

（2）中期预算改革的失败案例及其成因

与上述较为成功的国家相比，马拉维、加纳、莫桑比克、坦桑尼亚、肯尼亚、约旦、尼加拉瓜等国的中期预算改革效果相对较差，主要是因为未能充分考虑各自的初始条件，财政治理体系的基础相对薄弱。②改革失败的主要原因主要体现为以下几个方面：

第一，在预算编制程序上，中期预算未能与年度预算充分融合，致使两套预算程序并行运转，削弱了预算执行效果。例如，加纳和约旦的预算程序表面上虽已融合，但由于预算时间表安排得太过紧凑，致使年度预算脱离了中期预算的控制。马拉维的经常性预算（recurrent budget）由会计人员编制，而发展性预算（development budget）则由规划或项目实施单位的工作人员编制，二者相互独立以致形成了"切块预算"。莫桑比克较为重视建设性预算，各部门的建设性预算与经常性预算编制相分离，二者的估计也常常超出预算限额。该国的中期预算原先由宏观经济和支出工作组负责管理，随后被技术咨询办公室和预算办公室代替，管理主体的转换也影响了中期预算的改革成效。③实践表明，管理责任的分割及转换不利于中期预算的施行，应设立专门的中期预算管理部门，以保证预算管理的权威性、连续性和有效性。

第二，中期预算与国家政策的联系不紧密，导致中期支出预测不准确，预算数与决算数相脱节，二者存在一定的偏离度。例如，马拉维1997年医疗部门预算支出占发展预算的20.7%，但其实际支出仅为3.6%。④莫桑比克1999年教育部门实际支出比原定预算多21%，而农业部门实际支出比原定预算多49%。⑤加纳的中期预算在施行之初貌似颇有希望，但之后由于支出的不可预测性及预算监督的缺位而丧失了可信度。加纳2000年的实际支出分配比例分别为：社会服务占28.8%（预算数为30.8%）、基础设施占16.4%（预算数为25.2%）、行政管理占34.9%（预算数为22.2%），行政管理费超支严重。⑥

第三，部分支出部门缺乏健全的成本核算体系，未能核算项目成本（或核算不准确），致使中期预算的执行效果大打折扣。例如，在莫桑比克，仅有五个优先支出部门（交通、健康、教育、农业和水利部门）根据其活动和规划进行成本核算，⑦而大多数非优先部门则根据自身内部的组织结构来核算成本，且该国的中期预算改革过于关注技术层面（如公务员制度的改革成本和部门规划成本的估计技术），却忽略了预算程序本身的优化与完善。马拉维则主要关注经常性预算成本，不太注重发展性预算的成本，且因预算决

① 童伟. 抵御经济危机的国家安全气囊——俄罗斯财政预算稳定机制分析 [J]. 俄罗斯中亚东欧研究，2010（4）.
② HOLMES M，EVANS A. A Review of Experience in Implementing Medium-Term Expenditure Frameworks in a PRSP Context: A Synthesis of Eight Country Studies [R]. Overseas Development Institute, London, 2003.
③ MUGGERIDGE E M，MOZAMBIQUE: Assistance with the Development of a Medium Term Expenditure Framework [R], 1997: 12.
④ World Bank. Malawi - Public Expenditures: Issues and Options [R]. Washington, DC, 2001: 8.
⑤ World Bank. Mozambique: Public Expenditure Management Review [R]. Washington, DC, 2001: 17.
⑥ HOUEROU，TALIERCIO. Medium - Term Expenditure Frameworks: From Concept to Practice (Preliminary Lessons from Africa) [R]. Africa Region Working Paper 28, World Bank, 2002: 19.
⑦ MUGGERIDGE E M，MOZAMBIQUE: Assistance with the Development of a Medium Term Expenditure Framework [R], 1997: 27-30.

策的延迟，致使部门缺少足够的时间对支出项目进行详细的成本核算，导致预算编制与执行的偏差巨大。[①]此外，一些国家未能明确中期预算的法律地位，也缺乏相应的财政规则，倾向于高估其资源总量，致使中期预算缺乏硬约束，预算限额时常被突破。例如，在莫桑比克，大多数部门提交的预算估计往往超过其限额，部门倾向于将中期预算作为追加额外资金的手段。[②]

第四，部分国家的中期预算缺乏高层决策的支持，或者未经内阁（或议会）的正式批准，且部门在资源分配上缺乏自由裁量权，导致部门参与度非常低。例如，肯尼亚虽在所有支出部门实行中期预算，但由于缺乏预算办公室的支持，其初次改革尝试就以失败告终。莫桑比克财政部将中期预算改革失败的原因，部分归咎于部门参与不足，但财政部的过度控制也降低了部门的参与度。[③]在一些国别案例中，国家战略往往不存在或不明确，即便存在，大多也与部门的支出战略相互独立，难以有效确定优先支出事项。例如，当国家的减贫战略与预算分配间的联系薄弱时，国家战略也就流于形式。[④]此外，在支出覆盖范围上，并非所有支出都纳入了中期预算框架。例如，加纳和乌干达的政府工资性支出就被排除在外，乌干达的援助性项目（donor-financed projects）也被排除在外。[⑤]

此外，特别值得注意的是，这些国家的中期预算改革带有较强的被动色彩，属于"被动型"改革，这可能是改革效果欠佳的根本性原因。这些国家大多处于经济发展的早期阶段，其中期预算改革尝试，尽管也反映了国内发展诉求，但主要推动力更多的是外部援助机构或国际组织的要求。实施中期预算改革可以使其更容易获得国外资金和技术援助，故而带有被动采行的色彩。[⑥]例如，非洲国家的中期预算改革由世界银行或英国国际发展署（DFID）推动和支持。这些国家在接受资金、顾问、培训等技术援助的同时，必须按照援助机构的要求编制中期预算，并定期提交执行报告，而中期预算执行的关键因素则被作为银行信贷结构调整的约束条件。

## 6.6.2　我国中期财政规划的制度规定

当前，我国经济社会发展面临的国内外环境错综复杂，财政可持续发展面临较多挑战，财政收入增速下降，与支出刚性增长矛盾进一步加剧；现行支出政策考虑当前问题较多，支出结构固化僵化；地方政府性债务存在一定风险隐患；专项规划、区域规划与财政规划衔接不够，不利于预算统筹安排。实行中期财政规划管理，由财政部门会同各部门研究编制三年滚动财政规划，对未来三年重大财政收支情况进行分析预测，针对规划期内一些重大改革、重要政策和重大项目，研究政策目标、运行机制和评价办法，通过逐年更新滚动管理，强化财政规划对年度预算的约束性，有利于通过深化改革解决上述问题，实现财政可持续发展，也有利于充分发挥财政职能作用，促进经济结构调整和发展方式转变。

① World Bank. Malawi-Public Expenditures: Issues and Options [R]. 2001: 8.
② MUGGERIDGE E M, MOZAMBIQUE: Assistance with the Development of a Medium Term Expenditure Framework [R], 1997: 17.
③ HOUEROU, TALIERCIO. Medium - Term Expenditure Frameworks: From Concept to Practice （Preliminary Lessons from Africa）[R]. Africa Region Working Paper 28, World Bank, Washington, D.C., 2002: 35.
④ World Bank. Minding the Gaps: Integrating Poverty Reduction Strategies and Budgets for Domestic Accountability [R]. World Bank, 2007.
⑤ BEVAN D L, PALOMBA G P. The Ugandan Budget and Medium Term Expenditure Framework Set in a Wider Context [R]. 2000: 21-22, 30-34.
⑥ 马蔡琛. 再论社会性别预算在中国的推广——基于焦作和张家口项目试点的考察 [J]. 中央财经大学学报, 2010（8）.

2015年，国务院和财政部分别发布了《国务院关于实行中期财政规划管理的意见》（国发〔2015〕3号）和《财政部关于推进中央部门中期财政规划管理的意见》（财预〔2015〕43号），较为系统地明确了中期财政规划的总体要求、基本原则、主要内容、编制主体和程序等核心内容。

1）中期财政规划的基本原则

统筹当前考虑长远发展。既要着力应对当前经济发展进入新常态、财政收入增幅回落等问题，也要考虑长远发展，处理好经济建设与民生改善、生态环境保护之间的关系，优化财政资金分配，切实防范财政风险，促进实现国家长治久安。

坚持问题导向。针对部分现行财政支出政策"碎片化"、不可持续等问题，从政策内容和运行机制上查找原因，立足基本国情，借鉴国际经验，提出解决问题的改革措施。

实施滚动调整。中期财政规划按照三年滚动方式编制，第一年规划约束对应年度预算，后两年规划指引对应年度预算。年度预算执行结束后，对后两年规划及时进行调整，再添加一个年度规划，形成新一轮中期财政规划。

强化约束机制。凡是涉及财政政策和资金支持的部门、行业规划，都要与中期财政规划相衔接。强化中期财政规划对年度预算编制的约束，年度预算编制必须在中期财政规划框架下进行。

2）中期财政规划的主要内容

中期财政规划是中期预算的过渡形态，是在对总体财政收支情况进行科学预判的基础上，重点研究确定财政收支政策，做到主要财政政策相对稳定，同时根据经济社会发展情况适时研究调整，使中期财政规划渐进过渡到真正的中期预算。中期财政规划涵盖一般公共预算、政府性基金预算、国有资本经营预算和社会保险基金预算，主要包括四部分内容：

第一，预测现行政策下财政收支。根据国民经济和社会发展五年规划纲要及年度计划，考虑国际国内发展环境重大变化，结合基期年的经济社会发展情况，预测未来三年经济社会发展状况及主要经济指标。在做好经济预测的基础上，按照现行宏观经济政策，预测未来财政收支情况。

第二，分析现行财政收支政策问题。根据对现行政策下财政收支的预测和对现行财政收支政策实施效果的分析，深入查找问题：一是财政收入制度存在的问题。现行税制对促进资源节约和环境保护、化解过剩产能、调节收入分配以及筹集财政收入等方面的作用，部分税制改革政策对财政收入的影响，非税收入管理的规范等。二是财政支出政策存在的问题。一些重点支出同财政收支增幅或生产总值挂钩对财政支出结构的影响，社会保障、医疗卫生支出因人口结构变化的增长情况，一些亟需解决的问题在支出预算中的保障情况，已安排的财政资金由于各种原因形成沉淀的情况等。三是债务风险问题。部分地区地方政府性债务规模较大，存在的风险隐患等。

第三，制订财政收支政策改革方案。一是在财政收入政策方面，财政部门要与税务、海关、发展改革等相关部门协商提出税制改革、重大税收政策调整、清理规范收费和政府性基金项目的路线图和时间表，明确政策目标和政策实施时间，评估政策对经济运行和相关产业的影响以及企业、个人税费负担的变化。二是在财政支出政策方面，财政部门要与相关部门梳理规划期内重大改革、支出政策和支出项目，明确政策目标，列出分年度工作任务和时间节点，说明资金使用对象、保障标准、运行流程，建立预算绩效评价机制，并加大结转结余资金清理力度，减少新增沉淀资金。三是在政府债务管理方面，财政部门要根据财政收支和政府债务风险预测情况，合理确定财政赤字规模、政府债务限额等风险控制目标，将债务分类纳入预算管理，并建立债务风险预警和应急处置机制。

第四，测算改革后财政收支情况。根据财政收支政策改革方案，测算未来三年财政收支情况，并进行综合平衡。

3）中期财政规划的编制主体和程序

财政部牵头编制全国中期财政规划。全国中期财政规划对中央年度预算编制起约束作用，对地方中期财政规划和年度预算编制起指导作用。财政部要在下一年度预算编制启动之前，提前编制中期财政规划草案。草案应征求相关部门和社会有关方面的意见，报国务院批准后实施。

各部门应结合国民经济和社会发展五年规划纲要及相关专项规划、区域规划的实施，按照部门职责分工，研究未来三年涉及财政收支的重大改革和政策事项，并测算收支数额，及时提交财政部汇总平衡。同时，各部门还要编制部门三年滚动财政规划，按照部门预算管理有关规定执行。

各省、自治区、直辖市及计划单列市财政部门要比照中央做法，编制地方中期财政规划，经同级人民政府批准后，报财政部备案。省级各部门、省级以下地方财政部门也可分别编制省级部门三年滚动财政规划和当地中期财政规划。

4）中期财政规划的编制方法

一是部门提出规划需求。中央部门结合国民经济和社会发展五年规划纲要及相关专项规划，按照部门职责，研究规划期内涉及财政支出的重大改革和政策事项，以此为基础，测算提出部门的三年支出需求，按规定时间和预算管理渠道提交财政部。

二是审核确定支出限额。财政部根据中期财政规划、财政政策、部门需求等情况，经综合平衡、优化结构，分解形成部门支出限额，并下达部门三年支出控制数。

三是部门调整编报三年规划。中央部门根据财政部下达的三年控制数，合理安排政策出台时机和力度，明确政策目标，列出分年度工作任务和时间节点，说明资金使用对象、保障标准、运行流程，建立预算绩效管理机制，在此基础上编制三年支出规划报财政部。

四是汇总部门中期财政规划。财政部审核汇总部门的三年支出规划，汇编形成中央部门中期规划草案，按程序报批后实施。

以后年度编制方法。部门中期财政规划实行滚动管理，以后年度编制规划时，中央部门根据情况变化，可对上年编制的三年规划中后两个年度的分年支出规划进行内部结构调整，并补充第三个年度的规划。财政部重点就调整的内容及第三个规划年度的支出上限进行测算，并按前述程序审核下达。

规划调整方法。部门中期财政规划一经确定，原则上不予调整。中央部门因重大增减支因素需要调整三年规划的，应在编制新一轮规划时重新测算、提出需求，按部门中期财政规划的编制流程报批。经批准后，按调整后的规划实施。

财政部根据未来财政收支预测结果，可以结合部门提出的调整需求相应调整部门未来年度的支出规划，并在编制规划时通知中央部门，各部门根据新的支出上限调整部门分年度支出安排，按程序报批后实施。

## 本章小结

● 就政府预算编制的组织形式而言，可以划分为单式预算和复式预算两种。单式预算具有较强的综合功能，能够全面地反映当年财政收入的总体情况，有利于全面掌握政府财政状况，简单明了，便于审议批准；但不能有效地反映财政收支结构和项目的经济效益，也不便于进行年度间和部门间的比较。复式预算对总体情况的反映功能比较弱，但能明确揭示财政收支的分类状况，反映财政收支的结构和经济建设项目的效益，较为接近商业会计原则。

● 部门预算编制程序实行"二上二下"的基本流程。政府预算收支测算的基本方法包括基数增减法、系数法、比例法、定额法和综合法等多种方法。

● 实行中期财政规划管理，由财政部门会同各部门研究编制三年滚动财政规划，对未来三年重大财政支出情况进行分析预测，对规划期内一些重大改革、重要政策和重大项目，研究政策目标、运行机制和评价办法，通过逐年更新滚动管理，强化财政规划对年度预算的约束性，有利于通过深化改革解决上述问题，实现财政可持续发展，也有利于充分发挥财政职能作用，促进经济结构调整和发展方式转变。

## 综合练习

简答题

6.1 简要比较单式预算和复式预算的异同。

6.2 政府预算编制中的"二上二下"流程是怎样的？

6.3 简要分析政府预算收支测算的主要方法。

6.4 政府预算编制中涉及的主要表格有哪些？

6.5 简要分析各国中期财政规划改革成败的主要原因。

6.6 简要分析我国中期财政规划改革的主要内容。

案例分析题

6.1

### 38亿元经常性预算结余哪里去了？

下面的案例中，我们描述了2000年中央预算按照复式预算编制的情况，但细心的读者或许会发现，其中的数字钩稽关系存在着一些缺口。

阅读后续案例介绍后，请思考以下问题：

（1）建设性预算收入中包含着经常性预算的结余，但为什么2000年中央预算的经常性预算结余却比建设性预算收入多出38亿元？

（2）这一年的政府预算审议中，没有能够及时发现这种表述上容易引起歧义之处，说明了什么？

（3）在此后的历年政府预算报告中，均未再涉及复式预算问题，这种情况与上述表述歧义之间是否存在着某种联系？

在《关于1999年中央和地方预算执行情况及2000年中央和地方预算草案的报告》

中，就 2000 年我国中央财政预算按复式预算编制的情况，进行了相对详尽的说明：中央财政经常性预算收入 6 942 亿元，支出 6 415 亿元，收支相抵，结余 527 亿元，转入建设性预算；中央财政建设性预算收入 489 亿元，支出 2 788 亿元，收支相抵，支出大于收入 2 299 亿元。

由于经常性预算的结余转入建设性预算的收入，因而，在正常情况下，建设性预算的收入要大于经常性预算的结余。但是，通过分析 2000 年复式预算的有关数据却发现：中央建设性预算收入 489 亿元，中央经常性预算的结余却为 527 亿元，后者比前者多出 38 亿元。

资料来源：马蔡琛.如何解读政府预算报告［M］. 北京：中国财政经济出版社，2002.

案例导读：

这种表述歧义的可能解释似乎是：生产性企业亏损补贴数额大于专项建设性收入，在冲减专项建设性收入后，进一步冲减经常性预算结余，造成建设性预算收入小于经常性预算结余 38 亿元。

由此可见，中国的复式预算管理模式仍旧存在着某些问题，至少在表述方式上，与通常市场经济国家的复式预算内涵存在着一定差异。

6.2

### 参与式预算：国际经验与中国试验

政府预算是一个公共偏好的表达过程，经由公共选择机制，提供公众参与预算过程的途径，也是各国预算管理的共识。巴西等国的地方政府所尝试的参与式预算，是一种颇有新意的探索。

阅读后续案例介绍后，请思考以下问题：

（1）参与式预算的主要特点是什么？

（2）除了浙江温岭之外，近年来河南省焦作市、云南省盐津市等地也开展了参与式预算的试点，进一步阅读有关情况介绍后，尝试讨论参与式预算在我国地方政府层面上是否具有现实的应用性。

（3）目前，参与式预算在中国的试验，主要是在街道和乡镇一级的层面展开的。原因在于，较高层级的预算，通常涉及一些大的基础设施，技术性很强，老百姓很难看懂；但在基层预算安排中，与公民生活息息相关，城市和农村社区居民较有能力把握。请讨论在中国县级预算管理中，是否有可能引入参与式预算的管理模式。

参与式预算（participatory budgeting）是公民个人和不同群体、不同利益的代表直接参与地方和社区公共财政的开支和投资决策的一种方式。直接参与预算并不是公民通过选举政治代理人来参与预算的决策，而是公民面对面直接参与预算的制定过程。这种试验的成功在一定程度上证明了这样一个事实，即公民的参与对预算的结果有重要的影响。

"参与式预算"对于当前城乡基层民主建设，尤其是加强乡村财务管理、缓解财政困难和债务矛盾、落实"政务公开"和"民主理财"、推进乡村民主化治理有直接的参考和借鉴价值。参与式预算的实践在美国和巴西等国均有尝试。

美国俄亥俄州的代顿市，将重要的预算过程分散到碟状的城市结合部，从而将内城和外城邻区结合进入一个预算要求体系。公民通过竞选进入预算委员会，然后从市政府得到大量关于如何看懂预算和如何进行预算决策的培训信息。政府官员可以接收和审查社区的公民预算提议，但必须有充分的理由才能拒绝社区的决策。

在巴西，"参与式预算"已经试验了许多年，其模式已经成为该国各地方政府的主要预算模式。其中榆港市的改革曾经得以通过联合国向全球推广。巴西城的波尔图-阿莱格里也取得了参与式预算的成功。该计划自1989年开始实施以来，波尔图-阿莱格里已有成百上千的公民被训练成为预算决策者。该城市被分成16个区，每个区选出自己的代表去考虑预算选择，确定优先项目，然后各区相互协商，并做出最后的选择。该过程是完全透明的，参与式的委员会会议对公众和媒体公开，政府机构不参与投票，只是提供技术和法律信息。

参与式预算在中国的实践，开始于浙江省温岭市的新河镇。新河镇是位于浙江省温岭市东北部的一个水乡名镇，辖89个村6个居委会，12万人，行政区域面积71.4平方公里，是未来温岭市金十字城区的重要组成部分，属于长江三角洲甬台温经济区"台州金三角"的重要组成部分。新河镇所在的温岭市具有几年民主恳谈会的传统，民主恳谈会是诞生于温岭的一种基层民主政治形式，在2004年荣获了由中国地方政府创新奖专家委员会颁发的、在国内外都有影响的"中国地方政府创新奖"。

民主恳谈是让基层党委、政府或农村自治组织在就公共事务做出决策前，先在政府和群众之间展开完全平等、自由、公开、坦诚、双向和深入的讨论，在形成基本共识后，再通过一定的程序做出决策。在这样的基础上，新河镇决定将民主恳谈的方式引入到镇人民代表大会财政预算的审议程序中，进行人大财政预算的改革实践，将政府财政预算的最终决策权和监督权真正地交到人大手中。

2005年7月27日卜午，镇里的人大会议要讨论2005年的财政预算。和尚、尼姑、道士，外加190个百姓——新河镇十四届人大五次会议的列席旁听代表有193个人——在镇政府的报告厅里，正式人大代表只有90个。"只要你愿意，都可以来听，三教九流都可以对政府财政预算提意见。"新河镇党委书记金良明说。旁听的群众来自全镇89个村6个居委会，对于有着12万人口的新河镇来说，"财政预算"这个名词曾经是神秘且遥不可及的。但在当天的"财政预算民主恳谈会"上，无论是被邀请的代表，还是自发前来旁听的百姓，都有了直观且真实的体验。

例如，人大代表陈元方问："这个行政管理费1 600万元是不是花得太多了？车辆购置费为什么要花70万元？能不能压缩这部分财政支出？"镇长戴美忠答："镇政府用车一直有困难。目前我跟书记两个人用一辆别克，另外有三辆普通桑塔纳，一辆用了13年，一辆11年，最新的也用了9年。十几年的车破损严重，根本开不出镇去。所以，镇里打算新买一辆别克，一辆面包车，再添两辆桑塔纳，预计要70万元。行政管理费高，是因为镇里自聘人员比较多，我们打算压缩这块经费、节约开支。"

如果代表在讨论和辩论中对预算草案有明显不同的意见，由人大主席团讨论决定，将不同意见的条目列出，由全体人大代表进行表决，决定该单项是否需要继续修改，如果有50%以上的人大代表要求修改该条目，则由预算审查小组和政府再次召开联席会议，对预算进行修改；如果没有需要单项修改的条目，则对财政预算决议进行总体表决。

资料来源：鲁宾 I.公共预算中的政治：收入与支出，借贷与平衡 [M]. 马骏，叶娟丽，译. 4版. 北京：中国人民大学出版社，2001；张妮. "参与式预算"改革试验：谨慎乐观 [J]. 中国发展观察，2007（2）.

## 推荐阅读资料

财政部预算司. 中央部门预算编制指南（2017）［M］. 北京：中国财政经济出版社，2016.

天津市财政局. 2018年天津市市级部门预算编制指南［R］. 天津市财政局，2017.

米克塞尔 J L. 公共财政管理：分析与应用［M］. 白彦锋，马蔡琛，译. 6版. 北京：中国人民大学出版社，2005.

## 网上资源

http：//www.mof.gov.cn（中华人民共和国财政部）

http：//yss.mof.gov.cn（财政部预算司）

# 第 7 章

# 预算执行与国库管理

政府预算一经立法机构审查批准之后，即进入预算管理流程中的执行阶段。预算执行是预算周期管理的重要核心环节之一，其核心目标是实现既定的政府预算收支任务，贯彻落实政府预算政策。政府预算执行是政府预算由理想的预算状态走向现实的必经步骤。

## 7.1 政府预算的执行

在政府预算周期管理中，预算草案经立法机构审查批准通过后，即成为具有法律效力的文件，由此政府预算流程就进入了下一个重要阶段——政府预算执行阶段。政府预算执行，也称为政府预算实施，在这一阶段，政府机构将执行已获批准的预算：支出拨款，提供服务。尽管在预算执行活动中还存在其他重要的管理问题，但支出活动必须按照有关的预算拨款法律来进行。

在我国早期的预算研究中，预算执行也称为"现计论"（actual account），包含出纳及金库（receipts, disbursements and treasury）等，与预算对等言之，则亦可称为预算之执行（execution of budget）。预算经议会议定之后，一到会计年度开始之期，即当发生效力，由出纳机关施行支出及收入。在理论上直至年度告终之日为止，在实际上亦不能延长至出纳整理期间以外，此出纳之时间的原则也。又出纳之项目数量，应以预算上所明记者为准，而不能任意流用（diverse），此出纳之实质的原则也。出纳机关分为二种，出纳之命令，与出纳现金之实行，各由不同的机关任之，以免事权集中于一人而生种种流弊，此出纳之分权的原则也。国家之金库，限于一个，一切出纳，皆须经过唯一的国库，以谋财政的统一，此国库之统一的原则也。所谓现计者，盖不外乎根据此等原则，而行出纳及保管而已。[①]即使以现代的眼光来看，这些论述也是颇多见地的。

从市场经济各国政府预算管理的实践看，虽然政府预算执行的具体措施与方式存在诸多不同之处，但大多是为了有效地实现政府预算目标，而试图解决政府预算系统运行的合规性和监控问题的。前者主要涉及收入预算执行和支出预算执行的管理规则问题，后者主要涉及预算执行中的会计核算、审查、实施政策以及对人员经费与政府购买支出的管理问题。[②]虽然都称为预算的执行，但年度收入预算与年度支出预算之间还是存在很大的不同，因为年度收入预算本身是不执行的。也就是说，并非

---

① 陈启修. 财政学总论［M］. 北京：商务印书馆，2015：91（原书于1924年由商务印书馆出版）.
② 卢洪友. 政府预算学［M］. 武汉：武汉大学出版社，2005：176.

执行年度收入预算，而是援引其基石（税法）等相关法律来处理。[1]概括起来，在预算执行过程中，一是需要确保预算的实施与法定授权相一致；二是根据宏观经济环境的重大变化，对预算加以必要的调整；三是通过政府采购等方式，有效管理预算资源的流转使用。[2]

### 7.1.1　预算执行的目标

立法机关批准的拨款，而不是行政机关所提交的预算，决定了在预算年度中提供公共服务可用的资金数额。这一获得批准的预算不仅成为实际运营活动的管理标准，也是预算实施过程中一个至关重要的工具，既可以指导政府机构的运营活动，也可以确保财政支出不超出拨款限额。获得批准的预算为实际运行确立了控制标准；在预算实施过程中，针对一些偏离标准的地方，通过控制系统的运行加以纠正。在实际过程中，该机制中包含了如下预算控制性的目标[3]：

（1）预防性控制（preventive controls）机制的建立，是用来防止一些违背标准的行为。为了防止这些违背标准的活动，某些政府建立了一些特殊的程序，以对价格超出规定限额的购买活动进行审议；当财政资金紧张时，这一限额标准也会相应降低。在填写支票、形成公共采购活动之前，更多的政府会通过特殊的事前审计，确保这一支出活动的恰当性。在发生支出之前，通常需要多个独立机构的批准。

（2）过程控制（feed-forward controls），就是对财政支出过程中出现的问题进行诊断和修正的活动。当实际支出和预算支出的差异超过一定水平后，差异报告（variance reports）会自动对一些特定账户发布停止支付的命令。

（3）反馈控制（feedback controls），就是在预算周期中对未来年度进行纠正。将财政年度内的预算支出和实际支出进行比较，为下一年预算的准备、审议和指导提供最重要的信息。

总之，政府预算执行的目标可以概括为，实现既定的预算方针和进行必要的灵活性调整这样两个相辅相成的方面。在此，我们在政府预算的执行目标中提出在预算执行中要从实际出发对预算经立法机构批准时确定的目标进行必要的适时修正问题，并非是指在预算执行中可以随意变更预算，而是强调法定的政府预算应该按照这样一种方式来贯彻落实：[4]随着客观情况的变化或者新的需要调整因素的出现，而这些变化或因素又不能在现有预算框架的范围内加以调和时，就有必要在执行过程中按照法定程序进行适当的调整，以避免简单机械地执行预算而妨碍公共目标的实现。

### 7.1.2　预算执行的组织系统

政府预算执行需要按照一定的组织层级与职责分工来进行。在我国，政府预算的执行主要是根据国家政权级次、行政区划和行政管理体制，实行"统一领导、分级管理、分工负责"的管理模式。中央预算和全国预算由国务院组织执行，地方各级预算由本级人民政府组织执行。在预算执行过程中，财政部和地方各级政府财政部门，在国务院和地方各级

①　神野直彦. 财政学——财政现象的实体化分析［M］. 南京：南京大学出版社，2012：118.
②　陈工. 政府预算与管理［M］. 北京：清华大学出版社，2004：204.
③　米克塞尔 J L.公共财政管理：分析与应用［M］. 白彦锋，马蔡琛，译. 6版. 北京：中国人民大学出版社，2005：161.
④　王雍君. 公共预算管理［M］. 北京：经济科学出版社，2002：101.

人民政府领导下，具体负责预算执行的组织工作，并监督本级各部门和下级政府的预算执行工作。

1）政府预算执行的组织领导机构——国务院和各级人民政府

我国《预算法》规定，各级预算由本级政府组织执行。也就是说，负责预算执行的组织领导机构是国务院和地方各级人民政府。国务院作为最高国家行政机关，负责组织中央预算和全国预算的执行；地方各级人民政府负责组织本级政府预算的执行，并负责对本级政府各职能部门和下级人民政府预算的执行进行动态监督与检查。

2）政府预算执行的具体管理机构——各级政府财政部门

我国《预算法》规定，政府预算执行的具体工作由本级政府财政部门负责。具体说来，财政部对国务院负责，在国务院领导下，具体负责组织中央预算的执行，指导监督地方预算的执行，并定期向国务院报告预算执行情况；各级地方财政管理部门对地方各级政府负责，在其领导下，负责具体组织本级政府预算的执行，监督和指导下级政府预算的执行，并定期向同级人民政府和上级财政部门报告预算执行情况。

3）政府预算执行的具体实施机构——各预算部门和单位

各预算部门和单位需要正确执行部门（单位）预算，积极培植财源，组织收入并按规定上缴；按照支出预算和财政、财务制度的规定办理各项预算支出；对单位的各项经济业务进行会计核算，编制会计报表；定期向主管部门的同级财政部门报告预算执行情况，并接受监督。

4）政府预算执行的专门机构和参与机构

我国的政府行政管理系统，除财政部门外，还根据政府预算收支的性质和具体管理需要，设立或指定专门的管理机构负责参与政府预算的执行工作。

（1）各级国家和地方税务机关。其主要职责是：按照税收法律法规规定，组织各项工商税收的征收管理，同时负责办理政府交办的其他有关预算收入的征收管理工作（例如，社会保障基金等）。

（2）海关总署及其分支机构。其主要职责是：主要负责关税的征收管理，并代理税务机关征收进口环节的增值税、消费税和其他有关税收。

（3）中国人民银行。其主要职责是经理国家金库业务等。

### 7.1.3 预算执行的法律规定

2014年8月修订通过的《预算法》对于预算执行问题做出了进一步的明确规定。

各级预算由本级政府组织执行，具体工作由本级政府财政部门负责。各部门、各单位是本部门、本单位的预算执行主体，负责本部门、本单位的预算执行，并对执行结果负责。

预算年度开始后，各级预算草案在本级人民代表大会批准前，可以安排下列支出：①上一年度结转的支出；②参照上一年同期的预算支出数额安排必须支付的本年度部门基本支出、项目支出，以及对下级政府的转移性支出；③法律规定必须履行支付义务的支出，以及用于自然灾害等突发事件处理的支出。根据前款规定安排支出的情况，应当在预算草案的报告中做出说明。预算经本级人民代表大会批准后，按照批准的预算执行。

预算收入征收部门和单位，必须依照法律、行政法规的规定，及时、足额征收应征的预算收入。不得违反法律、行政法规规定，多征、提前征收或者减征、免征、缓征应征的预算收入，不得截留、占用或者挪用预算收入。各级政府不得向预算收入征收部门和单位下达收入指标。

政府征收的全部预算收入应当上缴国家金库（以下简称国库），任何部门、单位和个人不得截留、占用、挪用或者拖欠。对于法律有明确规定或者经国务院批准的特定专用资金，可以依照国务院的规定设立财政专户。

各级政府财政部门必须依照法律、行政法规和国务院财政部门的规定，及时、足额地拨付预算支出资金，加强对预算支出的管理和监督。各级政府、各部门、各单位的支出必须按照预算执行，不得虚假列支。各级政府、各部门、各单位应当对预算支出情况开展绩效评价。

各级预算的收入和支出实行收付实现制。特定事项按照国务院的规定实行权责发生制的有关情况，应当向本级人民代表大会常务委员会报告。

县级以上各级预算必须设立国库；具备条件的乡、民族乡、镇也应当设立国库。中央国库业务由中国人民银行经理，地方国库业务依照国务院的有关规定办理。各级国库应当按照国家有关规定，及时准确地办理预算收入的收纳、划分、留解、退付和预算支出的拨付。

各级国库库款的支配权属于本级政府财政部门。除法律、行政法规另有规定外，未经本级政府财政部门同意，任何部门、单位和个人都无权冻结、动用国库库款或者以其他方式支配已入国库的库款。各级政府应当加强对本级国库的管理和监督，按照国务院的规定完善国库现金管理，合理调节国库资金余额。各级政府应当加强对本级国库的管理和监督。

已经缴入国库的资金，依照法律、行政法规的规定或者国务院的决定需要退付的，各级政府财政部门或者其授权的机构应当及时办理退付。按照规定应当由财政支出安排的事项，不得用退库处理。

根据 1989 年 12 月颁布的《中华人民共和国国家金库条例实施细则》的有关规定，预算收入退库的具体范围包括：第一，技术性差错退库。由于工作疏忽发生技术性差错而多缴、错缴需要退库的。第二，结算性退库。由于企业单位隶属关系改变，收入级次转移，交接双方办理财务结算需要退库的；企业收入超缴且不宜在下期抵缴，需要清算退库的。第三，政策性退库。根据批准的企业亏损计划，需要弥补计划亏损而需要退库。第四，提留性退库。例如，地方财政从已经入库的税款中提取税收附加，以及从工商各税中提取代征手续费，需要退库的。第五，财政部明文规定和专项批准的其他退库项目。凡是不符合上述退库范围的，各级财政机关和主管收入机关不得办理审批手续，对于不符合规定的退库，各级国库有权拒绝办理。

国家实行国库集中收缴和集中支付制度，对政府全部收入和支出实行国库集中收付管理。

各级政府应当加强对预算执行的领导，支持政府财政、税务、海关等预算收入的征收部门依法组织预算收入，支持政府财政部门严格管理预算支出。财政、税务、海关等部门在预算执行中应当加强对预算执行的分析；发现问题时应当及时建议本级政府采取措施予以解决。

各部门、各单位应当加强对预算收入和支出的管理，不得截留或者动用应当上缴的预算收入，不得擅自改变预算支出的用途。

各级预算预备费的动用方案由本级政府财政部门提出，报本级政府决定。

各级预算周转金由本级政府财政部门管理，不得挪作他用。

各级一般公共预算年度执行中有超收收入的，只能用于冲减赤字或者补充预算稳定调节基金。各级一般公共预算的结余资金，应当补充预算稳定调节基金。省、自治区、直辖市一般公共预算年度执行中出现短收，通过调入预算稳定调节基金、减少支出等方式仍不能实现收支平衡的，省、自治区、直辖市政府报本级人民代表大会或者其常务委员会批准，可以增列赤字，报国务院财政部门备案，并应当在下一年度预算中予以弥补。

### 7.1.4 政府预算执行中的调整

#### 1）预算调整概述

在政府预算执行过程中，受社会经济环境和预算管理因素的影响，立法机构审批通过的年度预算，通常会发生某种相机性的变化，如预算收支难以达到或超过年度预算规定的限额水平，由此导致了政府预算执行中的调整。

预算调整的主要形式是预算的追加追减。在原定预算支出规模之外，按照法定程序增加预算支出数额的，称为追加预算支出；在原定预算收入规模之外，按照法定程序减少预算收入数额的，称为追减预算收入。经全国人民代表大会批准的中央预算和经地方各级人民代表大会批准的地方各级预算，在执行中出现下列情况之一的，应当进行预算调整：①需要增加或者减少预算总支出的；②需要调入预算稳定调节基金的；③需要调减预算安排的重点支出数额的；④需要增加举借债务数额的。

#### 2）预算调整的法律规定

各国对于预算调整的法律规定，大致有两种情况：①

一是预算调整权集中在议会，政府如果需要追加预算或临时拨款，需要提出预算调整方案，经由议会审查批准（如法国、英国、日本、印度等国）。例如，英国规定，政府如需追加预算开支或临时拨款，必须向议会提交议案，经议会审查批准。我国的预算调整也大体采用了这种模式。

二是除了议会拥有预算调整权外，政府部门也有部分预算调整权限（如美国、德国、西班牙等国）。例如，德国法律规定，一般情况下，追加支出必须经议会批准，但在联邦政府面临重大威胁或者遇到有重大危害的突发事件时，联邦政府可以按照《促进经济稳定和增长法》的规定，追加预算。西班牙法律规定，政府如果需要支拨临时款项时，财政大臣应建议政府讨论通过并向议会提交一份法律草案，由议会批准。法案中应说明扩大公共支出的财力来源，政府根据财政大臣的建议，也可以在特殊情况下，例外地批准拨付不可拖延的支出（但每个预算年度的最高限额为总预算拨款的1%）。

根据我国现行《预算法》的有关规定，在预算执行中，各级政府一般不制定新的增加财政收入或者支出的政策和措施，也不制定减少财政收入的政策和措施；必须做出并需要

---

① 刘明慧. 政府预算管理［M］. 北京：经济科学出版社，2004：207-208.

进行预算调整的，应当在预算调整方案中做出安排。

在预算执行中，各级政府对于必须进行的预算调整，应当编制预算调整方案。预算调整方案应当说明预算调整的理由、项目和数额。在预算执行中，由于发生自然灾害等突发事件，必须及时增加预算支出的，应当先动支预备费；预备费不足支出的，各级政府可以先安排支出，属于预算调整的，列入预算调整方案。

国务院财政部门应当在全国人民代表大会常务委员会举行会议审查和批准预算调整方案的 30 日前，将预算调整初步方案送交全国人民代表大会财政经济委员会进行初步审查。

省、自治区、直辖市政府财政部门应当在本级人民代表大会常务委员会举行会议审查和批准预算调整方案的 30 日前，将预算调整初步方案送交本级人民代表大会有关专门委员会进行初步审查。

设区的市、自治州政府财政部门应当在本级人民代表大会常务委员会举行会议审查和批准预算调整方案的 30 日前，将预算调整初步方案送交本级人民代表大会有关专门委员会进行初步审查，或者送交本级人民代表大会常务委员会有关工作机构征求意见。

县、自治县、不设区的市、市辖区政府财政部门应当在本级人民代表大会常务委员会举行会议审查和批准预算调整方案的 30 日前，将预算调整初步方案送交本级人民代表大会常务委员会有关工作机构征求意见。

中央预算的调整方案应当提请全国人民代表大会常务委员会审查和批准。县级以上地方各级预算的调整方案应当提请本级人民代表大会常务委员会审查和批准；乡、民族乡、镇预算的调整方案应当提请本级人民代表大会审查和批准。未经批准，不得调整预算。

经批准的预算调整方案，各级政府应当严格执行。未经《预算法》第 69 条规定的程序，各级政府不得做出预算调整的决定。对违反前款规定做出的决定，本级人民代表大会、本级人民代表大会常务委员会或者上级政府应当责令其改变或者撤销。

在预算执行中，地方各级政府因上级政府增加不需要本级政府提供配套资金的专项转移支付而引起的预算支出变化，不属于预算调整。接受增加专项转移支付的县级以上地方各级政府应当向本级人民代表大会常务委员会报告有关情况；接受增加专项转移支付的乡、民族乡、镇政府应当向本级人民代表大会报告有关情况。

各部门、各单位的预算支出应当按照预算科目执行。严格控制不同预算科目、预算级次或者项目间的预算资金的调剂，确需调剂使用的，按照国务院财政部门的规定办理。

地方各级预算的调整方案经批准后，由本级政府报上一级政府备案。

3）预算调整的基本类型

在政府预算执行过程中，预算调整按照其调整的幅度和影响范围的不同，分为全面调整和局部调整两种情况。

（1）全面调整

全面调整，也称为"大调整"或"盘子"外调整。全面调整，是指在政府预算执行中，因特殊情况或突发事件的缘故，而对政府预算收支总盘子进行的全局性大调整。这种调整的特点是涉及面广、工作量大，实际上相当于重新编制一次政府预算。因而，全面调整在政府预算管理中并非是经常发生的，只有在特殊情况下才采用，并且需要极其慎重。导致政府预算全面调整的特殊情况主要包括：遭遇特大自然灾害或战争、国民经济和社会发展出现过度异常（如经济过分高涨或过分低落）等。

（2）局部调整

局部调整，也称为"小调整"或"盘子"内调整，是指对政府预算进行的局部性调整变动。在此主要介绍动用预备费和经费流用这两种情况。

①动用预备费

预备费也称总预备费。各级财政总预算中的预备费，是指各级政府预算中不规定具体用途的当年后备基金，一般是为了解决在预算执行过程中发生的某些临时性急需和事前难以预料的重大开支项目，而相应设置的备用资金。中央预备费和地方预备费均按各级政府支出预算总额的一定比例提取。

总预备费，在某些市场经济国家，也称为"预算准备金制度"。准备金的设立通常有两种模式：一是由政府设立总准备金；二是由各部门设立准备金。市场经济诸国近年来的发展趋势是，日益倾向由政府设立总准备金，其原因在于，中央政府的预算机构更有能力确定准备金的使用时机和数额。例如，英国和加拿大已然放弃由部门设立准备金的做法，而是由中央建立统一控制的准备金。英国每年的支出计划中，都有一项包括本年度和未来两年在内的准备金，通常后一两年的准备金比例要高于第一年。意大利国会批准的准备金可以高达全年支出的8%~10%；而奥地利每年的预算中则不列出一般应急的准备金，但可能会预留一定比例的象征性资金以应对可能增加的支出。①

我国《预算法》规定，各级一般公共预算应当按照本级一般公共预算支出额的1%至3%设置预备费，用于处理当年预算执行中的自然灾害等突发事件增加的支出及其他难以预见的开支。

②经费流用

经费流用（transfer of funds），也称科目流用，是指在保证完成各项建设事业计划，又不超过原定预算支出总额的情况下，由于预算科目之间调入、调出和改变资金用途而形成的预算资金的再分配。

在预算执行中，各预算科目的执行结果会产生不同的资金余缺情况，为了充分发挥预算资金的使用效果，在保证完成各项事业的计划，又不超过既定的预算支出总额的前提下，在一些科目之间进行调整，可以达到预算资金以多补少、调剂余缺的目的。

预算科目之间的经费流用，虽然不影响政府预算的总规模和收支平衡，但由于不同科目的资金各有不同的用途，因此在相互调剂时要遵循一定的原则，并履行相应的报批手续。从各国政府预算管理实践来看，为使得预算的执行更具弹性与充分授权，各国对经费流用的限制已有放宽的趋势。②例如，1998年德国联邦议会通过法律，允许在一些确定的科目之间进行调剂，可以调剂的科目，在预算说明中有严格规定，并明确一旦某科目确定为可调剂的，则要相应扣减该科目资金总额的3%~4%。在德国联邦预算的约8 000个科目中，可以调剂的有4 800个，但这些科目的总和仅占联邦预算总支出的6%。③

## 7.1.5　财政结余资金产生的原因及管理

近年来，虽然不断加强对财政拨款结转和结余资金的管理，但财政拨款结转和结余资

———
① 经济合作与发展组织. 比较预算 [M]. 财政部财政科学研究所，译. 北京：人民出版社，2001：62-66.
② 徐仁辉. 公共财务管理——公共预算与财务行政 [M]. 台北：智胜文化事业有限公司，2000：151.
③ 全国人大常委会预算工作委员会调研室. 国外预算管理考察报告 [M]. 北京：中国民主法制出版社，2005：44.

金大量产生、广泛存在的状况并未得到根本改观，究其原因，主要有以下几个方面：[①]

1）中央部门加强管理形成的结转和结余

（1）中央部门加强财务管理、厉行节约形成的结转和结余。部门通过建立健全各种规章制度，堵塞财务漏洞，严格界定各项业务的开支范围，规范支出内容，加强财政资金的管理，节约资金，形成结转和结余。

（2）中央部门特殊管理方式形成的结转和结余。如教育部所属院校规定，学校超过一定额度以上的支出只有经过审计部门审计后才能列支，先列"暂付款"。由于这个过程时间较长，未能及时列支，形成结转和结余。

（3）中央部门实行系统管理形成的结转和结余。如国税系统基层单位近 4 000 个，需要一定的资金备用，形成结转和结余。

2）财政部门下达预算、拨款不及时形成的结转和结余

（1）中央预算批复后，有的部门未按规定时间及时批复预算，预算执行时间过短，形成的结转和结余。中央本级预算草案每年 3 月 15 日经人大审议通过后，财政部在规定的 1 个月时间内批复部门预算，部门按规定半个月内批复下属单位的预算。有些中央部门并未按规定时间及时批复下属单位预算，有的部门每年预算下达到实际执行单位基本都在 4 月末或 5 月初，预算拨款时间更晚。预算执行时间仅半年左右，造成有的项目无法完成，形成结转和结余。

（2）财政追加预算时间较晚形成的结转和结余。从这几年预算执行情况看，有些项目预算 12 月 31 日还办理追加，拨款时间更晚；有些代编预算的下达也集中在年底，下达到部门后项目来不及执行，也形成了部门财政拨款结转和结余。

3）财政国库管理制度改革形成的结转和结余

（1）财政部门实行国库集中支付改革，加强执行监督和资金使用监控等，提高资金使用效率，形成结转和结余。

（2）中央部门大型设备等实施政府集中招标采购，降低了成本，形成结转和结余。如部分大型设备集中采购后，虽已订货，但出于安全方面考虑，部门在设备到货前不付款；或部门已经到货的大型设备正在试运行，在确保质量之前也暂不付款，虚增结转和结余。

4）预算管理制度与财务会计制度不衔接造成的结转和结余

《行政单位财务规则》和《事业单位财务规则》规定，单位会计制度采用收付实现制而非权责发生制，因此在"暂付款"中虚增一部分结转和结余。如有的工程虽已完工，但因财务未能在年终前结算，列"暂付款"；或者工程未完工，但现金已开支，因财务未结算，列"暂付款"，虚增结转和结余。按照基金财务管理制度，建设单位必须按工程价款预留一定比例的工程质量保证金，待工程竣工验收一年后清算，客观形成了一部分结转资金。

5）历史性、政策性原因形成的结转和结余

在部门预算改革前，有些单位实行经费包干体制，通过收入分成等方式积累了大量资金，多年滚存下来，形成了数额较大的基本支出结转。

---

① 财政部预算司. 中央部门预算编制指南（2014 年）［M］. 北京：中国财政经济出版社，2013：240-247.

6）预算编制不实、审核不严形成的结转和结余

近几年，财政部虽然要求中央部门在申报项目预算时，要控制财政拨款申请数，但由于认识不到位，一些中央部门在编制预算中仍存在"头戴三尺帽"的虚报现象，造成年初预算安排不准确，形成部分财政拨款资金结转和结余。

7）其他因素形成的结转和结余

其他因素形成的结转和结余包括外交项目受政治、外交等不可抗力因素影响出现结转和结余；测绘、勘探等项目受气候条件等自然环境影响进展缓慢形成结转资金；账面上存在财政拨款结转和结余资金，但实际资金已经垫付医疗费等，形成虚假结转和结余，等等。

对财政拨款结转和结余资金的管理，根据时间顺序可分为：报送和确认阶段、预算执行阶段和预算编制阶段。

结转和结余资金的报送和确认。根据《中央部门财政拨款结转和结余资金管理办法》（财预〔2010〕7号）规定，在预算年度结束后，中央部门对本部门结转和结余资金情况逐级汇总，对形成结转和结余的原因进行分析说明，并报财政部。财政部对部门结转和结余资金数额和有关项目完成情况进行审核确认后，正式批复中央部门。

预算执行阶段。部门基本支出结转资金原则上结转下年继续使用，用于增人增编等人员经费和日常公用经费支出；项目支出结转资金下年按原用途继续使用，项目支出结余资金在执行中原则上不得动用，全部用于统筹编制以后年度部门预算。

预算编制阶段。部门在编制部门"一上"预算时，应将本部门财政拨款结转和结余资金安全使用情况和申请当年财政拨款安排支出统筹考虑，提出部门预算申请。

## 7.2 国库管理

人们常说的国库，本意是一个存放具体实物、货币和黄金的库房。但现代意义上的国库，已经不单单是国家金库，每个国家的国库往往都担负着保管、管理该国财政的资产和负债，以及反映该国预算执行情况的一系列国家财政职能。国库的职能已由传统的"库藏"管理发展成控制政府预算内、外资金，管理政府现金和债务等全面财政管理事务。

### 7.2.1 国库制度概述

1）国库的主要功能

国库，系"国家金库"（national treasury）的简称，是管理预算收入的收纳、划分、留解和库款支拨以及报告国家财政预算执行情况的专门机构。国库的功能主要体现为如下几个方面：[①]

第一，现金管理。在总额范围内控制支出，有效地完成预算，使政府筹资成本最小化。

第二，政府银行账户的管理。国库负责监督所有中央政府机构的银行账户（包括各种预算外资金）。当商业银行介入税款征收或支出支付时，国库则须与银行进行协商安排，

① 本小节对于国库功能的分析，主要采用了国际货币基金组织的观点。进一步的分析参阅亚洲开发银行. 政府支出管理［M］. 北京：人民出版社，2001.

以保证现金需求。

第三，财务计划及现金流量预测。财务计划包括编制年度现金计划、年度预算执行计划、月度现金计划和当月财务预测。通常，国库部门需按纯现金基础编制预算执行计划和全面现金计划。

第四，公共债务管理。在某些市场经济国家，国库还负责控制政府债务的发行与管理工作。例如，在英国，国库部门在其每个财政年度的公告中所涉及的年度债务管理方面，都要报告有关筹资需求、政府债务拍卖计划，以及已发行债券的到期情况。

第五，外国援助资金及来自国际援助机构相应基金的管理。根据国际货币基金组织的建议，对于实施复式预算制度的发展中国家而言，外援资金的管理应置于国库部门之下，外援资金的集中登记应由国库部门或国民经济计划部门负责。

第六，金融资产管理。国库部门负责记录并核算政府的金融资产，[①]及时获取政府持股企业的财务信息，监督红利支付以及处理企业产权交易的财务问题。

概括起来，市场经济国家现代国库的职能定位大体具有这样的共性特点：一是国库是财政部门受政府委托、代表政府履行职能的一种体现；二是国库不是简单意义上的国库资金收支操作，而是一系列管理职能的集中体现；三是国库重在控制预算执行，要保证财政资金严格按照部门预算规定执行；四是国库部门要对政府资产和负债实施管理，提高政府资产和负债的管理效率。[②]其中，国库现金管理和债务管理的效率，以及能否及时准确地为财政管理和宏观经济决策提供完整的预算执行报告，是衡量一国国库管理水平的两个关键指标。[③]

在各国的国库管理实践中，国库的具体功能取向又体现出结合自身具体国情的差异性。某些国家国库部门的职能主要集中于现金管理和政府债务上，而少数国家的债务管理则由其他自治机构负责，在另一些国家，国库部门还负责预算执行的控制，以及（或者）会计核算和预算执行的报告等事务。

需要特别说明的是，在多数发展中国家，政府通常对现金管理问题缺乏足够的关注，预算执行过程和现金流量管理主要集中于程序遵从性问题，忽视了公共筹资成本与国库资金的增值问题。而在新西兰、瑞典、澳大利亚等政府预算管理相对成熟且激进的国家，对于国库现金管理中的激励措施，则进行了有益的探索与尝试。[④]

2）国库制度的主要类型

每个国家都有自己的国库制度。日本的国库由财务省主管，但绝大部分具体业务委托中央银行——日本银行来实施。1993年，俄罗斯政府颁布了建立联邦国库的政府令，在俄财政部设立了联邦国库管理局，委托中央银行具体管理。美国的国库预算由财政部管理，但财政部主要是管理资金的使用，具体保管是由美国国库局来执行。美国国库局是财政部的下属单位，具体负责印制美元、铸造硬币、灌注金锭，以及保管这些钱财，是美国政府真正的"钱袋子"。

---

① 政府的金融资产包括企业股份、政府发放的贷款、债务人未承兑的担保付款等。
② 詹静涛．现代财政国库管理制度理论与实践［R］．见廖晓军．财政改革论纲：2006［M］．北京：经济科学出版社，2006：812．
③ 阎坤，周雪飞．发达国家国库管理制度的考察与借鉴［J］．财政研究，2003（2）．
④ 在新西兰，各个部门就其年度的现金支出计划数额与国库协商确定，之后如果这些部门超支了，则要支付给国库一笔利息作为惩罚；若有结余，则可以获得一笔利息收益。同时，专设机构每晚对各部门的银行账户进行平仓，将其余额投资于隔夜拆借市场。和过去各部门将剩余资金留在其银行账户的制度相比，新的制度安排每年可以节省大约2 000万美元。转引自亚洲开发银行．政府支出管理［M］．北京：人民出版社，2001：201．

从市场经济各国的主要情况看，国家金库制度大致可以分为独立国库制、委托国库制和银行制三种。

独立国库制，是指国家特设机构，办理政府财政预算收支的保管出纳工作。其优点在于，便于财政部门的国库管理工作，严格体现了公共部门财务管理的分权与制衡原则，可以良好地控制和监督各项预算收支活动，以保证国库职能的有效实现。缺点在于，政府自行设立国库，需保持单独的人、财、物运行系统，其运行成本较为高昂，并且难以实现财政性资金的余缺调剂，在一定程度上影响了预算资金使用效果。目前，采行这种国库制度的国家相对较少，[1]较为典型的是芬兰的国库董事会制度。[2]

委托国库制，是指政府不单独设独立的国库机构，而是由财政部门委托中央银行直接经营或代理国库业务。其优点在于，由于银行系统网络广布，信息传递便捷，可以大量节省国库费用开支。同时，由于各国中央银行大多还负责本国货币政策的制定与实行，采用委托国库制也有利于财政政策与货币政策的综合协调运用。缺点在于，在中央银行系统内部，国库业务具有相当的派生性，往往难以得到足够的重视，增大了国库管理的难度。[3]目前，世界上大多数国家都采用了委托国库制，我国亦然。

银行制，是指国家不单独设立国库，也不委托中央银行代理国库，而是由财政部门在商业银行开立银行账户，办理预算收支业务，其账户性质视同于一般存款账户看待，实行存款有息、结算付费的管理方式（如蒙古国和美国的一些州及地方政府）。[4]虽然这一模式可以较大限度地节约国库运行成本，但因难以良好地履行国库的监督管理职能，而较少有国家采用。

日本国库制度之沿革，可以作为上述三种制度的典型范例。[5]日本自1869年（明治初年）至1890年，国库资金由大藏省金库局保管，这一阶段属于独立国库制。自1890年至1922年，日本政府于日本银行内设置金库，委托处理国库资金出纳事务，日本银行总裁担任政府出纳职务的首长，这一阶段属于委托国库制。自1922年至今，属于银行制国库时期，由日本银行处理国库出纳事务，其收入之财政资金，即作为国库在日本银行的存款。

概括起来，市场经济国家的国库管理制度普遍具有下列特征：[6]

首先，财政部门设立国库单一账户。所有财政资金都通过国库单一账户集中核算，并以国库单一账户为基础，建立国库分类账册体系。多数国家将国库单一账户开设在中央银行，也有些国家开设在商业银行。

其次，财政资金收付方式规范。税收收入经过纳税人申报和税务机关审核后，直接缴入银行，并及时通过银行清算系统划入国库单一账户。财政支出实行财政直接支付或授权预算单位支付，通过代理银行将款项支付到商品和劳务供应者或用款单位。财政资金的余额只保存在国库单一账户。例如，法国的财政资金支付，由财政部派往各政府部门和单位的公共会计师负责开出支付令，直接向商品和劳务供应者支付款项，每天业务结束时，所

① 美国曾经一度设立独立国库，后改为委托国库制。
② 卢洪友. 政府预算学［M］. 武汉：武汉大学出版社，2005：228.
③ 由于在委托国库制下，财政资金管理并非中央银行的应有之义和"分内事"，而仅仅是其一种辅业，加之我国一些地方的人民银行中，国库人员配备不齐、业务素质较差，很难保证财政资金的管理质量，从而严重影响了国库资金管理的效率。参阅阎仲，周雪飞. 发达国家国库管理制度的考察与借鉴［J］. 财政研究，2003（2）.
④ 陈工. 政府预算与管理［M］. 北京：清华大学出版社，2004：278.
⑤ 徐仁辉. 公共财务管理——公共预算与财务行政［M］. 台北：智胜文化事业有限公司，2000：295.
⑥ 项怀诚，楼继伟. 中国政府预算改革五年（1998—2003）［M］. 北京：中国财政经济出版社，2003：91-92.

有支付数额通过计算机汇总，进而确定国库在法兰西银行账户的余额。与实行分散支付的方式相比较，采取集中支付有利于有效控制财政资金流向，保障财政资金安全，也有利于加强对资金使用情况的管理监督。

最后，财政部门设立专门的国库现金管理和收付执行机构。实行国库单一账户制度的国家，普遍设有不同形式的专门履行国库现金管理和支付职能的执行机构。例如，美国联邦财政部这类人员约有1 900人，具体负责国库现金管理和支付事务；法国由财政部任命在政府各部门和单位负责支付的公共会计师有3 000人；匈牙利财政部下设的国库机构职员总数有830人。设立专门的财政国库现金管理和收付执行机构，不仅可以保证财政资金支付的安全、高效，而且可以获得较好的国库现金管理效益，使财政资金在支付行为发生前都保存在国库单一账户。

3）我国的国库制度

国库是随着政府财政收支规模的扩展而产生的。我国最早有文献记载的国库雏形，是公元前11世纪，周朝六官制中天官属下的专司府库和购物出纳的大府、玉府、内府和外府。历代国库制度及其称谓虽时有变化，但多采用以行政系统为基础的"银谷分藏制"。随着经济社会的演化，行政库藏制逐渐向银行代理制转变。1908年大清银行成立，国库委托银行代理，并以货币为单位，统一折算征收的实物价值，至此由银行代理的无形国库形式得以确立。

我国1950年3月政务院颁布的《中央金库条例》和1985年7月国务院发布的《中华人民共和国国家金库条例》，均明确中国人民银行具体经理国库。

我国的国库分为中央国库和地方国库。国库机构按照国家财政管理体制设立，原则上是一级财政设一级国库。中央国库业务由中国人民银行代理。中央国库业务应当接受财政部的指导和监督，对中央财政负责。地方国库业务由中国人民银行分支机构代理。未设中国人民银行分支机构的地区，由上级中国人民银行分支机构与有关地方政府财政部门商定后，委托有关银行办理。地方国库业务应当接受本级政府财政部门的指导和监督，对地方政府负责。

根据《中华人民共和国国家金库条例》的规定，国库的基本职责主要包括：办理国家预算收入的收纳、划分和留解；办理国家预算支出的拨付；向上级国库和同级财政机关反映预算收支执行情况；协助财政、税务机关督促企业和其他有经济收入的单位及时向国家缴纳应缴款项，对于屡催不缴的，应依照税法协助扣收入库；组织管理和检查指导下级国库的工作；办理国家交办的同国库有关的其他工作。

国库的主要权限如下：督促检查各经收处和收入机关所收之款是否按规定全部缴入国库，发现违法不缴的，应及时查究处理；对擅自变更各级财政之间收入划分范围、分成留解比例，以及随意调整库款账户之间存款余额的，国库有权拒绝执行；对不符合国家规定要求办理退库的，国库有权拒绝办理；监督财政存款的开户和财政库款的支拨；任何单位和个人强令国库办理违反国家规定的事项，国库有权拒绝执行，并及时向上级报告；对不符合规定的凭证，国库有权拒绝受理。

## 7.2.2 我国的国库集中收付制度改革

在20世纪90年代末期以前，我国实行的是分散的委托国库制度。这种模式存在的主要弊端是：重复和分散设置账户，导致财政资金活动透明度不高，不利于对其实施有效管理和全面监督；财政收支信息反馈迟缓，难以及时为预算编制、执行分析和宏观经济调控提供准确依据；财政资金入库时间延滞，收入退库不规范，大量资金经常滞留在预算单位，降低了使用效率；财政资金使用缺乏事前监督，截留、挤占、挪用等问题时有发生，甚至出现腐败现象。

同时，从国际经验看，发达市场经济国家普遍实行国库单一账户制度，一些发展中国家也已陆续进行了财政国库管理制度改革。可以说，国库单一账户制度是当代人类文明的有益成果。

我国20世纪90年代末期以前的财政性资金缴库和拨付方式，是通过征收机关和预算单位设立多重账户分散进行的。这种在传统体制下形成的运作方式，越来越不适应社会主义市场经济体制下公共财政的发展要求。因此，必须对现行财政国库管理制度进行改革，逐步建立和完善以国库单一账户体系为基础、资金缴拨以国库集中收付为主要形式的财政国库管理制度。自2000年以来，我国推行了以国库集中收付制度为核心的财政国库管理制度改革。截至2005年底，全国36个省区市（含计划单列市）已然全面推行了国库集中收付改革，并将改革推行到200多个地市和500多个县。[①] 概括起来，中国的国库集中收付制度改革主要包括：

1）国库集中收付制度改革的指导思想和原则

财政国库管理制度改革的指导思想是：按照社会主义市场经济体制下公共财政的发展要求，借鉴国际通行做法和成功经验，结合我国具体国情，建立和完善以国库单一账户体系为基础、资金缴拨以国库集中收付为主要形式的财政国库管理制度，进一步加强财政监督，提高资金使用效率，更好地发挥财政在宏观调控中的作用。

根据上述指导思想，财政国库管理制度改革遵循以下原则：

（1）有利于规范操作。合理确定财政部门、征收单位、预算单位、中国人民银行国库和代理银行的管理职责，不改变预算单位的资金使用权限，使所有财政性收支都按规范的程序在国库单一账户体系内运作。

（2）有利于管理监督。增强财政收支活动透明度，基本不改变预算单位财务管理和会计核算权限，使收入缴库和支出拨付的整个过程都处于有效的监督管理之下。

（3）有利于方便用款。减少资金申请和拨付环节，使预算单位用款更加及时和便利。

（4）有利于分步实施。改革方案要体现系统性和前瞻性，使改革目标逐步实现。

2）国库集中收付制度改革的主要内容

按照财政国库管理制度的基本发展要求，建立国库单一账户体系，所有财政性资金都纳入国库单一账户体系管理，收入直接缴入国库或财政专户，支出通过国库单一账户体系支付到商品和劳务供应者或用款单位。

（1）建立国库单一账户体系

所谓国库单一账户体系，是由财政部门开设的，以国库存款账户为核心，全面反映财政资金收付的各类账户的总称。国库单一账户体系是财政国库管理制度改革的主要内容。现代国库管理制度以国库单一账户为基础，实行规范和高效的财政资金运作方式。

---

① 财政部预算司. 中央部门预算编制指南（2007年）[M]. 北京：中国财政经济出版社，2006：171.

国库单一账户体系的构成主要包括：

——财政部门在中国人民银行开设国库单一账户，按收入和支出设置分类账，收入账按预算科目进行明细核算，支出账按资金使用性质设立分账册。

——财政部门按资金使用性质在商业银行开设零余额账户，在商业银行为预算单位开设零余额账户。

——财政部门在商业银行开设预算外资金财政专户，按收入和支出设置分类账。

——财政部门在商业银行为预算单位开设小额现金账户。

——经国务院和省级人民政府批准或授权财政部门开设特殊过渡性专户（以下简称特设专户）。

建立国库单一账户体系后，相应取消各类收入过渡性账户。预算单位的财政性资金逐步全部纳入国库单一账户管理。

国库单一账户体系中各类账户的功能主要包括：第一，国库单一账户为国库存款账户，用于记录、核算和反映纳入预算管理的财政收入和支出活动，并用于与财政部门在商业银行开设的零余额账户进行清算，实现支付。第二，财政部门的零余额账户，用于财政直接支付并与国库单一账户清算；预算单位的零余额账户用于财政授权支付和清算。第三，预算外资金财政专户，用于记录、核算和反映预算外资金的收入和支出活动，并用于预算外资金日常收支清算。第四，小额现金账户，用于记录、核算和反映预算单位的零星支出活动，并用于与国库单一账户清算。第五，特设专户，用于记录、核算和反映预算单位的特殊专项支出活动，并用于与国库单一账户清算。上述账户和专户要与财政部门及其支付执行机构、中国人民银行国库部门和预算单位的会计核算保持一致性，相互核对有关账务记录。

在建立健全现代化银行支付系统和财政管理信息系统的基础上，逐步实现由国库单一账户核算所有财政性资金的收入和支出，并通过各部门在商业银行的零余额账户处理日常支付和清算业务。

（2）规范收入收缴程序

①收入类型。按政府收支分类标准，对财政收入实行分类。

②收缴方式。适应财政国库管理制度的改革要求，将财政收入的收缴分为直接缴库和集中汇缴。

——直接缴库，是由缴款单位或缴款人按有关法律法规规定，直接将应缴收入缴入国库单一账户或预算外资金财政专户。

——集中汇缴，是由征收机关（有关法定单位）按有关法律法规规定，将所收的应缴收入汇总缴入国库单一账户或预算外资金财政专户。

③收缴程序。

——直接缴库程序。直接缴库的税收收入，由纳税人或税务代理人提出纳税申报，经征收机关审核无误后，由纳税人通过开户银行将税款缴入国库单一账户。直接缴库的其他收入，比照上述程序缴入国库单一账户或预算外资金财政专户。

——集中汇缴程序。小额零散税收和法律另有规定的应缴收入，由征收机关于收缴收入的当日汇总缴入国库单一账户。非税收入中的现金缴款，比照本程序缴入国库单一账户或预算外资金财政专户。

规范收入退库管理。涉及从国库中退库的，依照法律、行政法规有关国库管理的规定执行。

（3）规范支出拨付程序

①支出类型。财政支出总体上分为购买性支出和转移性支出。根据支付管理需要，具体分为：工资支出，即预算单位的工资性支出；购买支出，即预算单位除工资支出、零星支出之外购买服务、货物、工程项目等支出；零星支出，即预算单位购买支出中的日常小额部分，除政府采购品目分类表所列品目以外的支出，或列入政府采购品目分类表，但未达到规定数额的支出；转移支出，即拨付给预算单位或下级财政部门，未指明具体用途的支出，包括拨付企业补贴和未指明具体用途的资金、中央对地方的一般性转移支付等。

②支付方式。按照不同的支付主体，对不同类型的支出，分别实行财政直接支付和财政授权支付。

——财政直接支付。由财政部门开具支付令，通过国库单一账户体系，直接将财政资金支付到收款人（商品和劳务供应者，下同）或用款单位账户。实行财政直接支付的支出包括：第一，工资支出、购买支出以及中央对地方的专项转移支付，拨付企业大型工程项目或大型设备采购的资金等，直接支付到收款人。第二，转移支出（中央对地方专项转移支出除外），包括中央对地方的一般性转移支付中的税收返还、原体制补助、过渡期转移支付、结算补助等支出，对企业的补贴和未指明购买内容的某些专项支出等，支付到用款单位（包括下级财政部门和预算单位，下同）。

——财政授权支付。预算单位根据财政授权，自行开具支付令，通过国库单一账户体系将资金支付到收款人账户。实行财政授权支付的支出包括未实行财政直接支付的购买支出和零星支出。

财政直接支付和财政授权支付的具体支出项目，由财政部门在确定部门预算或制定改革试点的具体实施办法中列出。

③支付程序。

——财政直接支付程序。预算单位按照批复的部门预算和资金使用计划，向财政国库支付执行机构提出支付申请，财政国库支付执行机构根据批复的部门预算和资金使用计划及相关要求对支付申请审核无误后，向代理银行发出支付令，并通知中国人民银行国库部门，通过代理银行进入全国银行清算系统实时清算，财政资金从国库单一账户划拨到收款人的银行账户。

财政直接支付主要通过转账方式进行，也可以采取"国库支票"支付。财政国库支付执行机构根据预算单位的要求签发支票，并将签发给收款人的支票交给预算单位，由预算单位转给收款人。收款人持支票到其开户银行入账，收款人开户银行再与代理银行进行清算。每日营业终了前由国库单一账户与代理银行进行清算。

工资性支付涉及的各预算单位人员编制、工资标准、开支数额等，分别由编制部门、人事部门和财政部门核定。

支付对象为预算单位和下级财政部门的支出，由财政部门按照预算执行进度将资金从国库单一账户直接拨付到预算单位或下级财政部门账户。

——财政授权支付程序。预算单位按照批复的部门预算和资金使用计划，向财政国库支付执行机构申请授权支付的月度用款限额，财政国库支付执行机构将批准后的限额通知代理银行和预算单位，并通知中国人民银行国库部门。预算单位在月度用款限额内，自行开具支付令，通过财政国库支付执行机构转由代理银行向收款人付款，并与国库单一账户清算。

### 7.2.3 国库现金管理

在市场经济国家，最早出现的是司库管理（treasury management）的概念，它是企业或政府司库部门管理现金、筹资与投资、发行长期债务、资本管理、维护与债权人的关系以及规划与风险管理等功能的总称。司库现金管理（treasury cash management）是司库管理的一个子概念，通常是指对企业或政府资产负债表经常性项目一方的资金往来行为进行的管理，一般也简称为现金管理（cash management）。政府国库现金管理（government treasury cash management）则是现金管理的子概念，特指政府财政国库部门对其现金收支及相关过程的管理，一般又简称为政府现金管理或国库现金管理（government cash management）。①现金管理过程包括三个组成部分：（1）对现金的筹集和支出过程进行管理；（2）对现有的现金余额进行管理；（3）将这些现金余额投资于短期金融工具。

20世纪70年代，美国联邦政府各机构在管理与使用政府资金时，还没有认识到货币的时间价值，因此使用余额超过100万美元的无息支票账户的情况十分普遍。作为回报，金融机构为其提供免费服务。②直到1950年，州和地方政府几乎40%的财政资金还是存放在现金账户和活期存款账户中的。1972年，由于保留了过多的闲置现金，州和地方政府的损失高达4.53亿美元。到了20世纪70年代中期，这一比重已经下降到了15%以下；到了80年代，这一比重更是下降到了5%以下，并且从此没有再增长过。③现金管理的技术，特别是现金预算的可预测性和资金转账的便捷性，使这种变化具有了可能性；公众对政府资源使用的经济性的更高要求，使这种变化具有了必然性。④

与发达市场经济国家相比，中国的国库现金管理概念出现得较晚，它是在传统计划经济向社会主义市场经济转型的过程中，伴随着政府财政职能的转变，于2000年才被正式引入的。⑤在2001年改革试点之初，中央6个试点部门年度结余预算资金58亿元；安徽省16个试点部门年底结余预算资金1亿元；四川省14个试点部门年底结余预算资金9 193万元。从更宽的时间区间看，据1997—2005年全国财政在中央银行的季度末存款余额的统计数据，虽然我国国库存款余额保持着缓慢、平稳的增长，而在国库集中收付制度改革开始之后的6年间，国库存款余额增长迅速。比如，2005年3月的国库存款余额相当于2003年3月的1.72倍；相当于2000年3月的3.34倍；相当于1997年3月的5.39倍。此外，国库月终存款余额较大、波动幅度大，动辄就是几千亿元的水平，曾经一度达到3万亿~4万亿元的规模水平。⑥

2014年12月，财政部和中国人民银行联合发布了《地方国库现金管理试点办法》（财库〔2014〕183号）。从2014年开始，财政部会同中国人民银行总行选择3~6个预算管理

① 财政部国库司. 国库现金管理基础与实务［M］. 北京：经济科学出版社，2007：13.
② 米克塞尔 J L.公共财政管理：分析与应用［M］. 白彦锋，马蔡琛，译. 北京：中国人民大学出版社，2005：586.
③ Board of Governors of the Federal Reserve System.Flow of Funds Accounts，Financial Assets and Liabilities，Fourth Quarter［R］. 1991：2.1，Outstandings（Washington，D.C.：Board of Governors，1992）
④ BLANKENBECKLER G M. Excess Cash Management at the State and Local Levels［J］. State and Local Government Review，1978（10）：2-7.
⑤ 财政部国库司. 国库现金管理基础与实务［M］. 北京：经济科学出版社，2007：13.
⑥ 马洪范. 国库现金管理：理论与政策［M］. 北京，经济科学出版社，2014.

水平高、财政专户清理力度大、政府债务约束考评机制相对完善的省（区、市），积极、稳妥、有序地推进试点工作。2016年，为进一步扩大地方国库现金管理试点范围，促进地方国库现金管理工作规范有序开展，确定天津、河北、吉林、江苏、浙江、安徽、福建、厦门、江西、海南、四川、陕西、甘肃、青海、新疆15个省（区、市）为2016年地方国库现金管理试点地区。2017年1月，财政部和中国人民银行联合发布了《关于全面开展省级地方国库现金管理的通知》（财库〔2017〕8号），决定在全国全面开展省级地方国库现金管理工作。

1）地方国库现金管理应遵循的原则

第一，安全性、流动性、收益性相统一原则。在确保财政资金安全、财政支出支付流动性需求基础上，实现财政资金保值、增值。

第二，公开、公平、公正原则。地方国库现金管理应公开、公平、公正开展操作，确保资金安全。

第三，协调性原则。地方国库现金管理应充分考虑对市场流动性的影响，与货币政策操作保持协调性。

2）地方国库现金管理的总体规定

地方国库现金管理操作工具为商业银行定期存款，定期存款期限在1年期以内。此处的商业银行定期存款，是指将暂时闲置的国库现金按一定期限存放商业银行，商业银行提供足额质押并向地方财政部门支付利息。

地方财政部门会同中国人民银行当地分支机构（以下简称人民银行分支机构）共同开展地方国库现金管理。

地方财政部门、人民银行分支机构应建立必要的协调机制，包括季度、月度例会制度以及每期操作前进行必要的沟通。

地方财政部门负责国库现金预测并根据预测结果商人民银行分支机构制订地方国库现金管理分月操作计划。每月25日前应将下月操作计划报财政部、中国人民银行总行备案，财政部、中国人民银行总行可根据宏观调控需要对操作计划提出建议。每次操作前5个工作日将具体操作信息上报财政部、中国人民银行总行备案。执行中有调整的，及时上报更新操作信息。

地方国库现金管理应采取公开招标方式。地方国库现金管理招标应成立招标小组，小组成员由地方财政部门、人民银行分支机构等部门人员构成。每次招标日前3个工作日，通过财政部门网站、人民银行网站公告信息，招标完成当日及时公布经招标小组成员一致确认的结果。

地方国库现金的商业银行定期存款（以下简称地方国库定期存款）利率按操作当日同期限金融机构人民币存款基准利率执行，由商业银行在中国人民银行规定的金融机构存款利率浮动区间内根据商业原则自主确定。

地方国库现金管理应严格控制单一存款银行存款比例，防范资金风险。单期存款银行一般不得少于5家，单家存款银行当期存款金额不得超过当期存款总额的1/4。单一存款银行的地方国库定期存款余额一般不得超过该银行一般性存款余额的10%，不得超过地方财政国库定期存款余额的20%。

3）定期存款质押和资金划拨

存款银行取得地方国库定期存款，应当以可流通国债为质押，质押的国债面值数额为存款金额的120%。

省级财政部门应在中央国债登记结算有限责任公司开设省级国库现金管理质押账户，登记省级财政部门收到的存款银行质押品质权信息。人民银行分支机构负责办理具体质押操作。

地方财政部门确认存款银行足额质押后，通知人民银行分支机构办理资金划拨。

存款银行收款后，应向地方财政部门开具存款单，载明存款银行名称、存款金额、利率以及期限等要素。

地方国库定期存款存续期内，地方财政部门负责对存款银行质押品实施管理，确保足额质押。

存款银行应于存款到期日足额汇划存款本息。本金和利息应分别汇划，不得并笔。本息款项入库后，存款银行质押品相应解除。

存款银行应设置"国库定期存款"一级负债类科目，科目下按国库级次分设账户，分别核算存入、归还中央和地方财政的国库定期存款。存款银行应将增设"国库定期存款"科目变动情况报人民银行备案。该科目纳入一般存款范围缴纳存款准备金。

中国人民银行应设置"国库现金管理"资产类科目，核算商业银行定期存款操作、到期收回额以及余额。该余额纳入国库库存表反映。

人民银行分支机构根据国库现金管理资金划拨情况，于次一工作日向同级财政部门提供当期地方国库定期存款资金划出、存款到期本息划回明细表。

人民银行分支机构应按月、按年向同级财政部门报送地方国库定期存款操作、存款到期和余额（分银行）以及利息收入等报表及电子信息，并进行对账。

中国人民银行总行按月、按年向财政部提供分省、分银行的地方国库定期存款操作、存款到期和余额以及利息收入等报表及电子信息。

地方国库定期存款利息收入纳入同级财政预算管理，缴入同级国库。

地方国库定期存款属于地方政府财政库款。除法律另有规定外，任何单位不得扣划、冻结地方政府财政部门在存款银行的国库定期存款。

任何单位和个人不得借开展地方库现金管理业务干预金融机构正常经营，不得将地方国库现金管理与银行贷款挂钩。

存款银行应加强对地方国库定期存款资金运用管理，防范资金风险，不得将地方国库定期存款资金投向国家有关政策限制的领域，不得以地方国库定期存款资金赚取高风险收益。

## 7.3　财政总预备费管理[①]

### 7.3.1　财政预备费管理的由来与现状

财政预备费（也称财政总预备费）作为应急财政管理的重要内容，在各国预算管理中

---

① 马蔡琛，隋宇彤. 预算制度建设中的财政预备费管理——基于国际比较的视角［J］. 探索与争鸣，2015（10）.

均具有重要的地位。就其内涵而言，财政预备费是指在预算筹编过程中，针对临时性或紧急性的资金支出需求而设置的、不预先确定具体用途的后备性基金，这是现代预算审慎管理原则的重要体现。

早在近代财政预算理念在中国传播之初，就有学者指出，预备费是为预算平衡的必要而设——于国家财政不敷开支时，经严密审查，认为必要者，得以预算中预备费酌量拨给。[①]在中国近代预算制度的草创时期，其《预算法》的修改就主要集中在"新增费用"和"临时费用"两项，并规定政府因特别事业，或为备预算不足或预算所未及，得于预算案内设预备费。[②]

在现代预算实践的演化过程中，人们也通常认为，预备费提供了一种为未来可能的资金用途而提前做好准备的合理机制，同时也可以促进经济波动时期的财政稳定。[③]在现时的中国，财政预备费管理的理论研究与改革实践，均显得相对较为滞后。根据中国知网（CNKI）的文献检索分析，近30年来，专门针对财政预备费问题的研究文献仅有10余篇，即使检索范围扩大为"财政应急管理"也不过30篇左右。其相关研究局限于提高预备费总量等总体性建议，鲜有较具可操作性的具体改革思路。

在各国预算管理实践中，当遭遇各类突发事件之时，均需要有坚固殷实的财力作保障，以使政府能够有效应对。而财政预备费作为应急财政资金的主体，在应对突发事件中具有举足轻重的作用。近年来，随着各类突发事件的频繁发生，应急财政支出的规模不断增长。2008年的南方雪灾，仅中央财政就支出了27亿元[④]；汶川地震后，中央财政通过动支中央预备费和调整支出科目等途径，统筹安排抢险救灾资金250.92亿元[⑤]，后续的各级财政支出更是高达809.36亿元。2013年，我国多地出现"人感染H7N9禽流感"病例，中央财政专门拨付了逾3亿元的补助资金，各地方财政亦加紧下拨专项资金。[⑥]

财政预备费管理也引起了众多国际组织的高度关注。OECD、世界银行与泛美开发银行在世纪之交前后，展开了针对各国预算实践及预备费管理的调查与评估。将预备费能否满足不可预知的预算支出、法律法规是否明确规定了其具体用途，以及准许动支预备费的决策机制等方面，作为衡量各国预算改革成效的重要依据之一。[⑦]其研究显示，在设置财政预备费的国家中，其使用偏重于突发事件，但也有少数国家将其用于平衡预算或提升政策激励效果。就预备费的规模设定而言，大多不超过当年预算总额的1%（参见表7-1）。

在现时的中国，预算法对于财政预备费问题仅有原则性界定，而未就其计提、动支、结转等方面做出规定具体。例如，1994年颁布的《预算法》第32条规定，各级政府预算应当按照本级政府预算支出额的1%至3%设置预备费，用于当年预算执行中的自然灾害救灾开支及其他难以预见的特殊开支。而在2014年8月修改通过的新预算法中，第40条

① 毛起鹇. 经济宪法 [J]. 东方杂志，1933（14）.
② 中华民国宪法草案（天坛宪草，1913年拟定）第99条规定，政府因特别事业，得于预算案内预定年限，设预备费。第100条规定，政府为备预算不足或预算所未及，得于预算案内设预备费。预备费之支出，须于次会期请求众议院追认。
③ Division of Local Government and School Accountability Office of the New York State Comptroller [R]. Local Government Management Guide: Reserve Funds, www.osc.state.ny.us/localgov/pubs/lgmg/reservefunds.pdf, 2010.
④ 冯俏彬. 我国应急财政资金管理的现状与改进对策 [J]. 财政研究，2009（6）.
⑤ 谢旭人. 充分发挥稳健财政政策作用 促进经济社会又好又快发展 [N]. 经济日报，2008-08-16.
⑥ 中国财政拨数亿元防控人感染H7N9禽流感 [EB/OL]. [2013-04-24]. http://www.chinanews.com/gn/2013/04-24/4761308.shtml.
⑦ FILC G, SCARTASCINI C. Budget Institutions and Fiscal Outcomes: Ten Years of Inquiry on Fiscal Matters at the Research Department [R]. presentation at the Research Department 10th Year Anniversary Conference. Office of Evaluation and Oversight. Inter-American Development Bank. 2004.

表7-1　　　　　　　　　　　　部分国家的财政预备费计提情况

| 用途 | 各国预备费占预算总额比例（%） | | | | | | | | |
|---|---|---|---|---|---|---|---|---|---|
| 用于突发事件 | 奥地利 | 哥斯达黎加 | 捷克 | 芬兰 | 英国 | 希腊 | 匈牙利 | 意大利 | 日本 |
| | 0.6 | 0.005 | 0.3 | 0.01 | 1 | 0.1 | 0.5 | 0.25 | 0.4 |
| | 丹麦 | 新西兰 | 葡萄牙 | 斯洛文尼亚 | 韩国 | 西班牙 | 土耳其 | 委内瑞拉 | |
| | 0.05 | 0.25 | 1 | 0.22 | 1 | 0.19 | 0.5 | 1 | |
| 用于平衡预算 | 冰岛 | | | | 土耳其 | | | | |
| | 0.5 | | | | 0.2 | | | | |
| 用于新政策激励 | 土耳其 | | | | | | | | |
| | 0.3 | | | | | | | | |
| 用于其他用途 | 匈牙利、秘鲁、斯洛伐克、斯洛文尼亚、西班牙 | | | | | | | | |

资料来源：OECD Working Party of Senior Budget Officials.International Budget Practices and Procedures Database［DB］. http：//webnet.oecd.org/budgeting/Budgeting.aspx，2007.

规定：各级一般公共预算应当按照本级一般公共预算支出额的1%至3%设置预备费，用于当年预算执行中的自然灾害等突发事件处理增加的支出及其他难以预见的开支。

对比新旧预算法中有关财政预备费的规定，其变化主要体现在两个方面：一是收窄了提取预备费的口径，由"本级政府预算支出"改为"本级一般公共预算支出"。也就是说，预备费的提取基础不包括政府性基金预算、国有资本经营预算、社会保险基金预算等部分。这实际上在预备费的计提基数中，剔除了具有特定安排的预算项目，从而变相缩小了预备费的提取口径。二是预备费的动支方向由"自然灾害救灾开支"改为"自然灾害等突发事件处理增加的支出"，扩大了预备费的用途。事实上，在中国市场化进程中的预备费管理实践中，诸如"非典""禽流感"等突发性事件，也调用了中央和地方的预备费。这一修改实际上矫正了既往法条规定的不严谨性，也更加符合实际情况。

综上所述，目前我国的预算管理制度中，并未专门设置应急性预算资金管理的相应条款，作为应急财政集中体现的预备费管理制度则过于粗放。在当前建设现代财政预算制度的时代背景下，急需借鉴国际经验，实现财政预备费管理的规范化运作，建立起高效有序的应急财政管理机制。

## 7.3.2　财政预备费管理的国际实践

各国因社会制度、经济状况、文化传统等背景差异，对预备费管理的规定也各具特色。本节对财政预备费管理的国际比较，将从预备费的设置类型、数额确定及动支规定等方面加以展开。

1）财政预备费的设置类型

在预算管理实践中，各国预备费的设置并不仅限于应急财政问题。很多国家设有专门的自然灾害基金，而预备费则因多种目的而设立，并非单纯针对自然灾害的救济问题。在现时的中国，一旦发生重大自然灾害，往往不得不动支各级财政预备费或预算稳定调节基金，这本身就是财政管理尚不够成熟的表现。①

在预算管理制度相对成熟的美国，预备费包括资本公积金、维修准备基金、应急和税收稳定储备基金等多种类型。②美国多个州均通过专门法律来规定预备费的设立与使用。③就联邦预算而言，只有在面临重大灾害且经总统授权后，方可动支联邦预备费，用来向灾区提供财政支持。④其筹集方式也并非以预算拨款作为唯一途径，还可通过专门目的税来加以筹措。例如，美国加州的阿拉米达（Alameda）市，在早年间就曾通过征收1%的房产税，来积累储备资金。⑤

从财政预备费的设置目的来看，可以分为应急性预备费、预算平衡预备费、公共设施建设预备费等主要类型。

其中，应急预备费（contingency reserve fund）是最为常见的，主要针对紧急情况而设置，我国《预算法》规定的预备费用途亦属此列。其早期的实践，可以追溯至20世纪30年代"大萧条"期间的反危机政策组合。当时，美国调整了其原有的单一预算体系，将灾后恢复重建作为一种新的紧急情况分类，从总预算中区分开来。与以往不同的是，这种新的应急预算模式不必遵循此前烦琐的信用评估程序，也不必再经常另设临时预算。⑥又如，2005年，当卡特里娜飓风袭击了新奥尔良并造成严重损失之时，美国国会通过了一个特别法案。这类特殊立法被称为"追加拨款"（supplemental appropriation）。追加拨款一般需由总统申请，国会通过时不会将之列入通常的预算过程，因此，一般都会得到快速通过。⑦此外，日本、新加坡、印度及我国台湾地区的预备费也属此种类型，主要用于自然灾害、公共卫生突发事件处理以及各种难以预见的开支。

预算平衡预备费（budget-stabilization reserve fund）主要用于弥补预算缺口，满足因经济衰退等原因而难以维系的公共支出需求。最典型的案例是，在2002年经济增长强劲的背景下，美国为预防经济衰退和其他不可预知事件，在其《个人责任与就业机会协调法》（PRWORA）中规定，政府可以设置预备费，其实际作用相当于不景气基金（rainy day funds），并可结转至后续财年。⑧就平衡预算的功能而言，此类预备费与我国的预算稳定调节基金具有一定的相似性。预算稳定调节基金就是依"超收"或"超支"的不同情形，而发挥稳定预算的蓄水池作用。

从与经济景气循环的相关度来看，加拿大和法国的预备费也可归入此类。法国工业危机委员会（Commission on Industrial Crises）于1909年设立的特殊预备费，就是在经济衰退

---

① 其实，财政上的预备费和军事上的预备队颇有相同之处，均系针对不可预知及极端情况而预设的应对手段。再精密的预算和计划，也不可能就未来发展的所有方面都算无遗策，因此如何使用预备队（预备费）正是军事家（财政管理专家）必备的本领。
② Division of Local Government and School Accountability Office of the New York State Comptroller. Local Government Management Guide：Reserve Funds［R］. www.osc.state.ny.us/localgov/pubs/lgmg/reservefunds.pdf，2010.
③ Community Associations Institute（CAI）.Summary of State Reserve Fund Laws［EB/OL］.［2013-09-10］. www.caionline.org.
④ TOWNSEND F F. The Federal Response to Hurricane Katrina：Lessons learned［R］. The White House，2006.
⑤ MALLERY O T. The Long-Range Planning of Public Works.Business Cycles and Unemployment［R］. NBER，1923：233-263.
⑥ SUNDELSON J W. The Emergency Budget of the Federal Government［J］. The American Economic Review，1934（1）：53-68.
⑦ 麦蒂亚 K.联邦预算：美国政府怎样花钱［M］. 上海金融与法律研究院，译. 北京：生活·读书·新知三联书店，2013：54.
⑧ LOPREST P，SCHMIDT S，WITTE A D. Welfare Reform under PRWORA：Aid to Children with Working Families?［M］//Tax Policy and the Economy. Cambridge：MIT Press，2000：157-203.

年份用于增加开支。[1]其作用机理在于，财政收入总量在衰退年份会下降，而财政自动稳定器功能会导致失业救济、社保等支出增加，收支矛盾更为突出，则须预留更多的预备费。此外，加拿大政府自 1999 年起，为增加信息的可信性，以私人部门的经济预测代替了原有的政府部门预测。[2]财政部通过在私人部门经济预测的基础上，再上调 0.5 ~ 1 个百分点的方式，来规划政府的财政目标。作为制度转换的缓冲，加拿大政府相应建立了每年达 25 亿 ~ 30 亿加元的意外开支预备费，并规定只能作为预测错误和意外事件的补偿，而不能转用于任何新的政策激励。[3]

公共设施建设预备费（public works reserve fund）则主要针对公共服务、基础设施的建设维修而设立。如美国威斯康星州的密尔沃基市曾拥有一项针对紧急事项的应急资金，1921 年后则改为公共设施建设资金。[4]在德国，1920 年之前的很长时间内，均设置预备费以支持包括高校建设、道路拓宽、公共浴场等在内的公共设施建设。[5]该预备费可以在经济衰退时期使用，但在物价低廉、劳动力资源充裕时，则应转而进行资金积累。[6]

2）财政预备费规模的确定方法

各个国家（或地区）为实现预备费的规范化管理，以及央地间支出比例的协调，对预备费规模的确定方法也各具特色。

我国台湾地区采用的"捆绑式"预算管理激励机制，就是一种颇具启示性的管理方式。在该模式下，通常将下级政府实际获批的灾害援助资金数额，与其预算申报的真实程度联系起来，利用可调增或调减的奖罚措施，来督促地方部门据实申报。例如，下级部门提交的申请恢复重建经费，经审查小组审核后，如核定数占申报数的比率达到 80% 以上，则可以调增灾害救助经费的拨款上线（由 5% 提高至 7%）。[7]这一举措有助于激励下级部门如实申请灾害财政援助，避免援助资金的低效浪费。

又如，为提高地方政府应急预算的真实程度，新加坡国会每年对各地方主管部门的预算进行质询和审批，并对上一年度的预算外透支予以审计和追加。当出现资金不足的情况时，国会将召开紧急会议，以国家储备金中的计划外资金，给予紧急追加。[8]

印度各邦按照其财政委员会的建议，建立了灾难救济基金（calamity relief fund），由全国委员会规定一般救助标准，中央政府出资 75%，邦政府出资 25%。财政委员会在综合研判此前十年的灾难救助和恢复费用资金规模的基础上，确定当期总规模，而各邦的具体标准则由一个邦级委员会提出建议。[9]

在澳大利亚，对于突发事件采用"自然灾害救济和恢复安排"（NDRRA）来加以应

① International Association on Unemployment, Bulletin, 1914 (1-3): 263.
② MÜHLEISEN M, DANNINGER S, HAUNER D, et al. How do Canadian Budget Forecasts Compare with Those of Other Industrial Countries? [R]. IMF Working Papers, 2005: 1-49.
③ BLONDAL J R. Budget Reform in OECD Member Countries: Common Trends [J]. OECD Journal on Budgeting, 2003, 2 (4): 7-26.
④ MALLERY O T. The Long-Range Planning of Public Works. Business Cycles and Unemployment [R]. NBER, 1923: 233-263.
⑤ SHILLADY, JOHN R. Planning Public Expenditures, to Compensate for Decreased Private Employment during Business Depressions [R]. Mayor's Committee on Unemployment, New York City, November, 1916.
⑥ 张德峰. 德国经济协调储备金制度之内容与借鉴 [J]. 西南政法大学学报, 2006 (5).
⑦ 侯东哲. 台湾财政救灾中的"中央"与地方关系 [J]. 新理财（政府理财）, 2010 (10).
⑧ 2014 Government of Singapore. About The Budget Process [EB/OL]. [2014-01-28]. http://www.singaporebudget. gov.sg/budget_2014/AboutTheBudgetProcess.aspx.
⑨ 牟卫民. 印度危机管理机制与政策调整 [EB/OL]. [2006-10-10]. http://www.china.com.cn/xxsb/txt/2006-10/ 10/content_7228142.htm.

对。对于灾后重建支出，实行两条预算控制线的管理方式。[①]如果在一个预算年度内，州（或领地）用于救灾与重建的支出，没有超过第一预算控制线，联邦政府将承担救灾与重建支出的50%；如果超过第一预算控制线但在第二控制线之内，联邦政府除承担救灾与重建支出的50%外，还承担修复基础设施和向个人提供贷款补贴等支出的50%；如果超过了第二预算控制线，则由联邦政府承担上述几类支出超出第二预算控制线部分的75%。[②]该原则保证了在一般性灾害条件下，地方政府自行承担部分责任，不至于过分依赖联邦政府；而在受灾严重且资金需求巨大时，联邦政府则相应给予更高比例的援助。

3）财政预备费的使用及监管

针对自然灾害等突发事件的预备费，世界各国（或地区）多有专门法律规范其设置比例、央地分担和监管等。

在预备费的设置比例方面，美国20世纪70年代通过的《斯坦福法案》（《联邦灾难救济和突发事件救助法案》）规定：联邦政府对州政府的援助不应少于575 000美元或当年财政支出的1%（以更低者为标准），但不超过15%。美国各州和地方政府依据相关法案设立灾害预备金。针对应急性需求的财政投入，1991年占GDP的9.0%（历史最高），1999—2002年间占GDP的6.3%（历史最低），13年来平均占GDP的7.3%。[③]

而我国台湾地区则采用了双重预备金的特殊方式，即第一预备金和第二预备金，大陆地区的财政预备费大体相当于台湾地区的第二预备金。[④]依台湾地区有关预算的规定，第二预备金数额的确定，需视财政情况而定，相关部门审议删除或删减之预算项目及金额，不得动支预备金。但法定经费或经相关部门同意者，不受此限。各机关动支预备金，其每笔数额超过5 000万元者，应先送相关部门备查，但因紧急灾害动支者，不在此限。

政府动支预备费一般不需要议会批准，但应在事后获得议会的承认。如在日本，根据《宪法》第87条规定，为补充难以预见的经费的不足，可根据国会决议设置预备费，由内阁负责其支出。但是，所有预备费的支出，内阁必须于事后取得国会的承认，从而以事后承认的方式起到解除内阁责任的效果。又如韩国1951年《财政法》规定，由于不可预测的原因导致的预算外支出，可通过设立预备费弥补，并列入岁入岁出预算；但政府应编制预备费支办总调书提交给国会，以备定期国会议决。[⑤]

关于预备费的央地分担问题，各国之规定也颇具特色。日本的中央政府、地方政府均设置预备费，但在资金使用方向上，前者侧重于国土安全和灾害预防，后者则主要用于应急响应和灾民救助，二者事权范围清楚。其中，国土开发费、保全费以及自然灾害恢复重建费用支出，中央负担27%，地方负担73%。[⑥]

与之相似，为了确保财政资金的应急功能、合理分配央地间的支出责任，加拿大政府设立了灾害融资补助专项资金（DFAA，Disaster Financial Assistance Arrangements）。[⑦]自1970年该资金设立以来，加拿大政府已投入逾34亿美元，用于诸如2003年英属哥伦比亚

---

① 以州财政收入的0.225%为第一预算控制线，以第一预算控制线×1.75为第二预算控制线。各州的预算控制线由澳大利亚联邦统计局以书面形式通知各州或领地。
② Austrian Government，Department of Finance ［R］. Review of the Insurance Arrangements of State and Territory Governments under the Natural Disaster Relief and Recovery Arrangements Determination，2011.
③ Congressional Budget Office .1990-2000 Actual Data ［J］. The Economic and Budget Outlook.
④ 马蔡琛，张洺. 海峡两岸政府预算制度的比较研究 ［J］. 河北学刊，2014（4）.
⑤ 张献勇. 预算权研究 ［M］. 北京：中国民主法制出版社，2008：146-147.
⑥ 数据来源于日本财务省，可登录以下网站查询：http：//www.mof.go.jp/index.htm.
⑦ 该资金设立于1970年，地方政府用于灾难应急和重建的资金，超过自身财政能力时，可以获得。

的森林大火及 2005 年阿尔伯塔洪水等灾后支持与复建。①

在预备费的监管方面，各国往往设置特定部门来具体负责。例如，美国《斯坦福法案》规定，防灾减灾基金实行基金式管理，其支用须经过财政部审核和总统批准。2007年，该法案由国会再次修订②，联邦政府据此设立了专门的赈灾基金，并由应急事务管理机构——联邦紧急事务管理署（FEMA）负责管理。③

而我国台湾地区实行的四层次资金准备机制则更具特色。以台湾当局为例，用于应急和灾后重建的财政资金计有四类：包括灾害准备金（不低于当年总预算支出的1%）、第二预备金、调整预算、特别预算，并规定了依次调用的顺序④，在动支过程中需经过主计机关、审计机关、财政主管机关、行政、立法等多部门备案、编制、审查、核定。

日本国会各院的预备金分别由各议长管理，支出时受到议院运营委员会批准，并且该委员会主任应定期追踪报告承诺。日本《灾害救助法》规定，各都道府县都有预存基金的义务，其金额一般为过去三年间其普通税收平均值的5‰（最低限额为500万日元）。

我国《预算法》规定，各级一般公共预算应当按照本级一般公共预算支出额的1%至3%设置预备费，用于当年预算执行中的自然灾害等突发事件处理增加的支出及其他难以预见的开支。

## 本章小结

• 政府预算执行，也称为政府预算实施，其目标可以概括为，实现既定的预算方针和进行必要的灵活性调整这样两个相辅相成的方面。

• 各级预算由本级政府组织执行。也就是说，负责预算执行的组织领导机构是国务院和地方各级人民政府。国务院作为最高国家行政机关，负责组织中央预算和全国预算的执行；地方各级人民政府负责组织本级政府预算的执行，并负责对本级政府各职能部门和下级人民政府预算的执行进行动态监督与检查。

• 国库，系"国家金库"的简称，是管理预算收入的收纳、划分、留解和库款支拨以及报告国家财政预算执行情况的专门机构。国库现金管理和债务管理的效率，以及能否及时准确地为财政管理和宏观经济决策提供完整的预算执行报告，是衡量一国国库管理水平的两个关键指标。

• 从市场经济各国的主要情况看，国家金库制度大致可以分为独立国库制、委托国库制和银行制三种。目前世界上多数国家都采用了委托国库制，我国亦然。按照我国国库管理改革的要求，建立国库单一账户体系，所有财政性资金都纳入国库单一账户体系管理，收入直接缴入国库或财政专户，支出通过国库单一账户体系支付到商品和劳务供应者或用款单位。

• 在预算执行中，各级政府一般不制定新的增加财政收入或者支出的政策和措施，也不制定减少财政收入的政策和措施；必须做出并需要进行预算调整的应当在预算调整方案

① Public Safety Canda Disaster Financial Assistance Arrangements（DFAA）[EB/OL].[2014-07-03].http://www.publicsafety.gc.ca/cnt/mrgnc-mngmnt/rcvr-dsstrs/dsstr-fnncl-ssstnc-rrngmnts/index-eng.aspx.
② FEMA. Disaster Relief and Emergency Assistance Act, 2007.
③ FEMA.Disaster Relief Fund: Monthly Report [R].[2014-12-05]. http://www.fema.gov/media-library/assets/documents/31789.
④ 冯俏彬，侯东哲. 财政救灾的国际比较 [J]. 电子科技大学学报：社科版，2011（6）.

中做出安排。在预算执行中，各级政府对于必须进行的预算调整应当编制预算调整方案。预算调整方案应当说明预算调整的理由、项目和数额。在预算执行中，由于发生自然灾害等突发事件，必须及时增加预算支出的，应当先动支预备费；预备费不足支出的，各级政府可以先安排支出，属于预算调整的，列入预算调整方案。

## 综合练习

### 简答题
7.1 简述我国政府预算执行的组织系统。
7.2 我国预算法中对于预算调整有哪些规定？
7.3 简述国库现金管理的主要内容。
7.4 简述财政预备费管理的主要国际经验。

### 案例分析题
7.1

命令停征的收费，又延续征收了三年半——T市财政部门的案例

政府收支预算的执行，作为具有法律效力的文件，需要加以严格遵守，这在中外政府预算管理的法治化进程中，都是毋庸置疑的。下面有这样一个典型案例。某城市的财政部门已然对社会公布某项行政性收费正式停征，但当地税务部门却不知道，仍旧按照已经失效的文件，继续征收了三年半之久，最后还是由于纳税人在当地某会议上提出并经由全国性媒体报道，才得到了改正。而这些违反法规征收的费用，仍旧纳入了预算执行系统，不仅作为预算收入正式入库，而且已经基本支用了。

颇为有趣的是，该城市作为我国北方重要的经济中心，在发生这一事件的同年4月，在当地门户网站上还登载了一篇介绍其预算管理先进性经验的报道——"本市预算制度全国领先"。在一个预算管理制度"全国领先"的城市，暴露出预算执行的问题，就更值得我们深思了。

需要说明的是，为避免不必要的纷争，本案例在素材的使用中，将该城市的真实名称替换为T市，但这并不影响本案例的基本结论。

阅读下面的案例后，请思考以下问题：

（1）T市财政部门在上述事件发生后的三年半内，始终未能主动发现这一问题，这反映出政府预算执行管理中的哪些问题？

（2）该财政局相关处室的负责人在回应媒体关于"多收的钱能否退回"这一问题时指出"所收费用已经随财政收入入库，也已经用于或计划用于教育事业，所以退回的可能性不大"。这表明了财政预算管理中的何种主导思想？

（3）资料显示，导致这一事件的原因是，"正值市财政局机构改革，人心惶惶，负责此事的有关人员前后更换"，这暴露出该市财政预算执行管理中的哪些问题？

2004年6月30日，T市政府召开外商投资企业投资环境座谈会。T市麦当劳食品有限公司反映在餐饮业征收"教育事业发展费"问题。从2001年1月至2004年5月，T市地税部门一直向这家餐饮公司征收"教育事业发展费"，累计683万元，但是T市财政局2000年12月20日已通知取消"教育事业发展费"，可在该局的网站上查阅。内容是：各区县财

政局、物价局，各有关单位：为进一步减轻企事业单位和群众负担，经市政府批准，决定从 2001 年 1 月 1 日起，取消教育事业发展费及铁路无人看守道口安全监护费。

对此，T 市财政局解释说：2000 年 12 月，在拟定取消"教育事业发展费"政策时，由于工作疏忽，只修改了通知的具体内容，忽略了将税务部门作为发文单位，造成税务部门没有收到通知。

T 市财政局承认，企业多缴三年半"教育事业发展费"，"是由于工作中的严重疏忽造成的，是一个严重失误，对相关责任人依照有关规定进行严肃处理"。但据介绍，至目前找不到具体的相关责任人。据回忆，制定这一政策时正值市财政局机构改革，人心惶惶，负责此事的有关人员前后更换。

T 市财政局相关处室一位负责人在被问及这一多收的费用是否要退回时回答，因为所收费用已经随财政收入入库，也已经用于或计划用于教育事业，所以退回的可能性不大。不过，这件事已经向政府打了报告，具体如何处理还要等政府的批件。

8 月 22 日，T 市财政局、地税局发出"返还教育事业发展费的通知"，对 2001 年 1 月 1 日至 2004 年 6 月 30 日收取的教育事业发展费，由市财政局国库处予以全额返还。8 月 25 日前进行清理汇总，8 月 25 日至 9 月 25 日集中办理返还，直接划转至缴费人的银行账户。

资料来源：人民网以及相关报道.

7.2

### 什么是总理预备费，有多少钱，都花哪了

请阅读以下资料，思考如下问题：

1.从近年来总预备费的动支情况，分析我国财政预算管理的主要进展。

2.请关注您所在地方的财政总预备费动支情况，并与总理预备费的使用情况进行比较，看看其中的主要异同有哪些。

2017 年 3 月 9 日，李克强总理在参加全国人代会陕西代表团的审议时表示，谁能提出治理雾霾良策，他愿拿出总理预备费给予重奖。到底什么是"总理预备费"？预备费都花在哪儿了？

**李克强曾多次提到动用总理预备费**

3 月 9 日，李克强在陕西团参加审议时说，如果有科研团队能把雾霾的形成机理和危害真正研究透，提出更有效的应对良策，"我们愿意拿出总理预备费给予重奖！这是民生的当务之急，我们会不惜财力，一定要把这件事研究透"。

其实，这并不是李克强第一次对总理预备费的使用做出表态。

2016 年 4 月 15 日，在北京大学召开的高等教育改革创新座谈会上，李克强提出，教育部要拿具体计划，支持 100 个世界一流学科建设。"今年的预算已做完了，不行的话就从总理预备费中出。舍不得金弹子，打不了金凤凰。"

同年 7 月 29 日，李克强在国务院防汛工作专题会议上表示，有些地方汛期来得早，持续时间长，转移人口比较多，要强化转移群众的过渡安置。这主要由地方负责，中央要给支持，"中央财政要及时拨付救灾款项，该动用预备费就要动用"。

**总理预备费有多少钱？**

占中央预算支出 1%~3%。

李克强提到的"总理预备费"，在中央决算中有个正式的名字，叫"中央预备费"。财

政部一位专家介绍，中央财政总预算预备费只能在国务院常务会议通过的情况下，由总理亲自调拨。因此，经济界人士也称其为"总理基金"。

《预算法》规定，中央预备费按照中央全年一般公共预算支出额的1%~3%设置。这笔钱具体有多少？根据每年中央财政收入和预算支出的不同，从几亿到几百亿元不等。

以1983年为例，当时《预算法》尚未出台，中央预备费应占预算多少比例并无明文规定，当年的中央预备费只有5亿元。为此，全国人大财政经济委员会在审查当年国家决算时指出，这一比例偏小，"从长远考虑，为了把国家预算建立在更加稳固可靠的基础上，今后国家总预备费应逐步有较多的增加"。之后，中央预备费金额逐步增多。

华商报记者查阅到的近年中央决算报告显示，2003年中央预备费已达100亿元，到2006年增至150亿元，2008年增至350亿元，2009年增至400亿元，2011年起增至500亿元。

2017年3月5日，财政部提请十二届全国人大五次会议审查《关于2016年中央和地方预算执行情况与2017年中央和地方预算草案的报告》，其中提到了中央预备费为500亿元，占今年中央本级支出的1.69%。

**预备费花在哪儿了？**

主要应对灾害等突发事件。

根据《预算法》的相关规定，预备费用于当年预算执行中的自然灾害等突发事件处理增加的支出及其他难以预见的开支。

2000年，按预算编制改革要求，今后财政部不再保留预算机动指标，对预算中确需追加的支出，由各部门提出申请，财政部汇总审核后报国务院审定，通过动用预备费解决。

上海财经大学教授邓淑莲告诉华商报记者，由于预备费金额已列在当年预算中，并且经全国人大会议审查和批准，具体动用支出时不再需经人大审批，由行政决定即可。

**中央预备费具体花在哪儿？**

从历年中央决算报告中可一窥究竟。

在《预算法》开始实施的1995年，中央预备费21亿元，其中一半用于防汛、救灾，其余用于外事、国防、社会治安和文教科学等临时性支出。

在2008年一系列自然灾害面前，中央预备费的拨付达到总预算的2.65%，仅在汶川特大地震中的预备费拨付就达到349.94亿元，几乎用尽了当年的中央预备费。

2011年，青海玉树地震灾后重建有47.81亿元来自中央预备费。

2013年，四川芦山地震灾后重建资金有89.83亿元来自中央预备费。

2014年，中央预备费中又有99.2亿元用于云南鲁甸地震灾后重建。

贫困生上学、非典防治……

总理预备费重点支持对象。

随着中央财政收入年年递增，预备费的使用项目也更丰富，除自然灾害与紧急公共事件上的支出，科教文卫等领域，都成为总理预备费的重点支持对象。

1982年，我国建立学位制度初期，由于研究生教育经费紧张，国务院专门从总理预备费中拨出2 000万元给88所重点大学作科研经费；自1994年起，每年都动用总理预备费1亿元，专项用于对中央部属高校中经济困难学生的资助；从2002年起，中央财政在总理预备费中每年再增加1亿元，设立国家奖学金，用于对全国普通高校中经济困难、品学兼优的学生进行资助；2003年，中央财政又从总理预备费中增拨4 000万元，将获得国家奖学金的贫困生增加了1万人。

我国目前唯一的极地科考船"雪龙号"的采购用的也是总理预备费。1992年秋，乌克兰造船厂有破冰船急于出售。但当时我国外汇储备有限，财政部和国家计委的财政计划也早已完成审批，不可能挪出任何经费。时任国家南极考察委员会主任的武衡写报告直接上报国务院，时任国务院总理李鹏特批从总理预备费中解决。1993年从乌克兰以1 750万美元买进这条破冰船。

如今你能享受到互联网带来的便捷，也和总理预备费有关。1993年，我国参加CCIRN（洲际研究网络协调委员会）会议，基本扫清了连入全球Internet的障碍，随后，时任国务院总理李鹏批准使用300万美元总理预备费支持启动金桥前期工程建设（建设国家公用经济信息通信网）。

疾病防治也是总理预备费倾力支持的方面。1995年，国家用总理预备费专项拨款600万元资助血吸虫病疫苗研究；2003年非典爆发，中央财政设立非典防治基金，基金总额20亿元，从预算总预备费中安排。当年中央预备费中卫生医疗支出达22.12亿元，占实际动用金额的1/4以上；2005年，中央财政从预算总预备费中安排20亿元，设立高致病性禽流感防控基金。

资料来源：佚名. 什么是总理预备费，有多少钱，都花哪了［EB/OL］.［2017-03-13］. http：//news.163.com/17/0313/03/CFCKMJ4M00018AOP.html.

## 推荐阅读资料

财政部预算司. 中央部门预算编制指南［M］. 北京：中国财政经济出版社，2016.
朱大旗. 中华人民共和国预算法释义［M］. 北京：中国法制出版社，2015.

## 网上资源

http：//www.ccgp.gov.cn（中国政府采购网）
http：//gks.mof.gov.cn（财政部国库司）

# 第 8 章

# 政府决算与预算监督

当政府预算管理历经预算编制、执行等循环周期之后，就进入决算阶段了。如果说预算是政府的财务收支计划书，那么决算（final report）则是执行预算之最终报告。早在70年前，著名经济学家马寅初先生就曾指出：

在欧美各国，决算报告大都送交国会审议……政府每年度取于民者几何，支出者又几何，应使人民详悉内容，求其谅解与拥护，用以解除责任……论者咸以政府决算之能否如期完成公布，为测验民治程度之标准，其重要可知。①

因此，通过政府决算的编制与审批，可以清晰地勾勒出政府预算决策与执行系统的最终产出和结果，从而实现政府公共受托责任的解除。

在预算年度结束时，需要考虑的基本问题是预算是否按照批准的那样来执行的。被采纳的预算应当反映出政府支出的轻重缓急，以及这些融资政策的意图。如果预算的编制比较负责任，而且通过立法程序成为具有法律意义的财政计划，那么对这个预算应当原封不动地予以执行，如果遇到预算中没有考虑到的特殊情况则属例外。要审查的第一个关键问题就是，最后执行的预算是否和最初批准的预算相一致。在预算年度结束时，实际的支出模式是否与预算中所反映的计划相一致？如果二者不相符，那么预算执行中所做的修改是否遵循了恰当的程序？②换句话说，只要预算程序是有意义的，预算的法律就必须得到遵守，这也就是政府决算所要解决的首要问题。

## 8.1　政府决算

### 8.1.1　政府决算概述

政府决算，是对年度政府预算收支执行情况的最终反映，也是一年内国民经济和社会发展计划执行结果在财政上的集中反映。决算草案由各级政府、各部门、各单位在每一预算年度终了后按照规定时间编制。编制决算草案的具体事项，由国务院财政部门部署。决算草案必须符合法律、行政法规的要求，做到收支数额准确、内容完整、报送及时。

与政府预算一样，政府决算也同样由中央决算和地方决算组成。而地方各级决算也是按照行政级次相应划分的，一级政权，一级决算。凡是编制政府预算的地区、部门和单位，都要编制决算。

决算经审议、公布后，政府官员的责任似应解除。可是决算内容繁

---

① 马寅初. 财政学与中国财政——理论与现实 [M]. 北京：商务印书馆，2001：144（原书于1948年由商务印书馆出版）.
② 米克塞尔 J L. 公共财政管理 [M]. 白彦锋，马蔡琛，译. 6版. 北京：中国人民大学出版社，2005：166-167.

密，议会审查讨论时间极为短暂，难以发现不当。如果决算公布后，即无复查权利，则一旦事后发现重大非法失职情形，就无法处理。所以，一些国家在法律中规定，一定时期内，如发现重大非法行为，其决算书仍得重新审查。譬如，中华民国时期《审计法》第18条规定："审计院对于审查完竣之事项，自决定之日起，五年内发现其中有错误、遗漏、重复等情势者，得再为审查，若发现诈伪之证据者，虽经过五年后，仍得再为审查。"因而，决算公布后，如无上述事项，则其效力归于消灭；如有，则其效力回复。易言之，决算公布后，形式上的效力终结，但仍含有回复的潜在效力。[①]

### 8.1.2　政府决算的意义

在一般性的理解中，往往容易认为政府决算主要是财政部门的职责，其实决算涉及所有使用政府财政资金的部门和机构。早在现代预算制度在中国萌芽的时代，我国学者对此就曾有过深刻的认识："决算之编制，其责属于财政部，以其为财政之最高机关也。虽然，若探其内容，则凡与收支有关各官厅，皆有编制之责。财政部特总其成已耳。"[②]我国《预算法》规定，决算草案由各级政府、各部门、各单位，在每一预算年度终了后按照国务院规定的时间编制。编制决算草案的具体事项，由国务院财政部门部署。编制政府决算的意义主要有以下几个方面：

1）政府决算是预算管理流程的最终环节，体现了预算管理系统的最终运行成果

正如本书前文所述，完整的政府预算管理流程包括预算编制与审批、预算执行、决算这样一个完整的系统。政府决算是预算管理流程的最终环节，决算是政府预算的总结，反映了预算执行的最终效果。政府预算在运行过程中，由于种种主客观因素的影响，总会或多或少地偏离立法机构审议批准的预算。因此，在预算执行过程结束之后，需要对政府预算的执行效果，以决算的形式加以必要的总结。政府预算执行的相关数据，必须经过决算的批准，才能具有最终的法律效力。

决算与预算的关系非常密切，决算意味着预算过程的真正结束。同时，下年度预算之编制，又须以本年之实际收支数额作为依据，因而本年决算又成为下年度预算之基础。因此，决算的编制在一定程度上具有继往开来的性质。没有决算，则上年度之预算法案徒具形式，政府财政部门的公共受托责任不能实质上得到解除，而公共财政之得失，也无从考核；若无决算，则下年度之预算，也将缺乏根据，而单纯的估计，又往往与实际不符。因此，世界各国于预算年度终了后，大多要求提出政府决算。以求政府公共受托责任之解除，同时实现公共财政管理上继往开来的目标。[③]

2）政府决算是整理与积累财政统计资料的主要渠道

决算的任务不仅在于说明预算执行之结果，也体现了施政成果的具体表现，其意义在于显示国家财政经济政策演变的趋势，以及政府施政计划的绩效与得失，从而作为以后年度编制预算、制定施政方针以及管理财务行政的重要依据。[④]

财政统计资料是制定未来宏观经济政策、从事经济管理和财政史研究的重要文献，而政府决算恰恰是整理与积累财政统计资料最为重要的渠道。以编制政府决算的方式，系统

①　吴贯因. 中国之预算与财务行政及监督 [M]. 上海：上海建华书局，1934：175-184.
②　吴贯因. 中国预算制度刍议 [M]. 北京：内务部编译处，1918：134.
③　李君达. 中央预算制度 [M]. 重庆：独立出版社，1942：146-147.
④　李允杰. 财务行政与政策过程 [M]. 台北：商鼎文化出版社，1997：55.

整理预算执行的最终实际数据，全面分析预算管理和预算资金使用效果的正反两方面的经验教训，对于提升后续年度的政府预算管理、更加科学地制定宏观财政经济政策，具有重要的决策参考价值。

改革开放以来，我国财政部门先后编辑出版了《国家预算决算辑要（1979—1990）》《国家预算决算辑要（1991—2000）》《国家预算决算辑要（2001—2011）》，囊括了改革开放以来党中央、国务院领导及财政部领导有关财政工作的重要讲话，国家预算决算报告以及人代会审查报告、决议，国家预算决算有关问题的说明，预算决算收支表等内容。这些文献资料对于积累和整理政府财政统计资料具有重要的意义。

3）政府决算是实现预算监督管理的重要手段

财政年度结束后，对政府预算进行监督的主要工具就是决算。长期以来，我国政府预算法治监督弱化的主要表现之一，就是忽视了决算管理和政府会计计量体系的作用。在市场经济国家，决算的流程体现了执行预算法案而发生的账目，由行政机关编制决算报告，经司法审查后，提交立法机关审议，由此最终确认政府公共收支的合法性。因此，决算是实现政府预算法治化监督的重要手段。

同时，通过政府决算的编制、审核与分析过程，可以从收支两方面对政府预算资金管理进行考核与监督，从而为政府预算管理流程绩效水平的不断提升创造条件。

### 8.1.3　政府决算的主要法律规定

根据2014年修正通过的《预算法》规定，编制决算草案，必须符合法律、行政法规，做到收支真实、数额准确、内容完整、报送及时。决算草案应当与预算相对应，按预算数、调整预算数、决算数分别列出。一般公共预算支出应当按其功能分类编列到项，按其经济性质分类编列到款。

各部门对所属各单位的决算草案，应当审核并汇总编制本部门的决算草案，在规定的期限内报本级政府财政部门审核。各级政府财政部门对本级各部门决算草案审核后发现有不符合法律、行政法规规定的，有权予以纠正。

国务院财政部门编制中央决算草案，经国务院审计部门审计后，报国务院审定，由国务院提请全国人民代表大会常务委员会审查和批准。县级以上地方各级政府财政部门编制本级决算草案，经本级政府审计部门审计后，报本级政府审定，由本级政府提请本级人民代表大会常务委员会审查和批准。乡、民族乡、镇政府编制本级决算草案，提请本级人民代表大会审查和批准。

国务院财政部门应当在全国人民代表大会常务委员会举行会议审查和批准中央决算草案的30日前，将上一年度中央决算草案提交全国人民代表大会财政经济委员会进行初步审查。省、自治区、直辖市政府财政部门应当在本级人民代表大会常务委员会举行会议审查和批准本级决算草案的30日前，将上一年度本级决算草案提交本级人民代表大会有关专门委员会进行初步审查。设区的市、自治州政府财政部门应当在本级人民代表大会常务委员会举行会议审查和批准本级决算草案的30日前，将上一年度本级决算草案提交本级人民代表大会有关专门委员会进行初步审查，或者送交本级人民代表大会常务委员会有关工作机构征求意见。县、自治县、不设区的市、市辖区政府财政部门应当在本级人民代表大会常务委员会举行会议审查和批准本级决算草案的30日前，将上一年度本级决算草案送交本级人民代表大会常务委员会有关工作机构征求意见。

全国人民代表大会财政经济委员会和省、自治区、直辖市、设区的市、自治州人民代表大会有关专门委员会，向本级人民代表大会常务委员会提出关于本级决算草案的审查结果报告。

县级以上各级人民代表大会常务委员会和乡、民族乡、镇人民代表大会对本级决算草案重点审查下列内容：①预算收入情况；②支出政策实施情况和重点支出、重大投资项目资金的使用及绩效情况；③结转资金的使用情况；④资金结余情况；⑤本级预算调整及执行情况；⑥财政转移支付安排执行情况；⑦经批准举借债务的规模、结构、使用、偿还等情况；⑧本级预算周转金规模和使用情况；⑨本级预备费使用情况；⑩超收收入安排情况，预算稳定调节基金的规模和使用情况；⑪本级人民代表大会批准的预算决议落实情况；⑫其他与决算有关的重要情况。

县级以上各级人民代表大会常务委员会应当结合本级政府提出的上一年度预算执行和其他财政收支的审计工作报告，对本级决算草案进行审查。

各级决算经批准后，财政部门应当在20日内向本级各部门批复决算。各部门应当在接到本级政府财政部门批复的本部门决算后15日内向所属单位批复决算。

地方各级政府应当将经批准的决算及下一级政府上报备案的决算汇总，报上一级政府备案。县级以上各级政府应当将下一级政府报送备案的决算汇总后，报本级人民代表大会常务委员会备案。

国务院和县级以上地方各级政府对下一级政府依照《预算法》第64条规定报送备案的决算，认为有同法律、行政法规相抵触或者有其他不适当之处，需要撤销批准该项决算的决议的，应当提请本级人民代表大会常务委员会审议决定；经审议决定撤销的，该下级人民代表大会常务委员会应当责成本级政府依照本法规定重新编制决算草案，提请本级人民代表大会常务委员会审查和批准。

## 8.2 政府预算监督

政府预算监督，是指在政府预算管理的全过程中，以法治化的形式，就政府预算利益相关主体的资金筹集、配置和使用等活动，进行的检查、督促和约束，是政府预算管理的重要组成部分。世界近代的财政监督制度开始于1256年，当年法国国王圣路易命令将会计报告送交巴黎的审计人员审查，这一管理实践被誉为西方政府审计的萌芽。[①]经过长期的制度创新与演进，时至今日，政府预算监督与法治化建设已然成为市场经济国家政府预算管理体系的重要组成部分。

早在近80多年前，我国著名经济学家何廉、李锐在其《财政学》一书中就专门论述了预算监督的重要性：

预算之实行，须有监督之方法，始可免财务行政官吏之滥费或舞弊。苟第有预算而无监督其实行之机关，则预算将等于具文。吾人研究英国之财政制度，即可见国会控制财政权之成功，不在其初得是权之时，而在其获得监督实际岁出之后。故欲谋预算之施行无

① 李燕. 政府预算理论与实务 [M]. 北京：中国财政经济出版社，2004：330.

弊，立法机关应有监督预算实行之权，此决算之制所以发生也……预算制度在近世已甚发达，其监督预算实行之法，亦已日趋完善，此为现代财政公开之事实，然第有预决算而不公布，则不得谓之财政公开。即使揭布而无普及之工具，则财政公开之程度，亦属有限。故近世之印刷及新闻事业愈发达，财政因之愈可公开，而预算制度，及其监督之方法，亦遂得因之而益进也。①

在20世纪90年代中期以前，中国经济体制改革中虽然也时常涉及预算法制监督的内容，但系统化的政府预算法治化进程则是始于20世纪90年代末期。在1999年7月8日《经济日报》"财金报道"栏目头条位置上刊登了一篇标题醒目的文章——"预算资金在流血"。这篇文章披露了审计署在审计1998年度中央预算执行情况过程中发现的一系列发人深省的问题，引起了社会各界对政府预算管理问题的广泛关注。②大约也就是在那个时候，在立法监督机构的积极推动下，中央和地方各级政府财政部门先后启动了以"部门预算"为核心内容的新一轮预算管理改革。如果按照"涉及所有人的问题，应该由所有人来批准"的标准来加以衡量，中国政府预算监督距离实现"依法管好百姓钱"的目标，仍旧任重道远。

### 8.2.1　各国法律对政府预算管理的相关规定

1）宪法规则对政府预算管理的约束

宪法约束作为根本性约束，是政府预算管理诸规定中最为重要的约束因素。从各国宪法规则中有关政府预算管理的规定加以归纳，其约束主要体现在以下几个方面：一是宪法决定了国家政权以及财政的基本任务，赋予了财政基本权利和义务，政府以及财政预算必须满足宪法所提出的要求；二是各国宪法都对本国政权组织形式做了规定，政权的组织形式决定了政府预算的组织形式；三是宪法都明确地规定了财政的运行程序，即要求财政必须在国会的直接监督下，以预算报告、审查、批准、监督等过程来完成。

另外宪法还有一些对政府预算的特殊规定。在市场经济国家，宪法条文静态地赋予和限定了财政权限，而宪法法院通过动态地对条文进行解释以及对案例的判断，对政府预算既起到支持和保护作用，又起到监督和约束作用。

各国宪法关于政府预算管理的条款大体包括预算前期条款、合法性条款、程序性条款。③

（1）预算前期条款。年度预算必须提交立法机关审议通过，才能成为具有法律效力的正式法案。立法机关对预算草案的审批，通常需要一定时间，因此，有些国家宪法中对预算提交立法机关审批的时间做了具体规定。如《丹麦宪法》第45条规定：下一个财政年度的财政法案须在该财政年度开始前至少4个月提交议会审议。《奥地利联邦宪法》第51条规定：在财政年度届满前的10周内，联邦政府应向国民议会提交该联邦下一财政年度的收支预算。在国民议会开始审议前，预算内容不得公开。

（2）合法性条款。所谓合法性，是指政府年度财政预算必须提交立法机构审议并通过，才能具有法律效力，才可付诸实施。《日本宪法》第86条规定：内阁必须编制每一会

① 何廉，李锐. 财政学［M］. 北京：商务印书馆，2011：462（原书于1935年由商务印书馆出版）.
② 马蔡琛. 预算资金分配中的自由裁量权：阳光财政建设的制度性障碍［J］. 中国审计，2005（11）.
③ 王金秀，陈志勇. 国家预算管理［M］. 北京：中国人民大学出版社，2001：32-33.

计年度的预算，向国会提出，经其审议通过。《丹麦宪法》第46条规定：非根据议会所通过的财政法案、补充拨款法案或临时拨款法案，不得支付任何经费开支。《巴西宪法》第66条规定：年度预算法案由共和国总统提交国会，由两院联席会议共同决定，直到下一财政年度开始前的4个月为止；如在本财政年度结束前30天，立法权力机关仍未将法案付诸审议，则该法案将作为法律宣布生效。

（3）程序性条款。宪法的程序性条款规定了财政事务和其他公共事务在国家各权力机关间的运作程序，要求政府财政管理必须在国会的监督下，通过预算报告、审查、批准和审计等过程来完成。例如，英国在1911年颁布的宪法性文件《议会法》中，第一条就专门规定了财政案的运作程序，其内容是：凡下议院通过之财政法案，于闭会1个月前，提交上议院，而该院于1个月内不加修正并未通过者，除下议院另有规定外，应径行呈请国王核准。虽未经上议院通过，仍应认为系议会之法令。又如，现行《法国宪法》第47条规定：议会根据组织法规定的条件，表决通过财政法律草案（特制预算草案）。如果国民议会在此项草案提出后40日的期限内在第一读中未做出决议时，政府应将其提交参议院，参议院必须在15日的期限内做出决议。如果议会在70日的期限内未做出决议，该草案的规定可以以法令付诸实施。在日本，在国会常会的150天里，预算案是先行审议的重要议案，通常要占用一半左右的时间。[①]

2）一般法律对预算管理的约束

在宪法之下，各国一般都设立了财政法或预算法，这是财政的基本法。预算法承接宪法中的有关规定，对财政预算运行程序、财政的权利和义务做出进一步规定。同时，在宪法之下设立的卫生法、教育法等，也都规定了政府承担的义务和预算支出的标准，财政预算必须为满足政府的正常运转提供资金。预算的有效性取决于其法律基础的强度以及辅助性的法规和行政管理做法。

编集成典的预算法律、法规和行政管理做法的相对重要性在各国有相当的不同。[②]英国式的预算法往往侧重于处理公共资金的广泛原则，而详细的预算程序则写在法规和行政管理指令中。但是，一些国家最近出现了建立更全面的立法框架的趋势，这些框架强调政府对透明度和责任感的责任。在美国，由于国会在影响和控制预算方面所发挥的重要作用，预算立法的主要内容是通过国会预算过程制定中期预算目标。欧洲大陆以民法为基础的国家，例如法国，往往更多地依靠法律详细规定的预算做法和程序，这与这些国家强有力的行政管理控制是一致的。

例如，《法国国民议会议事规则》第23章"财政法案在全院大会的辩论"规定：

任何条款或修正案含有与财政法案有关的组织法所述范围以外的条文，万一这一条文会形成一个法律草案或提案，如果可能受理这种议案的常设委员会提出要求，并且财政、经济和计划委员会主席或总报告人、该委员会为此专门指定的一名秘书处成员同意，则这一条文必须从财政法案中抽出来，分开进行辩论。这一辩论如果关系到财政法案的某一条款，就需要在辩论财政法案之后列入国民议会的议程。如果政府、财政委员会或依法提出的修正案，都未要求对预算法案进行修改，那么对预算法案只须进行简单的辩论。在此情

---

况下，每个演说者只能以个人的名义发言一次。但对部长或报告人提出抗辩除外，这种抗辩的时间，任何情况下均不得超过十分钟。①

又如，《意大利代表院议事规则》第27章"审议财政议案和预算案"规定：

对于每年和多年的财政议案、批准预算的议案、关于经济政策的文件，以及与上述议案有关的公共款项管理的议案，应在本院指定的预算会议上进行审议。审议前款议案的预算会期应为45天，时间自议案正文、所附单项条款一览表以及预测和规划报告实际分发之日起计算。议案移交给参议院后，在不违背第120条第5款规定的前提下，预算会期应为35天，时间自参议院提出的修正草案正文实际分发之日起计算。在预算会议前，本院各相关委员会应先行审议预算法案的概算项目，收集资料，并进行表决。为此目的，各个委员会征得议长同意后，可以决定听证会议程。预算和计划委员会依照这一程序，开始对预算案进行全面审议。②

大多数发展中国家采用欧洲或英国式的预算立法模式，但是在许多情况下，由于缺乏政治和行政管理能力，不能确立适当的法律和行政管理体制。转轨经济体为其预算过程建立立法基础正处于不同的阶段，但是许多经济体在执行现实的财政政策以及在实践中控制预算执行方面存在困难。这些国家建立健全的法律框架需要得到能力建设的支持，以在现实预算中反映这种框架。另外，在一些转轨经济体（例如吉尔吉斯共和国和塔吉克斯坦），国库法比更全面的预算法律更早公布，在这些国家全面法律框架尚未具备的情况下，这种折中的做法，更符合其政策和管理能力的现实需要。

尽管各国的政府预算立法存在着诸多方面的差异，但有一些共同性的指导思想和基本原则，在各国的政府预算法律中都不同程度地得到了体现。这些指导思想和基本原则主要包括以下几方面的内容：公共资金只能依法开支；预算应是全面的，涵盖中央政府的全部交易；预算交易应以总额反映；应赋予负责政府财政部长以有效的管理预算的权力；应对使用应急款项或准备金款项规定明确的、严格的条件；应为立法机构和公众准备经独立审计的报告，明确反映公共资金是如何使用的。

3）行政法对预算管理的约束

在宪法、一般法和国会批准的预算通过各自的方式授权给财政部门之后，财政部门通过行政法体系来落实和实施。日本是通过"政令"和"通达"的形式来下达文件进行具体实施的，美国是通过"财政部条例"来实现的。对财政活动的最后的法律约束和保护来自民事和刑事法院，有些国家（如法国）还设有行政法院。

从以上可以看出，政府预算是在一个完备的法律以及司法体系中运行的，宪法、普通法和行政法之间协调一致，由宪法法院、国会和一般民事或行政法院解释、阐述和处置有关的争议。法制为政府预算的运行和管理提供了一个存在的框架和基础。另外，政府预算是在最高法院、国会和行政部门之间的相互制衡中运行的，这就使政府预算不会被人为因素所左右，保障其能在法律体系中运行。

## 8.2.2　我国政府预算审查监督的法律规定

关于全国人大及其常委会审查政府预算、决算的法律法规，主要有《宪法》《全国人

---

① 尹中卿，等. 英、法、美、德、意、日六国议会议事规则 [M]. 北京：中国民主法制出版社，2005：150.
② 尹中卿，等. 英、法、美、德、意、日六国议会议事规则 [M]. 北京：中国民主法制出版社，2005：520-521.

民代表大会议事规则》《预算法》等。其主要内容是：

1）《宪法》中的有关规定

《宪法》第62条规定，全国人民代表大会审查和批准国家的预算和预算执行情况的报告。第67条规定，在全国人民代表大会闭会期间，审查和批准国民经济和社会发展计划、国家预算在执行过程中所必须作的部分调整方案。

2）《全国人民代表大会议事规则》中的有关规定

《全国人民代表大会议事规则》第31条规定，全国人民代表大会会议举行的一个月前，国务院有关主管部门应当就国家预算及预算执行情况的主要内容，向全国人民代表大会财政经济委员会和有关的专门委员会汇报，由财政经济委员会进行初步审查。第32条规定，全国人民代表大会每年举行会议的时候，国务院应当向会议提出关于国家预算及预算执行情况的报告，将国家预算收支表（草案）和国家预算执行情况表（草案）一并印发会议，由各代表团进行审查，并由财政经济委员会和有关的专门委员会审查。财政经济委员会根据各代表团和有关的专门委员会的审查意见，对国家预算及预算执行情况的报告进行审查，向主席团提出审查结果报告，主席团审议通过后，印发会议，并将关于国家预算和预算执行情况的决议草案提请大会全体会议表决。有关的专门委员会的审查意见应当及时印发会议。

3）《预算法》中的有关规定

《预算法》第5章"预算审查和批准"和第9章"监督"系统规定了有关预算审查、批准和监督的相关问题。

（1）预算审查和批准

国务院在全国人民代表大会举行会议时，向大会做关于中央和地方预算草案以及中央和地方预算执行情况的报告。地方各级政府在本级人民代表大会举行会议时，向大会做关于总预算草案和总预算执行情况的报告。

全国人民代表大会和地方各级人民代表大会对预算草案及其报告、预算执行情况的报告重点审查下列内容：①上一年预算执行情况是否符合本级人民代表大会预算决议的要求；②预算安排是否符合本法的规定；③预算安排是否贯彻国民经济和社会发展的方针政策，收支政策是否切实可行；④重点支出和重大投资项目的预算安排是否适当；⑤预算的编制是否完整，是否符合本法第46条的规定；⑥对下级政府的转移性支出预算是否规范、适当；⑦预算安排举借的债务是否合法、合理，是否有偿还计划和稳定的偿还资金来源；⑧与预算有关的重要事项的说明是否清晰。

全国人民代表大会财政经济委员会向全国人民代表大会主席团提出关于中央和地方预算草案及中央和地方预算执行情况的审查结果报告。省、自治区、直辖市、设区的市、自治州人民代表大会有关专门委员会，县、自治县、不设区的市、市辖区人民代表大会常务委员会，向本级人民代表大会主席团提出关于总预算草案及上一年总预算执行情况的审查结果报告。

审查结果报告应当包括下列内容：对上一年预算执行和落实本级人民代表大会预算决议的情况做出评价；对本年度预算草案是否符合本法的规定，是否可行做出评价；对本级人民代表大会批准预算草案和预算报告提出建议；对执行年度预算、改进预算管理、提高预算绩效、加强预算监督等提出意见和建议。

乡、民族乡、镇政府应当及时将经本级人民代表大会批准的本级预算报上一级政府备案。县级以上地方各级政府应当及时将经本级人民代表大会批准的本级预算及下一级政府报送备案的预算汇总，报上一级政府备案。县级以上地方各级政府将下一级政府依照前款规定报送备案的预算汇总后，报本级人民代表大会常务委员会备案。国务院将省、自治区、直辖市政府依照前款规定报送备案的预算汇总后，报全国人民代表大会常务委员会备案。

国务院和县级以上地方各级政府对下一级政府依照本法第40条规定报送备案的预算，认为有同法律、行政法规相抵触或者有其他不适当之处，需要撤销批准预算的决议的，应当提请本级人民代表大会常务委员会审议决定。

各级预算经本级人民代表大会批准后，本级政府财政部门应当在20日内向本级各部门批复预算。各部门应当在接到本级政府财政部门批复的本部门预算后15日内向所属各单位批复预算。中央对地方的一般性转移支付应当在全国人民代表大会批准预算后30日内正式下达。中央对地方的专项转移支付应当在全国人民代表大会批准预算后90日内正式下达。省、自治区、直辖市政府接到中央一般性转移支付和专项转移支付后，应当在30日内正式下达到本行政区域县级以上各级政府。县级以上地方各级预算安排对下级政府的一般性转移支付和专项转移支付，应当分别在本级人民代表大会批准预算后的30日和60日内正式下达。对自然灾害等突发事件处理的转移支付，应当及时下达预算；对据实结算等特殊项目的转移支付，可以分期下达预算，或者先预付后结算。县级以上各级政府财政部门应当将批复本级各部门的预算和批复下级政府的转移支付预算，抄送本级人民代表大会财政经济委员会、有关专门委员会和常务委员会有关工作机构。

（2）预算监督

全国人民代表大会及其常务委员会对中央和地方预算、决算进行监督。县级以上地方各级人民代表大会及其常务委员会对本级和下级预算、决算进行监督。乡、民族乡、镇人民代表大会对本级预算、决算进行监督。

各级人民代表大会和县级以上各级人民代表大会常务委员会有权就预算、决算中的重大事项或者特定问题组织调查，有关的政府、部门、单位和个人应当如实反映情况和提供必要的材料。

各级人民代表大会和县级以上各级人民代表大会常务委员会举行会议时，人民代表大会代表或者常务委员会组成人员，依照法律规定程序就预算、决算中的有关问题提出询问或者质询，受询问或者受质询的有关政府或者财政部门必须及时给予答复。

国务院和县级以上地方各级政府应当在每年6月至9月期间向本级人民代表大会常务委员会报告预算执行情况。

各级政府监督下级政府的预算执行；下级政府应当定期向上一级政府报告预算执行情况。

各级政府财政部门负责监督检查本级各部门及其所属各单位预算的编制、执行，并向本级政府和上一级政府财政部门报告预算执行情况。

县级以上政府审计部门依法对预算执行、决算实行审计监督。对预算执行和其他财政收支的审计工作报告应当向社会公开。

政府各部门负责监督检查所属各单位的预算执行，及时向本级政府财政部门反映本部门预算执行情况，依法纠正违反预算的行为。

公民、法人或者其他组织发现有违反本法的行为，可以依法向有关国家机关进行检举、控告。接受检举、控告的国家机关应当依法进行处理，并为检举人、控告人保密。任何单位或者个人不得压制和打击报复检举人、控告人。

## 本章小结

● 政府决算是对年度政府预算收支执行情况的最终反映，也是一年内国民经济和社会发展计划执行结果在财政上的集中反映。决算草案由各级政府、各部门、各单位在每一预算年度终了后按照规定时间编制。编制决算草案的具体事项，由国务院财政部门部署。决算草案必须符合法律、行政法规的要求，做到收支数额准确、内容完整、报送及时。

● 政府决算是预算管理流程的最终环节，体现了预算管理系统的最终运行成果。政府决算是整理与积累财政统计资料的主要渠道，是实现预算监督管理的重要手段。政府决算草案的主要编制流程包括：拟订和下达编审决算草案的通知，进行年终清理，制定和颁发决算表格，编制各级决算和决算说明书等。

● 对各国宪法规则中有关政府预算管理的规定加以归纳，其约束主要体现在以下几个方面：一是宪法决定了国家政权以及财政的基本任务，赋予了财政基本权利和义务，政府以及财政预算必须满足宪法所提出的要求；二是各国宪法都对本国政权组织形式作了规定，政权的组织形式决定了政府预算的组织形式；三是宪法都明确地规定了财政的运行程序，即要求财政必须在国会的直接监督下，以预算报告、审查、批准、监督等过程来完成。

● 编制决算草案，必须符合法律、行政法规，做到收支真实、数额准确、内容完整、报送及时。决算草案应当与预算相对应，按预算数、调整预算数、决算数分别列出。一般公共预算支出应当按其功能分类编列到项，按其经济性质分类编列到款。

● 政府预算监督，是指政府在预算管理的全过程中，以法治化的形式，就政府预算利益相关主体的资金筹集、配置和使用等活动，进行的检查、督促和约束，是政府预算管理的重要组成部分。

● 关于全国人大及其常委会审查政府预算、决算的法律法规，主要有《宪法》《全国人民代表大会议事规则》《预算法》等。

## 综合练习

简答题

8.1 简述决算的主要内涵与编制意义。

8.2 政府决算的主要法律规定有哪些？

8.3 各国法律对政府预算管理的主要规定具有哪些共性特点？

8.4 简述我国政府预算审查监督的主要法律规定。

案例分析题

8.1

从口头报告与书面报告之争，看预算监督的强化抑或弱化

自2005年举行的十届全国人大三次会议开始，在会议议程上做了一项重要的调整，

那就是取消政府预算的口头报告，而仅提交书面报告。此后，四川、北京、广东等省市的人民代表大会也仿照全国人大的做法，取消了口头报告，而只提供书面报告。由此引发了关于政府预算提交立法机构审议方式的争论。

阅读下面对取消口头预算报告持反对观点的文章后，请思考以下问题：

（1）结合浙江省温岭市恢复人大代表听取预算报告的做法，了解你所在的省份或城市，在近年的人代会期间，是仅提交政府预算书面报告，还是同时做口头报告？并向有关部门了解这种变化在预算审议过程中所导致的差异。

（2）在主张取消政府预算口头报告的观点中，有人认为政府预算报告与政府工作报告存在着较多的内容重复，从精简会议议程的角度，主张取消口头报告。请登录本章网络资源中所提供的"中国人大网"（http://www.npc.gov.cn）网站，对比最近三年的政府工作报告、国民经济和社会发展计划报告和政府预算报告，尝试发现其中的差异。

（3）你个人认为是否存在着恢复人代会上政府预算口头报告的可能，其主要障碍是什么？

对于政府预算报告方式的变化，一旦脱出会议议程安排的局限，而伸展至关系整个经济社会发展的宏观层面考虑问题，可以发现，这种调整似有不妥之处，可能并非适当之举。归结起来，做出这种判断的主要理由是：

首先，这种调整是对政府预算报告相对重要性的降格。在以往每年一度的全国人大会议议程安排中，政府工作报告、国民经济和社会发展计划报告、政府预算报告、人大常委会工作报告、最高人民法院工作报告和最高人民检察院工作报告，均作为同一层次的正式审议事项，既作口头报告，又发书面报告。这一次，并且在此之后，对于政府预算报告、国民经济和社会发展报告的审议，由以往的口头和书面报告兼行改为只发书面报告。其他的几个报告，则仍保留口头和书面报告兼行的做法。尽管可以用所谓节省会议时间、提升会议效率甚或坚持求真务实等理由来解释，但是，按照中国人的传统思维习惯，这起码给人一个印象：人民代表大会所审议的报告不在同一层次上了，政府预算报告的重要性降格了。由此带来的社会影响，恐怕不能说是积极的。

其次，这种调整在人代会议程安排上有舍本求末之嫌。作为立法机关的各级人民代表大会之所以要审议包括政府预算报告在内的、主要由政府行政部门提交的一系列文件，其根本的原因就在于，政府所从事的是满足社会公共需要的公共管理活动。既然是社会公共需要，既然同所有的社会成员都有关，政府的活动自然要纳入众人的视野，由作为广大社会成员代表的立法机关加以审议。不过，进一步看，政府所从事的活动多种多样，并非所有的政府活动都要形成正式文件，提交立法机关审议。那样做，既不可能，也不必要。一个理想且有效的办法，是寻找一条可折射、覆盖政府活动全部内容的主线作为立法机关审议的重心。这条主线，事实上是存在的，那就是政府的财政收支。美国经济学家阿图·埃克斯坦曾在其《公共财政学》一书中写下了这样一段话："如果你想了解联邦政府在过去的一年里都干了些什么，或者，在未来的一年里将要干些什么，那么，你只要看一下联邦预算就足够了。"也正因为如此，在现时各国立法机关所审议的政府部门文件中，只有政府预算——而非其他方面的文件，才是花费时间最多、投入精力最大的审议对象。政府预算最重要！将处于核心地位的政府预算的审议层次相对降格，难免有舍本求末之嫌。

最后，这种调整有可能放慢甚至逆转政府预算制度的改革进程。在现时的中国，人大代表以往花在审议政府预算报告上的时间不是多了，而是太少了。不是因听读兼行而显得过于烦琐了，而是听得不够，读得不深，审得不细。将本就有欠庄重的政府预算审议氛围进一步淡化，将本就相当薄弱的政府预算审议力度进一步调减，将本就相当单薄的政府预算审议程序进一步省略，绝对是放缓政府预算制度改革的进程，甚至可能产生逆转之效。

值得注意的是，在2010年召开的温岭市第十四届人大四次会议第一次全体会议上，与以往不同的是，除了代市长所作的政府工作报告外，市财政局局长随后作了关于温岭市2009年预算执行情况和2010年预算草案的报告。据了解，这是2005年以来，温岭市人代会首次恢复听取预算报告，引起了与会代表的高度关注和好评。人代会上宣读预算报告的做法，近年来在全省乃至全国也不多见。预算报告作为人代会6项报告之一，早些年与其他报告一起，都要在人代会上宣读。自2005年开始，温岭市同其他许多地方一样，为精减会期，提高效率，预算报告与计划报告由口头报告改为书面审查。但是，预算报告改为书面审查后没过几年，就出现了人代会期间淡化预算审查监督的现象。许多代表对预算报告漠不关心，在审议中主要围绕政府工作报告展开，很少有人谈到预算报告。近些年，随着温岭市预算监督的大力推进，特别是参与式公共预算改革的实施，代表们对预算审查监督的意识逐步加强，对预算报告的审查也重新开始关注。为加强对预算的审查监督，进一步提高代表审查预算的深度和实效，常委会会议在人代会前经反复研究，决定在大会上恢复听取预算报告，并在此次大会预备会议上提出了听取预算报告的建议，得到了通过。许多代表对此举给予了充分肯定。有代表指出，恢复在人代会上向人大代表口头报告预算情况，是人大代表行使管理国家事务权力的重要体现，有利于增进政府接受预算监督的意识，有利于代表审查预算的深入，也有利于政府预算的民主、公开、透明，这是一个必然的趋势。

资料来源：高培勇. 不宜降低政府预算报告的相对重要性［N］. 中国经济时报，2005-04-08；温岭市人大. 人代会恢复听取预算报告［EB/OL］.［2010-03-22］. http://www.rmdbw.gov.cn/2010/0322/15815.html.

8.2

地方人大否决政府预算的先河——沅陵县与承德市人大否决财政预算报告的案例

在通常的印象中，每年各级人代会上，如期通过政府预算草案，似乎是顺理成章的事情。然而，2002年初，湖南省沅陵县人代会从否决到批准"2001年财政预算执行情况和2002年财政预算报告"，表决方式也经历了"举手—投票—举手"的轮回，则显得有些出人意料。这是一个人大否决预算报告的个案，具有一定的特殊性，也体现了我国基层人大加强预算审查监督的特点。在河北承德市，市人大将市政府2009年的财政预算草案两次打回进行修改，修改增加了民生投入，削减政府采购，7 000万元让利民生，第三次才得以通过。

阅读以下资料后，请思考以下问题：

（1）你认为地方人大否决政府预算，是加强政府预算监督，还是影响政府工作的正常开展？

（2）2002年1月11日，沅陵县人代会举行第四次全体会议，人大代表缺席69人，超过应到代表255名的1/4，说明了什么问题？

（3）沅陵县第二次表决政府预算草案时，采用举手表决的方式，你是如何看待的？

（4）通过检索有关新闻报道，尝试发现是否还有其他地方人大否决政府预算的案例，并尝试与沅陵县和承德市的个案加以比较分析。

**8票之差引发首次否决案**

2002年1月8日，湘西沅陵县会堂，县十三届人民代表大会第六次会议第一次全体会议，听取县财政局局长作"沅陵县2001年财政预算执行情况和2002年财政预算草案报告"。

1月11日下午，大会举行第四次全体会议。人大代表人数的报告单令人吃惊：缺席69人，超过应到代表255名的1/4！但是，出席会议的人大代表有186名，尚合乎法定人数。

下午4时，计票结果出乎意料：关于财政报告决议的赞成票只有120票，反对53票，弃权5票，还有8票未收回，离通过财政报告的法定票数尚差8票！这意味着该县2001年财政预算执行情况和2002年财政预算草案报告未获通过。这是沅陵县人大历史上首次不通过案，也是我国地方人大史上少有的不通过案。

**解读沅陵县财政预算报告**

财政预算报告未获人大通过在当地引起不小的震动。当晚，县政府领导带着10个征求意见组到各代表团听取意见。

地处湘西的沅陵县作为国家级贫困县、五强溪电站移民大县，与不少欠发达地区一样，多年来财政风险"处在警戒线上"。沅陵县有63万多人口，而财政供养人员达17 337人，平均37个人供养一个吃皇粮的。2001年较之1998年，由于财源萎缩和库区农业税减少等因素，导致县级可用财力锐减600多万元，而仅工资支出就骤增2 400多万元。

2002年1月8日，县财政局长在财政预算报告中说，"2001年的收支平衡不是真正意义上的平衡"，"尽管2001年消化历年赤字3 772万元，但为了平衡年内预算，当年新增赤字1 710万元，历年累计净赤字额仍有8 348万元"，"机关运转空前紧张，财政形势十分严峻"。在安排2002年预算时，按"11个月足额发放工资计算"，力争全年足额发放。一些代表说："你发11个月工资，违背了《劳动法》，我不赞成。"

**进步抑或倒退：投票表决的废止**

4月16日，县十三届人大常委会第三十一次会议决定召开十三届人大七次会议，重新提请审查并批准财政预算报告。5月15日，县第十三届人民代表大会第七次会议如期举行，会议应到代表254名，实到236人，出席率高达93%。

令人大代表费解的是，大会主席团第一次会议决定，"除选举采取无记名投票方式外，其他各项决议都采取举手表决方式"。其实，早在2000年12月26日，县人大常委会会议通过了关于实行无记名投票表决的决定，规定"人民代表大会和常委会会议审议通过决议、决定实行无记名投票表决方式"。5月16日，大会批准沅陵县2001年财政预算执行情况和2002年财政预算报告。

**河北省承德市的案例延展**

在2009年河北省承德市人民代表大会上，承德市政府2009年预算报告草案接连被代表打回修改了两次才被通过。

该市人大常委会财经委有关负责人指出，预算报告第一次审议时，市人大代表仗义执言。"这份预算报告反映出百姓收入与财政收入不匹配""不要把GDP增长看得比大学生及农民工就业更重要……"预算报告首次未通过。预算报告修改后第二次审议，人大代表们仍"不依不饶":"修改后的预算报告,财政支出向民生作了较大倾斜,但调整得还不够,政府要舍得在教育、医疗、社会保障上多投入些……"

预算报告再次修改后第三次审议,人大代表们发现,预算报告较第一次审议时有了大幅度的修改:原来对社保领域的投入为2000万元,现在改为4000万元;原来对教师领域的投入为1000多万元,现在改为2000多万元……钱从何来?修改后的预算报告对政府采购费用作了大幅修改。"仅这部分费用在预算报告修改后就减少了7000多万元。"《法制日报》就此事进行报道后,中央电视台《新闻1+1》节目采访了承德市人大常委会财经委某主任。该主任表示,2009年2月,承德市人代会开了三天半,政府预算报告是当场通过的。人大财经委是在政府预算报告提交人代会之前进行预审的,并提出了一些修改意见打回修改。

实际上,这些年人大在审查政府预算报告的时候,特别是在事先审查的时候经常会打回去修改。这次承德政府预算报告被打回修改事件的影响这么大,可能是因为最后很多项目都做了修改,涉及的金额很大。大家觉得这个事是有史以来第一次,其实这是很普通的一件事情。

资料来源:田必耀. 解读沅陵县人大否决财政预算报告 [J]. 人大建设,2003(2);承德政府预算报告两遭人大驳回 [EB/OL]. [2009-03-22]. http://news.163.com/09/0322/05/550209LC000120GR.html。

## 推荐阅读资料

全国人大常委会预算工作委员会办公室. 预算审查监督手册 [M]. 北京:中国民主法制出版社,2003.

财政部预算司. 部分国家预算法汇编 [M]. 北京:外文出版社,2005.

中南财经政法大学政府会计研究所. 政府财务信息披露蓝皮书(中央部门:2011—2014年)[M]. 大连:东北财经大学出版社,2015.

## 网上资源

http://www.npc.gov.cn(中国人大网)

http://www.audit.gov.cn(中华人民共和国审计署)

# 第三篇　政府预算的
　　　　　管理方法与技术

# 第 9 章

# 政府会计与政府财务报告

传说中国的孔子曾经做过会计。孔子还曾经说过:"会计当而已矣。"然而,在东西方各国的认识中,往往将会计只看作是私人部门的事情,而或多或少地忽视了政府会计与政府财务报告的重要性。其实,政府会计作为公共管理最基础的技术,是政府预算管理中极为重要的资讯系统。20世纪以来,政府会计结合预算制度,共同构成了政府收入与支出控制以及业绩评价的基本工具。恰当的政府会计与财务报告制度,将会有效地提升政府预算的透明度与管理绩效。正如OECD所指出的,"健全的预算和会计实务,对于一国的经济增长有着深远的影响,同时也是良好政府治理结构的关键因素"[①]。

## 9.1 政府预算会计概述

### 1)政府会计的基本含义

政府会计,在某些场合下也称为"公共部门会计",是对预算执行阶段的财政交易活动进行确认、计量、记录、评估、说明的管理和信息系统,其目的在于追踪政府公共支出的实际流向,实现预算过程的有效控制。预算与财务的区别在于,预算是前瞻性的(未来导向),财务则是回顾性的(历史导向)。然而,过去20多年中,发达国家的预算制度已经更为密切地融入了其他方面的财务管理过程,包括会计系统和政府财务报告。[②]目前,政府会计已被公认为对下述活动是不可缺少的:[③]规划财政经济政策、评价政府经济计划的成本与财务效果、预测政府收支、监督各机构遵守预算与法律法规的情况、控制政府支出与现金流量、提供公共审计的基础、提升政府财政政策效果的重要参考等。

政府会计的主体是从事独立的非营利性经济活动的法定组织、机构和单位,具体包括各级政府、行政单位和事业单位。政府会计的客体则可以从多个维度来加以考察,从资金运动维度分析,是指资金的来源和运用以及经济活动的成果;从效率维度分析,是指各级政府会计主体从事经济活动的投入产出情况;从会计要素维度分析,是指各政府会计主体的预算资金活动所形成的资产、负债、净资产、收入和支出等。就政府会计信息的使用者而言,主要包括各级政府部门、相关利益团体和投资主体、非营利机构、普通公众、专家学者以及媒体等。

政府会计与企业会计之间的关系是非常有趣的,在政府会计发展的早期和最新阶段,都大量地借鉴了企业会计的管理方法。例如,在19世

---

① MATHESON A(OECD公共管理服务部.更好的公共部门治理:西方国家预算及会计改革的基本理论〔C〕. 2001年政府预算与政府会计国际研讨会(北京)会议论文.
② 王雍君. 公共预算管理〔M〕. 2版. 北京:经济科学出版社,2010:6.
③ PREMCHANF A. Covernment Budgeting and Expenditure Control〔R〕. Washington D.C.: International Monetary Fund,1983:379-382.

纪晚期美国政府会计的发展时期，联邦、州和地方政府都采用企业会计的管理方法；而20世纪80年代以来，在"新公共管理"运动中，以新西兰、澳大利亚等国为代表的部分市场经济国家，又在很大程度上成功地引入了权责发生制等企业会计的管理方法。

当然，政府会计与企业会计也仍旧存在着很大的差异。首先，二者在信息用途上有区别。企业会计信息主要应用于核算净利润，而公共组织会计则用于记录资金的流动（通常指税收和支出），尤其是预算情况的对照，控制目标对于政府会计的作用要明显高于企业会计。其次，二者在规则体系约束上有差异。通常企业会计主要遵循公认会计准则就可以了，而公共部门中的不同领域（如各级政府、非营利组织等），则可能受到不同制度约束的影响。例如，在美国制定私人部门会计准则的是财务会计准则委员会（the Financial Accounting Standard Board，FASB）；为公共部门制定会计准则的是政府会计准则委员会（the Government Accounting Standard Board，GASB）。最后，二者在具体制度与技术处理上有差异。这类差异主要体现为：[①]（1）在私人部门中，各种"基金"或基金会计都甚少使用。在政府会计中，各种基金会计则是需要的，以至于"基金会计"的术语是习惯用来表示政府会计和另一些非营利性组织会计的。（2）在私有部门，固定资产及其折旧的管理也是非常清晰的：固定资产必须作为财产记入平衡表，而且在预期的使用寿命期间计提折旧。在政府部门，固定资产和折旧根据基金的不同类型可以记入也可以不记入平衡表。（3）在企业会计中，"转账（过户）"项目是没有的；而在政府会计中，转账则经常在基金之间发生。这样，如果转账不被详细地披露的话，则经常会把看财务报表的读者搞糊涂。

2）政府会计体系的构成

借助会计系统，管理人员可以对预算过程中核心工作的数据进行整理、分析和报告。这些数据必须完整、准确、及时，易为公众理解。政府会计系统的核心是财政收入与财政支出、财政平衡和政府债务。完整的政府会计系统包括以下几个部分：[②]

（1）原始凭证：收据、发票及其他有关活动的原始记录。

（2）日记账：按照时间顺序对所有交易的简要记录。

（3）分类账：能够体现出收入、支出或者其他账户余额的不同详细程度的会计报告。

（4）程序和控制：对原始凭证、日记账和分类账中的财务活动进行分类、记录与报告的形式和规定。

政府会计的核心，是现金流、增进透明度和控制力、提高政府对公众的责任感，而不是像企业会计那样，以利润为核心。这种差异导致了政府会计中有如下常见的做法：

首先，政府要使用基金会计，在法律允许的范围内使用财政收入，促进对各种政府财政活动的有效管理。

其次，政府债务是由单独账户进行处理的。需要使用一般政府财政收入来偿还的债务，会作为整个政府的债务来报告；而由特定基金来偿还的债务，则应分别进行报告。

最后，政府预算是"审核与平衡"（checks and balances）制度的核心，说明对经过立法机关批准的预算遵从程度，是政府会计和报告过程中的核心内容。而在私人部门中，预

①　瑞宾 J，林奇 T D. 国家预算与财政管理 [M]. 丁学东，等，译. 北京：中国财政经济出版社，1990：377.
②　米克塞尔 J L. 公共财政管理：分析与应用 [M]. 白彦锋，马蔡琛，译. 6版. 北京：中国人民大学出版社，2005：57-58.

算是一个更具灵活性的计划，而不是一个得到批准的、有关拨款的法律。非营利组织的预算，则介于上述二者之间。

我国的政府会计组织体系包括总预算会计系统和单位预算会计系统。在记账方法上，我国预算会计在1956年前采用借贷记账法，1956年后改为资金收付记账法，1989年资金收付记账法和借贷记账法并存，1998年改革后采用国际通行的借贷记账法。2015年以来，财政部颁布了《政府会计准则——基本准则》、《政府会计准则第1号——存货》、《政府会计准则第2号——投资》、《政府会计准则第3号——固定资产》、《政府会计准则第4号——无形资产》、《政府会计准则第5号——公共基础设施》、《政府会计准则第6号——政府储备物资》、《政府财务报告编制办法（试行）》和《财政总预算会计制度》、《政府会计制度——行政事业单位会计科目与报表》等一系列文件，这标志着我国政府会计体系的建设已然进入了一个新的阶段。

3）政府会计的主要模式——基于计量与确认基础的划分

政府会计的模式有多种划分方法。例如，按照集中与分散的程度，可以划分为集中管理模式[①]和分散管理模式[②]。结合各国政府会计改革的发展趋势，在此我们选择了对于中国政府会计改革较具影响力的计量与确认基础作为划分的主要标志，其原因在于，自从20世纪80年代末期，新西兰率先将权责发生制全面引入政府会计领域，成为世界上第一个在政府会计中实施权责发生制的国家，并取得较大成功以来，世界银行、国际货币基金组织将收付实现制向权责发生制的会计转变视为改革的重要内容。[③]权责发生制政府会计改革在世界范围内产生了相当大的影响，也成为我国政府会计改革中的重要议题。

会计的确认与计量基础，是指用以确定"何时确认"交易或事项的基础是怎样的，它涉及的是会计计量的时间问题。在各国会计实践中，会计模式大体可以分为四种类型：收付实现制、修正的收付实现制、权责发生制和修正的权责发生制。

收付实现制会计，也称为"现金制会计"（cash accounting），是一种记录现金收入、支出和余额的会计方法，它只有当现金被收到或付出时，才确认和计量交易或事项。收付实现制的优点在于最容易理解和应用。其缺陷在于，一是容易通过操纵现金流扭曲组织的财务状况；二是对经济事项的记录可能过于滞后。

修正的收付实现制会计，也称为"修正的现金制会计"（modified cash accounting），主要用来确认那些已经发生于年末，而且预期将在年末后的某个特定时期内导致现金收付的交易事项。其重要特征是，会计期间包括一个在预算年度结束后发生的现金收付的附加期（complementary period，例如30或60天）。修正的收付实现制被许多国家的政府所采纳，尤其是在法国和西班牙模式的政府会计体制下，更是如此，但对该模式仍旧评价不一。有些观点认为，修正的收付实现制存在较多风险，一般应避免采用。[④]

---

① 集中管理模式，即会计机构和人员的集中管理模式，其特征表现为：一是会计机构集中由会计管理机构统一设置，可对各单位实行统一核算，或对各单位实行分户核算，甚至可取消单位预算会计。二是会计人员由会计管理机构统一管理，不再隶属于其所在的服务单位，由会计管理机构任免，工资待遇等由财政提供，业绩也由会计管理机构进行考核，会计人员直接对政府负责，克服了旧体制下会计人员受其所在单位领导直接控制执法难的弊病，会计人员的编制、工资、福利、任用、升迁、管理权限归会计中心统管，不受单位领导控制，能较好地完成监督职能，减少经济违纪和犯罪行为。
② 分散管理模式，即会计机构和人员的分散管理模式，其特征表现为：一是会计机构分散设置在各个单位，二是会计人员隶属于其所在的服务单位。行政上由单位领导任免，工资待遇等由单位提供，业绩也由其服务的单位进行考核，会计人员与服务单位之间具有较强的人身依附关系，往往直接对单位领导负责，不对政府负责。
③ 王加林. 发达国家预算管理与我国预算管理改革的实践 [M]. 北京：中国财政经济出版社，2006：60.
④ 王雍君. 公共预算管理 [M]. 北京：经济科学出版社，2002：181-182.

第9章 政府会计与政府财务报告

权责发生制，也称为"应计制会计"（accrual accounting），是指采用法定义务的概念记录经济事项或交易，而不考虑现金收到与付出时间的会计方法。权责发生制在企业会计中采行得相当普遍，在政府会计中，权责发生制与收付实现制的差异不仅体现为预算成本的计量，还体现为对于政府预算作用和功能的不同价值取向。权责发生制更加注重政府服务的成本和绩效的匹配问题，相应的技术处理要求也更高一些。在权责发生制下，经常使用一些在其他会计基础上较少使用的流动资产账户（如折旧、应收应付款以及存货等），从而更好地体现组织当前的财务状况。①"权责发生制"这个术语系指在财务报告中关于经济事件确认时点的基本会计概念。在权责发生制会计系统中，只有当经济价值发生转移、增加或损失时，才能够确认机构间发生的交易和其他资源流动，与收到或支出现金的时间点无关。而在收付实现制会计系统中，则是当收到或支出现金时，确认机构间发生的交易和其他资源流动。在会计和报告系统中应用"权责发生制"，表明根据适用的会计原则和标准，以权责发生制为基础编制事后财务报表。②

修正的权责发生制会计，也称为"修正的应计制会计"（modified accrual accounting），其在法定义务的核心概念上，非常类似于权责发生制会计，二者的主要区别在于对"应计收入"的理解上。在修正的权责发生制会计下，只有收入在当前会计期间既可以计量又可以支配的情况下，才确认收入。

上述四种政府会计模式的区别与联系见表9-1。

表9-1　　　　　　　　　　　　　　四种政府会计模式的比较

| 目标 | 收付实现制 | | 权责发生制 | |
| --- | --- | --- | --- | --- |
| | 收付实现制 | 修正的收付实现制 | 修正的权责发生制 | 权责发生制 |
| 与法定预算的合规性 | 是 | 是 | 是 | 是 |
| 与法律、合同要求的开支限额符合的条件 | 现金的需求和限制 | 现金和现金等价物的需求和限制 | 现金和财务资源的需求和限制 | 现金和经济资源的需求和限制 |
| 资源、分配和财务资源的使用 | 现金资源 | 现金和现金等价物资源 | 现金和财务资源 | 现金和财务资源 |
| 提供基金和现金需求 | 现金资源 | 现金和现金等价物资源 | 现金和其他财务资源 | 现金和其他财务资源 |
| 为活动提供基金和偿付负债以及责任能力 | 来自于现金 | 来自于现金和现金等价物 | 来自于财务资源 | 来自于经济资源 |
| 财务状况及其变化 | 现金状况 | 现金和现金等价物状况 | 财务资源 | 财务和经济资源 |
| 根据服务成本确定的财务业绩 | 未报告信息 | 未报告信息 | 有限的信息报告 | 提供评估业绩的必要信息 |

资料来源：陈工. 政府预算与管理［M］. 北京：清华大学出版社，2004：344；转引自上海财经大学公共政策研究中心. 2003年中国财政发展报告［M］. 上海：上海财经大学出版社，2003.

---

① 理德 BJ，斯韦恩 JW. 公共财政管理［M］. 朱萍，蒋洪，等，译. 2版. 北京：中国财政经济出版社，2001：40-41.

② 坎贾诺 M，克里斯汀 T，拉扎尔 M. 公共财政管理及其新兴架构［M］. 马蔡琛，张慧芳，赵铁宗，等，译. 大连：东北财经大学出版社，2017：395.

## 9.2 构建中的政府会计准则体系①

### 9.2.1 各国政府会计准则的总体考察

凡是建立起政府会计体系的国家或者组织，都会构造一系列针对具体情况之处理方法的详细准则体系。以美国为例，截至目前，政府会计准则委员会（GASB）共发布了82项准则（Statements of Governmental Accounting Standards Board）、6项概念公告（Concepts Statements）和6项解释公告（Interpretations）。2015年10月，我国财政部公布了《政府会计准则——基本准则》（以下简称《基本准则》），并于2017年1月1日起施行。《基本准则》的及时发布，将强化政府对公共受托责任的履行和人民对履行情况的监督，也为改进政府绩效提供了具有潜力的方法和通道。

1）政府会计核算基础的比较

就广义来说，政府会计应当包含两个方面：政府预算会计和政府财务会计。政府预算会计以预算管理为中心，对一个财年内预算资源的收支活动进行确认、计量与核算；政府财务会计则借鉴商业会计模式，对政府部门拥有的全部资源与收支活动进行确认、计量与核算。政府预算会计主要关注公共资源的流量变化，而政府财务会计则进一步对资源存量进行关注和披露。由于二者的管理目的和关注对象有所不同，大多数国家在制定政府会计准则时，都会对预算账户核算与财务账户核算进行分别考虑，并为之匹配适当的会计计量基础。

（1）单轨模式：政府预算会计与财务会计均采用权责发生制

国际上广泛认为，新西兰和澳大利亚是公共部门中最早使用权责发生制的国家。新西兰是首个在中央层面全面采用权责发生制对政府财务状况进行报告的国家。从1935开始，新西兰经过三十多年的大规模政府扩张，财政支出严重超过其收入，形成了大量财政赤字。1983年，标准普尔将新西兰的主权信用评级由AAA下调至AA+，这促使其开始进行公共部门管理改革，政府会计改革正是其重要组成部分。1989年，新西兰政府通过了《公共财政法案》，要求中央部门自1991年7月起全面采用以权责发生制为基础的商业会计模式，这标志着新西兰在政府层面的预算和财务体系开始应用权责发生制。1992年4月，新西兰首次发布了一系列按照标准会计准则（GAAP）编制的政府财务报表。1994年的《财政责任法案》要求基于权责发生制确定财政战略目标并生成财务报告。自此，新西兰的预算会计和政府财务报告体系都以权责发生制作为核算基础。

1992年，澳大利亚联邦政府决定在各部门使用权责发生制。四年后，澳大利亚会计准则委员会（Australian Accounting Standards Board）发布了三个文件（AAS第27、29和31号），但只要求政府财务记录使用权责发生制会计，预算会计仍以收付实现制为基础。②1997年的《财政管理与受托责任法案》（Financial Management and Accountability Act 1997）规定，应以权责发生制为基础，编制并发布政府预算和财务报告。尽管直到十年后

① 马蔡琛，李宛姝. 中国政府会计准则体系的框架设计与路径选择——基于会计准则诸要素的国际比较视角［J］. 会计与经济研究，2016（5）.
② BARTON A. Why Governments Should Use the Government Finance Statistics Accounting System ［J］. A Journal of Accounting，Finance and Business Studies 47（4）：411-445.

的2008年5月，澳大利亚才统一使用IMF的政府财务统计（GFS）<sup>①</sup>系统来报告政府预算和财务情况，但其对政府预算和财务状况的核算，自1997年起就以权责发生制作为基础。<sup>②</sup>

（2）双轨模式：政府预算会计与财务会计采用不同的核算基础

法国的政府预算会计使用收付实现制，而政府财务会计使用权责发生制，成为双轨制的典型案例。2001年8月，法国《组织预算法》（Constitutional Bylaw on Budget Acts）规定，中央政府的财务管理实行权责发生制政府会计，预算编制与报告仍采用收付实现制。<sup>③</sup>但直到2006年，法国才首次发布以权责发生制为基础的中央政府综合财务报告。

同样，美国也实行类似的双轨制模式，政府财务会计以权责发生制为基础，预算会计仍以收付实现制为基础。值得注意的是，美国州和地方政府基金会计中的基金报告以修正的权责发生制为基础。这种修正的权责发生制对确认资产和负债的时间范围做出限制，通常为一个财年及财年结束后的60天。<sup>④</sup>

这种双轨制模式使得财务会计与预算会计的对照难以直接进行，需要根据两种核算基础的特点进行账目调整；以收付实现制为基础的预算会计也难以体现预算资源的跨期公平。<sup>⑤</sup>当然，该模式也具有一定优势：其一，预算会计实行权责发生制的难点在于预算编制过程，通过权责发生制的政府财务会计先行积累相关经验，能够减少未来预算会计改革的阵痛；其二，以收付实现制编制预算会计报表可以在一定程度上充当财务会计的现金流量表，对现金流量披露要求不高的机构则不必另外编制现金流量表，可以适当减少财务核算的工作量。

2）政府间会计准则的差异比较

尽管在政府会计改革中强调了主要针对中央各部门，但实际上，新西兰的政府会计报告主体囊括了中央与地方政府。从政治角度来看，新西兰是单一制国家，加之国土面积相对较小，新西兰有条件一次性完成各政府层级的会计改革。

澳大利亚政府的会计改革在联邦和地方政府层面基本一致。在预算会计尚未以权责发生制为基础的时期，1996年，澳大利亚会计准则委员会发布的第31号会计准则中，要求联邦与地方政府及所属部门以权责发生制为基础编制财务报告。在政府预算会计与财务会计全面使用权责发生制之后，澳大利亚会计准则的推广也体现了各层级政府的统一步调。2005年，澳大利亚将国际财务报告准则（International Financial Reporting Standards）<sup>⑥</sup>应用到本国时，改革范围也同时包括联邦与地方政府。<sup>⑦</sup>

法国政府会计系统中的层级分布可以概括为统一的中央会计准则和不甚一致的地方会计准则。曾有人将欧洲的政府会计系统制定分为三种模式："自上而下模式"（top-down

---

① GFS英文全称为Government Finance Statistics，是IMF衡量一个经济体中政府财务活动的数据库，IMF会定期通过政府财务统计手册发布政府财务数据。
② 2008年以前，澳大利亚的政府预算文件同时使用两个系统：澳大利亚会计标准（AAS）和政府财务统计系统（GFS）。
③ BIONDI Y.2012 Should Business and Non-Business Accounting be Different? A Comparative Perspective Applied to the French Central Government Accounting Standards［J］. International Journal of Public Administration 35（9）：603-619.
④ RECK J L，LOWENSOHN S L. Accounting for Governmental & Nonprofit Entities［M］. 17th Edition.New York：McGraw-Hill Education.
⑤ 预算资源的跨期公平包括当年预算收入是否足以满足当年政府提供公共服务的成本，以及纳税人未来是否需要继续负担这些服务的成本。
⑥ 国际财务报告准则是由国际会计准则委员会（IASB）制定的一套会计准则，目前100多个国家采用该准则体系。
⑦ PILCHER R，DEAN G. Implementing IFRS in Local Government：Value Adding or Additional Pain?［J］. Qualitative Research in Accounting & Management，2009（3）：180-196.

model)、"自下而上模式"（bottom-up model）和"自上而下兼分权模式"（top-down decentralized model），并将法国归类为"自上而下兼分权模式"。[①]1982年地方政府法案施行之后，法国地方政府的自主权得到提升，可以自由支配的经济资源也大幅增加，这些变化促使各地方政府启动了针对部分公共部门的政府会计改革，使这些部门（如医疗部门和社保部门）的会计准则与私人部门会计准则相一致，即以权责发生制为基础进行政府财务报告，不但记录资金的流入与流出，还对部门资产进行确认，这表明政府资源的记录从只关注"流量"转变为同时关注"存量"。

美国作为典型的联邦制国家，联邦和州政府之间有明确的职能划分，州及地方政府承担了大部分公共职能，这导致中央与地方使用同一套会计准则相对比较困难。目前美国有两套政府会计准则：由联邦会计准则咨询委员会（FASAB）制定的联邦政府会计准则、政府会计准则委员会（GASB）制定的州与地方政府会计准则。[②]

基于以上比较可以发现，预算会计以权责发生制为基础的新西兰和澳大利亚，恰好是最早启动政府会计改革的两个国家，且具有财政集权特点。而具有财政分权色彩的法国和美国，在政府预算和财务管理上仍然采行双轨制模式，即预算会计以收付实现制为基础，财务会计以权责发生制为基础。我国《政府会计基本准则》明确规定：政府会计分为预算会计与财务会计，预算会计实行收付实现制，财务会计实行权责发生制。总体而言，这种双轨制模式是符合我国现实国情的，并且可能会存在一个相对较长的过渡时期。

就国际经验而言，从开始采用权责发生制政府会计，到发布政府综合财务报告，样本国家至少需要三年以上的时间。即便政府会计改革最早且最全面的新西兰也不例外。

## 9.2.2 政府会计准则体系的具体比较：以中美为例

美国拥有联邦、州和地方政府两套政府会计准则，在此重点就州和地方政府的GASB准则与我国进行比较。其原因在于，美国有50个州，9万多个地方政府，在各类政府的法律法规、预算管理方式存在差异的情况下，GASB仍然能制定出一套统一的政府会计准则，说明这套准则在拥有多样职能的不同政府中具有广泛的适用性。而美国联邦政府的职能较为单一，这导致联邦政府会计准则即使在其本土的非联邦政府中适用性也难免较低。

GASB规定，地方政府的年度综合财务报告（CAFR）包括三个部分：简介、财务报告以及数据。其中，简介部分需对政府运行和管理进行总括介绍，数据部分则以非专业术语、图表等形式，对经济、财政及政府运行状况进行回顾与展望。年度综合财务报告最为核心的部分是基本财务报表，包括政府层面（government-wide）财务报表和基金（fund）财务报表。其中财务资源的分类、资源披露的完整性、政府绩效信息三个方面，是颇具启示价值的。

---

① 自上而下模式是指政府会计改革由中央政府主导，同时逐步向下级推行的模式，该种模式中地方政府的自主权极小；自下而上模式是指某些地方政府首先进行政府会计改革，改革效果得到认可后再在中央政府进行实施；自上而下兼分权模式是指政府会计改革由中央政府主导，同时向各级地方政府推行，但随着地方自主性的增强，各地方政府的政府会计改革不完全与中央政府一致，地方政府彼此间的改革模式也不尽相同。

② GASB成立于1984年，受到独立机构——财务会计基金会（FAF）的支持，分别为美国州和地方政府与商业组织制定会计准则。FASAB成立于1991年，由财政部、预算管理局和审计署共同组建。FASAB与GASB制定会计准则的权威性，都受到美国注册会计师协会（AICPA）的认可，但这两个机构互相独立，没有从属关系。资料来源：CHAN J L. Reforming American Government Accounting in the 20th Century [M]. Handbook of Public Management Practice and Reform, edited by K.T. Liou. NY: Marcel Dekker, Inc, 2000: 97-121.

1）政府财务资源的分类

美国实行的基金①制政府会计，简单来说，基金体现为一组具有特定用途，要求专款专用、专门核算和报告的财务资源。地方政府的基金大体分为三类：政府基金（governmental fund）、权益基金（proprietary fund）和信托基金（fiduciary fund），各类基金统收统支且自求平衡（参见表9-2）。

表9-2　　　　　　　　　　　　　　　美国州和地方政府基金分类

| 政府基金 | 权益基金 | 信托基金 |
|---|---|---|
| 一般基金<br>(general funds) | | 养老保障基金<br>(pension trust funds) |
| 特别收入基金<br>(special revenue funds) | 内部服务基金<br>(internal service funds) | 投资信托基金<br>(investment trust funds) |
| 工程投资基金<br>(capital projects funds) | | 个体受益基金<br>(private-purpose trust funds) |
| 债务服务基金<br>(debt service funds) | 企业基金<br>(enterprise funds) | 机构基金<br>(agency funds) |
| 永久基金<br>(permanent funds) | | |

资料来源：RECK J L, LOWENSOHN S L. Accounting for Governmental & Nonprofit Entities［M］. 17th Edition. New York：McGraw-Hill Education，2016：33.

根据我国的《财政总预算会计制度》，政府财政性资金主要分为一般公共预算、政府性基金预算、国有资本经营预算、社会保险基金预算以及财政专户管理资金、专用基金和代管资金等。作为政府会计改革的重要文件，基本准则却并未对各级政府的财政资金提供类似的分类。

在基金财务报表方面，我国照搬美国的基金制政府会计也是不现实的。首先，美国的基金分类烦琐且复杂，不同基金类别可能服务于政府运行的同一目的。例如，权益基金类别下的内部服务基金，与政府基金类别下的一般基金同样用于支撑政府的内部运营成本，其不同之处在于，内部服务基金的来源是使用者收费②，而一般基金来源于税收。其次，不同基金的会计计量基础并不一致，权益基金与信托基金均采用权责发生制基础，政府基金则以修正的权责发生制为会计基础，不同的核算基础会增加推行政府会计改革的复杂程度。最后，我国与美国的基金划分存在较大差异。例如，美国的政府基金主要包括税收收入、罚款、授权性收费和政府间转移支付，尽管仅就基金的名称而言相差不大，但我国政府预算中的政府性基金涵盖的内容则又有所不同。

2）政府会计报告对财务资源披露的完整性

美国地方政府的财务报告和基金财务报告，分别从公共受托责任和年度财务状况的角度，对政府的全部资金活动进行报告。因此，立法、审计和公众能够对政府的财政状况和

---

① 基金是指按照特定的法规、限制条款或期限，为从事特定活动或达到某种目的而设立的，依靠一套自身平衡的科目记录现金及其他财务资源，以及相关负债和剩余权益或余额及其变动情况的一个财务与会计主体。
② 使用者收费是指对使用公共产品或服务的行为进行收费。

受托责任履行做出详细评估。此外,考虑到某些财务报告使用者重点关注大额资金的使用情况,因此政府层面的财务报告会专门对主要基金①(major funds)的使用情况进行报告,以便使用者进一步了解政府主要的收入和支出项目。

我国现行政府会计是预算会计与财务会计的混合体,既不是真正意义上的财务会计,不能全面反映政府的财务状况、运营绩效和现金流量,也非真正意义上的预算会计,难以发挥公共预算管理的功能。《基本准则》要求综合财务报告反映各级政府的整体财务状况、运行情况和财政中长期可持续性,这将对那些备受关注的资金使用状况提出进一步的披露要求。

## 9.3　政府财务报告

政府财务报告是市场经济国家向立法机构和社会公众提供政府财务信息的重要制度载体。2008—2009年的全球金融与经济危机及其持续的长期余波表明,更多的工作需要落实,以改进财政报告。危机摧毁了许多国家的公共财政,但是危机前的报告很少对那些浮现的问题发出警示。在希腊,政府报告隐瞒了公共支出和债务,部分原因在于,早期它们努力改进其综合性和覆盖范围,而后期更是加倍努力保持支出和债务的账外循环。在其他国家中,财政部门发展的烦恼最终成为财政问题,但是这些问题在财政报告中没有受到关注,甚至在财政风险的陈述中也未提及。在大部分国家中,未来养老金和医疗保健的成本——这虽然不是危机的起因,对危机却有复杂的反应——是已知的,但是没有反映在任何债务和赤字措施中。②针对传统收付实现制政府财务报告的缺陷,建立权责发生制政府财务报告体系,已然逐渐成为一种发展潮流。图9-1展示了权责发生制和收付实现制财务报告的结构差异。

2013年,《十八届三中全会关于全面深化改革若干重大问题的决定》首次要求建立权责发生制的政府综合财务报告制度。2014年颁布的新《预算法》也对编制以权责发生制为基础的政府综合财务报告提出了明确要求。

2014年12月12日,国务院批转了财政部《权责发生制政府综合财务报告制度改革方案》,改革的任务主要包括四个方面:建立健全政府会计核算体系、政府财务报告体系、政府财务报告审计和公开机制、政府财务报告分析应用体系。2014—2015年,重点是建立健全政府会计准则体系和财务报告制度框架体系,清查核实政府资产负债信息,开展政府综合财务报告信息系统建设。2016—2017年,在前期准备的基础上,开展政府综合财务报告编制试点。2018—2020年,在试点工作基础上,全面开展政府综合财务报告编制工作,建立健全政府财务报告分析应用体系,制定发布政府财务报告审计制度、公开制度等。

2015年11月,为规范权责发生制政府综合财务报告制度改革试点期间的政府财务报告编制工作,确保政府财务报告真实、准确、完整、规范,财政部发布了《政府财务报告编制办法(试行)》(财库〔2015〕212号),并于2015年12月发布了《政府综合财务报告编制操作指南(试行)》(财库〔2015〕224号)。

---

① GASB要求"主要基金"同时满足两点要求:第一,政务基金或企业基金中总资产、负债、收入或支出金额超过所在基金类别总额的10%;第二,满足第一点的会计要素金额超过政务基金与企业基金总金额的5%。

② 坎贾诺 M,克里斯汀 T,拉扎尔 M.公共财政管理及其新兴架构 [M].马蔡琛,张慧芳,赵铁宗,等,译.大连:东北财经大学出版社,2017:304.

a.收付实现报告

| 存量 | 流量 | 存量 |
|---|---|---|

现金

$$收入$$
$$-$$
$$支出$$
$$=$$
$$盈余（赤字）$$
$$+$$
$$融资$$
$$=$$

期初现金
余额  + 现金的增加值（减少值） = 期末现金
余额

b.权责发生制报告（GFSM 2001）

| 存量 | 流量 | 存量 |
|---|---|---|

统计

期初资产
负债表

政府运营报告

期末资产
负债表

| 资产 | | 资产 |
|---|---|---|

$$交易收入$$
$$-$$
$$交易费用$$
$$=$$
$$净营业收支余额$$

-

负债

$$+$$

$$估值变化$$

负债

=

净值

$$=$$
净值变化 =

净值

+

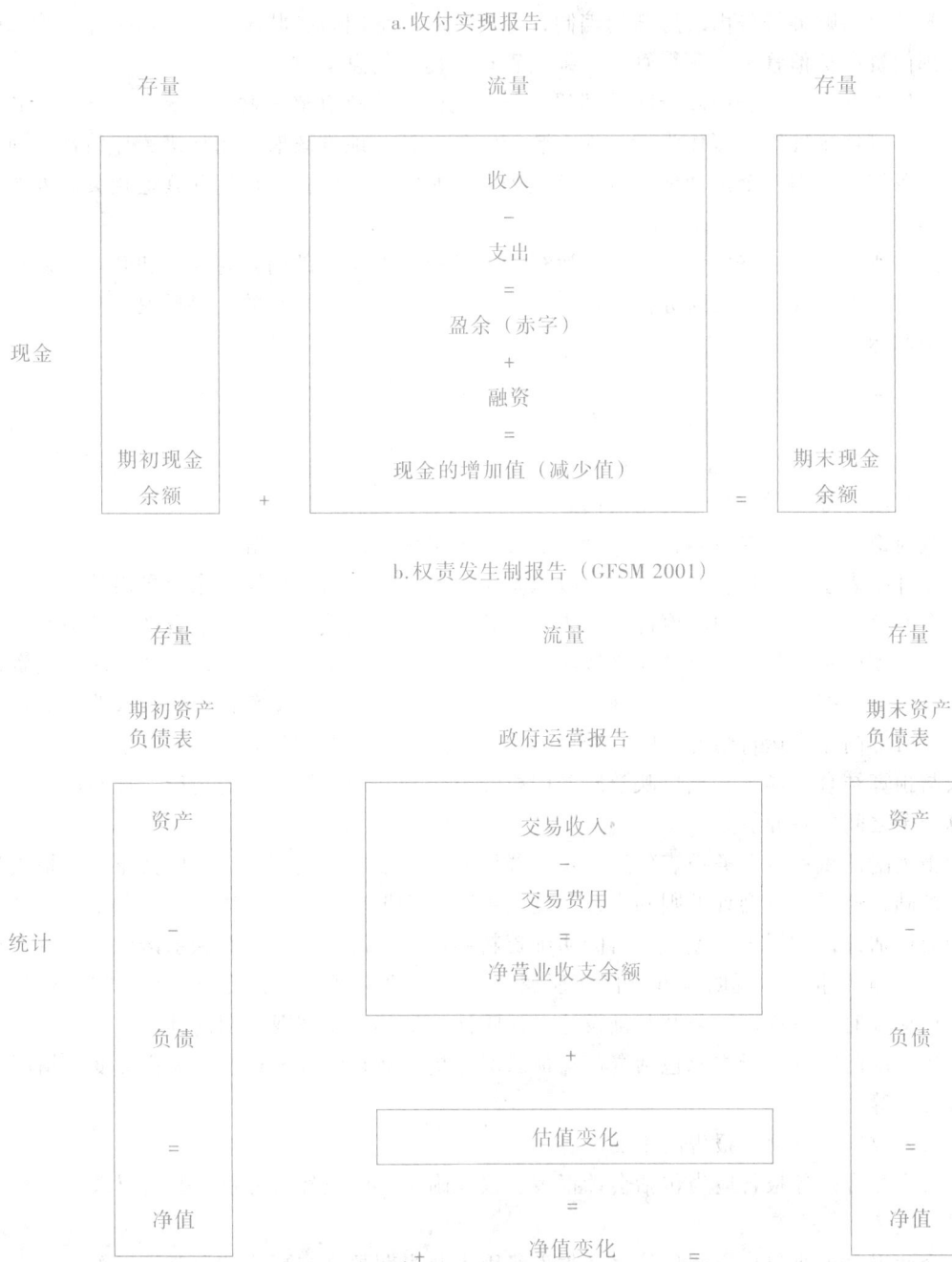

图 9-1 收付实现制和权责发生制报告的结构差异[1]

### 9.3.1 政府财务报告的构成

政府财务报告以权责发生制为基础编制，包括政府部门财务报告和政府综合财务报告。

① 坎贾诺 M，克里斯汀 T，拉扎尔 M.公共财政管理及其新兴架构［M］.马蔡琛，张慧芳，赵铁宗，等，译.大连：东北财经大学出版社，2017：306.

政府部门财务报告由政府部门编制，主要反映本部门财务状况、运行情况等，为加强政府部门资产负债管理、预算管理、绩效管理等提供信息支撑。

政府综合财务报告由政府财政部门编制，主要反映政府整体财务状况、运行情况和财政中长期可持续性等，可作为考核地方政府绩效、开展地方政府信用评级、评估预警地方政府债务风险、编制全国和地方资产负债表以及制定财政中长期规划和其他相关规划的重要依据。

这里所说的政府整体财务状况、运行情况是指政府财政部门将各部门和其他纳入财务报表合并范围的各主体的财务报表进行合并汇总，并以合并汇总的结果反映的政府整体财务状况和运行情况。

## 9.3.2　构建中的中国政府财务报告

1）政府财务报告的主要内容

（1）政府部门财务报告的主要内容

政府部门财务报告应当包括会计报表、报表附注、财务分析等。

会计报表主要包括资产负债表、收入费用表及当期盈余与预算结余差异表等。

资产负债表重点反映政府部门年末财务状况。资产负债表应当按照资产、负债和净资产分类分项列示。其中，资产应当按照流动性分类分项列示，包括流动资产、非流动资产等；负债应当按照流动性分类分项列示，包括流动负债、非流动负债等。收入费用表重点反映政府部门年度运行情况。收入费用表应当按照收入、费用和盈余分类分项列示。当期盈余与预算结余差异表重点反映政府部门权责发生制基础当期盈余与现行会计制度下当期预算结余之间的差异。

报表附注重点对财务报表作进一步解释说明，一般应当按照下列顺序披露：①报表的编制基础、遵循政府会计准则和会计制度的声明；②报表涵盖的主体范围；③重要会计政策和会计估计；④报表中重要项目的明细资料和进一步说明；⑤或有和承诺事项、资产负债表日后重大事项的说明；⑥部门及所属单位代表政府管理的有关经济业务或事项的说明，包括政府储备资产、公共基础设施、保障性住房等；⑦需要说明的其他事项。

政府部门财务分析主要包括资产负债状况分析、运行情况分析、相关指标变化情况及趋势分析等。

（2）政府综合财务报告的主要内容

政府综合财务报告应当包括会计报表、报表附注、财政经济分析、政府财政财务管理情况等。

会计报表主要包括资产负债表、收入费用表及当期盈余与预算结余差异表等。

资产负债表重点反映政府整体年度财务状况。资产负债表应当按照资产、负债和净资产分类分项列示。其中，资产应当按照流动性分类分项列示，包括流动资产、非流动资产等；负债应当按照流动性分类分项列示，包括流动负债、非流动负债等。收入费用表重点反映政府整体年度运行情况。收入费用表应当按照收入、费用和盈余分类分项列示。当期盈余与预算结余差异表重点反映政府整体权责发生制基础当期盈余与现行会计制度下当期预算结余之间的差异。

报表附注重点对会计报表作进一步解释说明，一般应当按照下列顺序披露：①报表的编制基础、遵循政府会计准则和会计制度的声明；②报表涵盖的主体范围；③重要会计政策和会计估计；④报表中重要项目的明细资料和进一步说明，包括政府重要资产转让及其出售情况，重大投资、融资活动等；⑤或有和承诺事项、资产负债表日后重大事项的说明；⑥与政府履职和财务情况密切相关的经济业务或事项的说明，包括政府储备资产、公共基础设施、保障性住房、政府持有的企业的出资人权益等；⑦需要说明的其他事项。

政府财政经济分析应当包括财务状况分析、运行情况分析、财政中长期可持续性分析等。

政府财务状况分析主要包括：资产方面，重点分析政府资产的构成及分布，对于货币资产、政府对外投资、政府储备资产、公共基础设施、保障性住房等重要项目，分析各资产比重变化趋势以及对于政府偿债能力和公共服务能力的影响。负债方面，重点分析政府债务规模大小、债务结构以及发展趋势。通过政府资产负债率、债务率等指标，分析政府当期及未来中长期债务风险情况。

政府运行情况分析主要包括：收入方面，重点分析政府收入规模、结构及来源分布、重点收入项目的比重及变化趋势，特别是宏观经济运行、相关行业发展、税收政策、非税收入政策等对政府收入变动的影响。费用方面，重点按照经济分类分析政府费用规模及构成，特别是政府投融资情况对政府费用变动的影响。通过政府收入费用率等指标，分析政府运行效率。

政府财政中长期可持续性分析主要包括：基于当前政府财政财务状况和运行情况，结合本地区经济形势、重点产业发展趋势、财政体制、财税政策、社会保障政策等，全面分析政府未来中长期收入支出变化趋势、预测财政收支缺口以及相关负债占 GDP 比重等。

政府财政财务管理情况主要反映政府财政财务管理的政策要求、主要措施和取得的成效等。

2）政府财务报告的编制与报送

（1）政府部门财务报告的编制

政府部门财务报告由本部门所属单位逐级编制。政府各单位应当以经核对无误的会计账簿数据为基础编制本单位财务报表。

政府各单位应当严格按照相关财政财务管理制度以及会计制度规定，全面清查核实单位的资产负债，做到账实相符、账证相符、账账相符、账表相符。对代表政府管理的资产，各单位应全面清查核实，完善基础资料，全面、准确、真实、完整地反映。

会计账簿相关数据不符合权责发生制原则的，应当提取数据后按照相关报告标准进行调整，数据调整应当符合重要性原则，并编制调整分录。

政府各部门应当对所属各单位财务报表进行合并编制本部门财务报表。

编制合并财务报表时，对部门内部单位之间发生的经济业务或事项应当经过确认后抵销，并编制抵销分录，在此基础上分项合并财务报表项目。

政府部门财务报表之间、财务报表各项目之间，凡有对应关系的数字，应当相互一致；报表中本期与上期有关的数字应当衔接。

各部门使用的会计政策、会计估计一经确定，不得随意变更；因特殊情形发生较大变更的，应当报同级财政部门备案，并陈述相关理由。

政府部门财务分析应当基于财务报表所反映的信息，并紧密结合政府部门职能履行、预算管理、资产负债管理和绩效管理等要求。

（2）政府综合财务报告的编制

政府财政部门应当以财政总预算会计报表、农业综合开发资金会计报表、部门财务报表、土地储备资金财务报表、物资储备资金会计报表等为基础编制政府综合财务报表。

政府财政部门应当严格按照相关财政管理制度以及会计制度规定，全面清查核实财政部门代表政府管理的资产负债等，做到账实相符、账证相符、账账相符、账表相符。

会计账簿相关数据不符合权责发生制原则的，应当提取数据后按照相关报告标准进行调整，数据调整应当符合重要性原则，并编制调整分录。

政府财政部门应当对本级财政总预算会计报表、农业综合开发资金会计报表、部门财务报表、土地储备资金财务报表、物资储备资金会计报表等进行合并，编制本级政府综合财务报表。对于未在财政总预算会计报表中反映的政府股权投资、投资收益等，暂按权益法从国有企业财务会计决算报表中取得相关数据纳入政府综合财务报表。

编制本级政府综合财务报表时，经确认后，应当对上述被合并报表之间的经济业务或事项进行抵销，并编制抵销分录，在此基础上分项加总财务报表项目。县级以上政府财政部门要合并汇总本级政府综合财务报表和下级政府综合财务报表，编制本行政区政府综合财务报表。

政府综合财务报表之间、财务报表各项目之间，凡有对应关系的数字，应当相互一致；报表中本期与上期有关的数字应当衔接。

政府财政经济分析应当基于财务报表所反映的信息，结合经济形势状况和趋势、财政管理政策措施，对政府整体财务情况进行综合性分析。

（3）政府财务报告的报送

政府各单位按照财务管理关系，应当按规定内容和时限采取自下而上方式逐级报送财务报告。

政府部门财务报告应当按规定内容和时限报送同级政府财政部门。

县级以上地方政府财政部门应当将本级政府综合财务报告以及本行政区政府综合财务报告，按规定内容和时限报送上级政府财政部门。

3）政府财务报告的数据质量审核

政府财务报告数据质量审核重点是报告的真实性、准确性、完整性和规范性，具体包括：（1）内容真实性：报表数据与会计账簿数据是否相符，是否有漏报、虚报和瞒报等现象。（2）数据准确性：财务报表表内、表间钩稽关系是否衔接，纸质数据与电子数据、分户数据与合并汇总数据是否保持一致。（3）范围完整性：是否涵盖所有报告主体和事项。（4）格式规范性：会计报表、报表附注、分析说明的格式等是否符合政府财务报告编制制度规定。

政府各部门、各单位应当对本部门、本单位财务报告真实性、准确性、完整性、规范性进行初审并负责。政府财政部门应当对部门财务报告的准确性、完整性、规范性进行复审。

各级政府财政部门应当对本级政府综合财务报告真实性、准确性、完整性、规范性进行初审并负责。上级财政部门应认真做好对下级政府综合财务报告的审核工作，确保报告数据资料的准确性、完整性、规范性。

政府财务报告的审核包括自行审核、集中会审、委托审核等多种形式。（1）自行审核：各单位在报送财务报告前自行将本单位纸质报表、电子数据以及相关资料，按规定的审核内容进行逐项审核。（2）集中会审：各地区、各部门组织专门力量对本地区、本部门所属单位编制的财务报告纸质报表、电子数据以及相关资料，按照财政部门的标准及要求集中进行审核。（3）委托审核：各地区、各部门在遵循有关法律法规的前提下，可委托中介机构对本地区、本部门所属单位编制的财务报告纸质报表、电子数据以及相关资料进行审核。

各地区、各部门应当认真做好财务报告审核工作，凡发现报告编制不符合规定，存在漏报、重报、虚报、瞒报、错报以及相关数据不衔接等错误和问题，应当要求有关单位立即纠正，并限期重新报送。

政府财务报告审核应当采取人工审核和计算机审核相结合方式进行，审核方法主要包括政策性审核、规范性审核等。政策性审核主要依据政府会计准则、相关财务会计制度和有关政策规定，对财务报告进行审核；规范性审核侧重于财务报告编制的准确性和真实性及勾稽关系等方面的审核。

政府财务报告数据质量监督检查采取随机抽取与定向选择相结合的方式，对政府财务报告存在明显质量问题或以往年份监督检查不合格单位进行重点核查。

### 9.3.3　政府财务报告的主要报表

为规范权责发生制政府综合财务报告制度改革试点期间的政府综合财务报告编制工作，财政部于2015年12月发布了《政府综合财务报告编制操作指南（试行）》。政府综合财务报告由会计报表和会计报表附注组成。会计报表主要包括资产负债表（表9-3）、收入费用表（表9-4）、当期盈余与预算结余差异表（表9-5）。会计报表附注主要包括会计报表的编制基础、遵循相关规定的声明、会计报表包含的主体范围、重要会计政策与会计估计、会计报表重要项目明细信息及说明。其中，重要会计政策与会计估计应包括以下内容：（1）会计期间；（2）记账本位币与外币折算利率；（3）会计报表中重要资产、负债及收入和费用项目的含义、确认原则、计量方法等会计政策，以及具体会计方法的解释和说明；（4）固定资产、公共基础设施的分类、折旧年限及折旧方法；（5）无形资产的分类、摊销年限及摊销方法；（6）其他。

表 9-3　　　　　　　　　　　　　　　资产负债表

编制单位：　　　　　　　　　年　月　日　　　　　　　　　　　单位：万元

| 项目 | 附注 | 期初数 | 期末数 |
|---|---|---|---|
| 流动资产 | | | |
| 货币资金 | 附表1 | | |
| 应收及预付款项 | 附表2 | | |
| 应收利息 | | | |
| 应收股利 | | | |

| 项目 | 附注 | 期初数 | 期末数 |
|---|---|---|---|
| 短期投资 | 附表3 | | |
| 存货 | | | |
| 一年内到期的非流动资产 | | | |
| 非流动资产 | | | |
| 长期投资 | 附表4 | | |
| 应收转贷款 | 附表5 | | |
| 固定资产净值 | 附表6 | | |
| 在建工程 | | | |
| 无形资产净值 | | | |
| 政府储备资产 | 附表7 | | |
| 公共基础设施净值 | 附表8 | | |
| 公共基础设施在建工程 | 附表9 | | |
| 其他资产 | | | |
| 受托代理资产 | | | |
| 资产合计 | | | |
| 流动负债 | | | |
| 应付短期政府债券 | | | |
| 短期借款 | | | |
| 应付及预收款项 | 附表10 | | |
| 应付利息 | | | |
| 应付职工薪酬 | | | |
| 应付政府补贴款 | | | |
| 一年内到期的非流动负债 | | | |
| 非流动负债 | | | |
| 应付长期政府债券 | 附表11 | | |
| 应付转贷款 | 附表12 | | |
| 长期借款 | 附表13 | | |
| 长期应付款 | | | |
| 其他负债 | | | |

| 项目 | 附注 | 期初数 | 期末数 |
|---|---|---|---|
| 受托代理负债 | | | |
| 负债合计 | | | |
| 净资产 | | | |
| 负债及净资产合计 | | | |

表9-4 收入费用表

编制单位： 年 单位：万元

| 项目 | 附注 | 上年数 | 本年数 |
|---|---|---|---|
| 税收收入 | | | |
| 非税收入 | | | |
| 事业收入 | | | |
| 经营收入 | | | |
| 投资收益 | 附表14 | | |
| 政府间转移性收入 | 附表15 | | |
| 其他收入 | | | |
| 收入合计 | | | |
| 工资福利费用 | | | |
| 商品和服务费用 | | | |
| 对个人和家庭的补助 | | | |
| 对企事业单位的补贴 | | | |
| 政府间转移性支出 | 附表16 | | |
| 折旧费用 | | | |
| 摊销费用 | | | |
| 财务费用 | | | |
| 经营费用 | | | |
| 其他费用 | | | |
| 费用合计 | | | |
| 当期盈余 | | | |

表9-5 　　　　　　　　　　　　　　当期盈余与预算结余差异表

编制单位：　　　　　　　　　　　　　年　　　　　　　　　　　　　单位：万元

| 项目 | 金额 |
|---|---|
| 当期预算结余 | |
| 日常活动产生的差异 | |
| 　加：安排预算稳定调节基金 | |
| 　当期预付的商品和服务金额* | |
| 　支付应付未付的商品和服务金额* | |
| 　当期购买的存货和政府储备资产金额* | |
| 　减：动用预算稳定调节基金 | |
| 当期收到已预付账款的商品和服务金额* | |
| 当期发生的应付未付商品和服务金额* | |
| 当期领用的存货和发出的政府储备资产金额* | |
| 　当期折旧费用* | |
| 　当期摊销费用* | |
| 投资活动产生的差异 | |
| 　加：当期应取得的政府股权投资收益 | |
| 　当期财政直接发生的资本性支出 | |
| 　土地储备资金中的交付项目支出 | |
| 当期政府部门发生的资本性支出* | |
| 　减：国有资本经营预算收入 | |
| 筹资活动产生的差异 | |
| 　加：债务还本支出 | |
| 　债务转贷支出 | |
| 　减：债务收入 | |
| 　债务转贷收入 | |
| 当期盈余 | |

　　注：表中带"*"的项目从政府部门财务报告的当期盈余与预算结余差异表中直接取得。

　　作为政府综合财务报告编制工作基础的"汇总工作表"如表9-6所示。

表9-6 汇总工作表 单位：万元

| 政府综合会计报表项目 | 包括抵销调整后合计 | 包括抵销后合计 | 原有金额合计 | 被合并主体报表项目 | | | | | 备注 | 调整分录 | | 抵销分录 | |
|---|---|---|---|---|---|---|---|---|---|---|---|---|---|
| | | | | 政府部门会计报表项目 | 财政总预算会计报表项目 | 农业综合开发资金会计报表项目 | 土地储备资金财务报表项目 | 物资储备资金会计报表项目 | | 借项 | 贷项 | 借项 | 贷项 |
| **一、资产类** | | | | | | | | | | | | | |
| 货币资金 | | | | 货币资金 | 国库存款 | | 库存现金 | 现金 | | | | | |
| | | | | | 国库现金管理存款 | | 银行存款 | 银行存款 | | | | | |
| | | | | | 其他财政存款 | | | 外汇存款 | 10.将财政代管的部门资金予以调减 | | 贷：其他财政存款 | | |
| 应收及预付款项 | | | | 应收票据 | 在途款 | 转出参股经营资金 | 预付工程款 | 转账收款 | 01.抵销政府部门之间的债权债务事项 | | | | 贷：应收账款、预付账款、其他应收款 |
| | | | | 应收账款 | 其他应收款 | 有偿资金放款 | 其他应收款 | 应收账款 | | | | | |
| | | | | 预付账款 | 与下级往来 | 委托贷款 | | 合同预付款 | | | | | |
| 应收及预付款项 | | | | 其他应收款 | | 借出有偿资金 | | 应收索赔款 | | | | | |
| 应收利息 | | | | 应收利息 | 应收利息 | | 应收利息 | | | | | | |
| 应收股利 | | | | 应收股利 | 应收股利 | | | | 23.将未确认的政府在企业中享有的国有资本权益、应收股利、投资收益予以确认 | 借：应收股利 | | | |
| 短期投资 | | | | 短期投资 | 有价证券 | | | | | | | | |
| 存货 | | | | 存货 | | | | | | | | | |
| 一年内到期的非流动资产 | | | | 一年内到期的非流动资产 | 应收地方政府债券转贷款（1年内到期）、应收主权外债转贷款（1年内到期） | | | | | | | | |
| 长期投资 | | | | 长期投资 | 股权投资 | 参股经营投资 | | | 23.将未确认的政府在企业中享有的国有资本权益、应收股利、投资收益予以确认 | 借：长期投资 | | | |

续表

| 政府综合会计报表项目 | 包括抵销调整后合计 | 包括抵销后合计 | 原有金额合计 | 被合并主体报表项目 | | | | | 备注 | 调整分录 | | 抵销分录 | |
|---|---|---|---|---|---|---|---|---|---|---|---|---|---|
| | | | | 政府部门会计报表项目 | 财政总预算会计报表项目 | 农业综合开发资金会计报表项目 | 土地储备资金财务报表项目 | 物资储备资金会计报表项目 | | 借项 | 贷项 | 借项 | 贷项 |
| 应收转贷款 | | | | | 应收地方政府债券转贷款（删除1年内到期的部分） | | | | | | | | |
| | | | | | 应收主权外债转贷款（删除1年内到期的部分） | | | | | | | | |
| 固定资产净值 | | | | 固定资产净值 | | | | | | | | | |
| 在建工程 | | | | 在建工程 | | 收储项目 | | | | | | | |
| 无形资产净值 | | | | 无形资产净值 | | | | | | | | | |
| 政府储备资产 | | | | 政府储备资产 | | | | 库存储备物资 | | | | | |
| | | | | | | | | 库存专案物资 | | | | | |
| | | | | | | | | 借出储备物资 | | | | | |
| | | | | | | | | 借出专案物资 | | | | | |
| | | | | | | | | 其他待转资产 | | | | | |
| | | | | | | | | 收储物资 | | | | | |
| | | | | | | | | 物资进货费 | | | | | |
| | | | | | | | | 专项储备物资 | | | | | |
| 公共基础设施净值 | | | | 公共基础设施净值 | | | | | | | | | |
| 公共基础设施在建工程 | | | | 公共基础设施在建工程 | | | | | | | | | |
| 其他资产 | | | | 其他资产 | 待发国债 | 待处理有偿资金 | 待摊支出 | 待处理物资短少 | | | | | |
| 受托代理资产 | | | | 受托代理资产 | | | | | | | | | |

续表

| 政府综合会计报表项目 | 包括抵销调整后合计 | 包括抵销后合计 | 原有金额合计 | 被合并主体报表项目 | | | | | 备注 | 调整分录 | | 抵销分录 | |
|---|---|---|---|---|---|---|---|---|---|---|---|---|---|
| | | | | 政府部门会计报表项目 | 财政总预算会计报表项目 | 农业综合开发资金会计报表项目 | 土地储备资金财务报表项目 | 物资储备资金会计报表项目 | | 借项 | 贷项 | 借项 | 贷项 |
| 待调整抵销项目 | | | | 财政应返还额度 | | | 财政应返还额度 | | 03.抵销财政与部门、土地储备资金、物资储备资金之间的往来事项 | | | | 贷：财政应返还额度 |
| | | | | | 财政预算额度 | | | | | | | | 贷：财政预算额度 |
| | | | | | 借出款项 | | | | 06.将财政的借出款项与部门中的其他应付款科目进行抵销 | | | | 贷：借出款项 |
| | | | | | 预拨经费 | | | | 07.将财政的预拨经费与部门中的其他应付款进行抵销 | | | | 贷：预拨经费 |
| 资产合计 | | | | | | | | | | | | | |
| 二、负债类 | | | | | | | | | | | | | |
| 应付短期政府债券 | | | | | 应付短期政府债券 | | | | | | | | |
| 短期借款 | | | | 短期借款 | 借入有偿资金（属于短期的部分）短期借款 | | 借入款项（属于短期的部分） | | | | | | |
| 应付及预收款项 | | | | 应付票据 | 与上级往来 | 转入参股经营资金 | 应付工程款 | 应付账款 | | | | | |
| | | | | 应付账款 | 其他应付款 | | 其他应付款 | 划收货款 | 01.抵销政府部门之间的债权债务事项 | | | | 借：应付账款、长期应付款、预收账款、其他应付款 |
| | | | | 预收账款 | | | | 合同预收款 | 07.将财政的预拨经费与部门中的其他应付款进行抵销 | | | | 借：其他应付款 |

| 政府综合会计报表项目 | 包括抵销调整后合计 | 包括抵销后合计 | 原有金额合计 | 被合并主体报表项目 | | | | | 备注 | 调整分录 | | 抵销分录 | |
| | | | | 政府部门会计报表项目 | 财政总预算会计报表项目 | 农业综合开发资金会计报表项目 | 土地储备资金财务报表项目 | 物资储备资金会计报表项目 | | 借项 | 贷项 | 借项 | 贷项 |
|---|---|---|---|---|---|---|---|---|---|---|---|---|---|
| 应付及预收款项 | | | | 其他应付款 | | | | | 06.将财政的借出款项与部门中的其他应付款科目进行抵销 | | | 借：其他应付款 | |
| 应付利息 | | | | 应付利息 | 应付利息 | | 应付利息 | | | | | | |
| 应付职工薪酬 | | | | 应付职工薪酬 | | | | | | | | | |
| 应付政府补贴款 | | | | 应付政府补贴款 | | | | | | | | | |
| 一年内到期的非流动负债 | | | | 一年内到期的非流动负债 | 一年内到期的非流动负债 | | | | | | | | |
| 应付长期政府债券 | | | | | 应付长期政府债券 | | | | | | | | |
| 应付转贷款 | | | | | 应付地方政府债券转贷款 | | | | | | | | |
| 应付转贷款 | | | | | 应付主权外债转贷款 | | | | | | | | |
| 长期借款 | | | | 长期借款 | 借入款项 | 借入有偿资金（属于长期的部分） | 长期借款 | 借入款项（属于长期的部分） | | | | | |
| 长期应付款 | | | | 长期应付款 | | | | | | | | | |
| 受托代理负债 | | | | 受托代理负债 | | | | | | | | | |
| 其他负债 | | | | 应交税费 | 应付政策性负债 | | 应交税费 | 应交税金 | | | | | |
| | | | | 应缴财政款 | | | | 待处理物资溢余 | | | | | |
| 其他负债 | | | | | | | | 应上交资金 | | | | | |

续表

| 政府综合会计报表项目 | 包括抵销调整后合计 | 包括抵销后合计 | 原有金额合计 | 被合并主体报表项目 政府部门会计报表项目 | 财政总预算会计报表项目 | 农业综合开发资金会计报表项目 | 土地储备资金财务报表项目 | 物资储备资金会计报表项目 | 备注 | 调整分录 借项 | 贷项 | 抵销分录 借项 | 贷项 |
|---|---|---|---|---|---|---|---|---|---|---|---|---|---|
| 待抵销调整项目 | | | | | 应付国库集中支付结余 | | | | 03.抵销财政与部门、土地储备资金、物资储备资金之间的往来事项 | | | 借：应付国库集中支付结余 | |
| | | | | | 应付代管资金 | | | | 10.将财政代管的部门资金予以调减 | 借：应付代管资金 | | | |
| 负债合计 | | | | | | | | | | | | | |
| 三、净资产 | | | | | | | | | | | | | |
| 净资产 | | | 净资产 | | 一般公共预算结转结余 | 本级有偿资金 | 土地储备资金 | 储备基金 | 23.将未确认的政府在企业中享有的国有资本权益、应收股利、投资收益予以确认 | | 贷：净资产 | | |
| | | | | | 政府性基金预算结转结余 | | 08专项贷款基金 | | 12.国有资本经营预算收入不属于收入，应予以调减，并调整净资产 | | 贷：净资产 | | |
| | | | | | 国有资本经营预算结转结余 | 参股经营收益 | | 财政预算基金 | 13.动用预算稳定调节基金不属于收入，应予以调减，并调整净资产 | | 贷：净资产 | | |
| | | | | | 财政专户管理资金结余 | 本级参股经营资金 | | 收入合计与支出合计的差额 | 15.债务收入不属于收入，应予以调减，并调整净资产 | | 贷：净资产 | | |
| | | | | | 专用基金结余 | | | | 16.债务转贷收入不属于收入，应予以调减，并调整净资产 | | 贷：净资产 | | |
| | | | | | 预算稳定调节基金 | | | | 17.债务还本支出不属于费用，应予以调减，并调整净资产 | 借：净资产 | | | |

续表

| 政府综合会计报表项目 | 包括抵销调整后合计 | 包括抵销后合计 | 原有金额合计 | 被合并主体报表项目 | | | | | 备注 | 调整分录 | | 抵销分录 | |
|---|---|---|---|---|---|---|---|---|---|---|---|---|---|
| | | | | 政府部门会计报表项目 | 财政总预算会计报表项目 | 农业综合开发资金会计报表项目 | 土地储备资金财务报表项目 | 物资储备资金会计报表项目 | | 借项 | 贷项 | 借项 | 贷项 |
| 净资产 | | | | 净资产 | 预算周转金 | | | | 18.债务转贷支出不属于费用,应予以调减,并调整净资产 | 借:净资产 | | | |
| | | | | | 资产基金 | | | | 14.安排预算稳定调节基金不属于费用,应予以调减,并调整净资产 | 借:净资产 | | | |
| | | | | | 代偿债净资产(用负数填列) | | | | 19.财政直接发生的股权投资等资本性支出不属于费用,应予以调减,并调整净资产 | 借:净资产 | | | |
| | | | | | | | | | | 借:净资产 | | | |
| | | | | | | | | | 24.交付项目支出不属于费用,应予以调减,并调整净资产 | 借:净资产 | | | |
| | | | | | | | | | 22.将财政总预算会计中已核算的股权投资收益调出 | 借:净资产 | | | |
| | | | | | | | | | 根据调整分录中收入调整总额与费用调整总额的差额,调整净资产项目 | | | | |
| 负债及净资产合计 | | | | | | | | | | | | | |
| 四、收入类 | | | | | | | | | | | | | |
| 税收收入 | | | | | 一般公共预算本级收入中税收收入 | | | | | | | | |
| 非税收入 | | | | | 一般公共预算本级收入中非税收入 | | | | | | | | |
| | | | | | 政府性基金预算本级收入 | | | | | | | | |

续表

| 政府综合会计报表项目 | 包括抵销调整后合计 | 包括抵销后合计 | 原有金额合计 | 被合并主体报表项目 | | | | | 备注 | 调整分录 | | 抵销分录 | |
|---|---|---|---|---|---|---|---|---|---|---|---|---|---|
| | | | | 政府部门会计报表项目 | 财政总预算会计报表项目 | 农业综合开发资金会计报表项目 | 土地储备资金财务报表项目 | 物资储备资金会计报表项目 | | 借项 | 贷项 | 借项 | 贷项 |
| 事业收入 | | | 事业收入 | 事业收入 | 财政专户管理资金收入 | | | | 05.将部门的事业收入与财政的财政专户管理资金支出进行抵销 | | | 借：事业收入（财政专户管理资金） | |
| | | | | | | | | | 02.抵销政府部门之间的收入费用事项 | | | 借：事业收入（来自同级部门部分） | |
| 经营收入 | | | | 经营收入 | | | | | | | | | |
| 投资收益 | | | | 投资收益 | | | | | 23.将未确认的政府在企业中享有的国有资本权益、应收股利、投资收益予以确认 | | 贷：投资收益 | | |
| | | | | | | | | | 22.将财政总预算会计中已核算的股权投资收益调出 | | 贷：投资收益 | | |
| 政府间转移性收入 | | | | 上级补助收入 | 一般公共预算补助收入 | | | | | | | | |
| 政府间转移性收入 | | | | 其他收入（来自非同级政府部门的部分） | 政府性基金预算补助收入 | | | | | | | | |
| | | | | | 一般公共预算上解收入 | | | | | | | | |
| | | | | | 政府性基金预算上解收入 | | | | | | | | |
| | | | | | 地区间援助收入 | | | | | | | | |
| 其他收入 | | | | 其他收入（除了来自非同级政府部门的部分） | | | 其他收入 | | 02.抵销政府部门之间的收入费用事项 | | | 借：其他收入（来自同级政府部门） | |

| 政府综合会计报表项目 | 包括抵销调整后合计 | 包括抵销后合计 | 原有金额合计 | 被合并主体报表项目 | | | | | 备注 | 调整分录 | | 抵销分录 | |
|---|---|---|---|---|---|---|---|---|---|---|---|---|---|
| | | | | 政府部门会计报表项目 | 财政总预算会计报表项目 | 农业综合开发资金会计报表项目 | 土地储备资金财务报表项目 | 物资储备资金会计报表项目 | | 借项 | 贷项 | 借项 | 贷项 |
| 待抵销调整项目 | | | | | | | | | 11.将财政内部的不属于一般公共预算安排的专用基金收入调整到其他收入中 | | 贷：其他收入 | | |
| | | | | 财政拨款收入 | | | 财政拨款收入 | | 04.将部门的财政拨款收入与财政的一般公共预算支出、政府性基金预算支出等相关支出进行抵销 | | | 借：财政拨款收入 | |
| | | | | | 调入资金 | | | | 09.将财政内部不同类型资金之间的调入调出事项进行抵销 | | | 借：调入资金 | |
| | | | | | 国有资本经营预算本级收入 | | | | 12.国有资本经营预算收入不属于收入，应予以调减，并调整净资产 | 借：国有资本经营预算收入 | | | |
| | | | | | 动用预算稳定调节基金 | | | | 13.动用预算稳定调节基金不属于收入，应予以调减，并调整净资产 | 借：动用预算稳定调节基金 | | | |
| | | | | | 债务收入 | | | | 15.债务收入不属于收入，应予以调减，并调整净资产 | 借：债务收入 | | | |
| | | | | | 债务转贷收入 | | | | 16.债务转贷收入不属于收入，应予以调减，并调整净资产 | 借：债务转贷收入 | | | |
| | | | | | 专用基金收入 | | | | 08.将财政内部的来自一般公共预算安排的专用基金收入与相应的一般公共预算本级支出进行抵销 | | | 借：专用基金 | |

| 政府综合会计报表项目 | 包括抵销调整后合计 | 包括抵销后合计 | 原有金额合计 | 被合并主体报表项目 | | | | | 备注 | 调整分录 | | 抵销分录 | |
|---|---|---|---|---|---|---|---|---|---|---|---|---|---|
| | | | | 政府部门会计报表项目 | 财政总预算会计报表项目 | 农业综合开发资金会计报表项目 | 土地储备资金财务报表项目 | 物资储备资金会计报表项目 | | 借项 | 贷项 | 借项 | 贷项 |
| | | | | | | | | | | | | | 收入 |
| 待抵销调整项目 | | | | | | | | | 11.将财政内部的不属于一般公共预算安排的专用基金收入调整到其他收入中 | 借：专用基金收入 | | | |
| 收入合计 | | | | | | | | | | | | | |
| 五、费用类 | | | | | | | | | | | | | |
| 工资福利费用 | | | | 工资福利费用 | | | | | 20.将财政直接安排支出分析调整计入相应的费用报表项目 | 借：工资福利费用 | | | |
| 工资福利费用 | | | | 工资福利费用 | | | | | 21.将财政的专用基金支出调整计入相应的费用报表项目 | 借：工资福利费用 | | | |
| 商品和服务费用 | | | | 商品和服务费用 | | | | | 02.抵销政府部门之间的收入费用事项 | | | | 贷：商品和服务费用 |
| | | | | | | | | | 20.将财政直接安排支出分析调整计入相应的费用报表项目 | 借：商品和服务费用 | | | |
| | | | | | | | | | 21.将财政的专用基金支出调整计入相应的费用报表项目 | 借：商品和服务费用 | | | |
| 对个人和家庭的补助 | | | | 对个人和家庭的补助 | | | | | 20.将财政直接安排支出分析调整计入相应的费用报表项目 | 借：对个人和家庭的补助 | | | |
| | | | | | | | | | 21.将财政的专用基金支出调整计入相应的费用报表项目 | 借：对个人和家庭的补助 | | | |
| 对企事业单位的补贴 | | | | 对企事业单位的补贴 | | 用于产业化项目支出 | | | 20.将财政直接安排支出分析调整计入相应的费用报表项目 | 借：对企事业单位的补贴 | | | |

续表

| 政府综合会计报表项目 | 包括抵销调整后合计 | 包括抵销后合计 | 原有金额合计 | 被合并主体报表项目 | | | | | 备注 | 调整分录 | | 抵销分录 | |
|---|---|---|---|---|---|---|---|---|---|---|---|---|---|
| | | | | 政府部门会计报表项目 | 财政总预算会计报表项目 | 农业综合开发资金会计报表项目 | 土地储备资金财务报表项目 | 物资储备资金会计报表项目 | | 借项 | 贷项 | 借项 | 贷项 |
| 对企事业单位的补贴 | | | | | | | | | 21.将财政的专用基金支出调整计入相应的费用报表项目 | 借：对企事业单位的补贴 | | | |
| 政府间转移性支出 | | | | 上缴上级支出 | 补助支出 | | | | | | | | |
| | | | | | 上解支出 | | | | | | | | |
| | | | | | 地区间援助支出 | | | | | | | | |
| 折旧费用 | | | | 折旧费用 | | | | | | | | | |
| 摊销费用 | | | | 摊销费用 | | | | | | | | | |
| 财务费用 | | | | 财务费用 | 一般公共预算本级支出/政府性基金预算本级支出 | | | | 20.将财政直接安排支出分析调整计入相应的费用报表项目 | 借：财务费用 | | | |
| 经营费用 | | | | 经营费用 | | | | | | | | | |
| 其他费用 | | | | 其他费用 | | 用于土地治理项目支出 | | | | | | | |
| 待调整抵销项目 | | | | | 财政专户管理资金支出 | | | | 05.将部门的事业收入与财政的财政专户管理资金支出进行抵销 | | | | 贷：财政专户管理资金支出 |
| | | | | | 一般公共预算本级支出 | | | | 04.将部门的财政拨款收入与财政的一般公共预算支出、政府性基金预算支出等相关支出进行抵销 | | | | 贷：一般公共预算本级支出 |
| | | | | | | | | | 19.财政直接发生的股权投资等资本性支出不属于费用，应予以调减，并调整净资产 | | 贷：一般公共预算本级支出 | | |

续表

| 政府综合会计报表项目 | 包括抵销调整后合计 | 包括抵销后合计 | 原有金额合计 | 被合并主体报表项目 | | | | | 备注 | 调整分录 | | 抵销分录 | |
|---|---|---|---|---|---|---|---|---|---|---|---|---|---|
| | | | | 政府部门会计报表项目 | 财政总预算会计报表项目 | 农业综合开发资金会计报表项目 | 土地储备资金财务报表项目 | 物资储备资金会计报表项目 | | 借项 | 贷项 | 借项 | 贷项 |
| 待调整抵销项目 | | | | | | | | | 08.将财政内部的来自一般公共预算安排的专用基金收入与相应的一般公共预算本级支出进行抵销 | | | | 贷：一般公共预算本级支出 |
| | | | | | | | | | 20.将财政直接安排支出分析调整计入相应的费用报表项目 | | 贷：一般公共预算本级支出 | | |
| | | | | | 政府性基金预算本级支出 | | | | 04.将部门的财政拨款收入与财政的一般公共预算支出、政府性基金预算支出等相关支出进行抵销 | | | | 贷：政府性基金预算本级支出 |
| | | | | | | | | | 19.财政直接发生的股权投资等资本性支出不属于费用，应予以调减，并调整净资产 | | 贷：政府性基金预算本级支出 | | |
| | | | | | | | | | 20.将财政直接安排支出分析调整计入相应的费用报表项目 | | 贷：政府性基金预算本级支出 | | |
| | | | | | 国有资本经营预算本级支出 | | | | 19.财政直接发生的股权投资等资本性支出不属于费用，应予以调减，并调整净资产 | | 贷：国有资本经营预算本级支出 | | |
| | | | | | | | | | 20.将财政直接安排支出分析调整计入相应的费用报表项目 | | 贷：国有资本经营预算本级支出 | | |
| | | | | | 调出资金 | | | | 09.将财政内部不同类型资金之间的调入调出事项进行抵销 | | | | 贷：调出资金 |

续表

| 政府综合会计报表项目 | 包括抵销调整后合计 | 包括抵销后合计 | 原有金额合计 | 被合并主体报表项目 | | | | | 备注 | 调整分录 | | 抵销分录 | |
| | | | | 政府部门会计报表项目 | 财政总预算会计报表项目 | 农业综合开发资金会计报表项目 | 土地储备资金财务报表项目 | 物资储备资金会计报表项目 | | 借项 | 贷项 | 借项 | 贷项 |
|---|---|---|---|---|---|---|---|---|---|---|---|---|---|
| 待调整抵销项目 | | | | | 债务还本支出 | | | | 17.债务还本支出不属于费用,应予以调减,并调整净资产 | | 贷:债务还本支出 | | |
| | | | | | 债务转贷支出 | | | | 18.债务转贷支出不属于费用,应予以调减,并调整净资产 | | 贷:债务转贷支出 | | |
| | | | | | 安排预算稳定调节基金 | | | | 14.安排预算稳定调节基金不属于费用,应予以调减,并调整净资产 | | 贷:安排预算稳定调节基金 | | |
| | | | | | 专用基金支出 | | | | 21.将财政的专用基金支出调整计入相应的费用报表项目 | | 贷:专用基金支出 | | |
| | | | | | | | | 交付项目支出 | 24.交付项目支出不属于费用,应予以调减,并调整净资产 | | 贷:交付项目支出 | | |
| 费用合计 | | | | | | | | | | | | | |
| 六、当期盈余 | | | | | | | | | | | | | |
| 原有收支差额 | | | | | | | | | | | | | |
| 抵销后的收支差额 | | | | | | | | | | | | | |
| 当期盈余 | | | | | | | | | | | | | |

## 本章小结

• 政府会计是对预算执行阶段的财政交易活动进行确认、计量、记录、评估说明的管理和信息系统,其目的在于追踪政府公共支出的实际流向,实现预算过程的有效控制。政府会计的核心,是现金流管理、增进透明度和控制力、提高政府对公众的责任感。

• 会计的确认与计量基础,是指用以确定"何时确认"交易或事项的基础是怎样的,它涉及的是会计计量的时间问题。在各国会计实践中,会计模式大体可以分为四种类型:收付实现制、修正的收付实现制、权责发生制和修正的权责发生制。

• 政府财务报告以权责发生制为基础编制，包括政府部门财务报告和政府综合财务报告。政府部门财务报告由政府部门编制，主要反映本部门财务状况、运行情况等，为加强政府部门资产负债管理、预算管理、绩效管理等提供信息支撑。政府综合财务报告由政府财政部门编制，主要反映政府整体财务状况、运行情况和财政中长期可持续性等，可作为考核地方政府绩效、开展地方政府信用评级、评估预警地方政府债务风险、编制全国和地方资产负债表以及制定财政中长期规划和其他相关规划的重要依据。

• 政府部门财务报告应当包括会计报表、报表附注、财务分析等。会计报表主要包括资产负债表、收入费用表及当期盈余与预算结余差异表等。资产负债表重点反映政府部门年末财务状况。资产负债表应当按照资产、负债和净资产分类分项列示。其中，资产按照流动性分类分项列示，包括流动资产、非流动资产等；负债按照流动性分类分项列示，包括流动负债、非流动负债等。收入费用表重点反映政府部门年度运行情况。收入费用表按照收入、费用和盈余分类分项列示。当期盈余与预算结余差异表重点反映政府部门权责发生制基础当期盈余与现行会计制度下当期预算结余之间的差异。

## 综合练习

简答题

9.1 政府会计与企业会计的区别与联系是什么？

9.2 简要比较不同政府会计确认基础之间的差异。

9.3 各国政府会计准则的共性和差异性主要体现在哪些方面？

9.4 简要论述政府财务报告的构成与主要内容。

## 推荐阅读资料

财政部关于印发《政府财务报告编制办法（试行）》的通知（财库〔2015〕212号）

财政部关于印发《政府综合财务报告编制操作指南（试行）》的通知（财库〔2015〕224号）

许云霄，麻志明. 政府财政、会计与管理：陈立齐论文选集〔M〕. 北京：北京大学出版社，2015.

坎贾诺 M，克里斯汀 T，拉扎尔 M. 公共财政管理及其新兴架构〔M〕. 马蔡琛，张慧芳，赵铁宗，等，译. 大连：东北财经大学出版社，2017.

## 网上资源

http：//www.mof.gov.cn（中华人民共和国财政部）

https：//www.czj.sh.gov.cn（上海市财政局）

# 第 10 章

## 政府预算的绩效评价与绩效管理

追求效率是人类生活的永恒主题。自公共财政诞生以来，公共资源的使用效率始终是一个常话常新的命题。尽管对于财政支出的绩效是否适合采用考核评价的方式，在现代预算发展史上，也曾存在过某些分歧；但随着现代信息处理技术在财政预算管理中的良好应用，政府会计和财务报告系统的改进，财政支出绩效是可以数量化测度的，已日益成为广泛的共识。近年来，财政支出绩效评价与管理在中国取得了长足的进步，渐呈方兴未艾之势。

## 10.1 预算绩效管理：走向现代公共财政的必由之路①

概括起来，当代中国的公共预算绩效管理，呈现出这样几个显著的特点：

（1）整合多方资源聚焦公共预算绩效问题，为构建中国公共财政的共同治理结构，搭建了基础性的运作平台。随着公共财政关注社会民生的政府理财观念日益深入人心，社会各界对于公共支出的绩效日益关注，预算绩效改革风生水起。公共支出现实效果的评价，为民众了解公共财政满足民生需求和社会发展的状况，提供了相对精确的详细刻画，这必将推动公共财政的各利益相关主体更加关注预算决策过程、运行秩序和绩效结果。从这个意义上讲，公共预算绩效管理为整合多方资源、聚焦公共财政问题，构建包括政府财政部门、各资金使用部门、立法监督机构、社会中介组织、项目专家、新闻媒体和社会公众等众多利益相关主体普遍参与的共同治理结构，从而为最终实现"依法用好百姓钱"的政府理财目标，提供了一个具有可操作性的基础性运行平台。

（2）通过绩效预算的精细化管理，为中国公共预算治理结构从传统的控制取向，走向现代治理视野中的管理取向，提供了现实的发展路径与操作范式。20世纪下半叶以来，现代预算体系的变迁，呈现出从传统的强调合规性监督的控制取向，走向突出资源配置效率的管理取向，这也是市场化进程中的中国预算改革所应体现的总体方向。在现实预算过程中，细化分析并客观评价预算资源配置结构的经济社会影响及差异，并通过敏感性分析与反馈，提升预算资源的配置效率。公共预算绩效管理作为财政现代化管理的重要手段，在促进微观层面的具体支出项目效率提升的同时，通过绩效理念在各级政府财政部门运用的日臻成熟，还将有助于从宏观层面上推进中国预算治理结构从控制取向到管理取向的整体转型。

（3）绩效预算管理所体现的阳光财政理念和问责机制，有助于完善

---

① 马蔡琛. 预算绩效管理：现代公共财政的必然选择［J］. 中国财政，2011（5）.

反腐倡廉的财政制度基础。现代政府预算的产生与发展，是与法治国家和政治文明同步成长的，在各国公共治理实践中，预算管理体系的构建和完善，也始终是实现反腐倡廉和建设责任政府的利器。通过预算科学化、规范化、公开化、法治化等一系列制度建设，最终打造一个推进反腐倡廉、实现责任政府的财政制度基础，也大体勾勒出了一条完善中国预算治理结构的路线图。通过绩效预算管理的动态反馈和追踪问效机制，将规范预算管理、完善预算编制、加强部门管理，与提升财政资金使用效益有机衔接起来。通过绩效结果与预算资源配置结构的正向激励机制和反向惩戒机制，在进一步提升公共资源使用效果的同时，探索建立绩效评价结果公开机制和有效的问责机制，将有助于推进中国阳光财政体系的建设和完善。

（4）地方政府对于预算绩效管理的多元化改革探索，将进一步丰富中国现代财政制度建设的生态多样性，有助于实现整体综合推进与地方多元探索的良性互动。改革开放以来，我国财经改革的诸多成就中，有许多源自地方政府开拓性的探索。但迄今为止，国外对于地方预算管理的研究，比较成熟的多是实行联邦制的大国，其地方预算受具体国情的影响，在职能与体制特点等方面都不可能与我国相同。我国作为一个幅员辽阔的单一制大国，地方预算改革显得尤为重要，地方预算管理制度也需要在公共财政理论指导下完成自我创新的过程。

在预算绩效管理的制度框架设计、绩效评价覆盖面的遴选标准、参与主体的互动结构、相关社会资源的整合利用、绩效评价结果的动态反馈与应用等诸多方面，各级地方政府都因地制宜地实行了各具特色的制度创新。这种颇具生态多样性的地方财政管理改革，对于进一步提升地方政府的治理水平和执政能力、丰富中国公共财政建设的制度内涵、充分整合调动公共预算利益相关主体的改革积极性，都将产生不可限量的推动作用。

## 10.2　典型国家公共预算绩效管理的比较分析[①]

成熟市场经济国家的公共支出管理，大体可以分为两大类：一是"盎格鲁－美国模式"，源于英国传统，目前被英国、美国、新西兰以及其他一些英语国家广泛采用。二是"欧洲大陆模式"，该模式又演化为两个分支：一种是法国、意大利和西班牙采用的"拉丁"版本，另一种是"日耳曼"版本，采用的有德国、瑞士及斯堪的纳维亚国家。上述两类模式都强调政府公共支出的受托责任（accountability），但程度上有所不同。[②]欧洲模式更为强调行政对议会的受托责任，而英美模式强调的是政府对公众的受托责任。

### 10.2.1　盎格鲁－美国模式

在"盎格鲁－美国模式"的国家中，绩效预算管理较具代表性的是新西兰和澳大利亚。其中，新西兰作为"以企业精神重塑政府"和公共管理改革的实验室，成为全世界关注的改革典范。在此，将其作为该模式的典型个案加以分析。

20世纪80年代，新西兰兴起了公共管理改革浪潮，在公共支出管理方面，通过建立绩效管理和相应的财务框架，提升公共管理的效率、责任感和透明度。新西兰实施的绩效

① 马蔡琛，童晓晴. 公共支出绩效管理的国际比较与借鉴 [J]. 广东社会科学，2006（2）.
② 陈小悦，陈立齐. 政府预算与会计改革——中国与西方国家模式 [M]. 北京：中信出版社，2002：331.

预算改革取消了原来对预算、人员和行政的集中控制，赋予部门更多的自主权，建立预算决策与执行的约束制衡机制；引入权责发生制预算制度，提高信息的准确性和透明度。其特点体现为以下几方面：

（1）以立法推进绩效管理改革

1988年的《国家部门法》和1989年的《公共财政法》，提供了财政管理的法律基础，确立了绩效预算是公共领域改革的重要组成部分。《公共财政法》以产出（output）的方式定义了预算的概念，并提出编制绩效财务报告的制度。每一个管理部门的绩效财务报告包括：绩效说明、财务状况说明、现金流情况以及财务绩效指标等。1994年的《财政责任法》明确规定建立财政目标和定期财务报告制度，实行中长期财政框架，以利于长期绩效目标的实现。

（2）实施预算原则的必要调整

新西兰的绩效预算改革遵循以下原则：①确立绩效目标与预算执行相互分离的原则。政府通过各部部长确定绩效目标，并选择从公共或私人部门购买产品，以实现绩效目标；②绩效管理重点在于效率而不是重新配置资源；③重视产品供应中的可竞争性；④通过签订个人绩效合同强化预算问责性。

新西兰的绩效管理重视产出和效率，而不是预算的重新分配，绩效评价是通过绩效合同实现的。但这也存在一定问题，如警察部门负责制定产出目标：雇用或者培训新警察执行刑事侦查或日常巡逻。在这些产出目标中，警察部门不为降低犯罪率负责，因为降低犯罪率受很多外部因素的影响，并非其所能控制的。但聘用警察的最终结果是为了减少犯罪，而不只是执行日常巡逻或者进行犯罪侦查。目前，新西兰正在重新审视其绩效管理模式，强调重视最终结果。

（3）推行权责发生制预算制度

新西兰的权责发生制预算与会计制度是较具特色的。该制度是与传统"收付实现制"相对应的，它要求在政府实现收入、耗费资源和增加负债的期间记录交易，而不考虑相关的现金是否已收到或付出，其核心思想是将企业财务管理方法引入公共部门。其优点在于，强化政府会计责任，增加财政透明度，揭示潜在风险，提升政府效率。虽然权责发生制预算与会计制度已引起广泛的关注，但目前只有新西兰、澳大利亚和英国实行了完全的"权责发生制"。在新西兰，推行"权责发生制"成为所有改革中最为成功的一项。

通过绩效管理改革，新西兰在20世纪80年代就将占GDP约9%的预算赤字扭转为盈余，并使某些机构的单位服务成本降低了20%以上。尽管广泛的绩效合同与绩效预算在推广中存在一定的困难，新西兰模式的诸多细节也有待进一步评价，但其改革还是相当成功的。以新西兰为代表的英美模式是否具有世界范围的推广性，尤其是对发展中国家是否适用，还是一个尚须商榷的问题；但改革方案在新西兰本土的成功却是毋庸置疑的，这也恰恰是新西兰的公共支出绩效改革被广为关注的原因所在。

## 10.2.2 欧洲大陆模式之"拉丁"版本

"拉丁"版本的名称，大体反映了该种模式主要应用于拉丁语系的大陆法国家。虽然日耳曼语系是拉丁语系的一个派系，但德国的公共支出管理仍旧有其自身的特点。"拉丁"版本和"日耳曼"版本也就大体构成了欧洲大陆模式的两大主流分支。由于欧洲模式更加强调行政对议会的受托责任，较之更侧重于行政和立法的"盎格鲁－美国模式"模式而言，其所体现的绩效管理色彩要相对弱化一些。

鉴于法国的政体组织构架与我国存在一定的相似之处，因此，系统考察法国预算绩效管理的经验，对于现时的中国应该具有较多的借鉴意义。法国的公共支出绩效管理主要包括以下几方面的内容：

（1）以公共会计网络作为绩效管理的基础性技术平台。法国的公共会计网遍及全国，是执行预算的重要机构。全国各地的公共会计组织系统与各地行政体制相一致。法国政府预算的执行情况，由公共会计网按月逐级向市镇、省和中央报告，平时则可以通过电子计算机联网，随时查询各项收支的具体情况，了解预算资金运作的效率状况。

（2）法律框架的长期稳定为实施绩效管理提供了持久的制度支持。作为法国公共支出管理根本性规范的《组织预算法》，自1959年通过以来，始终没有发生过重大变化。当年这一改革的一个重要导向就是从对预算方法的关注，转移到对绩效结果的重视上来。该法案吸收了许多工业化国家的现代公共管理方法，通过对别国预算管理方法、经验和实例的总结，为预算活动与绩效评价完成了必要的组织准备，并大体上实现了从事前控制转换为事后评估的管理模式转型。

（3）单独设立履行财政监督与绩效管理的财务监督机构。法国的财政监督与效益管理职能由财政部任命的财务监督官、财政总监和独立的审计法院组成的。三者之间既相互独立，又相互制衡，共同组成了较为严密的公共支出追踪问效机制。在实践中，法国的财政监督已然超出了文件赋予其严格控制的范畴，而逐渐从公共支出控制的角度介入预算资金的运行过程。例如，法国财政法每年对机构的定员情况进行有限制的列举和准确的界定，财政监督官则以"满员率"（编制人数与实有人数的比较）作为评价相应拨款限额的关键数据。这种对预算执行的跟踪工作，保证了其政府预算绩效评价工作的效果与质量。

### 10.2.3　欧洲大陆模式之"日耳曼"版本

"日耳曼"版本的管理模式大体影响了德国、瑞士、荷兰以及多数斯堪的纳维亚国家的政府预算绩效管理路径选择。其中，瑞典的公共支出管理模式是较具代表性的。之所以选择瑞典作为分析对象，大体有两方面原因：一是瑞典模式具有相对典型的部门预算管理的特点，瑞典政府预算只有一个总预算，总预算又进一步分成27个支出领域和约500个拨款项目；二是在启动中国部门预算改革的方案酝酿阶段，瑞典模式提供了较多的启示性借鉴。瑞典模式中的绩效管理取向主要体现在以下几个方面：

（1）建立了相对规范化的机构财务评级体系。部门机构的财务评级体系是瑞典公共部门财务管理的一个重要特色。在瑞典，由国家审计署进行财务评级，评级主要包括两个层面：一是统一评级，主要是依据机构的实际支出情况相对于预算法案的遵行情况，就预算执行的严肃性加以考察；二是内部评级，主要是对各政府部门的内部控制制度的健全性做出评价。评价级别划分为A、B、C三级（A为完全满意，B为满意，C为不满意）。通过财务评级体系，以事后监督和预防性的事前约束两种方式，促使机构在支出管理中更加注重资源的使用效率，提高错误修正的时效性和止损性。

（2）突出绩效预算管理中的产出和结果导向。目前包括瑞典在内的OECD国家的立法机构和政府财政部门都倾向于减少对投入和预算过程的控制，而更加强调预算管理的绩效产出与结果导向。这种绩效管理导向的优越性在于，立法监督机构和财政部门可以集中精力关注结果和产出（如资金用途和使用效率），同时，也赋予各部门和机构以更大的预算资金综合使用的权利。①

（3）适应绩效预算管理的要求，灵活调整政府组织机构。在政府组织机构上细分为较小的机构，并增设子机构，是目前多数 OECD 成员国公共管理改革的趋势。目前，瑞典共有 13 个部，下设约 300 个机构。瑞典的部很小，主要任务是政策制定，具体工作由各机构执行，机构虽然附属于各部，但与其他 OECD 国家相比，瑞典给予了机构更多的自由。这种组织机构的灵活调整既体现了现代政府治理所倡导的组织"扁平化"和"小政府"理念，也适应了绩效管理就部门和支出项目的"基本支出"和"项目支出"加以"打包"评价的技术要求。

## 10.3 我国政府预算绩效评价的制度框架

### 10.3.1 政府预算绩效评价的系统构成与操作流程

1）政府预算绩效评价的系统构成

公共支出绩效评价系统作为预算管理控制系统的一部分，与各种行为控制系统、流程控制系统、利益相关方控制系统共同构成了公共预算绩效管理控制体系。尽管有效的预算绩效评价系统在不同部门的表现各不相同，但是作为实现公共部门战略目标的通用工具，有效的公共预算绩效评价系统大体具有类似或同质的系统组成结构。概括起来，公共预算绩效评价系统大体包括如下几个基本要素：评价主体、评价目标、评价客体、评价指标、评价标准、评价方法和评价报告，如图 10-1 所示。

图 10-1 公共预算绩效评价系统

（1）评价主体

公共预算绩效评价系统的主体是指谁需要对客体进行评价。根据公共预算绩效评价涉及的利益相关方，其评价主体包括作为公共资金所有者代表的立法机构、履行财政资金管理职能的政府财政部门、业务主管部门以及社会中介机构等其他利益相关主体。

（2）评价目标

公共预算绩效评价系统的目标是整个系统运行的指南和目的，它服从于部门管理的目标。绩效评价系统要处理好评价目标与部门管理目标之间的依存关系。部门管理的目标是确立绩效评价目标的原则和依据，绩效评价目标应有助于提升部门管理的效率

---

① 各国公共支出绩效管理中，大多赋予了支出机构在支出管理中相对灵活的管理权限。例如，澳大利亚、瑞典、新加坡等国，都引入了整笔拨款方式，即向政府各部门整笔拨款，由各部门自行决定支出项目。20 世纪 80 年代，加拿大采用了信封预算编制模式，可以说是整笔拨款改革的先驱。所谓信封预算，就是按照项目将支出预算装入不同信封，并在信封上注明项目名称。这种预算执行起来较为简单，就是严格按照信封预算所注明的项目和数额支出，以此约束支出行为。参阅王加林. 发达国家预算管理与我国预算管理改革的实践 [M]. 北京：中国财政经济出版社，2006：60.

（efficiency）与有效性（effectiveness）。

（3）评价客体

公共预算绩效评价系统的客体，简单地说是对什么进行评价，客体是由评价主体根据需要决定的。与绩效评价主体相对应，评价客体包括整个部门、二级及二级以下行政事业单位的所有基本支出及项目支出。不同的客体有不同的特性，这些特性在系统模式的具体设计时，直接影响着绩效评价指标体系的确立。

（4）评价指标

绩效评价指标是指对评价对象的哪些方面进行评价。指标选择要依据客体特性和系统目标，并按照系统设计的原则进行。绩效评价系统关心的是评价对象与部门管理目标的相关方面，即所谓的"关键成功因素"。这些关键成功因素具体表现为业务指标和财务指标两个层面。财务指标主要包括资金落实、资金使用及财务管理状况等，业务指标主要包括绩效目标的合理性及部门管理目标完成情况等。

（5）评价标准和评价方法

评价标准是对评价客体进行分析评价的标准。选择什么样的标准作为评价基准取决于评价的目标。具体评价标准是在一定前提下产生的，具有相对性。随着社会进步和经济发展，以及外部条件变化，绩效评价标准的确定也将是一个动态演进的过程。目前常见的绩效评价标准有经验标准、年度预算标准和历史水平标准。评价方法是指绩效评价的具体手段，是评价指标和评价标准的实际应用。评价方法的选择得当与否，直接影响着公共预算绩效评价的最终效果。

（6）评价报告

绩效评价报告是绩效评价系统的信息输出，也是系统的结论性文件，它将对评价主体产生重要影响。评价报告应集中体现评价的目标与原则，评价报告的规范样本内容大体包括：评价主体、评价客体、评价指标体系和方法、评价标准、评价责任等。

上述六个要素共同组成一个完整的绩效评价系统，它们之间相互联系、相互影响。其中，评价目标是系统的中枢，决定了评价主体与评价客体在系统运行中的基本取向；评价指标、评价标准和评价方法构成了绩效评价的核心，其科学性直接决定了绩效评价报告的可信度与应用价值；绩效评价报告则是系统运行的最终结果，其在公共预算管理中的充分应用，将会有助于提升有限资金的使用效率，从而实现构建高绩效政府的理想与目标。

2）政府预算绩效评价的操作流程

绩效评价作为绩效管理的关键环节，其操作流程的科学适用性无疑是十分重要的。就近期而言，其流程框架大体可以划分为如下几个阶段：理念更新、原则确定与指标体系设计、确定评价方法并制订评价方案与标准流程、完成前期基础性工作、部门绩效评价改革试点、针对试点中发现的问题进行判断与方案调整、完善相关配套措施、推广试点经验并扩大试点范围、设计一套具有操作性的相对完善的绩效预算评价制度规则体系等，如图10-2所示。

其中，理念更新、原则确定与指标体系设计、确定评价方法、制订评价方案与标准流程等步骤，大体构成了绩效管理中战略管理的主要内容；而前期基础工作、部门内部绩效评价改革试点、方案调整以及完善相关配套措施，则是绩效评价运作管理的主体框架。

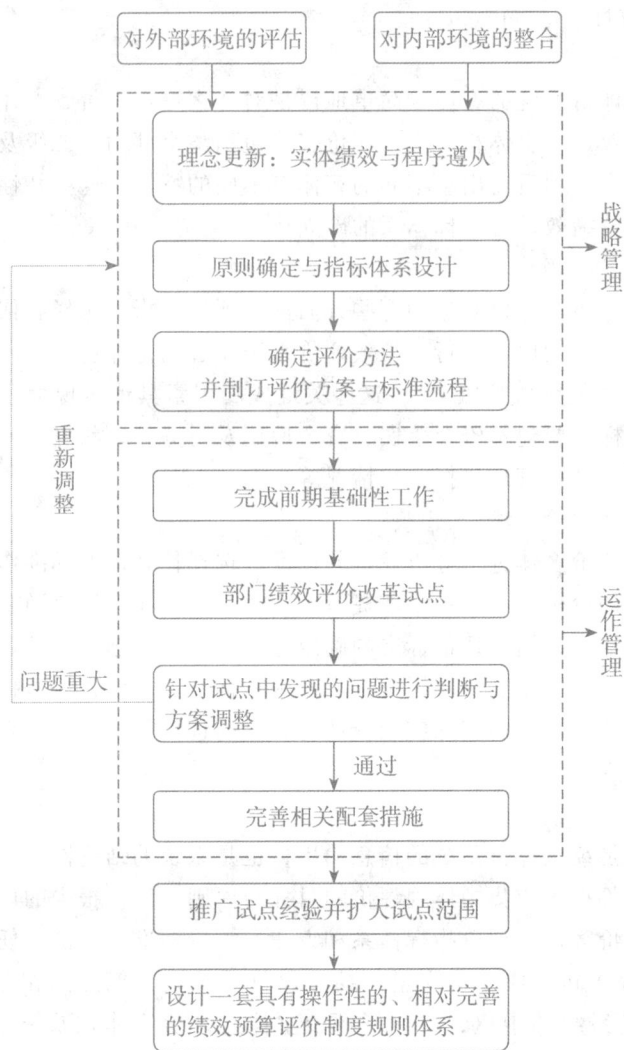

图 10-2　绩效评价的基本流程示意图

在此需要引起注意的是，在绩效评价与预算分配的关系上，几乎所有的西方国家都没有将政策评价的结果机械地与次年度预算分配直接挂钩，而是采取了相对缓和的做法。[①]

### 10.3.2　预算绩效目标管理——以中央部门为例

为了进一步加强预算绩效管理，提高中央部门预算绩效目标管理的科学性、规范性和有效性，根据《中华人民共和国预算法》《国务院关于深化预算管理制度改革的决定》（国发〔2014〕45号）等有关规定，财政部于2015年5月制定颁布了《中央部门预算绩效目标管理办法》（财预〔2015〕88号），对绩效目标的设定、审核、使用等做出了具体规定。

1）绩效目标的基本界定

绩效目标是指财政预算资金计划在一定期限内达到的产出和效果。绩效目标是建设项

---

① 上海财经大学公共政策研究中心. 2010年中国财政发展报告——国家预算的管理及法制化进程［M］，上海：上海财经大学出版社，2010：373.

目库、编制部门预算、实施绩效监控、开展绩效评价等的重要基础和依据。

按照预算支出的范围和内容划分，包括基本支出绩效目标、项目支出绩效目标和部门（单位）整体支出绩效目标。基本支出绩效目标是指中央部门预算中安排的基本支出在一定期限内对本部门（单位）正常运转的预期保障程度。一般不单独设定，而是纳入部门（单位）整体支出绩效目标统筹考虑。项目支出绩效目标是指中央部门依据部门职责和事业发展要求，设立并通过预算安排的项目支出在一定期限内预期达到的产出和效果。部门（单位）整体支出绩效目标是指中央部门及其所属单位按照确定的职责，利用全部部门预算资金在一定期限内预期达到的总体产出和效果。

按照时效性划分，包括中长期绩效目标和年度绩效目标。中长期绩效目标是指中央部门预算资金在跨度多年的计划期内预期达到的产出和效果。年度绩效目标是指中央部门预算资金在一个预算年度内预期达到的产出和效果。

绩效目标管理是指财政部和中央部门及其所属单位以绩效目标为对象，以绩效目标的设定、审核、批复等为主要内容所开展的预算管理活动。财政部和中央部门及其所属单位是绩效目标管理的主体。绩效目标管理的对象是纳入中央部门预算管理的全部资金。

2）绩效目标的设定

按照"谁申请资金，谁设定目标"的原则，绩效目标由中央部门及其所属单位设定。

绩效目标要能清晰反映预算资金的预期产出和预期效果，并以相应的绩效指标予以细化、量化描述。主要包括：①预期产出，是指预算资金在一定期限内预期提供的公共产品和服务情况；②预期效果，是指上述产出可能对经济、社会、环境等带来的影响情况，以及服务对象或项目受益人对该项产出和影响的满意程度等。

绩效指标是绩效目标的细化和量化描述，主要包括产出指标、效益指标和满意度指标等。产出指标是对预期产出的描述，包括数量指标、质量指标、时效指标、成本指标等。效益指标是对预期效果的描述，包括经济效益指标、社会效益指标、生态效益指标、可持续影响指标等。满意度指标是反映服务对象或项目受益人的认可程度的指标。

绩效标准是设定绩效指标时所依据或参考的标准。一般包括：①历史标准，是指同类指标的历史数据等；②行业标准，是指国家公布的行业指标数据等；③计划标准，是指预先制定的目标、计划、预算、定额等数据；④财政部认可的其他标准。

绩效目标设定的依据包括：①国家相关法律、法规和规章制度，国民经济和社会发展规划；②部门职能、中长期发展规划、年度工作计划或项目规划；③中央部门中期财政规划；④财政部中期和年度预算管理要求；⑤相关历史数据、行业标准、计划标准等；⑥符合财政部要求的其他依据。

设定的绩效目标应当符合以下要求：①指向明确。绩效目标要符合国民经济和社会发展规划、部门职能及事业发展规划等要求，并与相应的预算支出内容、范围、方向、效果等紧密相关。②细化量化。绩效目标应当从数量、质量、成本、时效以及经济效益、社会效益、生态效益、可持续影响、满意度等方面进行细化，尽量进行定量表述。不能以量化形式表述的，可采用定性表述，但应具有可衡量性。③合理可行。设定绩效目标时要经过调查研究和科学论证，符合客观实际，能够在一定期限内如期实现。④相应匹配。绩效目标要与计划期内的任务数或计划数相对应，与预算确定的投资额或资金量相匹配。

绩效目标设定的方法包括：

（1）项目支出绩效目标的设定：①对项目的功能进行梳理，包括资金性质、预期投入、支出范围、实施内容、工作任务、受益对象等，明确项目的功能特性。②依据项目的功能特性，预计项目实施在一定时期内所要达到的总体产出和效果，确定项目所要实现的总体目标，并以定量和定性相结合的方式进行表述。③对项目支出总体目标进行细化分解，从中概括、提炼出最能反映总体目标预期实现程度的关键性指标，并将其确定为相应的绩效指标。④通过收集相关基准数据，确定绩效标准，并结合项目预期进展、预计投入等情况，确定绩效指标的具体数值。

（2）部门（单位）整体支出绩效目标的设定。①对部门（单位）的职能进行梳理，确定部门（单位）的各项具体工作职责。②结合部门（单位）中长期规划和年度工作计划，明确年度主要工作任务，预计部门（单位）在本年度内履职所要达到的总体产出和效果，将其确定为部门（单位）总体目标，并以定量和定性相结合的方式进行表述。③依据部门（单位）总体目标，结合部门（单位）的各项具体工作职责和工作任务，确定每项工作任务预计要达到的产出和效果，从中概括、提炼出最能反映工作任务预期实现程度的关键性指标，并将其确定为相应的绩效指标。④通过收集相关基准数据，确定绩效标准，并结合年度预算安排等情况，确定绩效指标的具体数值。

按照"谁批复预算，谁批复目标"的原则，财政部和中央部门在批复年初部门预算或调整预算时，一并批复绩效目标。原则上，中央部门整体支出绩效目标、纳入绩效评价范围的项目支出绩效目标和一级项目绩效目标，由财政部批复；中央部门所属单位整体支出绩效目标和二级项目绩效目标，由中央部门或所属单位按预算管理级次批复。

绩效目标确定后，一般不予调整。预算执行中因特殊原因确需调整的，应按照绩效目标管理要求和预算调整流程报批。中央部门及所属单位应按照批复的绩效目标组织预算执行，并根据设定的绩效目标开展绩效监控、绩效自评和绩效评价。中央部门应按照有关法律、法规要求，逐步将有关绩效目标随同部门预算予以公开。

预算绩效目标管理的流程如图10-3所示。

### 10.3.3　绩效自评——以中央部门项目支出为例

财政部2016年10月发布的《关于开展中央部门项目支出绩效自评工作的通知》（财办预〔2016〕123号），对于绩效自评做出了较为系统且全面的规定。

1）绩效自评的基本原则

履行部门主体责任。各部门是本部门预算资金绩效管理的责任主体，要加强对本部门及所属预算单位绩效自评的组织管理，对绩效自评结果的真实性、及时性负责。

实现绩效自评全覆盖。各部门要按照2016年、2017年中央部门预算编制工作要求和《中央部门预算绩效目标管理办法》（财预〔2015〕88号）规定，组织对本部门及所属预算单位的所有一级项目、二级项目开展绩效自评，确保绩效自评覆盖率达到100%。

确保评价真实客观。各部门对照年初预算设定的绩效目标及指标值，对应填报年度实际完成值。绩效自评要实事求是，确保数据准确、分值合理、结果客观，严禁刻意抬高分数、弄虚作假。

2）绩效自评的主要方法

项目绩效自评采取打分评价的形式，满分为100分。一级指标权重统一设置为：产出

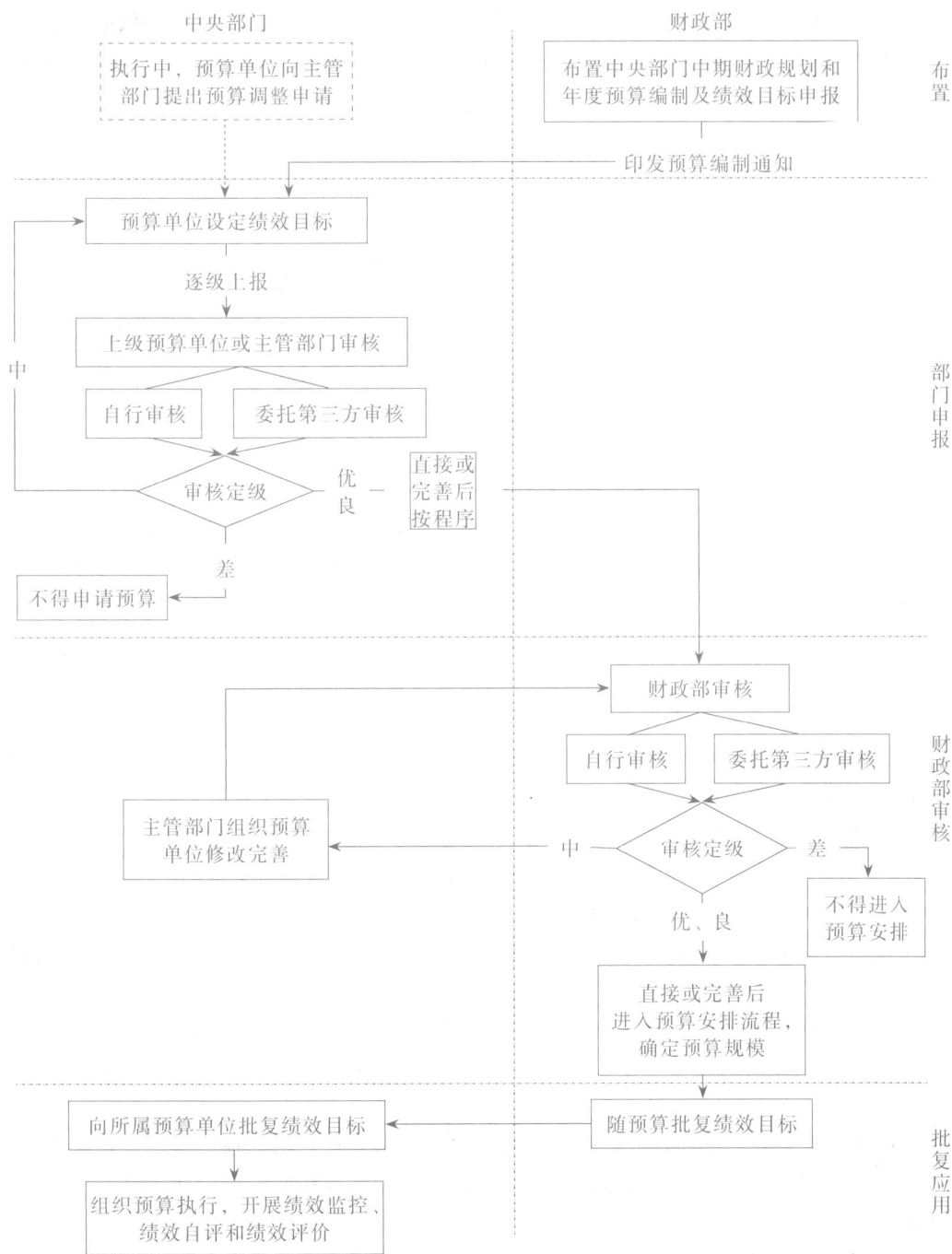

图10-3 预算绩效目标管理流程图

指标50分、效益指标30分、服务对象满意度指标10分、预算资金执行率10分。如有特殊情况，上述权重可做适当调整，但加总后应等于100%。各部门根据各项指标重要程度确定项目的二级绩效指标和三级绩效指标的权重。

项目支出绩效自评的得分评定方法分为两类：一是定量指标。完成指标值的，记该指标所赋全部分值；未完成的，按照完成值在指标值中所占比例记分。二是定性指标。根据指标完成情况分为：达成预期指标、部分达成预期指标并具有一定效果、未达成预期指标且效果较差三档，分别按照该指标对应分值区间80%~100%（含80%）、50%~80%（含50%）、0~50%合理确定分值。各项绩效指标得分汇总成该项目自评的总分。

各部门在收集、分析上述绩效执行信息的基础上，对未完成绩效目标及指标的原因进行逐条分析，研究提出解决措施。

3）绩效自评结果审核和应用

各部门要对本级项目和所属预算单位项目的绩效自评结果进行审核，并对本部门项目支出绩效自评工作进行总结。工作总结主要包括：自评工作开展情况的简要说明，一级和二级项目绩效自评金额、个数、覆盖率，主要经验和存在的问题，以及下一步工作措施、建议等内容。绩效自评结果要作为改进预算管理的重要依据。

### 10.3.4 基于评价主体视角的预算绩效管理改革[①]

现代公共部门绩效管理日益体现出考评主体多元化的趋势，结合中国预算绩效管理改革的现实，可以将绩效考评主体划分为内部和外部两个维度来加以考察。其原因在于，从主观方面来分析，内部考评主体与外部考评主体具有不同的利益诉求；从客观方面来判断，内部考评主体（政府财政部门和各资金使用者）和外部考评主体（立法监督机构与社会公众）之间，也或多或少地存在着信息不对称。

从内部考评主体角度，需要充分考虑决策权、执行权和监督权（内部控制系统）的三权分立，也就是说应该按照这一要求进一步细分预算绩效管理方式。同样，对外部考评主体而言，立法监督、社会监督、公众监督也是三个不可或缺的方面，在设计预算绩效管理框架时，也应该兼顾各方的利益诉求。

1）预算绩效管理的内部评价主体：宏观、中观、微观层次的考察

在宏观层面上，主要探求适用于财政预算管理机构的预算绩效管理框架。就宏观层面而言，其主要解决的问题是绩效目标体系的构建。当前中国绩效预算改革面临的主要挑战在于，在绩效目标体系尚不够完善的情况下，试图构建可以提升预算绩效的指标体系与考评方法。其实，先有目标，后有指标，才是所谓"纲举目张"。因此，需要将绩效指标问题与绩效目标问题结合起来，在预算决策与宏观政策指导的顶层设计层面，首先解决绩效目标体系的确立问题，在此基础上构建的绩效指标框架才有望实现预算绩效水平的提升。

就中观层面而言，主要探求适用于财政各业务支出管理机构的预算绩效管理框架，建立财政各业务部门针对各预算资金使用者的内部控制和成本控制系统，其主要技术支撑为作业成本法和平衡计分卡法。

作业成本法作为传统成本会计体系所产生的一种解决方法，强调政府提供各种公共产品和服务质量，并不是推动预算支出成本的直接原因，而是生产过程中涉及的各种政府行为构成推动成本。作业成本法在预算绩效管理中的主要作用在于，有助于强化对政府支出的全面认识，突出财政各业务部门对于预算资金使用者的成本控制。平衡计分卡法的主要作用在于，将不同层次的公共支出项目置于绩效管理的四个主要方面（财务角度、顾客角

① 马蔡琛. 基于评价主体视角的政府预算绩效管理改革［J］. 中国财政，2013（18）.

度、内部市场角度、创新和学习角度）。

以微观层面而论，主要探求适用于各预算资金使用者（各支出部门）的预算绩效管理框架，构建针对不同预算资金使用者的标杆管理标准，从而进一步准确刻画政府行政成本。其主要技术支撑为标杆管理方法（benchmarking）和政府管理会计（government management accounting）。具体而言，需要通过纵向标杆指标和横向标杆指标的对比，实现预算绩效提升与政府行政成本控制。就纵向标杆指标而言，以宏观层面确立的预算绩效目标作为预算绩效的考核标杆，运用政府管理会计和政府成本会计的计量核算技术，构建对预算资金使用者的内部行政成本控制系统，进而作为改进后续预算周期之绩效水平的评价标准。就横向标杆指标而言，主要通过海量绩效数据的归集统计，进行绩效指标的可比性技术处理，确立同类型公共服务供给中的最优水平（外部标杆激励系统），作为预算资金使用者绩效改进目标的基础。

2）预算绩效管理的外部评价主体：立法监督、社会监督、公众监督的视角

就政府预算绩效管理的外部评价主体而言，主要是循着立法监督机构、社会监督主体、公众监督主体三个层面加以逻辑展开，进而实现三者之间的指标衔接与系统共享。

（1）立法监督机构的绩效管理框架：基于政府财务会计与财务报告的考察

在立法监督机构层面上，主要探求适用于立法监督机构外部绩效评价的管理模式，其主要技术支撑为政府财务会计与政府财务报告系统。

当前我国的政府预算公开与加强人大预算监督的各种路径选择中，往往更加倾向于构造某种不同于政府部门预算决策过程的外部监督体系。其实，无论是从外部监督的成本－效益考虑，还是从各国议会预算监督实践来看，充分发挥政府财务会计的计量核算与监督控制功能、构建公民友好型的政府财务报告体系，都是更为现实且有效的途径。其核心问题在于，通过政府会计核算系统的信息集成、指标汇总与风险预警，以及政府财务报表体系对外报告功能的完善，有效实现立法监督机构外部绩效评价的效果。

（2）社会监督的绩效管理框架：基于第三方评价的考察

就社会监督而言，主要通过第三方评价方法来体现。第三方评价方法是由社会中介组织实施的政府绩效评价模式。当前很多地方试点将各业务主管部门作为绩效评价的实施主体，但由于业务主管部门与具体的预算单位之间存在着千丝万缕的关系，有可能导致二者合谋博弈财政资金的结局，故而，在外部考评主体的绩效管理模式设计中，重点关注第三方评价问题是非常必要的。

针对当前社会中介鉴证类组织的客观公正性相对较低、考评专家的独立性较差的现实，在第三方评价问题上，需要关注两个方面：第一，如何通过预算绩效管理机制设计，有效防范乃至杜绝第三方评价中的机会主义行为，真正实现社会监督的客观公正。第二，如何利用现代化信息处理手段，有效降低第三方评价的监督成本。根据发达国家预算绩效评价的早期经验，其项目评价的费用是非常高昂的，甚至占到单个项目总资金的0.5%～5%。当然，随着统计技术和计算机信息处理技术的进步，评价成本应该会逐步减少。但如何有效降低第三方评价的监督成本，仍旧是需要在预算绩效评价管理改革中加以审慎对待的重要问题。

（3）公众监督的绩效管理框架：基于公众满意度调查的考察

在公众监督方面，主要是通过对政府服务对象（公众）的满意度调查，来构建相应的

预算绩效管理框架。其主要技术支撑为公众满意度指数（customer satisfaction index，CSI）。公众满意度调查脱胎于企业管理中的顾客满意度，随着新公共管理运动的兴起，逐步被引入到政府预算和政府绩效评价之中。因此，在政府预算绩效管理体系设计中，就公众满意度指标赋予相对较高的影响权重，也是合理且必要的。目前，我国各地针对政府部门开展的"满意不满意"测评，已然具备了某些公众满意度调查的雏形。

此外，面对庞大的预算资金，对公共资金的使用绩效如何加以评判，预算听证和预算对话也将发挥重大作用。预算听证和预算对话作为加强公民参与预算过程的方法，可以使公民偏好在预算绩效管理框架中得到充分体现。

3）全过程预算绩效管理中的内外部评价主体整合

（1）预算决策过程中的绩效管理

根据实时预算模型（real-time budgeting model）的动态预算管理理念，当预算过程中的其他组成部分或者环境发生改变时，决策的每一组成部分均应做出相应调整。然而，在经典的实时预算模型中，并未涉及预算决策改变的依据（也就是为什么要做出调整）。而绩效目标的实现程度，将成为动态预算决策过程中预算资源配置结构调整的重要依据。

预算决策中的绩效管理需要按照三个逻辑层次加以展开：第一，以绩效目标为归集标准，运用统计分析技术，将绩效指标的完成情况整合为绩效目标的实现情况；第二，根据绩效目标的完成情况，在引入内部市场检验（internal market test）和公共服务外包（public service outsourcing）的前提下，就预算资源配置进行"奖优惩劣"的结构性动态调整；第三，结合外部评价主体的第三方评价和公众满意度调查，对预算资源配置结构加以进一步优化调整。

（2）预算执行过程中的动态监控

在预算执行过程中，需要关注两个方面的绩效动态监控问题：一是根据预算执行中的绩效完成情况，实时、动态地判断预算资金的使用与既定的绩效目标之间是否发生了偏离。当这种偏离达到某种程度后，应及时启动相应的纠偏救济机制。二是针对当前管理相对不够规范的预算追加等调整过程，尝试通过对绩效指标进行动态监控，将其纳入相对理性且客观的测度评价体系之中加以解决。

（3）决算过程中的指标修正与绩效反馈

在决算过程中，需要结合政府财务会计、政府成本会计和政府财务报告体系等技术支撑手段所提供的效果信息、成本信息、合规性信息等测度结果，就预算资金的使用状况提供真实客观的结果反馈。

针对内外部评价主体的绩效指标测评差异，以及绩效结果与原定绩效目标的偏离等问题，从多重维度探究其原因（政策性因素、管理性因素、绩效指标设计、统计技术因素）。对于其中的管理性因素，引入相应的财政问责奖惩机制；对于政策性因素，应致力于稳定各利益主体预期的长效机制建设；对于绩效指标设计因素，则进一步进行指标的修正和完善；对于统计技术因素，则需要优化相关统计技术方法。

## 10.4 我国预算绩效评价的指标体系：基于共性指标的考察

### 10.4.1 指标的遴选依据

可以用来评价政府预算绩效的指标有很多，主要从重要性、客观性、可比性、信息可采集性等方面考虑，从中遴选出支出绩效指标、收入绩效指标和财政运行的优化度指标。

（1）重要性。政府绩效改善通常会表现在很多方面，但我们在构建政府预算绩效评价指标体系时，显然不可能面面俱到，因此，需要根据绩效改善对宏观经济发展、对实现公共财政政策目标的影响程度，对众多指标加以筛选。

（2）客观性。不同的评价主体可以从不同层面、多角度对绩效改善度加以评价。但只有客观、最贴近真实的评价才最具有说服力，才能真正为提高公共财政绩效服务，为政府决策提供强有力的参考依据。

（3）可比性，即统一性，指按照规定的核算方法，确定相互可比的核算指标。可比性是以信息的真实性为基础，强调横向比较和纵向比较。

（4）信息可采集性。根据信息来源渠道可以把信息分为内部信息和外部信息两大类，内部信息主要源于财政部门内部的各种信息资料，外部信息主要源于外部评价、社会调研等。相对而言，外部信息比较难以获取，获取的成本也较高，且获取的外部信息往往有一定的片面性。因此现阶段内部信息指标更加重要。

### 10.4.2 预算绩效评价共性指标体系

为贯彻落实《预算绩效管理工作规划（2012—2015年）》（财预〔2012〕396号）的有关要求，逐步建立符合我国国情的预算绩效评价指标体系，不断规范和加强预算绩效评价工作，提高绩效评价的统一性和权威性，全面推进预算绩效管理，财政部于2013年制定了《预算绩效评价共性指标体系框架》。

这些共性指标体系作为参考性的框架模式，主要用于在设置具体共性指标时的指导和参考，并需根据实际工作的进展不断予以完善。各级财政部门和预算部门开展绩效评价工作时，既要根据具体绩效评价对象的不同，以《预算绩效评价共性指标体系框架》为参考，在其中灵活选取最能体现绩效评价对象特征的共性指标，也要针对具体绩效评价对象的特点，另行设计具体的个性绩效评价指标，同时，赋予各类评价指标科学合理的权重分值，明确具体的评价标准，从而形成完善的绩效评价指标体系。

预算绩效评价共性指标体系框架又具体分为项目支出绩效评价共性指标体系框架（表10-1）、部门整体支出绩效评价共性指标体系框架（表10-2）、财政预算绩效评价共性指标体系框架（表10-3）。

表 10-1　　　　　　　　　项目支出绩效评价共性指标体系框架

| 一级指标 | 二级指标 | 三级指标 | 指标解释 | 指标说明 |
|---|---|---|---|---|
| 投入 | 项目立项 | 项目立项规范性 | 项目的申请、设立过程是否符合相关要求，用以反映和考核项目立项的规范情况 | 评价要点：<br>①项目是否按照规定的程序申请设立；<br>②所提交的文件、材料是否符合相关要求；<br>③事前是否已经过必要的可行性研究、专家论证、风险评估、集体决策等 |
| | | 绩效目标合理性 | 项目所设定的绩效目标是否依据充分，是否符合客观实际，用以反映和考核项目绩效目标与项目实施的相符情况 | 评价要点：<br>①是否符合国家相关法律法规、国民经济发展规划和党委政府决策；<br>②是否与项目实施单位或委托单位职责密切相关；<br>③项目是否为促进事业发展所必需；<br>④项目预期产出效益和效果是否符合正常的业绩水平 |
| | | 绩效指标明确性 | 依据绩效目标设定的绩效指标是否清晰、细化、可衡量等，用以反映和考核项目绩效目标的明细化情况 | 评价要点：<br>①是否将项目绩效目标细化分解为具体的绩效指标；<br>②是否通过清晰、可衡量的指标值予以体现；<br>③是否与项目年度任务数或计划数相对应；<br>④是否与预算确定的项目投资额或资金量相匹配 |
| | 资金落实 | 资金到位率 | 实际到位资金与计划投入资金的比率，用以反映和考核资金落实情况对项目实施的总体保障程度 | 资金到位率=（实际到位资金/计划投入资金）×100%。<br>实际到位资金：一定时期（本年度或项目期）内实际落实到具体项目的资金。<br>计划投入资金：一定时期（本年度或项目期）内计划投入到具体项目的资金 |
| | | 到位及时率 | 及时到位资金与应到位资金的比率，用以反映和考核项目资金落实的及时性程度 | 到位及时率=（及时到位资金/应到位资金）×100%。<br>及时到位资金：截至规定时点实际落实到具体项目的资金。<br>应到位资金：按照合同或项目进度要求截至规定时点应落实到具体项目的资金 |
| 过程 | 业务管理 | 管理制度健全性 | 项目实施单位的业务管理制度是否健全，用以反映和考核业务管理制度对项目顺利实施的保障情况 | 评价要点：<br>①是否已制定或具有相应的业务管理制度；<br>②业务管理制度是否合法、合规、完整 |
| | | 制度执行有效性 | 项目实施是否符合相关业务管理规定，用以反映和考核业务管理制度的有效执行情况 | 评价要点：<br>①是否遵守相关法律法规和业务管理规定；<br>②项目调整及支出调整手续是否完备；<br>③项目合同书、验收报告、技术鉴定等资料是否齐全并及时归档；<br>④项目实施的人员条件、场地设备、信息支撑等是否落实到位 |

续表

| 一级指标 | 二级指标 | 三级指标 | 指标解释 | 指标说明 |
|---|---|---|---|---|
| | | 项目质量可控性 | 项目实施单位是否为达到项目质量要求而采取了必要的措施，用以反映和考核项目实施单位对项目质量的控制情况 | 评价要点：<br>①是否已制定或具有相应的项目质量要求或标准；<br>②是否采取了相应的项目质量检查、验收等必要的控制措施或手段 |
| 过程 | 财务管理 | 管理制度健全性 | 项目实施单位的财务制度是否健全，用以反映和考核财务管理制度对资金规范、安全运行的保障情况 | 评价要点：<br>①是否已制定或具有相应的项目资金管理办法；<br>②项目资金管理办法是否符合相关财务会计制度的规定 |
| | | 资金使用合规性 | 项目资金使用是否符合相关的财务管理制度规定，用以反映和考核项目资金的规范运行情况 | 评价要点：<br>①是否符合国家财经法规和财务管理制度以及有关专项资金管理办法的规定；<br>②资金的拨付是否有完整的审批程序和手续；<br>③项目的重大开支是否经过评估认证；<br>④是否符合项目预算批复或合同规定的用途；<br>⑤是否存在截留、挤占、挪用、虚列支出等情况 |
| | | 财务监控有效性 | 项目实施单位是否为保障资金的安全、规范运行而采取了必要的监控措施，用以反映和考核项目实施单位对资金运行的控制情况 | 评价要点：<br>①是否已制定或具有相应的监控机制；<br>②是否采取了相应的财务检查等必要的监控措施或手段 |
| 产出 | 项目产出 | 实际完成率 | 项目实施的实际产出数与计划产出数的比率，用以反映和考核项目产出数量目标的实现程度 | 实际完成率=（实际产出数/计划产出数）×100%。<br>实际产出数：一定时期（本年度或项目期）内项目实际产出的产品或提供的服务数量。<br>计划产出数：项目绩效目标确定的在一定时期（本年度或项目期）内计划产出的产品或提供的服务数量 |
| | | 完成及时率 | 项目实际提前完成时间与计划完成时间的比率，用以反映和考核项目产出时效目标的实现程度 | 完成及时率=［（计划完成时间-实际完成时间）/计划完成时间］×100%。<br>实际完成时间：项目实施单位完成该项目实际所耗用的时间。<br>计划完成时间：按照项目实施计划或相关规定完成该项目所需的时间 |
| | | 质量达标率 | 项目完成的质量达标产出数与实际产出数的比率，用以反映和考核项目产出质量目标的实现程度 | 质量达标率=（质量达标产出数/实际产出数）×100%。<br>质量达标产出数：一定时期（本年度或项目期）内实际达到既定质量标准的产品或服务数量。<br>既定质量标准是指项目实施单位设立绩效目标时依据计划标准、行业标准、历史标准或其他标准而设定的绩效指标值 |

| 一级指标 | 二级指标 | 三级指标 | 指标解释 | 指标说明 |
|---|---|---|---|---|
| | | 成本节约率 | 完成项目计划工作目标的实际节约成本与计划成本的比率，用以反映和考核项目的成本节约程度 | 成本节约率=［（计划成本–实际成本）/计划成本］×100%。<br>实际成本：项目实施单位如期、保质、保量完成既定工作目标实际所耗费的支出。<br>计划成本：项目实施单位为完成工作目标计划安排的支出，一般以项目预算为参考 |
| 效果 | 项目效益 | 经济效益 | 项目实施对经济发展所带来的直接或间接影响情况 | 此四项指标为设置项目支出绩效评价指标时必须考虑的共性要素，可根据项目实际并结合绩效目标设立情况有选择地进行设置，并将其细化为相应的个性化指标 |
| | | 社会效益 | 项目实施对社会发展所带来的直接或间接影响情况 | |
| | | 生态效益 | 项目实施对生态环境所带来的直接或间接影响情况 | |
| | | 可持续影响 | 项目后续运行及成效发挥的可持续影响情况 | |
| | | 社会公众或服务对象满意度 | 社会公众或服务对象对项目实施效果的满意程度 | 社会公众或服务对象是指因该项目实施而受到影响的部门（单位）、群体或个人。一般采取社会调查的方式 |

表 10-2　　　　部门整体支出绩效评价共性指标体系框架

| 一级指标 | 二级指标 | 三级指标 | 指标解释 | 指标说明 |
|---|---|---|---|---|
| 投入 | 目标设定 | 绩效目标合理性 | 部门（单位）所设立的整体绩效目标依据是否充分，是否符合客观实际，用以反映和考核部门（单位）整体绩效目标与部门履职、年度工作任务的相符性情况 | 评价要点：<br>①是否符合国家法律法规、国民经济和社会发展总体规划；<br>②是否符合部门"三定"方案确定的职责；<br>③是否符合部门制定的中长期实施规划 |
| | | 绩效指标明确性 | 部门（单位）依据整体绩效目标所设定的绩效指标是否清晰、细化、可衡量，用以反映和考核部门（单位）整体绩效目标的明细化情况 | 评价要点：<br>①是否将部门整体的绩效目标细化分解为具体的工作任务；<br>②是否通过清晰、可衡量的指标值予以体现；<br>③是否与部门年度的任务数或计划数相对应；<br>④是否与本年度部门预算资金相匹配 |

续表

| 一级指标 | 二级指标 | 三级指标 | 指标解释 | 指标说明 |
|---|---|---|---|---|
| | 预算配置 | 在职人员控制率 | 部门（单位）本年度实际在职人员数与编制数的比率，用以反映和考核部门（单位）对人员成本的控制程度 | 在职人员控制率=（在职人员数/编制数）×100%。<br>在职人员数：部门（单位）实际在职人数，以财政部确定的部门决算编制口径为准。<br>编制数：机构编制部门核定批复的部门（单位）的人员编制数 |
| | 预算配置 | "三公经费"变动率 | 部门（单位）本年度"三公经费"预算数与上年度"三公经费"预算数的变动比率，用以反映和考核部门（单位）对控制重点行政成本的努力程度 | "三公经费"变动率=［（本年度"三公经费"总额−上年度"三公经费"总额）/上年度"三公经费"总额］×100%。<br>"三公经费"：年度预算安排的因公出国（境）费、公务车辆购置及运行费和公务招待费 |
| | 预算配置 | 重点支出安排率 | 部门（单位）本年度预算安排的重点项目支出与部门项目总支出的比率，用以反映和考核部门（单位）对履行主要职责或完成重点任务的保障程度 | 重点支出安排率=（重点项目支出/项目总支出）×100%。<br>重点项目支出：部门（单位）年度预算安排的，与本部门履职和发展密切相关，具有明显社会和经济影响、党委政府关心或社会比较关注的项目支出总额。<br>项目总支出：部门（单位）年度预算安排的项目支出总额 |
| 过程 | 预算执行 | 预算完成率 | 部门（单位）本年度预算完成数与预算数的比率，用以反映和考核部门（单位）预算完成程度 | 预算完成率=（预算完成数/预算数）×100%。<br>预算完成数：部门（单位）本年度实际完成的预算数。<br>预算数：财政部门批复的本年度部门（单位）预算数 |
| 过程 | 预算执行 | 预算调整率 | 部门（单位）本年度预算调整数与预算数的比率，用以反映和考核部门（单位）预算的调整程度 | 预算调整率=（预算调整数/预算数）×100%。<br>预算调整数：部门（单位）在本年度内涉及预算的追加、追减或结构调整的资金总和（因落实国家政策、发生不可抗力、上级部门或本级党委政府临时交办而产生的调整除外） |
| 过程 | 预算执行 | 支付进度率 | 部门（单位）实际支付进度与既定支付进度的比率，用以反映和考核部门（单位）预算执行的及时性和均衡性程度 | 支付进度率=（实际支付进度/既定支付进度）×100%。<br>实际支付进度：部门（单位）在某一时点的支出预算执行总数与年度支出预算数的比率。<br>既定支付进度：由部门（单位）在申报部门整体绩效目标时，参照序时支付进度、前三年支付进度、同级部门平均支付进度水平等确定的，在某一时点应达到的支付进度（比率） |
| 过程 | 预算执行 | 结转结余率 | 部门（单位）本年度结转结余总额与支出预算数的比率，用以反映和考核部门（单位）对本年度结转结余资金的实际控制程度 | 结转结余率=（结转结余总额/支出预算数）×100%。<br>结转结余总额：部门（单位）本年度的结转资金与结余资金之和（以决算数为准） |

| 一级指标 | 二级指标 | 三级指标 | 指标解释 | 指标说明 |
|---|---|---|---|---|
| | | 结转结余变动率 | 部门（单位）本年度结转结余资金总额与上年度结转结余资金总额的变动比率，用以反映和考核部门（单位）对控制结转结余资金的努力程度 | 结转结余变动率=［（本年度累计结转结余资金总额-上年度累计结转结余资金总额）/上年度累计结转结余资金总额］×100% |
| | | 公用经费控制率 | 部门（单位）本年度实际支出的公用经费总额与预算安排的公用经费总额的比率，用以反映和考核部门（单位）对机构运转成本的实际控制程度 | 公用经费控制率=（实际支出公用经费总额/预算安排公用经费总额）×100% |
| | | "三公经费"控制率 | 部门（单位）本年度"三公经费"实际支出数与预算安排数的比率，用以反映和考核部门（单位）对"三公经费"的实际控制程度 | "三公经费"控制率=（"三公经费"实际支出数/"三公经费"预算安排数）×100% |
| | | 政府采购执行率 | 部门（单位）本年度实际政府采购金额与年初政府采购预算的比率，用以反映和考核部门（单位）政府采购预算执行情况 | 政府采购执行率=（实际政府采购金额/政府采购预算数）×100%；政府采购预算：采购机关根据事业发展计划和行政任务编制的并经过规定程序批准的年度政府采购计划 |
| | 预算管理 | 管理制度健全性 | 部门（单位）为加强预算管理、规范财务行为而制定的管理制度是否健全完整，用以反映和考核部门（单位）预算管理制度对完成主要职责或促进事业发展的保障情况 | 评价要点：①是否已制定或具有预算资金管理办法、内部财务管理制度、会计核算制度等管理制度；②相关管理制度是否合法、合规、完整；③相关管理制度是否得到有效执行 |
| | | 资金使用合规性 | 部门（单位）使用预算资金是否符合相关的预算财务管理制度的规定，用以反映和考核部门（单位）预算资金的规范运行情况 | 评价要点：①是否符合国家财经法规和财务管理制度规定以及有关专项资金管理办法的规定；②资金的拨付是否有完整的审批程序和手续；③项目的重大开支是否经过评估论证；④是否符合部门预算批复的用途；⑤是否存在截留、挤占、挪用、虚列支出等情况 |
| | | 预决算信息公开性 | 部门（单位）是否按照政府信息公开有关规定公开相关预决算信息，用以反映和考核部门（单位）预决算管理的公开透明情况 | 评价要点：①是否按规定内容公开预决算信息；②是否按规定时限公开预决算信息。预决算信息是指与部门预算、执行、决算、监督、绩效等管理相关的信息 |
| | | 基础信息完善性 | 部门（单位）基础信息是否完善，用以反映和考核基础信息对预算管理工作的支撑情况 | 评价要点：①基础数据信息和会计信息资料是否真实；②基础数据信息和会计信息资料是否完整；③基础数据信息和会计信息资料是否准确 |

续表

| 一级指标 | 二级指标 | 三级指标 | 指标解释 | 指标说明 |
|---|---|---|---|---|
| 过程 | 资产管理 | 管理制度健全性 | 部门（单位）为加强资产管理、规范资产管理行为而制定的管理制度是否健全完整，用以反映和考核部门（单位）资产管理制度对完成主要职责或促进社会发展的保障情况 | 评价要点：<br>①是否已制定或具有资产管理制度；<br>②相关资金管理制度是否合法、合规、完整；<br>③相关资产管理制度是否得到有效执行 |
| | | 资产管理安全性 | 部门（单位）的资产是否保存完整、使用合规、配置合理、处置规范、收入及时足额上缴，用以反映和考核部门（单位）资产安全运行情况 | 评价要点：<br>①资产保存是否完整；<br>②资产配置是否合理；<br>③资产处置是否规范；<br>④资产账务管理是否合规，是否账实相符；<br>⑤资产是否有偿使用及处置收入及时足额上缴 |
| | | 固定资产利用率 | 部门（单位）实际在用固定资产总额与所有固定资产总额的比率，用以反映和考核部门（单位）固定资产使用效率程度 | 固定资产利用率=（实际在用固定资产总额/所有固定资产总额）×100% |
| 产出 | 职责履行 | 实际完成率 | 部门（单位）履行职责而实际完成工作数与计划工作数的比率，用以反映和考核部门（单位）履职工作任务目标的实现程度 | 实际完成率=（实际完成工作数/计划工作数）×100%。<br>实际完成工作数：一定时期（年度或规划期）内部门（单位）实际完成工作任务的数量。<br>计划工作数：部门（单位）整体绩效目标确定的一定时期（年度或规划期）内预计完成工作任务的数量 |
| | | 完成及时率 | 部门（单位）在规定时限内及时完成的实际工作数与计划工作数的比率，用以反映和考核部门履职时效目标的实现程度 | 完成及时率=（及时完成实际工作数/计划工作数）×100%。<br>及时完成实际工作数：部门（单位）按照整体绩效目标确定的时限实际完成的工作任务数量 |
| | | 质量达标率 | 达到质量标准（绩效标准值）的实际工作数与计划工作数的比率，用以反映和考核部门履职质量目标的实现程度 | 质量达标率=（质量达标实际工作数/计划工作数）×100%。<br>质量达标实际工作数：一定时期（年度或规划期）内部门（单位）实际完成工作数中达到部门绩效目标要求（绩效标准值）的工作任务数量 |
| | | 重点工作办结率 | 部门（单位）年度重点工作实际完成数与交办或下达数的比率，用以反映部门（单位）对重点工作的办理落实程度 | 重点工作办结率=（重点工作实际完成数/交办或下达数）×100%。<br>重点工作是指党委、政府、人大、相关部门交办或下达的工作任务 |

| 一级指标 | 二级指标 | 三级指标 | 指标解释 | 指标说明 |
|---|---|---|---|---|
| 效果 | 履职效益 | 经济效益 | 部门（单位）履行职责对经济发展所带来的直接或间接影响 | 此三项指标为设置部门整体支出绩效评价指标时必须考虑的共性要素，可根据部门实际并结合部门整体支出绩效目标设立情况有选择地进行设置，并将其细化为相应的个性化指标 |
| | | 社会效益 | 部门（单位）履行职责对社会发展所带来的直接或间接影响 | |
| | | 生态效益 | 部门（单位）履行职责对生态环境所带来的直接或间接影响 | |
| | | 社会公众或服务对象满意度 | 社会公众或部门（单位）的服务对象对部门履职效果的满意程度 | 社会公众或服务对象是指部门（单位）履行职责而影响到的部门、群体或个人。一般采取社会调查的方式 |

表 10-3       **财政预算绩效评价共性指标体系框架**

| 一级指标 | 二级指标 | 三级指标 | 指标解释 | 指标说明 |
|---|---|---|---|---|
| 投入 | 预算安排 | 人员经费保障率 | 本年度预算安排的在职人均人员经费与在职人员经费标准的比率，用以反映和考核某一地区财政"保工资"状况 | 人员经费保障率=（在职人均人员经费/在职人员经费标准）×100%。在职人均人员经费=在职人员经费总额/在职财政供养人数。在职人员经费标准：根据合规合法的相关政策核定的当地在职人员人均经费水平 |
| | | 公用经费保障率 | 本年度预算安排的在职人员人均公用经费与在职人员人均公用经费标准的比率，用以反映和考核某一地区财政"保运转"水平 | 公用经费保障率=人均公用经费/人均公用经费标准。人均公用经费=公用经费总额/在职财政供养人数。人均公用经费标准：同类地区人均公用经费的平均水平 |
| | | 人均公用经费变动率 | 本年度在职人均公用经费与上年度在职人均公用经费的变动比率，用以反映和考核某一地区财政改善"保运转"状况的努力程度 | 人均公用经费变动率=［（本年度人均公用经费-上年度人均公用经费）/上年度人均公用经费］×100% |
| | | 民生支出占比 | 本年度民生支出数占当年公共财政预算支出的比重，一般通过与同类地区民生支出占比的比较，用以反映和考核某一地区财政"保民生"状况 | 民生支出占比=（民生支出数/当年公共财政预算支出数）×100%。民生支出数：以财政部确定的民生支出统计口径为准 |
| | | 民生支出占比变动率 | 本年度民生支出占比与上年度民生支出占比的变动比率，用以反映和考核某一地区财政改善民生的努力程度 | 民生支出占比变动率=［（本年度民生支出占比-上年度民生支出占比）/上年度的民生支出占比］×100% |

续表

| 一级指标 | 二级指标 | 三级指标 | 指标解释 | 指标说明 |
|---|---|---|---|---|
| | | "三公经费"变动率 | 本年度"三公经费"支出总额与上年度"三公经费"支出总额的变动比率，用以反映和考核某一地区财政控制和压缩重点行政成本的努力程度 | "三公经费"变动率=〔（本年度"三公经费"支出总额-上年度"三公经费"支出总额)/上年度"三公经费"支出总额〕×100% |
| | | 预算完整性 | 纳入政府预算管理的各类预算是否完整，用以反映和考核某一地区财政预算综合管理的水平 | 评价要点：①公共财政预算是否纳入政府预算管理；②国有资本经营预算是否纳入政府预算管理；③政府性基金预算是否纳入政府预算管理；④社会保障预算是否纳入政府预算管理 |
| | | 预算平衡性 | 本地区财政预算收支差额（预算净结余）是否为非负，用以反映和考核某一地区财政预算平衡情况 | 预算净结余=预算收入数-预算支出数 |
| | | 财政供养人员控制率 | 本年度实际在职财政供养人员与标准在职财政供养人员的比率，反映和考核对某一地区财政对本级财政供养人数的实际控制程度 | 财政供养人员控制率=〔（实际在职财政供养人员数-标准在职财政供养人数）/标准在职财政供养人数〕×100% |
| | | 债务率 | 本年末本级政府性债务余额占综合财力的比重，反映和考核某一地区财政对债务规模和债务风险的控制程度 | 债务率=（本年末本级政府性债务余额/本年本地综合财力）×100%。综合财力：即政府公共财政预算支出、政府性基金支出、国有资本经营预算支出之和 |
| 过程 | 预算执行 | 收入完成率 | 本年度公共财政预算收入实际完成数与公共财政收入预算数的比率，用以反映和考核某一地区收入预算的完成程度 | 收入完成率=（预算收入实际完成数/收入预算数）×100%。收入预算数：当地政府预算批复的本年度公共财政预算收入数 |
| | | 支出完成率 | 本年度公共财政预算支出完成数与公共财政支出预算数的比率，用以反映和考核某一地区支出预算的实际执行情况 | 支出完成率=（预算支出完成数/支出预算数）×100%。预算支出完成数：某一地区本年度实际完成的公共财政预算支出数。预算支出数：当地政府预算批复的本年度公共预算支出数 |
| | | 支出均衡率 | 某一时点公共财政预算支出执行进度与支出进度标准的比率，用以反映和考核支出预算及时性和均衡性程度 | 支出均衡率=（支出执行进度/支出进度标准）×100%。支出执行进度：某一地区财政在某一时点的公共财政支出预算执行数与本年度公共财政支出预算的比率。支出进度标准：某一地区财政部门参照序时支付进度、前三年平均支付进度、同一地区同级财政部门平均支付进度等确定的年度支出进度计划 |

| 一级指标 | 二级指标 | 三级指标 | 指标解释 | 指标说明 |
|---|---|---|---|---|
| | | 资金结转率 | 本年度结转资金总额与公共财政支出预算的比率，用以反映和考核某一地区财政对结转资金的控制程度 | 资金结转率=（结转资金总额/公共财政支出预算）×100% |
| | | 资金结转变动率 | 本年度结转资金总额与上年度结转资金总额的变动比率，反映和考核某一地区财政控制结转资金的努力程度 | 资金结转变动率=［（本年度结转资金总额-上年度结转资金总额）/上年度结转资金总额］×100%。 |
| | | "三公经费"控制率 | 本年度"三公经费"实际支出数与预算数的比率，用以反映和考核某一地区财政对重点行政成本的控制程度 | "三公经费"控制率=（本年度"三公经费"实际支出数/"三公经费"预算数）×100% |
| | | 总预算暂存暂付率 | 总预算暂存款、暂付款期末余额与当年公共财政支出预算的比率，用以反映和考核某一地区财政对本级财政周转资金规模的控制程度 | 总预算暂存暂付率=（总预算暂存款、暂付款期末余额/当年公共财政支出预算）×100% |
| 效果 | 经济效益 | 财政总收入占GDP的比重 | 本年度财政总收入占国内生产总值（GDP）的比重，用以反映和考核某一地区筹集财政收入及当地对经济和社会发展调控能力的水平 | 财政总收入占GDP的比重=财政总收入/GDP。财政总收入：指当地当年的公共财政收入、政府性基金收入（不含国有土地使用权收入）、国有资本经营收入、社会保障收入 |
| | | 税收收入占比 | 本年度税收收入占公共财政预算收入的比重，一般可与同类地区税收收入占比的平均水平或与本地区确定的税收收入占比目标比较，用以反映和考核某一地区公共财政收入质量情况 | 税收收入占比=（税收收入/公共财政预算收入）×100% |
| | | 税收收入占比变动率 | 本年度税收收入占比与上年度税收收入占比的变动比率，用以反映和考核某一地区在改善公共财政收入质量方面的努力程度 | 税收收入占比变动率=［（本年度税收收入占比-上年度税收收入占比）/上年度税收收入占比］×100% |
| | | 非税收入占比 | 本年度非税收入占公共财政预算收入的比重，一般可与同类地区非税收入占比的平均水平或本地区确定的非税收入占比目标比较，用以反映和考核某一地区公共财政收入质量情况 | 非税收入占比=（非税收入/公共财政预算收入）×100% |
| | | 非税收入占比变动率 | 本年度非税收入占比与上年度非税收入占比的变动比率，用以反映和考核某一地区在改善公共财政收入质量方面的努力程度 | 非税收入占比变动率=［（本年度非税收入占比-上年度非税收入占比）/上年度非税收入占比］×100% |

续表

| 一级指标 | 二级指标 | 三级指标 | 指标解释 | 指标说明 |
|---|---|---|---|---|
| 效果 | | 财政支出乘数 | 当地国内生产总值（GDP）变动量与公共财政预算支出变动量之间的比值，用以反映和考核某一地区财政支出对当地经济的带动效应 | 财政支出乘数＝当地GDP变动量/公共财政预算支出变动量。<br>GDP变动量＝当年GDP-上年GDP。<br>公共财政预算支出变动量＝当年公共财政预算支出-上年公共财政预算支出 |
| | 社会效益 | 城镇居民人均可支配收入变动率 | 本年城镇居民人均可支配收入与上年城镇居民人均可支配收入的变动比率，用以反映和考核某一地区城镇居民的生活水平改善程度 | 城镇居民人均可支配收入变动率＝［（本年城镇居民人均可支配收入-上年城镇居民人均可支配收入）/上年城镇居民人均可支配收入］×100%。<br>城镇居民人均可支配收入＝城镇居民可支配收入/当地城镇居民人口 |
| | | 农村居民人均纯收入变动率 | 本年农村居民人均纯收入与上年农村居民人均纯收入的变动比率，用以反映和考核某一地区农村居民生活水平的改善程度 | 农村居民人均纯收入变动率＝［（本年农村居民人均纯收入-上年农村居民人均纯收入）/上年农村居民人均纯收入］×100%；<br>农村居民人均纯收入＝农村纯收入/当地农村居民人口 |
| | | 人均受教育年限变动率 | 本年人均受教育年限与上年人均受教育年限的变动比率，用以反映和考核某一地区教育普及的改善程度 | 人均受教育年限变动率＝［（本年人均受教育年限-上年人均受教育年限）/上年人均受教育年限］×100%。<br>人均受教育年限＝受教育总年限/当地总人口 |
| | | 人均期望寿命变动率 | 某一地区本年人均期望寿命值与上年人均期望寿命值的变动比率，用以反映和考核某一地区居民健康水平改善程度 | 人均期望寿命变动率＝［（本年人均期望寿命-上年人均期望寿命）/上年人均期望寿命］×100%。<br>人均期望寿命：0岁人口的平均预期寿命 |
| | | 城镇登记失业率变动率 | 本年城镇登记失业率与上年城镇登记失业率的变动比率，用以反映和考核某一地区城镇居民就业状况的改善程度 | 城镇登记失业率变动率＝［（本年城镇登记失业率-上年城镇登记失业率）/上年城镇登记失业率］×100%。<br>城镇登记失业率＝城镇登记失业人员期末实有人数/（城镇期末从业人员总数+城镇登记失业人员期末实有人数）×100% |
| | 生态效益 | 空气质量变动率 | 当年空气质量与上年空气质量的变动比率，用以反映和考核某一地区空气质量的改善程度 | 空气质量变动率＝［（当年空气质量监测均值-上年空气质量监测均值）/上年空气质量监测均值］×100%。<br>空气质量监测均值＝全年空气质量监测值之和/12 |
| | | 人均公共绿地面积变动率 | 当地居民拥有的平均绿地面积的变动情况，用以反映和考核某一地区生态环境的改善程度 | 人均公共绿地面积变动率＝［（当年人均公共绿地面积-上年人均公共绿地面积）/上年人均公共绿地面积］×100%。<br>人均公共绿地面积＝绿地总面积/当地居民总人数 |
| | | 万元GDP能耗变动率 | 当年万元GDP能耗与上年万元GDP能耗的变动比率，用以反映和考核某一地区节能减排水平的改善程度 | 万元GDP能耗变动率＝［（当年万元GDP能耗-上年万元GDP能耗）/上年万元GDP能耗］×100%。<br>万元GDP能耗＝综合能源消费量（吨标准煤）/GDP（万元） |
| | 社会公众满意度 | | 社会公众对当地财政理财效果的满意程度 | 社会公众是指辖区内的部门（单位）、群体或个人，一般采取社会调查的方式 |

## 10.5　政府预算绩效管理的机遇与挑战

### 10.5.1　大数据时代的政府预算绩效管理

决策系统的改革必须考虑到人类使用全部可能被收集和分析的信息的能力。[①]早在数十年前，阿尔文·托夫勒（Alvin Toffler）在《第三次浪潮》中就曾预言："如果说IBM的主机拉开了信息化革命的大幕，那么大数据则是第三次浪潮华彩的乐章。"大数据是人类认识世界、改造世界能力的一次飞越，蕴含着巨大的价值。各国政府对于信息技术的公共预算投入，也呈现井喷式的增长。例如，1996年，美国联邦政府的年度信息技术预算是180亿美元，到2010年已经高达784亿美元，其中一半以上的投资用于购买存储数据的硬件设备。[②]

大数据就是治理现代化的一种有效技术途径，具有催生管理革命和服务模式创新的效果，必将给政府职能转变和机构改革带来新气象。然而，大数据到底会如何影响、改变中国的公共预算管理？公共部门在大数据时代该如何选择、有何作为？我们又当如何消弭大数据对公共财政管理可能带来的负面问题或数据陷阱？

从各国实践来看，大数据的应用至少可以从以下五个方面改进公共预算管理的绩效水平。

第一，实现信息透明和共享，使公共预算的外部利益相关者（如公民和企业、立法监督机构）和内部利益相关者（如财政部门、资金使用部门）都能提高自身的工作效率，产生积极的经济社会综合效益。数据资源正和土地、劳动力、资本等生产要素一样，日益成为促进经济增长的基本要素。麦肯锡公司（McKinsey & Company）认为，大数据的应用可以大幅度提升政府部门的生产力、工作效能和影响，其研究报告预测，欧盟政府部门可能因之而减少15%~20%的行政开支，创造1 500亿~3 000亿欧元的新价值。[③]根据互联网数据中心（IDC）早先的预测，中国大数据技术和服务市场规模的复合增长率将达到51.4%，从2011年的7 760亿美元增长到2016年的6.17亿美元，中国已然具备了抓住大数据时代的难得机遇。

第二，通过评估公共部门的绩效，增强内部竞争，激励工作表现，提高公共建设效率，提升公共服务质量，降低政府的管理成本。例如，荷兰政府推出了一项名为"数字三角洲"的工程，通过协调环境部、税务部门和国家研究所三方的财力、人力和物力，研究如何利用大数据预测，改变防洪策略以及整合荷兰水资源系统的管理工作。对比传统的水资源建设项目，这种基于大数据的合作，可以节省高达15%的荷兰年度水资源管理预算。

第三，通过人口细分和定制政策，增强公共服务的针对性，提高工作效率和公众满意度，减少开支。在传统公共财政和公共管理中，公共部门倾向于为所有公民提供相同的服务。实际上，公众往往具有非常多元化的个性化需求。例如，德国联邦劳工局对大量的失

① 李 R D，约翰逊 R W，乔伊斯 P G.公共预算系统［M］.苟燕楠，译. 8版. 北京：中国财政经济出版社，2011：14.
② 徐继华，等. 智慧政府：大数据治国时代的来临［M］. 北京：中信出版社，2014：22.
③ 马尼卡 J. 大数据的下一个前沿：创新、竞争和生产力［R］. 麦肯锡全球研究所年度报告，2011.

业人员的失业情况、干预手段和重新就业等历史数据进行分析，使得其能够区别不同的失业群体，采取有针对性的手段实施失业干预，大大提高了公共服务供给的效率。该做法使得德国联邦劳工局能够在每年减少100亿欧元相关支出的情况下，减少失业人员再就业所需时间，大大改善了失业人员的求职体验。

第四，采用政务智能替代或辅助人工决策，在纷繁复杂的数据中自动识别出不一致、错误和虚假的信息，减少出错成本和福利管理中的诈骗。例如，美国邮政署的计算机系统就运用大数据，自动扫描邮件的相关数据（存放位置、派送路线、重量和体积等信息），通过与数据库中近4 000亿条数据的比较，甄别出"邮资欺诈"的邮件。扫描一封邮件只需要50～100毫秒。有趣的是，该项目竟然由此形成了威慑效应。自2006年开始实施此计划起，邮资欺诈行为大幅度减少了。

第五，引导公共部门内部和外部的创新。例如商业、非营利机构、第三方等通过大数据工具，对公共服务进行反馈，为改善现有的方案提出建议，从而为公共部门创造新的价值。譬如，美国最具影响力的公益领袖加里·巴斯（Gary Bass）就创立了OMB监督（OMB Watch）网，旨在监督政府的预算、税收和工作绩效。在巴斯经过一轮的数据整理、网站开发、与政府接洽以及筹集资金后，2006年，OMB监督推出了美国民间关于政府公共支出的开放数据网站（fedspending.org）。Fedspending.org结合美国总统预算办公室（OMB）的信息，提供联邦政府每一笔财政支出的信息。在时任总统奥巴马的协调下，联邦政府最后与OMB监督形成了合作关系，在建立USAspending.gov时，fedspending.org愿意共享数据库、应用程序接口（API）和在线文档，为OMB节约了大量的行政经费。[①]

当然，我们对于数据处理技术的进步，也仍旧需要保持审慎乐观的态度。在20世纪80年代中期，对绩效考评的兴趣曾经一度有所衰退。许多公共组织出现了"DRIP"综合征——数据丰富但信息贫乏（data rich but information poor）——并且花费在考评过程的时间和精力被证明是不值得的。[②]此外，随着中期财政规划的推进，还需要注意的是，数据的可靠性和有效性无疑会因为编制时间的延长而下降。[③]

## 10.5.2　方兴未艾的政府预算绩效管理改革[④]

展望未来，构建中的中国政府预算绩效管理体系，还需要处理好以下几个方面的关系：

在路径选择上，实现从"干中学"到"顶层设计"的思路转变。任何颇具创新性色彩的新生事物，在其发展的早期阶段，采用边摸索边总结的"干中学"模式，都是非常正确的路径选择。中国政府预算绩效管理体系的演进逻辑，也同样体现了这种普遍性的发展规律。不论是"评价""考评""评估""监测"等"做什么"层面的技术方向性差异，还是"目标导向""结果导向""绩效导向"等"为什么做"层面的总体取向差异，都显示出"干中学"阶段的百花齐放色彩。不过，随着绩效评价在制度化、法治化、规

① ELIZABETH WILLIAMSON. OMB Offers an Easy Way to Follow the Money ［EB/OL］. ［2007-12-12］. http：//www.washingtonpost.com/wp-dyn/content/article/2007/12/12/AR2007121202701.html.
② 波伊斯特 T. 公共与非营利组织绩效考评：方法与应用 ［M］. 萧鸣政，等，译. 北京：中国人民大学出版社，2005：6.
③ 李 R D，约翰逊 R W，乔伊斯 P G. 公共预算系统 ［M］. 苟燕楠，译. 8版. 北京：中国财政经济出版社，2011：47.
④ 马蔡琛. 财政支出绩效评价方兴未艾 ［J］. 中国财政，2017（17）.

范化层面的日趋深入，就需要及时转向顶层设计的层面。这不仅体现在制度法规和操作规程上的总体指引，更为迫切和紧要的是，探索构建具有中国特色的绩效评价逻辑模型。这种逻辑模型的功能在于，针对千差万别的评价客体，提炼抽象出不同评价对象的活动过程、产出、最初结果、中间结果和未来结果等逻辑关系的"结果链"，从而实现财政支出绩效评价从抽象（概念界定层面）到具体（评价实践）再返回抽象（规律性的归纳）的跃升过程。

在类型分布上，实现从"统一评价"到"分类评价"的模式转变。财政支出项目具有资金规模差异悬殊、项目数量繁多、支出类型千差万别的特点。各级绩效评价管理部门限于经费、人员和经验等方面，难免会产生因忙不过来而疲于应对的感觉。这种海量评价客体导致的工作压力，即使引入第三方评价，也未必能够得到根本性改观。导致这种局面的主要原因在于，我国财政绩效管理改革的早期阶段，对于评价客体的类型划分，或者基于教科文卫等支出功能分类，或者基于购买服务、采购商品、在建工程等经济性质分类，进而循着从共性指标到个性指标的评价思路，试图构建一种全覆盖的统一的操作规程，而忽视了按照评价对象资金规模的大小，区分不同资金量级的绩效评价方法。在现实中，对于高达数十亿元的项目和仅有几百万元的项目，采用基本雷同的绩效评价方式和规程，这种明显有悖常识的做法却屡见不鲜。这种"眉毛胡子一把抓"的做法，自然是不足取的。对此，可以借鉴我国增值税管理区分一般纳税人和小规模纳税人而采用不同管理方式的经验，适当区分中小型项目的简洁性绩效评价和大型项目的综合性绩效评价。可以考虑的思路是，按照"双重二八率"的划分方式，将80%以上的财政支出项目，归入简洁性绩效评价的类型；对于简洁性绩效评价的指标设计，可以考虑在综合性评价的指标数量基础上，仅保留20%的关键核心指标，并大大简化其评价操作规程。至于不同类型的具体划分标准，从信息经济学的角度来看，应该交由具有信息优势的一方来决定，并报经财政绩效评价管理部门审核。这样既可以有效降低绩效评价的成本，又可以集中精力聚焦于重点财政支出项目的绩效追踪与管理。

在评价关注重点上，实现从"结果导向"之理想状态到"兼顾产出和结果、更侧重于产出"之现实状态的重心转变。就常识而言，公共支出项目的产出比投入更为重要，而结果（或最终效果）又比具体产出更重要，这是毋庸置疑的。但是，从关注产出走向关注结果（或效果、有效性）的过程，尽管有助于更好地判断公共服务供给的最终效果，但是对于具体的项目管理者而言，却往往有失公允。预算过程并非一个线性的过程，而是一个充满复杂性的过程。产出和结果之间的关系，其实是不能采用简单的两分法的。20世纪中叶，各国绩效预算改革的早期尝试及其失败，也恰恰忽视了这种现实条件的约束，而迷失于过度理想化的美好愿景。一般地讲，管理者的受托责任需要基于产出而不是结果，因为后者不能为管理者所直接控制，也更难界定和量化。从"多因之果"的角度分析，成果一般并非由某一项目单独带来，而受诸多因素的影响。也就是说，产出的形成在相当程度上可以由项目管理者控制，通过其努力基本上可以实现，而结果则更多地受项目所不能控制的外部因素的影响。因此，让公共支出项目的管理者对结果负责，至少从道理上说是不够公平的。从这个意义上讲，仍旧不能过早地过度强调绩效结果导向，而抛弃传统的投入－产出评价方式。在现时的财政支出绩效管理中，绩效评价的重点应该体现为兼顾产出和结果，并适度加强产出指标的权重，这应该是有一定理论和现实依据的。

## 本章小结

● 随着现代信息处理技术在财政预算管理中的良好应用，政府会计和财务报告系统的改进，财政支出绩效是可以数量化测度的，已日益成为广泛的共识。近年来，政府预算绩效评价与管理在中国取得了长足的进步，渐呈方兴未艾之势。

● 成熟市场经济国家的公共支出管理，大体可以分为两大类：一是"盎格鲁－美国模式"，源于英国传统，目前被英国、美国、新西兰以及其他一些英语国家广泛采用。二是"欧洲大陆模式"，该模式又演化为两个分支：一种是法国、意大利和西班牙采用的"拉丁"版本，另一种是"日耳曼"版本，采用的有德国、瑞士及斯堪的纳维亚国家。上述两类模式都强调政府公共支出的受托责任（accountability），但程度上有所不同。欧洲模式更为强调行政对议会的受托责任，而英美模式强调的是政府对公众的受托责任。

● 尽管有效的预算绩效评价系统在不同部门的表现各不相同，但是作为实现公共部门战略目标的通用工具，有效的公共预算绩效评价系统大体具有类似或同质的系统组成结构。概括起来，公共预算绩效评价系统大体包括如下几个基本要素：评价主体、评价目标、评价客体、评价指标、评价标准、评价方法和评价报告。

● 现代公共部门绩效管理日益体现出考评主体多元化的趋势，结合中国预算绩效管理改革的现实，可以将绩效考评主体划分为内部和外部两个维度来加以考察。其原因在于，从主观方面来分析，内部考评主体与外部考评主体具有不同的利益诉求；从客观方面来判断，内部考评主体（政府财政部门和各资金使用者）和外部考评主体（立法监督机构与社会公众）之间，也或多或少地存在着信息不对称。

## 综合练习

### 简答题

10.1 为什么要实行公共预算绩效评价管理？

10.2 我国政府预算绩效评价的制度框架体系是怎样的？

10.3 简述我国预算绩效评价共性指标体系的主要内容。

10.4 简要分析大数据时代政府预算绩效管理面临的机遇和挑战。

### 案例分析题

#### "3E"衡量标准的辩证思考

但凡言及绩效管理，源于20世纪80年代英国首次提出的绩效评价"3E"衡量标准，就不得不被提及。长期以来，"3E"衡量标准也成为我国财政支出项目成本收益分析的指导原则之一。请阅读以下资料，并尝试回答下列问题：

1. 尝试举例说明经济性、效率性和有效性衡量标准之间的区别和联系。

2. 您认为"3E"衡量标准在现实应用中需要注意哪些问题？

3. 结合本例中有关"产出"与"成果"之间的分析，再列举几个产出与成果有可能背离的案例。

所谓"3E"衡量标准，是指以经济性、效率性和有效性（也称为效果性）作为绩效评判标准。后来，又增加了公平性（equity），从而构成"4E"衡量标准体系。

按照通常的界定，经济性主要衡量政府部门投入成本的降低程度，要求各部门尽可能以最低的成本购买或提供特定的数量与质量的公共产品或服务；效率性则反映政府部门的最终工作成果与工作过程中资源消耗之间的对比关系，要求在既定的投入水平下达到产出最大化，或在既定的产出水平下实现投入最小化，即支出是否合理、高效；有效性通常是要求衡量政府所进行的工作或提供的服务，在多大程度上达到了政府的目标并满足了公众的需求。还有的解释为，经济是指输入成本的降低程度；效率是指一种活动或一个组织的产出及其投入之间的关系；效果是指产出对最终成果所贡献的大小。而绩效则是经济性、效率性和有效性的统一。

其实，不论是在英文语境还是在中文语境中，"3E"（economy, efficiency, effectiveness）这三个词都显得晦涩难懂，且内容又不确定，更多具有文字游戏的色彩，其实际应用价值是相当有限的。在中国政府预算绩效管理与财政支出项目成本收益分析开展的早期，在财政理论界的误导下，实践部门也相对机械地引进了所谓"3E"衡量标准。但在实际操作中，预算管理部门和支出部门对于"3E"之间的具体区别何在，也往往莫衷一是。譬如，"经济性"和"效率性"到底有何差别？某些指标到底是"效率性"的还是"有效性"的？这些问题不仅严重困扰了理论研究，也在相当程度上误导了预算绩效管理工作的推进。

其实，在实际操作中，"产出"和"成果"之间的区别，有时也难以把握。但国际经验表明，如果能够精心考量测度对象的特异性，仍旧可以循此构建恰当的成本收益分析框架。我们可以通过美国爱荷华州《绩效预算手册》中的一个案例来加以说明：该州某市有一条河，需要建一座桥以缓解交通拥堵。但有关部门却将建桥本身作为目标，从建桥的便利性出发，将桥设计在河流最狭窄的地段。桥建成后，交通拥堵的问题却没有得到很好的解决。虽然有关部门很好地完成了"产出"，工作量完全符合要求，桥也按期高质量完工，但是它的"成果"是很差的。这个案例似乎说明，在很多情况下，财政支出项目的"产出"与"成果"之间，甚至会出现南辕北辙的情况。

资料来源：马蔡琛，朱旭阳. 21世纪公共预算绩效管理方向探究［J］. 财政监督，2017（11）；马蔡琛，等. 结合财政支出项目成本收益分析，构建预算评审的基础数据库［R］. 财政部预算评审中心委托研究课题，2017.

## 推荐阅读资料

中华人民共和国财政部预算司. 中国预算绩效管理探索与实践［M］. 北京：经济科学出版社，2013.

马蔡琛. 基于评价主体视角的政府预算绩效管理改革［J］. 中国财政，2013（18）.

马蔡琛，童晓晴. 公共支出绩效管理的国际比较与借鉴［J］. 广东社会科学，2006（2）.

网上资源

　　http：//www.mof.gov.cn/pub/touzipingshenzhongxin（财政部预算评审中心）
　　http：//www.ppirc.org/html/news.html（政府绩效管理研究网）

# 第 11 章

# 政府预算管理的行为经济学分析

政府预算利益相关主体的群体决策行为，作为不确定条件下判断与决策的综合体现，不仅受到利益驱动和法律约束，还受到参与主体行为心理因素的影响。[①]心理学理论（尤其是认知心理学和实验心理学）在经济学中的应用是行为经济学的基础。行为经济学从人类自身的心理特性和行为特征出发，揭示了影响行为选择的非理性心理因素，其分析方法较为契合实际生活中的决策状况，增强了理论的可信度。其实，早在亚当·斯密、马歇尔、凯恩斯时代，研究者们就开始关注人类行为的经济分析。马克思在《1844年经济学-哲学手稿》中也讲到了心理学。马克思认为：

> 我们看到，工业的历史和工业的既成的对象存在，是人类本质力量的已经打开的书卷，是感性地呈现于我们之前的人类心理学……如果这本书卷，即正是这部历史的最感人最易解的部分，对于心理学不揭开来，那么这心理学就不能成为一门真正内容丰富而又实际的科学。[②]

一般而言，心理学以达到对行为的描述、理解、预测和控制为研究目的。[③]20世纪70年代，卡尼曼（Kahneman）和特维斯基（Tversky）创造性地实现了经济学和心理学的融合，奠定了以"前景理论"（prospect theory）为核心的行为经济学分析框架。[④]理查德·泰勒（Richard Thaler, 1999）[⑤]进一步提出"行为生命周期假说"（behavioral life-cycle hypothesis）和"心理账户"（mental account）的概念，尝试在经济分析中引入行为心理因素，从而拓展了行为经济学的研究范畴。在最近十多年来，心理学和行为经济学已经取得了巨大的进展，经济学家对于人类行为的"基本规律"的认识大大加深了，而且这些新认识正在迅速地渗透到其他经济学研究领域（比如消费、教育、甚至劳动）。[⑥]就现实应用而言，行为经济学主要应用于微观经济领域；而对于宏观层面的问题，尤其是制度运行中个体心理与群体心理的反应机制差异，则因小样本实验扩大至海量宏观范围后，其结论的可拓展性受到一定的局限，[⑦]宏观经济学对于心理学和行为经济学反应迟缓。

在公共经济学领域，行为经济学仅在公共产品供给、税收遵从等有限主题中有所应用，但鉴于其充分考虑了心理因素对行为主体决策的影响，对经济行为的分析更具解释性，自20世纪80年代以来，各国政府财

① 马蔡琛，赵灿. 公共预算遵从的行为经济学分析——基于前景理论的考察 [J]. 河北学刊，2013，(4).
② 马克思恩格斯全集：第42卷 [M]. 北京：人民出版社，1985：88.
③ 库恩，等. 心理学导论——思想与行为的认识之路 [M]. 郑钢，等. 译. 13版. 北京：中国轻工业出版社，2014：16.
④ KAHNEMAN D, TVERSKY A. Loss Aversion in Riskless Choice: a Reference-Dependent Model [J]. Quarterly Journal of Economics, 1991, 106 (4): 1039-1061.
⑤ THALER R. Mental Accounting Matters [J]. Journal of Behavioral Decision Making, 1999 (12): 183-206.
⑥ 陆铭. 十字路口的中国经济 [M]. 北京：中信出版社，2010：11.
⑦ 马蔡琛，张铁玲，孙利媛. 政府预算执行偏差的行为经济学分析 [J]. 财经论丛，2015 (3).

政研究的重点也开始转向各利益主体的行为选择问题。2004年，美国密歇根大学税收政策研究中心的斯莱姆罗德（Slemrod）与南加州大学法学院的麦卡弗里（McCaffery）首次提出行为财政学（behavioral public finance）的学科概念，自此逐渐形成了行为财政学这一新兴的经济学分支。[1]行为财政学借助行为经济学中的心理分析理论和实验研究方法，[2]对财政税收问题进行了重新解构，以使财政学对现实问题更具解释力和科学性。就行为经济学在财政管理中的应用而言，目前国内研究主要集中于财政收入一翼，譬如税收遵从等领域。除此之外，国内一些学者对于公共产品和预算遵从等问题也略有涉及。例如，童锦治和舒逸之（2010）[3]、吴旭东和姚巧燕（2011）[4]基于行为经济学的损失厌恶性和心理账户效应，对税收遵从和税收决策的影响因素进行了分析。就政府预算管理问题而言，马蔡琛、赵灿（2013）[5]运用行为经济学的前景理论，从损失厌恶性、敏感度递减性、参照依赖性三个维度，深入剖析了预算偏离的心理动因。马蔡琛、郭小瑞（2015）[6]和马蔡琛、张铁玲、孙利媛（2015）[7]运用前景理论分别分析了中期财政规划中的预算决策机制和预算执行偏差问题。总体而言，如何将心理学研究与政府预算研究有机结合起来，借鉴行为经济学（以及实验经济学）的研究思路，探索政府预算决策过程中影响各利益相关主体行为特征的心理因素，并进一步尝试构建"预算心理学"的基本分析框架，也是今后政府预算管理（乃至整个财政管理）领域中值得进一步深化研究的重要命题。[8]

## 11.1 公共预算遵从的行为经济学分析：基于前景理论的考察[9]

### 11.1.1 前景理论视野中的预算偏离成因

前景理论认为，行为人的决策是由主观价值函数和权重函数的乘积决定的。[10]相对于财富的绝对值，相对值更加受到关注（损失或获得是相对于参照点而言的）。面对损失时，行为者往往是风险偏好的；面对获得时，行为者则是风险规避的。一定量财富增加带来的心理幸福感，远低于同等财富减少带来的痛苦感。前期决策的实际结果，将会影响下一期的风险态度和决策。[11]与之相应，前景理论的三条重要性质为参照依赖、损失厌恶和敏感度递减。

1）参照依赖

根据参照依赖（reference dependence）理论，价值的载体是以某一参照点为中心而定义的"损失"或"获得"，和实际的绝对值相比，实际情况和参照水平之间的相对差异更

① 刘蓉，黄洪. 行为财政学研究评述 [J]. 经济学动态，2010（5）.
② 刘华，周琦深，王婷. 实验研究方法在行为财政学中的应用 [J]. 经济学动态，2013（3）.
③ 童锦治，舒逸之. 行为经济学对税收决策研究的启示 [J]. 税务研究，2010（11）.
④ 吴旭东，姚巧燕. 基于行为经济学视角的税收遵从问题研究 [J]. 财经问题研究，2011（3）.
⑤ 马蔡琛，赵灿. 公共预算遵从的行为经济学分析——基于前景理论的考察 [J]. 河北学刊，2013（4）.
⑥ 马蔡琛，郭小瑞. 中期财政规划的预算决策行为分析——基于前景理论的考察 [J]. 云南财经大学学报，2015（1）.
⑦ 马蔡琛，张铁玲，孙利媛. 政府预算执行偏差的行为经济学分析 [J]. 财经论丛，2015（3）.
⑧ 马蔡琛. 变革世界中的政府预算管理——一种利益相关方视角的考察 [M]. 北京：中国社会科学出版社，2010：35.
⑨ 马蔡琛，赵灿. 公共预算遵从的行为经济学分析——基于前景理论的考察 [J]. 河北学刊，2013（4）.
⑩ 其中，主观价值函数为损失或获得（相对值）对人的心理效用的影响；权重函数为事件发生的概率对总体效用的影响，为概率的增函数，且具有亚确定性。
⑪ 董志勇. 行为经济学原理 [M]. 北京：北京大学出版社，2006：65.

加重要。[1]卡尼曼和特维斯基认为，决策过程中，当事人运用不同决策启发程序，对前景进行"编辑"，以确定合适的参照点；进而通过偏好函数（价值函数）对被编辑的前景加以编码和选择，将低于参照点的视为损失，超过的视为获得。编辑之后当事人对精炼的前景进行评价。[2]而心理学研究表明，参照标准在影响偏好的诸因素中具有非常重要的作用。

政府财政部门作为预算资金的供给方，在某种程度上，并非是完全忠诚地进行预算编制、执行和决算等职能的"中性"组织，而是具有某些自身的利益取向，也有可能追求本部门的效用最大化。因此，政府财政部门的活动通常具有双重目标：一是通过对预算资金的合理配置，实现财政资源的优化使用，这是其存在的合法性基础；二是争取扩大预算资金规模，并且力争扩大超收收入配置的自由裁量权。[3]

根据参照依赖理论，在实际预算执行中，财政部门首先对预算收入规模这一问题进行"编辑"，选取年度预算法案中的财政收入水平作为参照点；然后展开"编码"：相对于参照点的增量，超收收入即体现为"获得"。之后进入评价阶段，即这一"获得"显然给财政部门带来了正效用。由此可见，财政部门的决策者在进行决策分析时，并非单纯关注绝对收入数额，而是以心理参照点为基准，将决策结果抽象为最终收入额相对于参照点的偏离方向和程度。

某些地方财政部门在编制年度预算时往往有意低估收入，从而为预算超收留出足够的空间。更有甚者，某些地方政府还对超收收入制定了不同程度的鼓励措施。例如，贵州省《黔东南州2012年州级财税部门完成总收入任务和超收奖励办法》规定，"部门超额完成全州财政收入任务，在州政府下达全州收入工作目标以内的部分，在剔除州级超收金额后，以县市超收金额按1%加奖"。[4]辽宁省东港市《2009年一般预算收入超收奖励办法》则明确规定了对乡镇、街道办、市税务局和市财政局一般预算收入超收的奖励办法。[5]

2）损失厌恶

损失厌恶（lose aversion）作为前景理论的核心内容，认为行为人对财富水平的减少（损失），较之同等财富的增加（获得）更为敏感。[6]在金钱和其他可以被衡量的方面，根据行为经济学的经验估计，放弃某种物品带来的心理负效用，大约是得到同等物品的心理正效用的2倍（损失厌恶系数约为2）。[7]相应的心理效用和实际损益之关系如图11-1所示，负数区域的函数曲线要比正数区域的更加陡峭，表示等量的损失要比等量的获得带来更大的心理冲击。[8]

在现实预算管理中，尤其是财力紧张时，经常发生各资金使用者竞争有限预算资源的情况。然而，在预算规模既定的情况下，某一部门预算规模的扩张往往会导致其他部门预算规模的削减。假定资金使用者共有甲、乙两个部门，如果甲部门的预算规模增加一定额度，如图11-1所示，则其效用增加值为"效用甲"；相应地，乙部门的预算资金减少相同

① 董志勇. 行为经济学原理［M］. 北京：北京大学出版社，2006：15.
② 刘凤良，等. 行为经济学：理论与扩展［M］. 北京：中国经济出版社，2008：47.
③ 马蔡琛. 政府预算部门的行为特征及其治理结构［J］. 经济问题，2008（10）.
④ 资料来源：http://www.9ask.cn/fagui/201206/127870_1.html.
⑤ 资料来源：http://www.donggang.gov.cn/mshtml/2009-11/33278.html.
⑥ TVERSKY，AMOS，KAHNEMAN，DANIEL.Loss Aversion in Riskless Choice：A Reference-Dependent Model［J］. The Quarterly Journal of Economics，1991，106（4）.
⑦ 例如，意外中奖200元的收入带来的幸福感，要远远低于意外丢失200元带来的痛苦感。
⑧ 需要注意的是，个人对实际损益的评价以选定的参照点为中心，其决策取决于财富相对于参照点的变化值，而非实际经济成果的绝对值。

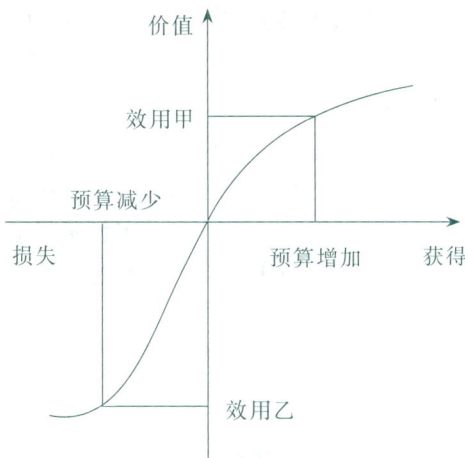

图 11-1 损失厌恶理论示意图

额度，其效用减少值为 |u(−δ)|"效用乙"的绝对值。根据损失厌恶理论，"效用甲"小于"效用乙"的绝对值 |u(−δ)|，即甲部门的预算增加带来的幸福感，远远小于乙部门预算减少的痛苦。因此，乙部门为争夺预算资源投入的资源和精力，势必远高于甲部门，以保证其预算规模不致被削减。这一博弈的最终结果将导致原先的预算基数被突破，总预算规模不断扩大。

损失厌恶的另一重要表现是现状偏见（status quo bias），即行为人对属于现状的事件，较之不属于现状的事件，具有更高的评价。[①]因此，当面临当前确定性的收益和未来可能的不确定性时，行为人往往倾向于保持既有行为习惯不变，以规避未来可能的不确定性。根据预算决策的渐进主义规则，如果资金使用者厉行节约，缩减预算开支规模，在所有权缺位和不能分享预算节余的情况下，剩余的预算资金可能被收回；而且，其下一年的预算额度也可能被削减。依照损失厌恶理论，明智的资金使用者会选择维持原有的预算开支规模，而不采取任何节省开支的行动，以规避可能面临的预算资金损失。更有甚者，还会突破预算限额实现"超支"，这样才能保证下一年度的预算拨款额不被削减甚或增加。这在一定程度上诠释了资金使用者年终突击花钱和财政支出"黏滞性"的成因。[②]这种行为不断被学习和内部化，形成了自我羊群效应。[③]

3）敏感度递减

敏感度递减（diminishing sensitivity）是指不论损失还是获得，其边际心理效用均随数值的不断增加而变小。[④]从图11-1中亦可看出，在获得区域内，函数曲线是下凹的；而在损失区域内，函数曲线是上凹的。这种敏感度减少的状况，广泛存在于行为人的认知领域。例如，当某人的债务从1万元增至2万元时，其心理的忧虑感可能会大幅上升；而当债务从100万元增至101万元时，则不会有较为明显的感受。这也符合心理物理学原理中的"韦伯-费希纳定律"（Weber-Fechner law），即感觉强度与刺激强度的对数呈正相关关

① 董志勇. 行为经济学原理［M］. 北京：北京大学出版社，2006：18.
② 黏滞性（viscosity），即财政支出增加时比较容易，削减时却十分困难的一种现象。"黏滞性"使得预算资金往往难以有效配置，造成资源的浪费。
③ 自我羊群效应（self-herding），通过自己之前行为的"损失"或"获得"对心理效用的影响，形成对某一事物的心理认知和价值判断，并进而不断重复之前行为的现象。可参阅：丹A.怪诞行为学［M］. 赵德亮，夏蓓洁，译. 北京：中信出版社，2008：37-39.
④ 董志勇. 生活中的行为经济学［M］. 北京：北京大学出版社，2010：17.

系。①因此，当外界刺激强度呈几何级数增减时，行为人的内心感觉强度仅呈算术级数增减。

预算管理中的超收和超支现象，随着其资金数额的不断增加，利益相关主体心理效用的敏感度会不断下降，也就更难产生遵循年度预算法案的动机。在监督机构对年度预算的审议中，敏感度递减表现得尤为明显。在年度预算草案的审议中，关注的往往只是本年度财政收支比上年增长的百分比，而非绝对值。因此，正如敏感度递减原理所揭示的，审议者的心理效用取决于预算收支增减的百分比，而非其绝对数值。但是，我国预算规模极其庞大，微小的百分比变化，都会对应于数额极其巨大的公共收支规模变动。现实中，即使是上万亿元的预算规模增加，也会较容易地获得通过，这不可避免地带来立法机关预决算审议的粗放性。

### 11.1.2 提升中国政府预算遵从度的路径选择

1）引入总额预算控制方法，避免平衡预算规则的顺周期财政效应

控制支出总额是每一个预算体系的基本目标，总额预算控制的核心思想，就是将开支总额的制定相对独立于每年的预算要求之外。而在现实的预算平衡规则之下，增加财政收入要比减少公共支出更加容易。目前，我国基于预算平衡状态的审议规则，隐含着顺周期的财政政策机理。②在经济萧条年份，容易加剧紧缩；在经济过热年份，往往加剧过热，这种倾向在省以下政府更为显著。引入总额预算控制方法，将有助于避免当前预算管理所内生的顺周期财政政策效应，有助于提升预算遵从的实际效果。

2）构建中期预算框架体系，强化预算运行的稳定预期

根据参照依赖理论，预算部门更加关注预算规模相对于年度预算法案的增量，存在追求预算超收的内在冲动。结合各国预算管理的成功经验来看，中期预算框架（MTBF）不失为一个可行的选择。MTBF以基线筹划为技术基础，涵盖包括当前财政年度在内的未来3~5年的具有约束力的、导向性的预算总量规划。从这个意义上讲，中期预算框架对于提高各利益相关主体的预算遵从程度，保证预算体系的稳定预期，具有重要的意义。③需要注意的是，中期预算框架的制定需要以对中长期宏观经济及财政形势的准确预测为基础，及时更新中期项目库，以实现公共资源的优化配置。

3）关注年度预算间的异常变化，提升政府预算运行的平稳性

根据损失厌恶理论，各预算资金使用者竞争公共资源的结果，难免导致预算基数增加，总预算规模不断扩张。在难以削减各资金使用者的预算规模以实现预算平衡时，根据渐进主义预算理论，控制年度预算的边际变化值，可以有效控制财政支出的超常增长。

在某些情况下，人员经费和公用经费等消耗性支出的占比有时会较高，④需要重点评价这部分财政支出的使用效率，控制其预算增加并削减低效的部分。另外，预算部门也应

① 进一步论述可以参阅：http://courseware.eduwest.com/courseware/0111/content/0007_7/030001.htm.
② 楼继伟.中国政府间财政关系再思考［M］.北京：中国财政经济出版社，2013：46.
③ 例如，对于资本性支出、公民权益性支出和或有事项支出等内容，中期预算框架能够更完整地反映其未来的支出成本、需求和财政风险的动态变动，从而有利于调整优化各利益相关方的预算遵从行为，促使预算运行系统健康发展。进一步论述可以参阅：马蔡琛.公共财政安全预警机制的波段框架设计——基于短波、中波和长波预警的考察［J］.经济纵横，2012（11）.
④ 例如，据报道，2011年仅中央行政单位的行政经费就达到899.7亿元，过半部门的行政经费超过1亿元，部分部门的行政经费占财政支出的比重甚至超过50%。资料来源：http://politics.people.com.cn/n/2012/0720/c70731-18556418.html.

严格细化预算编制流程，积极掌握预算资金使用者的成本信息，避免年度预算规模的无限制扩张。例如，我国香港特区政府在编制预算时，就要求各部门提供"过去两年的拨款及来年拨款需求的宗旨、简介、服务表现目标及指标、来年需要特别留意的事项"等资料，[①]以充分体现各部门绩效目标的量化与细化。

## 11.2 中期财政规划的预算决策行为分析[②]

预算决策作为一种不确定条件下的集体选择行为，对参与主体而言，未来的宏观经济态势和财政政策变动等因素都充满了不确定性，决策主体之间的动态反应也是难以预测的。而中期财政规划所内生的决策覆盖时间延展，有可能进一步加剧预算决策的不确定性。在本节中，尝试运用行为经济学的前景理论来探讨中期财政规划的决策过程，考察预算决策中的制度因素对决策者行为的约束以及对预算绩效结果的影响。

### 11.2.1 中期财政规划下的预算决策行为模型

1）前景理论视野中的预算决策过程

前景理论认为，不确定条件下的决策中，决策者受主观心理作用的影响，会呈现某些特定的行为心理特征。[③]卡尼曼和特维斯基（1979）将这一类决策过程区分为编辑（editing）和评价（evaluating）两个先后继起的阶段。[④]

在"编辑"阶段，决策者需要收集和处理包括宏观经济变量等环境参数以及公共收支信息，以确定预算决策中的参照"基线"。[⑤]在"评价"阶段，预算决策者针对编辑阶段的编码结果，进行量化测度，并选择决策前景值最高的方案。决策者在评价阶段主要受两方面的影响：一是个体的主观价值判断，前景理论采用价值函数对其进行刻画；二是决策者对预算提案通过审批的概率感知，前景理论将其表述为权重函数。价值函数和权重函数共同决定的前景值，显示了决策者对预算方案的综合评价，并作为最终决策的依据。

前景理论中的价值函数包含了参照依赖、损失厌恶和敏感度递减三个重要特性，具体表现为价值函数以相对于参照点的变化作为自变量，且呈"S"形的函数形式。[⑥]由于决策者在概率感知上的偏差，[⑦]故以权重函数表示决策权重与客观概率之间的关系。[⑧]

而中期财政规划体现为一个颇为复杂的动态预算决策过程，而不单纯是预算决策覆盖时间段的简单延伸。中期财政规划至少从两个方面影响着决策者的行为选择：一是预算平衡机制从年度平衡走向跨年度平衡，将强化针对跨年度的资本性支出决策的审慎判断，同时更为强调预算安排与发展规划之间的有机联系[⑨]；二是在总额预算约束条件下，立法机

① 袁星侯. 政府预算渐进主义及其改革评述 [J]. 经济学家，2003（6）.
② 马蔡琛，郭小瑞. 中期财政规划的预算决策行为分析——基于前景理论的考察 [J]. 云南财经大学学报，2015（1）.
③ 阿科特 L F，迪弗斯 R.行为金融：心理、决策和市场 [M]. 戴国强，等，译. 北京：机械工业出版社，2012：36-37.
④ KAHNEMAN D, TVERSKY A. Prospect Theory: An Analysis of Decision under Risk [J]. Econometrica: Journal of the Econometric Society, 1979, 47（2）：263-291.
⑤ 预算基线（budget baseline）是指现行政策不变的情况下，仅考虑环境参数和预算进度变化在内的收入预测和支出估计，它表示现行政策和活动的未来年度成本，是中期财政规划中利益相关主体之间互动博弈的基础。
⑥ TVERSKY A, KAHNEMAN D. Advances in Prospect Theory: Cumulative Representation of Uncertainty [J]. Journal of Risk and Uncertainty, 1992, 5（4）：297-323.
⑦ 倾向于赋予概率较大的事件较低权重，而赋予概率较小的事件较高权重。
⑧ 董志勇. 行为经济学原理 [M]. 北京：北京大学出版社，2006：65.
⑨ 马蔡琛. 现代预算制度的演化特征与路径选择 [J]. 中国人民大学学报，2014（5）.

关、政府财政部门以及支出机构等多重决策参与者的权利和责任变化，在中期跨度的不同时段也存在较大差异。

与之相应，可以将中期预算决策过程视为某种双元决策系统。一是立法监督机构对中期财政规划的审查批准；二是以政府财政部门为代表的预算决策者对各支出部门的预算资源分配。在现时的中国，尽管立法机关拥有最终决策权，但政府财政部门作为核心预算机构，在预算博弈过程中，往往具有更为实质性的资源配置权能。出于模型简化的需要，本节将重点考察以政府财政部门为代表的决策者行为模式。

2）决策模型的假设条件

假设预算决策者面对着科技、教育、文化、公共卫生、生态环境等 $N$ 个领域的预算支出决策，预算数额分别记作 $X_{it}$，$1 \leqslant i \leqslant N$，$t$ 表示中期财政规划下的第 $t$ 个预算年度。模型的假设约束条件如下：

第一，预算资源是有限的。假设政府财政部门面临着总量为 $X_t$ 的中期预算限额[①]。中期财政规划在强化财政纪律和财政总额控制方面的功能主要通过建立和实施强有力的中期预算限额来实现。

第二，预算资源管理者是有限理性的。在现实中，政府部门往往同时面对自身利益与社会利益的双重目标，当自身偏好与社会目标发生冲突时，这些部门可能更加注重自身的目标取向，将自身偏好以社会偏好的名义实现。[②]在中期财政规划约束下，预算决策者运用基线筹划技术，估算维持现行政策和预算活动所需成本，在此基础上争取更多的资源配置自由支配权。

第三，预算决策者在不确定条件下的决策中，追求决策前景值的最优化。在预算决策中除考虑宏观经济变动等不确定性因素外，还要考虑其他不确定性（如预算提案通过审批的概率）。决策者据此对不同预算方案做出评判，在主观价值和概率感知的综合作用下，选择决策前景值最高的预算方案。

3）决策模型的构建

不确定条件下的决策前景，是由价值函数和权重函数共同决定的，决策者的价值感知取决于财富规模较参照点的相对变化，而不单是财富数量的绝对规模。在中期财政规划的决策过程中，决策者以预算基线在第 $t$ 个年度的截点 $l_{it}$（$1 \leqslant i \leqslant N$），作为决策参照点。将预算数额超过基线的部分视作"获得"，即 $\delta_{it} = x_{it} - l_{it} > 0$；低于基线的部分视作"损失"，即 $\delta_{it} = x_{it} - l_{it} < 0$，相应的价值函数定义为 $v(\delta_{it})$，该函数所体现的决策者行为特征，符合前景理论提出的参照依赖、损失厌恶和敏感度递减等认知规律。

首先，决策者是"参照依赖"的。[③]$\delta_{it} > 0$ 表示决策者在第 $i$ 个领域拥有较大的预算规模，对政策变动及新项目立项具有更大的支配权力，此时 $v(\delta_{it}) > 0$，即决策者面临"获得"。$\delta_{it} < 0$ 表示预算资金不足以维持现行政策和活动，也即第 $i$ 个领域面临资金短缺，部分项目将被迫停止或依靠举债维持，决策者面对来自资金使用部门的巨大压力，此时 $v\delta_{it} < 0$，即面临"损失"。$\delta_{it} = 0$ 表示预算资金恰好足以维持现行政策和活动，该点对于决

---

① 中期预算限额是根据预算收入预测、宏观经济估计以及政策变化预期等因素，测算的未来各年度预算限额，一般在预算编制开始之前，随中期支出框架（MTEF）予以公布，是预算决策中必须面临的"硬约束"。
② 马蔡琛. 政府预算部门的行为特征及其治理结构 [J]. 经济问题，2008，（10）.
③ 卡尼曼和特维斯基在1979年指出，可以通过改变参照点的方法来操纵人们的决策，这就是参照点在价值函数中的地位。

策者而言是中性的，此时 $v\delta_{it} = 0$

其次，决策者是"损失厌恶"的。在实践中，当预算资金匮乏时，决策者面临的资金需求压力，远较资金充裕带来的满足感强烈得多，反映在价值函数上就是，

$$\left.\frac{\partial v}{\partial \delta_{it}}\right|_{\delta_{it} = -\delta_0} > \left.\frac{\partial v}{\partial \delta_{it}}\right|_{\delta_{it} = \delta_0}$$

最后，决策者是"敏感度递减"的。[1]当预算数额超过预算基线时，每增加一单位资金的满足感，会呈现边际效用递减的趋势。这反映在价值函数上就是，当 $\delta_{it} > 0$ 时，价值函数 $v(\delta_{it})$ 的一阶导数 $\frac{\partial v}{\partial \delta_{it}} > 0$，二阶导数 $\frac{\partial^2 v}{\partial \delta_{it}^2} < 0$；当 $\delta_{it} < 0$ 时，价值函数 $v(\delta_{it})$ 的一阶导数 $\frac{\partial v}{\partial \delta_{it}} > 0$，二阶导数 $\frac{\partial^2 v}{\partial \delta_{it}^2} > 0$。

中期财政规划的决策结果还需完成必要的立法审议过程，才具有法定约束力。假设每一单项预算申请获准通过的概率为 $p_{it}$（$1 \leq i \leq N$，$t$ 表示中期规划中的第 $t$ 个年度），$0 \leq p_{it} \leq 1$。预算决策者作为追求效用最大化的行为主体，在向立法机关提出一项预算申请之前，会对该申请通过审批的概率进行揣测和估计，这就涉及权重函数的确定问题。

行为经济学认为，行为人在不确定条件下的决策是不符合"贝叶斯法则"[2]的，当面对复杂而笼统的问题时，人们往往会"走捷径"，根据对事件发生可能性的主观判断（而非概率本身）来进行决策。[3]假设决策者赋予预算数额 $x_{it}$ 的权重函数为 $\pi(p_{it})$，表示其对客观概率 $p_{it}$ 的感知。该权重函数具有以下特性：

第一，权重函数 $\pi(p_{it})$ 是概率 $p_{it}$ 的增函数，即 $\frac{\partial \pi}{\partial p_{it}} > 0$（$0 < p_{it} < 1$）。也就是说，预算数额 $\delta_{it}$ 通过审批的概率越高，决策者赋予该预算越高的权重。

第二，当 $p_{it}$ 较小时，$\pi(p_{it}) > p_{it}$，即决策者倾向于赋予小概率值以较大的权重；当 $p_{it}$ 较大时，$\pi(p_{it}) < p_{it}$，即决策者倾向于赋予大概率值以较小的权重；而在中间阶段，决策者对概率 $p_{it}$ 的反应不敏感。

中期财政规划下的价值函数 $v(\delta_{it})$ 和权重函数 $\pi(p_{it})$ 共同决定了不确定条件下的决策前景，综合上述分析和假设条件，建立决策模型如下：

$$Max \bigcup_t (x_{1t}, x_{2t}, \cdots, x_{Nt}) = \sum_{i=1}^{N} v(\delta_{it}) \pi(p_{it}) = \sum_{i=1}^{N} v(x_{it} - l_{it}) \pi(p_{it}) \tag{1}$$

约束条件为 $x_{1t} + x_{2t} + \cdots\cdots + x_{Nt} \leq X_t$

$X_t$ 表示中期预算限额，这是决策者在中期规划中必须面临的"硬预算约束"。

### 11.2.2　决策模型的均衡解及改革思路

1) 预算决策前景值最大化的均衡解

为进一步求得决策前景值最大化时的均衡解，本节引入卡尼曼和特维斯基（1992）的

---

① 卡尼曼和特维斯基在 Prospect theory：An Analysis of Decision under Risk 一书中指出，"敏感度减少的状况在人的认知领域无处不在"。
② 贝叶斯法则是指当分析样本大到接近总体数时，样本中事件发生的概率接近于总体中事件发生的概率。
③ 饶育蕾，张伦. 行为金融学 [M]. 上海：复旦大学出版社，2005：136.

经典价值函数表达式：[①]

$$v(x) = \begin{cases} x^\alpha, x \geq 0 \\ -\mu(-x)^\beta, x < 0 \end{cases} \qquad 0 < \alpha, \beta < 1, \mu > 1 \tag{2}$$

在公式（2）中，$\alpha$ 和 $\beta$ 分别表示决策者的价值函数在"获得"区域和"损失"区域的凹凸程度，即敏感度递减的速度，$\mu$ 表示价值函数在"损失"区域比"获得"区域更加陡峭的特征，以此来反映损失厌恶的程度。

替换公式（1）中决策者的价值函数得到：

$$v(x_{it} - l_{it}) = \begin{cases} (x_{it} - l_{it})^\alpha, x_{it} - l_{it} \geq 0 \\ -\mu(l_{it} - x_{it})^\beta, x_{it} - l_{it} < 0 \end{cases} \tag{3}$$

下面分别探讨"财政吃紧"和"财政宽裕"两种情况下的均衡解。在"财政吃紧"状态下，决策者可得的预算资源，不足以维持现行政策和预算活动的开支，即 $\sum_{i=1}^{N} l_{it} > X_t$。出于简化求解过程的需要，假设在这种状态下，决策者会削减各支出领域的预算开支，即对于每一个 $1 \leq i \leq N$ 而言，$x_{it} - l_{it} < 0$。在"财政宽裕"状态下，预算基线小于决策者可得的预算资源 $\sum_{i=1}^{N} l_{it} < X_t$，除能维持现行政策和预算活动之外，还拥有支持新政策提议的财政空间。在这种状态下，针对各支出领域提出的预算申请额，至少可以满足预算基线，即对于每一个 $1 \leq i \leq N$ 而言，$x_{it} - l_{it} > 0$。

下面利用拉格朗日方法对模型进行求解：

在"财政紧缩"状态下，即当对于每一个 $1 \leq i \leq N, x_{it} - l_{it} < 0$ 时，建立拉格朗日函数：

$$L(x_{1t}, x_{2t}, \cdots, x_{Nt}, \rho) = \sum_{i=1}^{N} \left[ -\mu(l_{it} - x_{it})^\beta \pi(p_{it}) \right] + \rho \left( X_t - \sum_{i=1}^{N} x_{it} \right) \tag{4}$$

求解该模型得到：

$$\begin{cases} \dfrac{\partial L}{\partial x_{1t}} = \mu\beta(l_{1t} - x_{1t})^{\beta-1}\pi(p_{1t}) - \rho = 0 \\ \dfrac{\partial L}{\partial x_{2t}} = \mu\beta(l_{2t} - x_{2t})^{\beta-1}\pi(p_{2t}) - \rho = 0 \\ \vdots \\ \dfrac{\partial L}{\partial x_{Nt}} = \mu\beta(l_{Nt} - x_{Nt})^{\beta-1}\pi(p_{Nt}) - \rho = 0 \\ \dfrac{\partial L}{\partial \rho} = X_t - \sum_{i=1}^{N} x_{it} = 0 \end{cases} \rightarrow \begin{cases} x_{1t}^* = l_{1t} - \dfrac{\sum_{i=1}^{N} l_{it} - X_t}{1 + \sum_{i=2}^{N} \left[ \mu\beta\pi(p_{it}) \right]^{-1/(\beta-1)}} \\ x_{1t}^* = l_{2t} - \dfrac{\sum_{i=1}^{N} l_{it} - X_t}{1 + \sum_{i \neq 2}^{N} \left[ \mu\beta\pi(p_{it}) \right]^{-1/(\beta-1)}} \\ \vdots \\ x_{Nt}^* = l_{Nt} - \dfrac{\sum_{i=1}^{N} l_{it} - X_t}{1 + \sum_{i=1}^{N-1} \left[ \mu\beta\pi(p_{it}) \right]^{-1/(\beta-1)}} \\ \rho^* = \dfrac{\left( \sum_{i=1}^{N} l_{it} - X_t \right)^{\beta-1}}{\left\{ \sum_{i=1}^{N} \left[ \mu\beta\pi(p_{it}) \right]^{-1/(\beta-1)} \right\}^{\beta-1}} \end{cases} \tag{5}$$

在公式（5）中，令 $\omega_{it} = \dfrac{1}{1 + \sum_{j \neq i} \left[ \mu\beta\pi(p_{it}) \right]^{-1/(\beta-1)}}$，则 $0 < \omega_{it} < 1$ 并且 $\omega_{it}$ 与 $\pi(p_{it})$ 无关，于是可以将模型的均衡解表示成相对简单的形式：

$$x_{it}^* = l_{it} - \omega_{it}\left( \sum_{j=1}^{N} l_{jt} - X_t \right) \tag{6}$$

可见，在"财政吃紧"的情况下，决策者追求决策前景值最大化时的预算决策数额 $x_{it}^*$ 是在预算基线 $l_{it}$ 的基础上，再下调一个幅度，而该下调幅度与财政紧缩程度 $\sum_{j=1}^{N} l_{jt} - X_t$ 呈

---

① TVERSKY A, KAHNEMAN D. Advances in Prospect Theory: Cumulative Representation of Uncertainty [J]. Journal of Risk and Uncertainty, 1992, 5（4）: 297-323.

正相关。需要注意的是，决策者在第 $i$ 个支出领域的预算决策数额，与此前对该预算数额能否通过立法机关审批的概率揣测 $\pi(p_{it})$ 是没有直接关系的。也就是说，决策者在编制预算草案的过程中，出于对立法机关审查的顾忌而产生的任何策略性动机，比如某类支出通过立法机关审批的概率高，就相应提出更高的预算数额申请，并不会对最终决策的预算数额产生实质性影响。

在"财政宽裕"的状态下，即当对于每一个 $1 \leqslant i \leqslant N$，$x_{it} - l_{it} > 0$ 时，建立拉格朗日函数

$$L(x_{1t}, x_{2t}, \cdots, x_{Nt}, \rho) = \sum_{i=1}^{N} \left[ (x_{it} - l_{it})^{\alpha} \pi(p_{it}) \right] + \rho \left( X_t - \sum_{i=1}^{N} x_{it} \right) \tag{7}$$

求解该模型得到：

$$\begin{cases} \dfrac{\partial L}{\partial x_{1t}} = \alpha (x_{1t} - l_{1t})^{\alpha-1} \pi(p_{1t}) - \rho = 0 \\ \dfrac{\partial L}{\partial x_{2t}} = \alpha (x_{2t} - l_{2t})^{\alpha-1} \pi(p_{2t}) - \rho = 0 \\ \vdots \\ \dfrac{\partial L}{\partial x_{Nt}} = \alpha (x_{Nt} - l_{Nt})^{\alpha-1} \pi(p_{Nt}) - \rho = 0 \\ \dfrac{\partial L}{\partial \rho} = X_t - \sum_{i=1}^{N} x_{it} = 0 \end{cases} \rightarrow \begin{cases} x_{1t}^* = l_{1t} + \dfrac{X_t - \sum_{i=1}^{N} l_{it}}{1 + \sum_{i=2}^{N} \left[ \alpha \pi(p_{it}) \right]^{-1/(\alpha-1)}} \\ x_{2t}^* = l_{2t} + \dfrac{X_t - \sum_{i=1}^{N} l_{it}}{1 + \sum_{i \neq 2} \left[ \alpha \pi(p_{it}) \right]^{-1/(\alpha-1)}} \\ \vdots \\ x_{Nt}^* = l_{Nt} + \dfrac{X_t - \sum_{i=1}^{N} l_{it}}{1 + \sum_{i=1}^{N-1} \left[ \alpha \pi(p_{it}) \right]^{-1/(\alpha-1)}} \\ \rho^* = \dfrac{(X_t - \sum_{i=1}^{N} l_{it})^{\alpha-1}}{\left\{ \sum_{i=1}^{N} \left[ \alpha \pi(p_{it}) \right]^{-1/(\alpha-1)} \right\}^{\alpha-1}} \end{cases} \tag{8}$$

在此需对模型的均衡解进行简化处理，令 $\theta_{it} = \dfrac{1}{1 + \sum_{j \neq i} \left[ \alpha \pi(p_{jt}) \right]^{-1/(\alpha-1)}}$，则 $\theta_{it} > 0$，并且 $\theta_{it}$ 与 $\pi(p_{it})$ 无关，可以得到：

$$x_{it}^* = l_{it} + \theta_{it} \left( X_t - \sum_{j=1}^{N} l_{jt} \right) \tag{9}$$

因此，在"财政宽裕"的状态下，决策者在追求决策前景值最大化的过程中，提出的预算数额 $x_{it}^*$ 是在预算基线 $l_{it}$ 的基础上，再上调一个幅度，而该上调幅度也与财政宽裕程度 $X_t - \sum_{j=1}^{n} l_{jt}$ 正相关。同样，由于达到均衡时最终的预算决策数额 $x_{it}^*$ 与 $\pi(p_{it})$ 无关，故在"财政宽裕"状态下，决策者提出第 $i$ 个支出领域的预算数额 $x_{it}$ 时，出于对立法机关审查的顾忌而产生的任何策略性的心理动机，对预算决策结果并无直接影响。

2）相关改革思路

第一，强化中期预算限额，有助于实现财政总额控制。模型分析显示，无论在"财政紧缩"还是"财政宽裕"状态下，预算规模都被严格地限制在中期预算限额之下，并在预算基线的基础上，根据财政紧缩或宽裕程度，下调或者上调相应的幅度。在预算决策过程中，政府部门出于对立法机关审查的顾忌而产生的策略性心理动机，并不会对最终决策的预算数额产生实质性影响。

这是一种比较好的预算决策结果，因为通过基线筹划方法得到的预算基线（或基数），相对真实地反映了现行政策和活动的维持成本。以预算基线为基准，根据财政松紧状况，做出适当变动的预算决策数额，是相对科学合理的。

当然，上述状态的实现同样需要相应的约束条件。首先，中期预算限额对于政府部门必须是一种硬约束。其次，基线筹划作为一种技术和方法必须足够成熟，能够准确地评估现行政策和活动在未来年度的成本，并且能够对新政策提议的成本及有效性进行严格的分析和估计。最后，立法机关作为预算决策的监督者必须具有绝对的权威地位，能够保证与政府部门之间的预算谈判以预算基线为基础，并对突破中期预算限额的行为进行有效的披露与制裁。

第二，在中期时间尺度上，各支出部门之间的预算竞争，只有在预算规模不断膨胀的情况下，才更有可能付诸实施。由于各类预算决策参与者均是"损失厌恶"的，资金匮乏的压力相较于资金充裕的满足感，更为强烈。因此，如果财政总额控制能够真正实现，预算总规模的刚性得到有效维护，那么各支出部门争夺更多预算资源的竞争，就只能是一种"此消彼长"的关系。由于损失厌恶的存在，各支出部门通过削减其他部门的预算来增加本部门预算的努力往往会归于失败。

同时，在中期时间尺度上，由于敏感度递减的存在，获得增量预算资金的边际效用递减。在动态预算周期中，各资金使用部门不断竞争预算资源的动力也会逐渐削弱。因此，只要有效控制预算总规模，就可以在相当程度上约束各支出部门之间的无序预算竞争。

第三，由于参照依赖的作用机制，预算决策难以普遍采用零基预算的方式，基数法在预算决策中仍旧具有一定的应用价值。鉴于预算资源管理者是有限理性的，预算决策的时间是有限的，各类预算决策者难免会受到参照依赖的影响。其预算决策往往以上期作为基础，在增量上略做增减。而在中期财政规划中，由于预算的预测区间适当延展，采用零基预算决策方法因缺少参照水平，而在多期决策框架中变得更为不可行。因此，在中期财政规划中，基数法的应用将更显重要。在实践中，既要体现零基预算对于决策理性的追求，又要兼顾预算基数等历史参照系对于现实预算决策的惯性影响。

## 11.3 政府预算绩效评价中专家评价的行为经济学分析[①]

在预算绩效评价中，具有相关专业知识与技能的专家发挥着十分重要的作用。在现时的中国，某些地方政府的预算绩效评价试点，也是由相关领域的专家学者参与或主导进行的。[②]这些专家的行为选择，不仅受到货币支付、声誉、社会价值体现等多重利益的驱动，还受到各种行为心理因素的影响。本节的重点在于分析绩效评价中的专家行为，解读影响专家决策偏好与选择的行为动机和心理过程，这对于进一步深化政府预算绩效管理改革，具有重要的理论价值和现实意义。

---

① 马蔡琛，冯振. 政府预算绩效评价中专家评价的行为经济学分析 [J]. 经济纵横，2014（1）.
② 如2004年，兰州大学中国地方政府绩效评价中心负责组织与实施了对市、州政府及其省属职能部门的绩效评价工作；华南理工大学课题组于2007年对广东省市、县两级政府整体绩效进行评价。这两个较早开展的绩效评价试点，均是由高校中的专家学者组成评价小组进行，可见在绩效评价的早期阶段，专家发挥了重要作用。进一步论述可以参阅：包国宪，等. 绩效评价：推动地方政府职能转变的科学工具——甘肃省政府绩效评价活动的实践与理论思考 [J]. 中国行政管理，2005（7）；郑方辉，等. 中国地方政府整体绩效评价：理论方法与"广东试验"[M]. 北京：中国经济出版社，2008.

### 11.3.1　预算绩效评价过程中的三方序贯博弈

在当前的公共部门治理结构下，政绩突出的官员往往能够得到更多的升迁机会。随着财政改革的重点开始从财政收入管理转向财政支出管理，预算资金的使用绩效日益成为评判官员政绩的重要标准。另外，较高的预算资金使用绩效，也是下一财政年度各支出部门向预算部门申请更高预算资金规模的重要依据。因此，某些支出部门难免存在强烈的动机寻求评审专家的合作。[①]对于评审专家来说，既可以做出公允的绩效评价，也可能因某些支出部门的利益诱导，而对低绩效的预算支出项目给予高评价，但此时专家面临被监督机构查处并惩罚的风险。出于分析简化的考虑，本节假定专家具有足够的能力区分"低绩效"和"高绩效"的预算支出项目（也就是说，如果专家对低绩效项目给予高评价，则可以认定为存在合作行为）。监督机构选择是否对专家评审结果实施再监督并加以惩处的同时，也面临着监督成本的约束，且监督成功与否也存在某种概率分布。

在预算绩效评价过程中，各支出部门首先行动，选择提供低绩效预算项目并寻求合作，或提供高绩效预算项目而不寻求合作。专家在支出部门做出选择后行动，在支出部门寻求合作的情况下可以选择接受合作以迎合各部门或者不接受合作据实评价，在支出部门不寻求合作时专家会选择据实评价。立法监督机构则居于最后行动方的地位，在每种情况下均有监督和不监督两种选择。

因此，可以将这一过程视为有三个参与方（支出部门、专家以及监督机构），且各参与方的行动呈先后之分的动态序贯博弈（其博弈树展开如图11-2所示）。

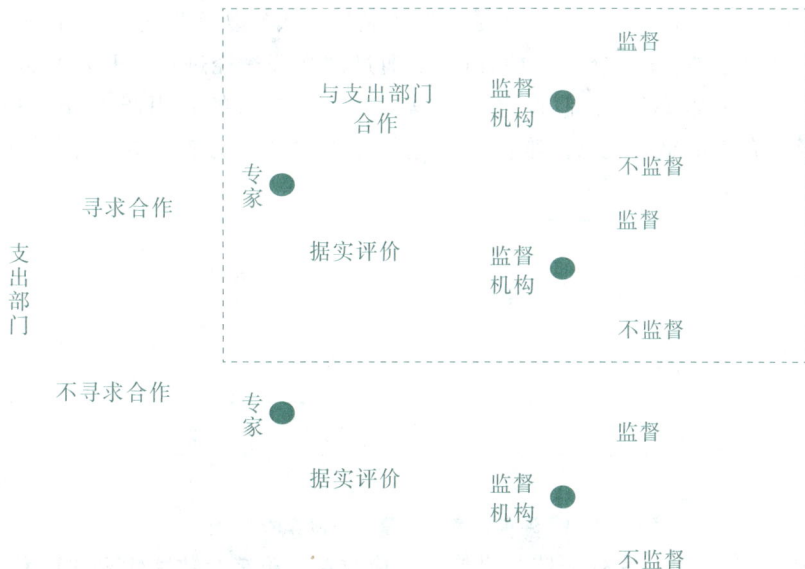

图11-2　预算绩效评价序贯博弈示意图

鉴于本节分析的重点在于专家的行为选择，故以下仅讨论矩形框中的博弈过程，即考察在支出部门寻求合作的情况下，专家个人与监督机构的动态博弈行为。在分析过程中，

---

① 这里所说的合作，是指某些支出部门利用物质或者其他便利等利益诱导，引导专家给出本部门期待的评价结果。所以，这并不是一种正常的工作合作，而是一种非正当合作。现实中也有许多官员致力于提高本部门的预算资金使用绩效，而将专家的评审意见作为提高绩效的重要参考。本节主要关注支出部门寻求与专家非正当合作时的情况。

引入行为经济学的分析范式，分析专家如何在"非理性"因素影响下做出"理性"的选择（西蒙所言之"有限理性"）。对专家个体的分析旨在判别其可能的选择，以及影响行为选择的因素。从专家群体的角度来看，尽管每个专家都可能经历前述博弈过程，但因羊群效应引致的"从众"行为，可能使选择合作的专家比例高于个体行为选择下的分析结果，从而扭曲预算绩效评价的客观性。

### 11.3.2 个体非理性因素影响下的专家行为选择

在考察专家行为取向的博弈过程时，我们将专家视为仅具有限理性的经济个体，以影响专家行为的心理因素等非理性因素作为影响变量，且不单纯以货币支付作为专家的收益，而以专家所获得的效用来加以替代。[①]就监督机构而言，本节则采用多数研究中使用的货币支付作为收益的方式，监督机构同样会选择给其带来更高期望收益的策略。

在这一序贯博弈模型中，评审专家的纯策略选择是"合作"或"不合作"，监督机构的纯策略选择是"监督"或"不监督"。假定专家从事预算绩效评价可以获得的正常报酬是 $A$，如与支出部门"猫鼠合谋"，则可得到额外的货币收益 $B$。基于行为经济学的损失厌恶理论，评审专家面对获得与损失[②]的心理感受不同。用 $E_1(\cdot)$ 代表专家获得收入时的效用，用 $E_2(\cdot)$ 表示专家被惩罚而产生损失时的效用（为清楚表达博弈时的效用变化，这里设 $E_2(\cdot)>0$，即 $E_2(\cdot)$ 表示面对损失时产生的负效用的绝对值）。另外，当专家接受合作时，由于不公平厌恶会损失一部分效用（非货币性质的），[③]以 $-u(u>0)$ 表示。监督机构对专家的评审结果进行监督的成本为 $C$，监督的成功率为 $t$，如果查实专家接受合作，则进行 $F$ 的货币惩罚（包括接受合作的额外收入 $B$ 以及罚款）。监督机构也会对接受合作的评审专家进行非物质性的惩罚（如通过网络等途径进行公开曝光，将"不良记录"录入相应的专家库等），假设这些非物质惩罚使专家的效用产生 $-\delta$（$\delta>0$）的改变量。专家接受合作的概率为 $\alpha$，监督机构进行监督的概率为 $\beta$。这一混合策略博弈模型如图11-3所示。

| 监督机构 | | | 合作（$\alpha$） | 不合作（$1-\alpha$） |
|---|---|---|---|---|
| | 监督（$\beta$） | 成功（$t$） | $-C+F$；$E_1(A+B)-E_2(F)-u-\delta$ | $-C$；$E_1(A)$ |
| | | 不成功（$1-t$） | $-C$；$E_1(A+B)-u$ | |
| | 不监督（$1-\beta$） | | $0$；$E_1(A+B)-u$ | $0$；$E_1(A)$ |

评审专家

图11-3 评审专家与监督机构博弈的支付矩阵

模型中每行第一个数字代表监督机构的对应收益，第二个数字代表评审专家的对应收益（以效用表示）。需要说明的是，作为一个序贯博弈过程，专家的选择在前，监督机构

---

① 以效用作为专家的收益有两方面原因：一是影响博弈支付的除货币外，还包括精神层面的因素，如对公平的偏好将影响专家获得的效用；二是等量货币带来的感受可能不同，单纯用货币所得作为博弈支付易产生偏差。
② 这里的获得主要指专家的货币收入，包括评价报酬以及参与合作后支出部门从其所掌握的公共资源中支付给专家的额外好处。同样，这里的损失只考虑货币惩罚，包括监督机构没收的合作所得，以及对专家的罚款。
③ 许多经济学家认为人们有"利他"的动机，个体具有社会性，他们往往表现出对公平的关注。例如，Forsythe等（1994）提出的公平假说就认为，人们的行为与其关于公平分配的信念有关，这实际上涉及了个体的社会性问题。同时，还有学者指出，人们追求的效用最大化本身就包括了金钱得益和社会得益这两个方面。

的行动在后，但为表述方便，我们仍采用支付矩阵的形式。故监督机构如果成功查出专家有参与合作的行为，专家因为已获取了支出部门的好处而得到效用 $E_1(A+B)-u$，之后由于被处罚效用改变 $-E_2(F)-\delta$。

根据图 11-3 的支付矩阵可得，评审专家的期望收益（效用）$U_1$ 为：$U_1=\alpha \{\beta [t(E_1(A+B)-E_2(F)-u-\delta)+(1-t)(E_1(A+B)-u)]+(1-\beta)(E_1(A+B)-u)\}+(1-\alpha)E_1(A)$，其一阶最优条件为：$\partial U_1/\partial\alpha=\beta [t(E_1(A+B)-E_2(F)-u-\delta)+(1-t)(E_1(A+B)-u)]+(1-\beta)(E_1(A+B)-u)-E_1(A)=0$，解得：$\beta^*=\dfrac{E_1(A+B)-E_1(A)-u}{t[E_2(F)+\delta]}$；监督机构的期望收益 $U_2$ 为：$U_2=\beta \{\alpha [t(-C+F)+(1-t)(-C)]+(1-\alpha)(-C)\}$，一阶最优条件为：$\partial U_2/\partial\beta=\alpha [t(-C+F)+(1-t)(-C)]+(1-\alpha)(-C)=0$，解得：$\alpha^*=\dfrac{C}{tF}$。

故这一博弈的混合均衡解为：$\alpha^*=\dfrac{C}{tF}$，$\beta^*=\dfrac{E_1(A+B)-E_1(A)-u}{t[E_2(F)+\delta]}$，即评审专家有 $\dfrac{C}{tF}$ 的可能性选择与支出部门合作，也可解释为当评审专家均面临这一博弈过程时，有可能选择与支出部门合作的专家比例为 $\dfrac{C}{tF}$；监督机构则以 $\dfrac{E_1(A+B)-E_1(A)-u}{t[E_2(F)+\delta]}$ 的概率实施监督（比如，监督机构面对 $N$ 个待监督项目，将对其中的 $\beta^*N$ 个项目实施监督）。这一均衡解为监督机构防范"猫鼠合谋"的行为提供了某种政策启示。在预算绩效评价中，如欲降低专家与支出部门合谋的可能性，则应从以下三方面着手：降低监督机构的监督成本，提高监督成功率，加大惩处力度。若要降低监督机构的监督频率（既能对合作行为产生威慑作用，又相应节省总监督成本），则应掫高监督成功率并加大惩处力度（包括物质与精神两方面）。

### 11.3.3 基于羊群效应的专家群体行为分析

目前，一些地方政府聘请相关专家参与的预算支出项目绩效评价活动，其组织形式大致包括重点评价和大规模评价两种。前者是给出若干待评项目，每个专家负责一个或几个项目的绩效评价；而后者是由若干专家组成专家组，共同评审预算支出项目。后者在绩效评价实践中较为多见，在大规模评价的情况下，评审专家之间的相互影响及其引致的群体行为结构，就成为一个不容忽视的因素。

在现实中，专家们对支出部门的目标难以做到完全掌握，且因个人价值取向的差异，对支出部门绩效目标的认知也会不同。因此，不同专家对同一预算项目的绩效评价可能存在较大之差异。但从绩效评价实践来看，许多专家提交的评估报告相差无几，特别是同一评价小组的专家时而会给出近乎一致的结论。这表明专家个人做出的决策并不是孤立的，个体决策之间存在相互影响。进一步而言，某些专家在预算绩效评价中呈现一定程度的羊群行为，[①]这是一种个体理性模仿导致群体非理性模仿的情况。一些专家在发现其他专家（特别是地位较高、影响较大的专家）与支出部门合作，便也做出了同意合作的决策（也

---

① Banerjee（1992）认为，羊群行为是一种"人们去做别人正在做的事的行为，即使其私有信息表明不应该采取该行为"，也就是个体采取与他人相同的行动，而不顾自己的私有信息。Shiller（1995）则定义羊群行为的表现是"社会群体中相互作用的人们趋向于相似的思考和行为方式"。进一步论述可以参阅：BANERJEE. A Simple Model of Herd Behavior [J]. The Quarterly Journal of Economics, 1992, 107 (3): 797-817. SHILLER R J. Conversation, Information, and Herd Behavior [J]. The American Economic Review, 1995, 85 (2): 181-185.

许出于不愿得罪各支出部门，也许出于法不责众的考虑），还有一些专家则仅是"随大流"地跟从其他专家的评价意见。在这种情况下，与支出部门合作从而"对低绩效项目给予高评价"的专家比例，可能会高于前述分析结果。在绩效评价实践中，评审专家的羊群行为，可能基于以下三方面的原因：

（1）信息学习效应。羊群行为较为常见的解释是信息学习模型，贝克切德尼（Bikhchandani）等[①]和韦尔奇（Welch）[②]最早提出了这一问题。信息学习模型强调，后行动者在获取先行动者的行动信息之后，往往倾向于忽略自身的私人信息，而采取相同的行动。当存在信息学习的情形时，行为主体更多受到其他人行动的影响，而并非主要依据其个人所拥有的信息。

在预算绩效评价中，部分专家跟随其他人（特别是地位高、影响大的专家）的行为而行动，如果他人选择合作，则自己也参与合作。这种模仿可能源于认为其他专家拥有更多的信息，从而忽视了自身掌握的信息以及对合作风险的判断。另外，由于许多预算项目的绩效目标并不十分明确，每位专家对目标的认识也不尽相同，且在成本约束条件下，专家们大多依据项目的书面材料做出判断，而现场实地考察的范围与深度则受到诸多局限。因此，当有少数专家选择合作时，部分专家也可能会采取同样的策略，或者给出与合作者相近的评审结果。

（2）报酬激励机制。人们在做出行为决策时，报酬是不可忽略的影响因素。以往对报酬如何导致羊群行为的分析，多见于行为金融领域的研究。如芒（Maug）和奈克（Naik）[③]认为，如果投资经理人的报酬取决于其他经理人的相对业绩，这些经理人的激励会被扭曲，导致无效的投资组合，引发羊群行为。

大多数的预算绩效评价活动，评审专家的选择方式有如下三种：一是委托某一研究机构或中介机构，由部门负责人在部门内部选择参评专家；二是由考评组织者选定某一专家作为评价小组组长，由其确定小组成员；三是在已有的各类专家库中挑选评审专家组成评价小组。前两种方式有些相似，且均可能存在由报酬因素引致的羊群行为。由于与支出部门合作，专家可以得到可观的额外收益，而如拒绝合作，支出部门在下期可能推荐其他专家担任评价小组的组长，或者委托其他机构进行绩效评价，因此担任组长的专家，就有较大的激励参与合作。在组长或负责人选择合作的情况下，其他专家也会做此选择，因若选择据实评价各支出部门的预算绩效，很可能在以后的类似评审专家遴选中会被"淘汰出局"。出于长期回报的考虑，选择模仿这种合作行为是符合自身利益的。阿希（Asch）的经典实验结果表明，[④]即使在问题情境非常明确时，个体仍会因群体压力而产生从众行为。因此，即使各评审专家具有较为充分的信息，但出于长期回报因素的考虑，也可能集体做出对支出部门有利的评价（即使其预算资源使用绩效相对低下）。

① BIKHCHANDANI S, DAVID H, WELCH I. A theory of fads, fashion, custom, and cultural change as informational cascades [J]. Journal of Political Economy, 1992, 100（5）：992-1026.
② WELCH I. Sequential sales, learning, and cascades [J]. Journal of Finance, 1992, 47（2）：695-732.
③ MAUG E, NAIK N. Herding and delegated portfolio management [P]. Working paper of London Business School, 1996.
④ 阿希将7~8名被试者组成一个小群体，要求他们比较实验者手中的两张卡片。一张卡片上有1条直线，另一张卡片上有3条直线，3条直线的长度不同。这3条直线中有1条线和第一张卡片上的直线长度相同。线段的长度差异是非常明显的，在通常条件下，被试者判断错误的概率小于1%，被试者只要大声说出第一张卡片上的那条直线与另一张卡片上3条直线中的哪一条长度相同就可以了。但是当阿希安排的其他群体成员都故意做出了错误的回答时，大约有35%的被试者选择了与群体中其他成员的回答保持一致。这充分说明了群体规范能够对群体成员造成压力，迫使他们的反应趋向一致。转引自：杨忠，等. 组织行为学：中国文化视角 [M]. 南京：南京大学出版社，2006：152.

（3）声誉影响机制。沙尔夫斯泰因（Scharfstein）和斯坦（Stein）（1990）建立了声誉羊群行为模型，[1]在该模型中有 A 和 B 两个决策者，依次做出决策。他们可能是聪明的，也可能是愚鲁的。聪明的决策者可以接受有用的信息，而愚鲁的决策者只能接受毫无价值的噪声。委托人（包括决策者自身）并不知道 A、B 的类型，但在 A、B 做出决策后，委托人可以根据结果修正自己的选择。模型的研究结论是，后行动的决策者 B 模仿了 A 的行动，两人的声誉都得以维护。

在预算绩效评价中，出于声誉影响的考虑，如果评审专家的评价方案可以通过某种渠道为公众知晓，且评价结果将作为公众与政府判断其业务能力的参考，那么其最佳选择就是和其他人的行动保持一致。因此，当某些专家接受了支出部门的合作要求，对低绩效预算项目给予高评价时，其他专家也可能做出类似选择，即使这些选择模仿的专家们并没有接到支出部门的合作请求，因为这样不会使其他人对其专业能力产生怀疑。同时，专家们也会考虑到，与其他人的行动一致还可共担风险。这也是评审专家对同一预算项目的评价结果相近的一种模仿经济学解释。

塔尔德（Tarde）给出了关于模仿的三条定律，其中一条是几何级数定律，即在没有其他因素干扰的情况下，模仿以几何级数的速度增长。[2]由于模仿会产生正反两方面的经济扩散效应，根据塔尔德的模仿几何级数定律，当先行动者采取一种正向经济行为后，[3]这种模仿行为会产生累积效应，使先行动者的正向行为得以迅速传播扩散。而当先行动者采取"对低绩效项目给予高评价"的逆向经济行为时，如果后行动者仿效先行动者采取相同的行为（无论是否接受了合作的提议），其模仿行为会产生逆向扩散累积效应，提高采取这种行为的专家比例。因此，监督机构应从影响专家合作选择的因素入手，来降低评审专家选择合作的可能性，继而通过模仿的正向扩散效应促使其他专家共同努力，以实现预算绩效评价"奖优惩劣"的目标。

## 本章小结

- 政府预算利益相关主体的群体决策行为，作为不确定条件下判断与决策的综合体现，不仅受到利益驱动和法律约束，还受到参与主体行为心理因素的影响。行为财政学借助行为经济学中的心理分析理论和实验研究方法，对财政税收问题进行了重新解构，以使财政学对现实问题更具解释力和科学性。

- 运用行为经济学的前景理论，可以从参照依赖、损失厌恶、敏感度递减三个维度剖析预算遵从及预算偏离的心理动因，并探求相应的解决方案。

- 预算决策作为一种不确定条件下的集体选择行为，对参与主体而言，未来的宏观经济态势和财政政策变动等因素都充满了不确定性，决策主体之间的动态反应也是难以预测的。而中期财政规划所内生的决策覆盖时间延展，有可能进一步加剧预算决策的不确定性。

---

[1] SCHARFSTEIN D S, STEIN J C. Herd Behavior and Investment [J]. The American Economic Review, 1990, (3): 465-479.
[2] 任寿根. 模仿经济学 [M]. 北京：中国财政经济出版社，2003：8.
[3] 就预算绩效评价而言，正向经济行为是指评审专家不与支出部门合作，对预算项目的绩效给予中肯且科学的评价。

● 在政府预算绩效评价中，评审专家受到各种因素的影响，有可能谋求与公共支出部门合作而导致评价结果发生偏离，而且受到羊群效应的影响，这种合作策略可能演变为群体行为。

## 综合练习

简答题

11.1　试运用前景理论分析预算偏离的主要成因。

11.2　运用行为经济学的相关理论，剖析中期财政规划决策中可能面临的主要问题。

11.3　运用行为经济学的相关理论，分析预算绩效评价中的羊群效应。

## 推荐阅读资料

库恩，等. 心理学导论——思想与行为的认识之路 [M]. 郑钢，等，译. 13版. 北京：中国轻工业出版社，2014.

马蔡琛，赵灿. 公共预算遵从的行为经济学分析——基于前景理论的考察 [J]. 河北学刊，2013（4）.

马蔡琛，郭小瑞. 中期财政规划的预算决策行为分析——基于前景理论的考察 [J]. 云南财经大学学报，2015（1）.

马蔡琛，张铁玲，孙利媛. 政府预算执行偏差的行为经济学分析 [J]. 财经论丛，2015（3）.

## 网上资源

http：//bbs.pinggu.org/biaoqian/xwjjx（人大经济论坛–行为经济学）

http：//www.cnpsy.net（中国心理学家网）

# 结束语：21世纪的现代预算制度向何处去？

财政为庶政之母，预算乃邦国之基。尽管21世纪的宏伟画卷才仅仅展开了不到五分之一的序章，但每当我们思考21世纪的中国现代预算制度最终将走向何方的时候，都不禁感慨吾生有涯。

其实，何谓现代预算或现代财政制度，本身就是一个颇难界定的范畴。在现时的中国，涉及财政预算改革的诸多话题，往往动言所谓美国"进步时代"的启示，甚或上溯至英国光荣革命以来的预算传统。然而，历史并不重复，它只是押韵而已。其实，就常识而言，数百年前英美诸国的预算改革，大体属于"近代预算制度"，而非"现代预算制度"。近百年来，各国的预算制度已然从早期更具控制性的约束工具，逐渐转化为国家治理的重要制度载体与支撑平台。现代各国的预算改革与制度建设，在追求决策理性化的过程中，逐渐演化出一系列更具绩效导向性与财政问责性的管理工具。我个人对于现代预算制度的认识，也大体循着当今世界的预算改革潮流、中国传统理财经验的斟酌取舍、中国现实国情的沧桑正道，这样三个维度来界定财政现代性的内涵。

始于21世纪第一个十年之末的这一轮全球性金融危机，导致公共财政资源进一步匮乏，这也触发了当代政府理财者对于财政预算管理范式的反思与自省，世界各国政府都在不断地探寻改进公共财政管理体系的方法。我相信，这些全球范围内的最新改革进展与经验分享，对于正在积极推进中的中国现代预算制度建设，应该具有非常重要的启示性价值。

制度是随时地而变化的，不能放之四海而皆准，正如其不能行之百世而无弊。尽管在各国实践中，公共预算往往被视为公共财政资源的一种配置工具，但是，"如何用好百姓钱"作为人类文明史演进中不得不回应的一个重要命题，从理论上说，应该是可以找到一条理性、审慎且和谐地配置公共资源的路径。至少我个人相信，这应该是21世纪我们这个星球上的一个发展潮流，尽管难免会有所波折，但仍旧是初心不变。最后，我想借用百岁棋圣吴清源对21世纪围棋的展望，就其句式略加改动，以为结语和期许：预算本应是一种调和、均衡、和谐的状态。21世纪的预算应该是重视整体的和谐的预算。中国的预算改革生机盎然，前途无量！

# 主要参考文献

[1] 财政部预算司. 中央部门预算编制指南（2017年）［M］. 北京：中国财政经济出版社，2016.

[2] 财政部预算司. 部分国家预算法汇编［M］. 北京：外文出版社，2005.

[3] 财政部预算司. 中国预算绩效管理探索与实践［M］. 北京：经济科学出版社，2013.

[4] 财政部. 2018年政府收支分类科目［M］. 北京：中国财政经济出版社，2017.

[5] 天津市财政局. 2018年天津市市级部门预算编制指南［G］. 天津：天津市财政局，2017.

[6] 全国人大常委会预算工作委员会预决算审查室. 中国政府预算法律法规文件汇编［M］. 北京：中国财政经济出版社，2005.

[7] 全国人大常委会预算工作委员会调研室. 国外预算管理考察报告［M］. 北京：中国民主法制出版社，2005.

[8] 陈工. 政府预算与管理［M］. 北京：清华大学出版社，2004.

[9] 陈纪瑜. 政府预算管理［M］. 长沙：湖南大学出版社，2003.

[10] 陈启修. 财政学总论［M］. 北京：商务印书馆，2015.

[11] 陈小悦，陈立齐. 政府预算与会计改革——中国与西方国家模式［M］. 北京：中信出版社，2002.

[12] 董志勇. 行为经济学原理［M］. 北京：北京大学出版社，2006.

[13] 何廉，李锐. 财政学［M］. 北京：商务印书馆，2011.

[14] 高培勇，崔军. 公共部门经济学［M］. 北京：中国人民大学出版社，2001.

[15] 高培勇，马蔡琛. 中国政府预算的法治化进程：成就、问题与政策选择［J］. 财政研究，2004（10）.

[16] 葛守中. 政府财政核算体系（GFS）与中国政府财政统计改革研究［M］. 上海：上海财经大学出版社，2017.

[17] 苟燕楠，董静. 公共预算决策——现代观点［M］. 北京：中国财政经济出版社，2004.

[18] 黄世鑫，徐仁辉，张哲琛. 政府预算［M］. 台北：台湾空中大学，1995.

[19] 李君达. 中央预算制度［M］. 重庆：独立出版社，1942.

[20] 李燕. 政府预算理论与实务［M］. 北京：中国财政经济出版社，2004.

[21] 李允杰. 财务行政与政策过程［M］. 台北：商鼎文化出版社，1997.

[22] 刘明慧. 政府预算管理［M］. 北京：经济科学出版社，2004.

[23] 楼继伟，张弘力，李萍. 政府预算与会计的未来［M］. 北京：中国财政经济出

版社，2002.

[24] 楼继伟. 中国政府间财政关系再思考 [M]. 北京：中国财政经济出版社，2013.

[25] 卢洪友. 政府预算学 [M]. 武汉：武汉大学出版社，2005.

[26] 姜维壮. 比较财政管理学 [M]. 北京：中国财政经济出版社，2000.

[27] 马蔡琛. 如何解读政府预算报告 [M]. 北京：中国财政经济出版社，2002.

[28] 马蔡琛. 变革世界中的政府预算管理——一种利益相关方视角的考察 [M]. 北京：中国社会科学出版社，2010.

[29] 马蔡琛. 现代预算制度的演化特征与路径选择 [J]. 中国人民大学学报，2014（5）.

[30] 马蔡琛. 政府预算管理理论研究及其新进展 [J]. 社会科学，2004（5）.

[31] 马蔡琛. 初论公共预算的交易特征 [J]. 河北学刊，2006（5）.

[32] 马蔡琛. 政府预算管理中的"寻租"活动分析 [J]. 财贸经济，2004（11）.

[33] 马蔡琛. 国家预算、政府预算和公共预算的比较分析 [J]. 中国财政，2006（2）.

[34] 马蔡琛. 论阳光财政视野中的公共预算绩效管理 [J]. 现代财经，2006（3）.

[35] 马蔡琛. 我国复式预算管理模式的改革取向 [J]. 中国财政，2005（5）.

[36] 马蔡琛. 预算绩效管理：现代公共财政的必然选择 [J]. 中国财政，2011（5）.

[37] 马蔡琛. 财政支出绩效评价方兴未艾 [J]. 中国财政，2017（17）.

[38] 马蔡琛. 中国预算管理制度变迁的经济学分析 [J]. 税务与经济，2002（2）.

[39] 马蔡琛. 中国政府预算管理的环境特点及其改革取向 [J]. 现代财经，2004（9）.

[40] 马蔡琛. 基于评价主体视角的政府预算绩效管理改革 [J]. 中国财政，2013（18）.

[41] 马蔡琛，童晓晴. 公共支出绩效管理的国际比较与借鉴 [J]. 广东社会科学，2006（2）.

[42] 马蔡琛，袁娇. 中期预算改革：国际经验与中国现实 [J]. 经济纵横，2016（4）.

[43] 马蔡琛，李宛姝. 后金融危机时代的政府预算管理变革——基于OECD国家的考察 [J]. 经济与管理研究，2016（6）.

[44] 马蔡琛，李宛姝. 中国政府会计准则体系的框架设计与路径选择——基于会计准则诸要素的国际比较视角 [J]. 会计与经济研究，2016（5）.

[45] 马蔡琛，赵灿. 公共预算遵从的行为经济学分析——基于前景理论的考察 [J]. 河北学刊，2013（4）.

[46] 马蔡琛，郭小瑞. 中期财政规划的预算决策行为分析——基于前景理论的考察 [J]. 云南财经大学学报，2015（1）.

[47] 马蔡琛，冯振. 政府预算绩效评价中专家评价的行为经济学分析 [J]. 经济纵横，2014（1）.

[48] 马蔡琛，李璐. 再论中国政府预算改革的路径选择——基于PPBE和规划预算的考察 [J]. 甘肃行政学院学报，2009（1）.

[49] 马蔡琛，隋宇彤. 预算制度建设中的财政预备费管理——基于国际比较的视角 [J]. 探索与争鸣，2015（10）.

[50] 马国贤. 政府预算 [M]. 上海：上海财经大学出版社，2011.

[51] 马海涛. 政府预算管理学 [M]. 上海：复旦大学出版社，2003.

[52] 马骏，赵早早. 公共预算：比较研究 [M]. 北京：中央编译出版社，2011.

［53］马寅初. 财政学与中国财政——理论与现实［M］. 北京：商务印书馆，2001.

［54］麦履康，黄挹卿. 中国政府预算若干问题研究［M］. 北京：中国金融出版社，1998.

［55］王德祥. 现代外国财政制度［M］. 武汉：武汉大学出版社，2005.

［56］王加林. 发达国家预算管理与我国预算管理改革的实践［M］. 北京：中国财政经济出版社，2006.

［57］王金秀，陈志勇. 国家预算管理［M］. 3版.北京：中国人民大学出版社，2013.

［58］王雍君. 公共预算管理［M］. 2版. 北京：经济科学出版社，2010.

［59］王雍君. 政府预算会计问题研究［M］. 北京：经济科学出版社，2004.

［60］项怀诚. 中国财政管理［M］. 北京：中国财政经济出版社，2001.

［61］徐仁辉. 公共财务管理——公共预算与财务行政［M］. 台北：智胜文化事业有限公司，2000.

［62］吴贯因. 中国预算制度刍议［M］. 北京：文益印刷局，1918.

［63］张明. 政府预算与管理［M］. 成都：西南财经大学出版社，2002。

［64］朱大旗. 中华人民共和国预算法释义［M］. 北京：中国法制出版社，2015.

［65］坎贾诺 M，克里斯汀 T，拉扎尔 L.公共财政管理及其新兴架构［M］. 马蔡琛，张慧芳，赵铁宗，等，译.大连：东北财经大学出版社，2017.

［66］米克塞尔 J L.公共财政管理：分析与应用［M］. 白彦锋，马蔡琛，译. 6版. 北京：中国人民大学出版社，2005.

［67］希克 A. 当代公共支出管理方法［M］. 王卫星，译. 北京：经济管理出版社，2000.

［68］理德 B J，斯韦恩 J W.公共财政管理［M］. 朱萍，蒋洪，等，译. 2版. 北京：中国财政经济出版社，2001.

［69］鲁宾 I.公共预算中的政治：收入与支出，借贷与平衡［M］. 马骏，叶娟丽，译. 4版. 北京：中国人民大学出版社，2001.

［70］瑞宾 J R，林奇 T D.国家预算与财政管理［M］. 丁学东，等，译. 北京：中国财政经济出版社，1990.

［71］李 R D，约翰逊 R W，乔伊斯 P G.公共预算制度［M］. 苟燕楠，译. 8版. 北京：中国财政经济出版社，2011.

［72］亨利 N.公共行政与公共事务［M］. 项龙，译. 7版. 北京：华夏出版社，2002.

［73］普雷姆詹德. 预算经济学［M］. 周慈铭，等，译. 北京：中国财政经济出版社，1989。

［74］威尔达夫斯基 A，凯顿 N.预算过程中的新政治学［M］. 4版. 上海：上海财经大学出版社，2006.

［75］巴克. 各国预算制度［M］. 彭子明，译. 北京：商务印书馆，1936.

［76］林奇 T D.美国公共预算［M］. 苟燕楠，董静，译. 4版. 北京：中国财政经济出版社，2001.

［77］塔洛克 G.寻租——寻租活动的经济学分析［M］. 李政军，译. 成都：西南财经大学出版社，1999.

［78］库恩，等. 心理学导论——思想与行为的认识之路［M］. 郑钢，等，译. 13版. 北京：中国轻工业出版社，2014.

［79］神野直彦. 财政学——财政现象的实体化分析［M］. 彭曦，等，译. 南京：南京大学出版社，2012.

［80］亚洲开发银行. 政府支出管理［M］. 财政部财政科学研究所，译. 北京：人民出版社，2001.

［81］经济合作与发展组织. 比较预算［M］. 财政部财政科学研究所，译. 北京：人民出版社，2001.

［82］KEY V O，Jr. The Lack of a Budgetary Theory［J］. American Political Science Review，1940：1138-1144.

［83］MIKESELL J L. Fiscal Administration：Analysis and Applications for the Public Sector［M］. 9th ed.Boston：Cengage Learning，2014.

［84］OECD.The Legal Framework for Budget Systems—An International Comparison［J］. Journal on Budgeting（Special Issue），2004，4（3）：224.

［85］MEYERS R T. Handbook of Government Budgeting［M］. New Jersey：Jossey-Bass，Inc.，1999.

［86］SCHICK A.The Federal Budget：Politics，Policy and Process［M］. revised edition. Washington，D.C.：The Brookings Institution，2000.

［87］WILDAVSKY A，CAIDEN N. The New Politics of the Budgetary Process［M］. 5th ed. New York：Longman，2005.